宫长为 潘巧玲 主编

黄帝文化研究

Research on Huangdi Culture

Volume 5

第五辑

中国社会科学出版社

图书在版编目（CIP）数据

黄帝文化研究. 第五辑/宫长为，潘巧玲主编.
—北京：中国社会科学出版社，2023.10
ISBN 978-7-5227-2642-7

Ⅰ.①黄… Ⅱ.①宫…②潘… Ⅲ.①黄帝—文化研究 Ⅳ.①K203

中国国家版本馆 CIP 数据核字（2023）第 189462 号

出 版 人	赵剑英
选题策划	宋燕鹏
责任编辑	金　燕
责任校对	李　硕
责任印制	李寡寡

出　　版	中国社会种学出版社
社　　址	北京鼓楼西大街甲 158 号
邮　　编	100720
网　　址	http://www.csspw.cn
发 行 部	010-84083685
门 市 部	010-84029450
经　　销	新华书店及其他书店
印　　刷	北京明恒达印务有限公司
装　　订	廊坊市广阳区广增装订厂
版　　次	2023 年 10 月第 1 版
印　　次	2023 年 10 月第 1 次印刷
开　　本	710×1000　1/16
印　　张	24.75
字　　数	381 千字
定　　价	138.00 元

凡购买中国社会科学出版社图书，如有质量问题请与本社营销中心联系调换
电话：010-84083683
版权所有　侵权必究

中国第五届黄帝文化学术研讨会开幕式

大会主旨发言

大会主旨发言

研讨会专题研讨

研讨会专题研讨

研讨会专题研讨

中国第五届黄帝文化学术研讨会闭幕式

中国第五届黄帝文化学术研讨会合影

壬寅（2022）年中国仙都祭祀轩辕黄帝大典

仙都风光（鼎湖峰）

编辑委员会

顾　　　问：宋镇豪　盛世豪　谢利根　李一波
主　　　任：王正飞
副 主 任：王　益
主　　　编：宫长为　潘巧玲
副 主 编：李学功　邱　琳　陈湘钟
编　　　委：蔡利伟　吴柳村　潜　楚
执行编委：柯国明　樊译蔚　刘晓玲

序

张广志

习近平总书记2023年6月2日在北京考察中国国家版本馆和中国历史研究院，随后出席文化传承发展座谈会并发表重要讲话，指出：中华优秀传统文化有很多重要元素，共同塑造出中华文明的突出特性，即突出的连续性、突出的创新性、突出的统一性、突出的包容性和突出的和平性。习近平总书记关于中华文明五个突出特性的认识对历史研究具有重要启示，对黄帝文化及其研究意义重大。

黄帝是中华文明的人文初祖。传承黄帝文化，弘扬黄帝文化精神，是时代发展之使然，也是历史发展之必然。近年来，浙江缙云以其雄伟壮丽的自然风光和积淀深厚的黄帝文化资源，随着黄帝祭典升格为浙江省人民政府主办，已越来越引起外界的关注，成为黄帝文化在南方的一个重要传播中心和辐射中心，成为与陕西黄陵、河南新郑遥相呼应的又一个缅怀、纪念黄帝的重要场所。

缙云现代意义上的黄帝文化研究，若从20世纪90年代算起，已有近三十年的时间。全国规模的黄帝文化研究学术研讨会，也已历时五届，并成为黄帝祭典活动不可或缺的重要文化载体与文化标识。如今凝聚着各位黄帝文化学者和历史、考古等方面专家研究成果的第五届中国黄帝文化学术研讨会论文集——《黄帝文化研究》（第五辑）即将付梓印行，作为较早与闻其事、参与其中的缙云黄帝文化研究的历史见证者，感触良多。一是为黄帝文化研究队伍的后继有人，深感欣慰。二是为黄帝文化研究事业的深化而感奋。

毋庸讳言，黄帝文化研究在今天和着时代的浪潮，无疑已站在了一个新的历史起点和发展高度。作为一位长期从事先秦史研究的学者，借论集出版之便，再略申其意。

作为一种特定文化现象的缙云黄帝传说，并非哪个人的向壁虚造、空穴来风，而是事出有因，是历史选择、造就的结果。究其因由，黄帝传说蕴含着两层深刻的含义：一是它生动反映着我国历史上民族交往、融合的丰富内容和积极趋势；二是它从一个侧面反映着我国思想文化的发展流变过程。

具体说来，就第一层含义而言，我国南北间民族交往、融合的进程大体可划分为三个阶段。第一阶段为先秦时期。经夏商西周时期的长期交往、接触，特别是春秋战国时期，吴越对东南、楚对江汉、秦对巴蜀的开发、经营，南北民族间的交往、融合已开始启动。第二阶段为秦汉时期。随着南方广大地区正式进入王朝版图，南北民族间交往、融合的步伐大大加快。第三阶段为魏晋以降。随着北人的大量南迁和中国经济、政治中心的逐渐南移，南北民族间的界限急剧弱化，统一的中华民族迅速形成。黄帝的事迹、传说之由北向南波及并在南方扎根，正是原作为炎黄族代表人物的黄帝已逐渐被整个中华民族所认同、被视为整个中华民族远祖的生动反映。

第二层含义，历史上，黄帝如果实有其人的话，那么，他不会是什么别的，而只不过是原始社会晚期活跃在中原地区一个强大部落联盟的杰出首领罢了。进入阶级社会后，他的形象被逐渐拔高、放大、神话。他先是被儒家打扮成裕民治世的圣贤、明君，后又被黄老学派尊为始祖；东汉后，随着道教的形成、传播，他又成了通晓炼丹之术、能乘龙飞升的神仙了；其祖先身份，也是越滚越大，乃至成为吾中华民族的共祖了。凡此，皆表明黄帝在人们心目中无可置换的崇高地位，也表明不同时代的人们总是按照自己的需要和思想感情去理解、加工黄帝。对此，应从文化背景以及民族心理、感情等方面去发掘其中的文化底蕴，大可不必徒劳地企望从历史的考据中去坐实它。传说中黄帝形象、角色的嬗变，从一个侧面反映着远古至魏晋以降中国思想文化的发展、流变。

值第五届全国黄帝文化学术研讨会论文集出版之际，承编委会之盛意，略陈管识，以表贺忱！

2023 年 8 月 12 日

目 录

中华文明探源工程所见长江下游地区文明的起源与形成
　　——在中国第五届黄帝文化学术研讨会的主旨发言 …… 王　巍（1）
河姆渡文化"日鸟合璧"图像及其重要价值
　　——兼谈河姆渡文化的"图画文字"和天文历法观念 … 蔡运章（24）
中国农业的本土起源及其三大模块 ……………………… 唐燮军（41）
中华文明起源"融合说"
　　——基于逻辑、文献与考古成果的假说 ………………… 朱　磊（55）
闻新刊布清华简《五纪》有"蚩尤为黄帝子"说有感 …… 张广志（70）
黄帝是"天帝"还是"人王"：论黄帝的性质
　　——从陈侯因𬭚敦与春秋时黄帝二十五子的传说说起
　　………………………………………………………… 王　晖（77）
试论黄帝"垂衣裳而天下治" ……………………………… 廖名春（84）
黄帝传说与中华早期军事文明 …………………………… 刘　庆（89）
论战争的起源 ……………………………………………… 王　珏（97）
弓箭制作与礼乐文明 ……………………… 杜　勇　李玲玲（110）
黄帝作鼓及其文化内涵探析 ……………………………… 李玲玲（118）
黄帝文化与泰山崇拜论 …………………………………… 孙敬明（127）
黄帝文化与道家道教 ……………………………………… 朱晓鹏（141）

黄帝信仰与中国道教 ················· 谢路军（148）

激扬黄帝文化软实力　铸牢中华民族共同体 ········ 武伟伟（159）

黄帝"万国和"与中华民族共同体架构 ·········· 徐日辉（169）

黄帝传说与中华民族认同的形成谫论 ··········· 程　勇（183）

全面抗战时期黄帝文化在增强民族凝聚力中的作用探析
　　——以《申报》相关报道为中心的探讨 ······· 刘俊峰（196）

从毛泽东《祭黄帝陵文》看当代祭祀轩辕黄帝的价值和意义
　　··························· 柯国明（202）

黄帝遗迹与浙江缙云的黄帝文化高地建设 ········ 李桂民（206）

黄帝文化浙江探源 ··················· 王达钦（218）

中华文明探源与缙云的黄帝文化 ············ 胡玉丰（228）

黄帝缙云氏与黄帝文化在缙云的传播 ·········· 霍彦儒（230）

大唐二李与缙云 ···················· 王曦泽（234）

阳冰"飞声" ······················ 鲁晓敏（246）

老黄帝祠宇究竟毁于何时？ ··············· 项一中（257）

金龙驿传
　　——缙云仙都出土祭祀遗物 ······· 樊译蔚　王琼瑛（271）

国家顶层设计背景下的黄帝文化 ············ 张新斌（281）

源文化：浙江黄帝文化若干问题的认识与思考 ······ 李学功（289）

黄帝文化助力缙云共同富裕先行示范的初步思考 ····· 张建明（301）

擦亮黄帝文化金名片 ·················· 丁益东（310）

祖根文化是黄帝文化展陈的主线和灵魂 ········· 李　岩（312）

缙云黄帝国家文化公园建设可行性研究 ········· 王　健（323）

形象、链接与问题：黄帝文化现代表达研究 ······· 张　剑（329）

进一步发挥缙云黄帝文化"四个中心"的引擎作用 ···· 俞云初（344）

附 录

在中国第五届黄帝文化学术研讨会开幕式上的致辞
　　　……………………… 中共缙云县委书记　王正飞（357）
在中国第五届黄帝文化学术研讨会开幕式上的致辞
　　　……………………… 中国先秦史学会会长　宫长为（360）
在中国第五届黄帝文化学术研讨会开幕式上的致辞
　　… 中国社会科学院原副秘书长、中国先秦史学会顾问　晋保平（362）
在中国第五届黄帝文化学术研讨会开幕式上的致辞
　　　……………… 中共丽水市委常委、宣传部长　李一波（365）
在中国第五届黄帝文化学术研讨会开幕式上的致辞
　　　……… 浙江省社会科学界联合会党组成员、副主席　谢利根（367）
在中国第五届黄帝文化学术研讨会闭幕式上的讲话
　　　……………………… 中共缙云县委副书记、县长　王　益（369）

中国第五届黄帝文化学术研讨会会议意见建议 ……………………（371）
中国第五届黄帝文化学术研讨会综述（代后记）　………… 张　剑（373）

中华文明探源工程所见
长江下游地区文明的起源与形成

——在中国第五届黄帝文化学术研讨会的主旨发言

王 巍

尊敬的各位领导，尊敬的各位学者、同行们，各位缙云县的同志们：

很高兴有这样一个机会来到缙云。缙云，在我们考古和历史界有非常独特的地位，是全国唯一以黄帝的名号命名的县。

我去年就关注到了缙云的黄帝祭典规格提升到省级，因为我多年参加了新郑的（黄帝）祭拜，所以我觉得河南郑州、陕西（黄陵）和我们的缙云三家南北共享，或者共同来举办对黄帝的祭拜，我觉得意义非常重大。因为大家一般都认为黄帝是在黄河流域，但是在南方的祭拜我觉得有特别重要的意义，而且辐射到海外，所以能参加这样一个盛会我感到非常的高兴。我刚才也非常注意地聆听了几位领导内容非常充实的讲话，确实也受到了教育，尤其是我们晋保平副秘书长，我们的老领导再次讲到，今年5月27号，我有幸在中南海为中央政治局集体学习授课，向他们汇报了中华文明探源工程。

习近平总书记在开场白就讲了这样一段话："中华文明源远流长，博大精深，是中华民族独特的精神标识，是当代中国文化的根基，是维系全世界华人的精神纽带，也是中国文化创新的宝藏。"每当看到这段话，我就会想起习总书记当时讲话时的情景。我今天讲的内容希望能够与我们的研讨会的主题有所关联，向各位简单介绍一下中华文明探源工程，尤其是我们身处长江下游的区域，从考古发现和多学科的研究，看到该区域文明的起源与形成，希望为大家提供一些基础的资料。当然与在座的各位专门研究黄帝文化相比，我们更侧重于考古，但是大家都注意到的就是中华文明形成的阶段正是黄帝或者黄帝集团特别兴盛的时期。

一 关于"中华文明探源工程"

（一）什么是"中华文明探源工程"

首先简单介绍一下中华文明探源工程。我们十年前在中南海向领导汇报，那个时候还是刘延东同志任组长，她说你们这十年中华文明探源，我们都听说过夏商周断代工程，没有听说过探源工程。我说我们是先做后说，多做少说。延东同志笑着说可以理解，但是有一些成果还是应该多宣传。确实现在包括我在政治局讲课汇报时说的，我们宣传的不够，下一步要加强宣传，包括十年前一直想拍一个记录中华文明探源工程的系列纪录片，但是600万的经费我们没法解决。我们虽然探源研究自然科学有上亿的经费，但是宣传经费没有。后来总书记说600万是不是中宣部能解决，坤明同志说没问题，我们一定支持，现在我们就要拍这个纪录片了，确实我们宣传没有跟上。因为这个工程还真是跟其他的不一样，是研究我们祖先，我们的文明的历程，所以有责任有义务让大家来了解。

什么是中华文明探源工程？它的全称叫"中华文明起源与早期发展综合研究"，从"十五"开始一直到"十四五"，现在还在继续做。我和北大的赵辉，我们是第一阶段到第四阶段，现在接力棒已经交到我们更年轻的60后的手里了。

（二）中华文明探源工程——迄今世界上规模最大的综合研究项目

中华文明探源工程我也总结了一下，一个是参加的学科有20多个，大家能够想到的所有的自然科学，如物理、化学、自然、天文、生物等等都参加了，所以这是一个迄今为止规模最大的多学科结合，研究人文科学重大问题的项目。直接参加人数有400人左右，半数左右是教授，还有若干个院士和学部委员。重要发现文明有十几项，从2002年以来二十年有十几项列入年度的重大考古发现。

（三）中华文明探源工程研究要研究的主要问题

我们研究的主要问题是：一个是核实中华文明何时形成，是不是有5000年文明史，我们大家都耳熟能详的5000年究竟是历史真实还是传说，还是号称，还有中华文明如何形成发展，经历了怎样的发展阶段，还有就是为何会形成了这样的过程？这是第一个大问题。还有跟文明相关联的文明形成的标志，根据什么来判断进入文明社会？再有就是中华文明后来形成的以黄河中游为引领的历史格局，这个历史格局何时出现？如何形成以及为何形成？当然还有我们中华文明形成过程当中，是否与外部其他文明发生了联系，这个联系对我们中华文明产生发展起到了怎样的作用，还有最后就是我们的文明有什么特质。但是说实话这些问题提出来容易，要解决要回答那不是哪一个学科能够完成的，所以多学科结合来共同研究这些问题。

（四）探源工程研究设计的时空范围

我们中华文明探源工程的年代范围，二十年来我们主要从迄今5500到3500这两千年，区域的范围是黄河中下游、长江中下游，包括河套地区和辽河流域等。为什么是这样的范围？因为这些区域考古工作做的比较多，大约从6000年前甚至从8000年前一直到2000年前文化的序列比较清楚，能为我们的研究提供一些充足的考古资料。

（五）探源工程的做法

我们就选择了4个5000年、5500年到3500年这两千年间具有多义性意义、在全国有重要影响的遗址，最下边就是我们大家知道的浙江余杭良渚，再往上一个是河南的偃师二里头，再往上是山西南部的陶寺遗址，最上边是陕北的石峁。当然除了这个之外，其实还有20个左右的区域性的中心，我们是做一个区域先做区域调查，选择重点遗址进行发掘，然后多学科结合来分析。

二 探源工程对文明相关概念的界定和判断进入文明社会的方案

（一）什么是文明？

首先介绍的，就是文明相关的概念和进入文明社会的方案，也是我们向政治局集体学习汇报的一个重点之一。首先什么是文明，其实每个人都有每个人的理解，包括人的举止是不是文明，工业文明、农业文明，我们在这里讲的文明是指人类文化和社会发展的高级阶段。具体来说是两对概念，一对是文化和社会，既有社会的分化阶级层，同时也有物质层面和精神层面的发展和进步。还有另一个关键词就是分工和分化，社会开始出现分工，农业和手工业，高技术含量，手工业专业化，比如说琢玉，比如说精致的陶器等等。再就是随着体力劳动、脑力劳动的发展生产出现剩余，少数人可以脱离劳动从事管理，这是分工。分化就是原来是平等的社会，分化为贫富贵贱，不同的阶层到阶级，最后出现了王权和国家。我们认为文明形成最重要的标志就是国家的产生，所以在全国家阶段也会有文化的发展、生产的发展，但是只要它不是阶级和国家的形态，应该还是全文明的社会。所以用另一句话表述，文明是在国家的组织管理下创造的物质文明、精神文明和制度文明的总和。

（二）文明起源与文明形成

还有另一个概念，这也是我们在这次向政治局汇报突出讲的，文明起源与文明的形成，什么是文明的起源？社会出现了贫富和贵贱的分化，从这个时候开始算起。文明的形成是文明起源了之后，又经过进一步的社会的分化，出现了王权国家。所以我们说这两个概念是前后有区别又有联系，是文明社会文明因素量的积累到质的变化，质变点就是王权和国家的产生。

为什么是这样？因为我们会经常提到中华文明 5000 年，有一种观点，甚至也有少数学者认为中华文明 8000 年，因为他们可以看到我们在 8000 年左右有很多发明和创造，比如说河南舞阳的贾湖，出现了用鹤的尺骨做的骨笛，气孔可以演奏，在龟甲上有契刻的符号。总之生产发展了，有很多发明创造，所以他们认为这就是文明。我们认为那时社会整体还处于平等的社会，跟文明社会还有距离，所以文明起源是 8000 年，出现了社会的分化，但是形成是 5000 多年，这就是我们的观点，所以现在社会上说 8000 年文明，我们说是起源阶段，5000 年才是我们进入文明社会的阶段。

（三）判断进入文明社会标准的方案

那么作为我们学术界的常识，相关联的是，什么是判断进入文明的标志？文明三要素，一个是冶金术，一个是文字，一个是城市，还有加上了礼仪中心。按照三要素，35年前我在日本留学看到的，那就是在介绍世界文明的书当中，说埃及文明、两河流域文明5000年，印度河流域4500年，中国文明3300年。为什么？因为按照冶金术、文字和城市这三要素，中国的文明最早只能追溯到殷墟，河南殷墟商代晚期有甲骨文，有青铜器，有文字。我们中华文明三要素确实是不可或缺的吗？我们探源工程设置子课题研究这三要素的起源，我们发现这三要素，也就是文字、城市是从两河流域和埃及文明概括出来的，当然从那里概括出来的是符合的，但是放眼世界，中美洲的玛雅文明，天文立法也非常厉害，包括南美洲的印加文明，包括印度和日本，它们都并不符合这三要素，但是国际上也都认可，可见这三要素不是不可或缺的。

我们在20世纪八九十年代研究最早的铜器在哪出土，研究最早的文字和符号，研究最早的城墙围绕着城堡，这样研究单个要素，但是我们认为文明是一个整体，一定是要整体来进行研究。所以我们根据中国的考古发现，我们提出了我们的判断进入文明社会的标准，这就是：第一，生产发展人口增加，出现城市。第二，社会分工社会分化不断加剧，出现阶级。第三，权力不断强化，出现王权和国家。其中国家的出现是进入文明社会的主要标志，但是也有问题，在没有当时文字记载的情况下，你根据什么说出现了阶级，出现了王权，出现了国家。在考古上我们是可以辨识，当时既然进入了国家，进入了王权，总会有它当时的表现，我们概括出从考古遗存当中辨识王权、国家产生的一些特征。

第一是都城。有国家，有王权肯定有都城，什么是都城？规模大，就要动用很多的人力来修建，然后应该有不同的区域，有高级的居住区，有墓葬区、手工业区，成为政治经济文化的中心。第二，既然有国家有王，那肯定有王居住的宫殿和处理政务的场所。所谓的宫殿规模大，制作精致，在有些神权至上的地方，有跟神沟通的神庙，也是规模巨大。第三，既然有王，可能有他们埋葬大墓，规模巨大，随葬品丰富。第四，不仅随葬品丰富，肯定有一套表明等级身份的器具，我们叫礼器。比如说在埃及大家可以想到的是金字塔、木乃伊。在我们这边夏商周是青铜器，在良渚是玉器，总有一套表明等级身份的器具和制度。第五那就是战争和暴力。战争的出现，武器的随葬，然后宽大的壕沟道，高大的城墙的护卫，然后暴力，人和人之间，一些人为另一些人殉葬，一些人被（杀掉）用来为高级的宫殿来奠基等等。

我们说在考古上能够辨识出这些特征，就可以判断进入文明社会了，尽管它可能没有冶金术，但是它有别的手工业的发展，尽管它没有文字，但是它有别的记录的系统和跟人与神交流的方式。

三 长江下游地区文明的起源与形成

（一）万年奠基——农业和定居

这刚才是我们的一些主要的观点，下面我们就看一看基于我们这样一个认识，我们看到的长江下游地区文明起源和形成，首先是万年奠基，农业和定居的出现，就在我们的附近，在以金华的浦江上山遗址命名的上山文化，20多年前我们发现了万年前的稻作，右上角那是万年前的水稻，然后下边是水稻的植硅石，然后去壳的工具，包括石质的生产工具，包括陶器。需要说明的是我们缙云，我在缙云县的博物馆也看到了，陇东遗址也是这个时期的，这些表明，这个上山文化在长江下游第一个稻作农业的文化在我们这里也有分布。

然后大约9000年到8500年发展了千年的时候,到了上山文化的晚期文化又显著地进步。首先是陶器的制作,我们看右下角的陶器,8500年到9000年前制作非常地精致,很像我们宋元时期的瓷器,绝不会想到是8500年甚至9000年前制陶技术的发展。然后这个令人震惊的是一些陶器上的进步,你看这有用白颜色画出的符号,我们非常关注符号的产生,因为它可能跟后来的文字产生有关系。我们非常关注,比如这种符号是经常出现,还是偶尔出现一个。不排除它是偶尔出现,但是我们注意到很多件陶器上,比如说一排圆点加上这个,在多件陶器上都有,你看就表明当时它是有一个比较固定的含义,然后还有太阳的纹饰是吧,你看这也有好几个。更令人震惊的是这种平行线,有的中间间隔,有的连成一体,这个让我们非常震惊,因为后来的八卦是这样的风格,当然我们考古不能说这就是八卦,但是它在符号的形式上是一致的,而且9000年前肯定都是有含义的,而且固定的符号反复出现,这是值得高度注意的。

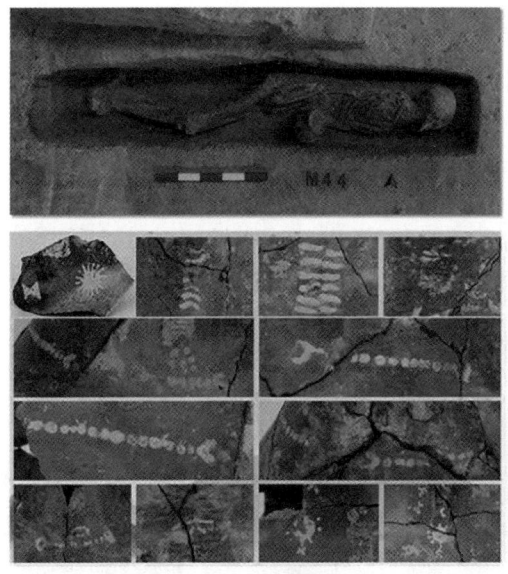

所以我们说长江下游地区在8500年到9000年前的时候,以稻作农业为基础,文化已经达到相当发达的程度,8000年开始,全国范围内农业和手工业进一步发展,开始出现社会分化的端倪。

(二)八千年起步:跨湖桥文化

所以我们说8000年起源就是因为各地开始出现了分化。我们举了浙江跨湖桥的例子，这里的陶器制作先进，更值得一提的是在这儿我们发现了全长5.6米的独木舟，宽半米左右，据分析它的原长可以达到8米，这个应该是当时水上的交通工具，8米长的独木舟可能已经超越了在湖边、海边航行的能力。

（三）河姆渡文化

当然到下一个阶段，就是我们初中的历史课本都学过的河姆渡文化，这是长江下游稻作农业发展时期。除了农业发展之外，比如包括玉器的制作，戴的耳环叫玉玦，这个东西8000年前在内蒙古赤峰就被发现，然后在7000多年前在我们这也出现。稻作农业，最近在余姚的施岙遗址，发现大面积的这个时候的稻田，不是我们原来想象的小规模的稻田，所以表明农业的发展取得了很重要的进步。

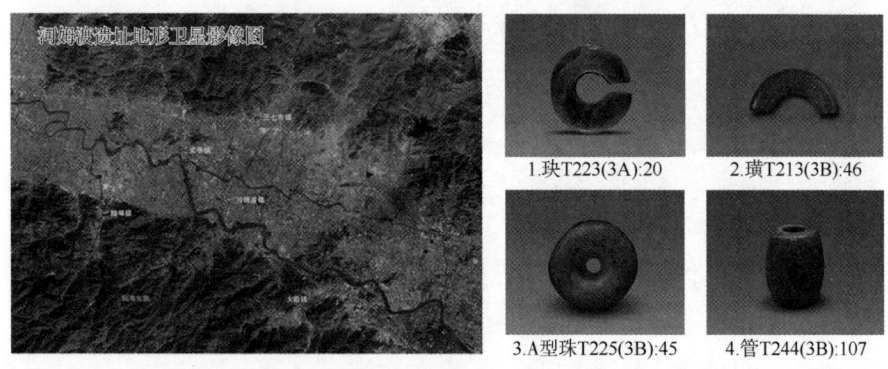

（四）长江下游地区社会分化的出现——江苏张家港市东山村遗址

文明起源到6000年前有一个加速度。江苏苏州张家港市东山村遗址

5800年到5600年前，这个时期社会分化非常明显了，一个公共墓地有很多小墓，随葬三五件陶器，但是9座大型墓相对的集中，我们可以看到这是墓地的情况，周围有很多小墓，比较大型的墓集中，这个墓随葬品相当的丰富，这是他头部的情况，头部有装饰品、耳环等等，这是一个墓葬当中出土的陶器。

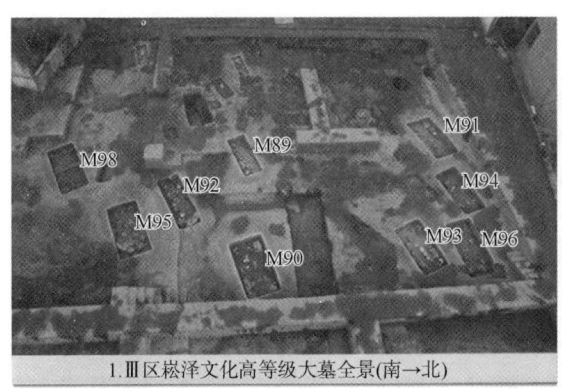

1.Ⅲ区崧泽文化高等级大墓全景(南→北)

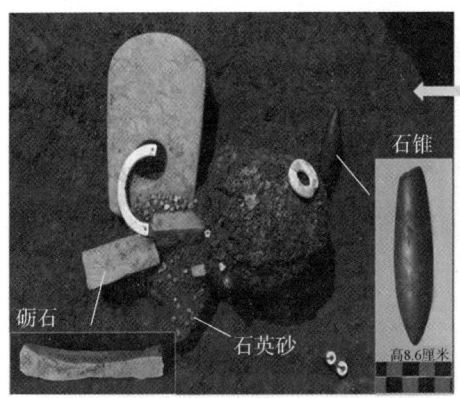

90号墓内共随葬65件(套)器物，包括有5件大型石钺、2件大型石锛、19件玉器以及33件(套)陶器等。

大家想一想周围的小墓规模小，只有几件陶器，但是大墓光陶器就几十件，还有武器。这个是中国史前时期各地普遍用的战争武器，又厚又重的砍树用的石斧把它扁平化锋利化，我们叫钺，斧钺的钺。全国范围都是这样，远距离用弓箭，近距离用斧钺。一个大墓随葬多件精致的武器，还有饰品、耳环、玉璜等等，显然社会分化明显。

90号墓随葬的武器——石钺

90号墓随葬的玉制装饰品、石器

5800年到5600年前全国范围内,目前见到的社会贫富分化,最早的区域在长江下游,你看同一个墓地,小墓几件陶器,社会的分化已经比较明显了,所以我们说这个时候文明起源加速,包括大型的建筑。所以我们说东山村的遗址表明5800年前长江下游社会分化已经比较严重,应该说即将迎来文明的曙光。

1.M78(西→东,马家浜文化)

3.M97(东→西,马家浜文化)

2.M68(西→东,马家浜文化)

4.M4(东→西,崧泽文化)

2.崧泽文件房址(东北→西南)

(四) 早期文明社会的形成——安徽含山凌家滩遗址

下一个阶段就是5500年到5300年前,早期文明社会的形成。我们举了安徽马鞍山市含山凌家滩遗址,这个遗址160万平方米,有居住区,有宫殿区，有墓葬区，其中规模最大随葬品最多的一个墓葬，随葬品多达300多件，是同时期5300年左右的时候，全国范围内贫富分化最严重、随葬品最丰富的墓葬。当然长江下游酸性土壤人骨没有保存下来，但是头部在这，脚部在这。墓地出土大量的长条的石墩，尸骨放在上边，陶器在周围，圆孔的都是武器，斧钺的钺打了好几十件随葬，我们看到头部的情况，头部装饰品很多在头上，然后U字型的，这是吊在胸前的玉璜，唯一能够称为玉器的这件武器在头部，这显然是被特别珍视的，我们认为应该是军事权力的象征的权杖。你看他身上有好多件这种武器级的，两个手臂上有很多石镯、石钏装饰品，下腹部三个石头的铃铛吊在腹部。

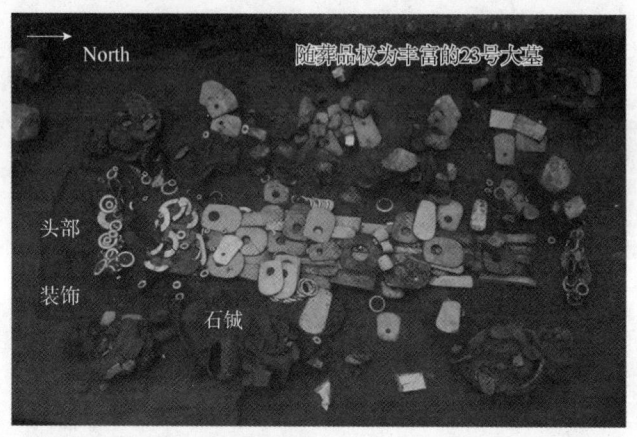

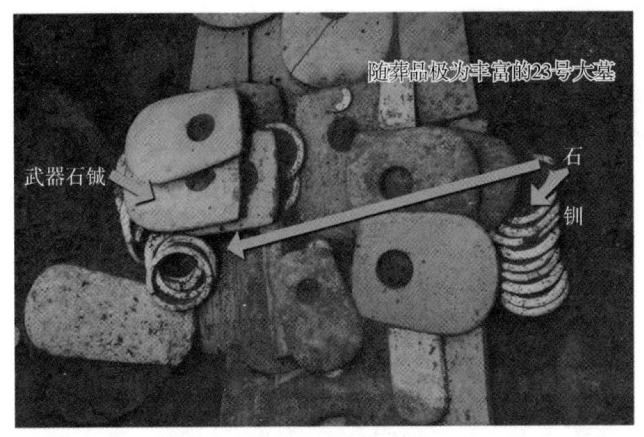

那么在另一个墓87年的4号墓，也是包括上百件随葬品，然后就出现了玉龙、玉龟，包括太阳的形象。目前发现最早的玉龙是在河南濮阳西水坡一个人骨的两侧，蚌壳堆着龙和虎的形象，然后5500年的时候北到辽宁、南到安徽长江下游，开始出现这种玉龙的形象，所以对龙的信仰是在6000年左右开始出现的。我们一般认为玉鸟是太阳鸟的形象等等，还有玉人，每个大墓一件玉人或者蹲着或者站着，但是他这姿势是一样的，而且手腕上都有那种横道，我们认为应该是他随葬的手镯的表现，所以很可能是墓主人的形象。

玉龙　　三角形刻纹玉器　　彩石钺　　刻纹玉版　　玉龟

玉喇叭形饰(最薄仅0.5毫米)

双虎头玉璜　　玉鹰(两面纹饰相同)　　蹲坐的玉人　站立的玉人

装饰在耳上的耳珰(人的耳上有孔)

（六）长江下游进入文明社会——良渚文明

再一个阶段，我们刚才讲的是 5500 年到 5300 年，等在这一个阶段进入 5300 年以后，尤其是 5000 年前后，长江下游文明进入了一个新的阶段，这就是以良渚为代表的浙江余杭良渚遗址，分布在长三角地区，分布很密集，这是我们探源工程当中一个非常重要的项目。

因为原来都发现大墓，我们有大墓必须要找当时的城址，有墓葬肯定有当事人居住的场所，如果仅有墓葬只能说明当时社会有分化，但是判断当时是否进入文明，那是很不够的。所以我们 2006 年就发现了大型的城址，橙色的长方形就是它的内城，南北 1800—1900 米，东西 1500—1700 米，面积近 300 万平方米，什么概念？相当于 4 个明清时代北京的故宫。城里边有一个高台，630 米×450 米，高十几米，就是高等级的人都在中间方方的高台上居住，然后周围有宽大的城墙围绕，而且城墙的墙基 40—60 米，大家想一想 1900 米长，1700 米宽，然后 40—60 米的墙基，尤其是修建在沼泽之上，先用船运来大量的石块做垫基，然后黄土，城墙的土也是外边运来,所以这个工程量相当的巨大。

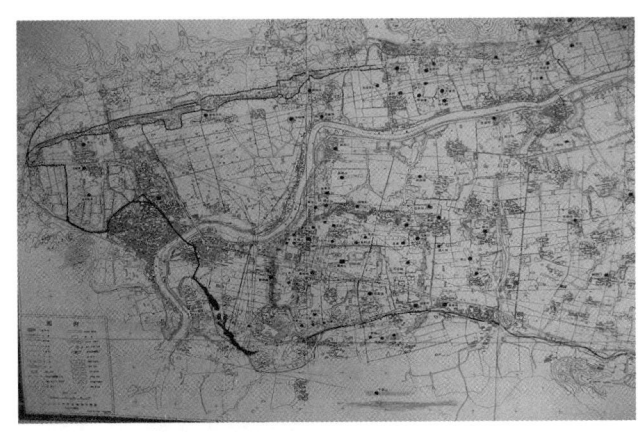

所以我们也放眼世界,良渚同时期在全世界范围内,比如说中亚、西亚地区有苏美尔文明,乌鲁克当时的首都250万平方米,印度河流域文明晚一点,4500年前,摩亨佐·达罗也是250万平方米,我们这光内城就300万平方米,而且工程量比他们都要大。这是我们发现的城圈,黄颜色的是比较高的高台,高台高十几米,权贵居住的地方,后来我们发现,这是内城,外圈还有一个外城,620万平方米,相当于8个故宫,工程量要大大超出我们的想象。

由于它在沼泽上修建,所以大家可以看,他要为了防止北边山洪的侵蚀,修了一个巨大的堤坝,要把这山洪在这边阻隔住,所以修建了一个超大型的水坝,这就是水坝工程,总长十几千米,然后在一些豁口上都用草裹泥的草包,把它堆砌起来,确保城址的安全。山前的堤坝,原来我们都认为是春秋战国时期的城墙，后来对修建城墙的草裹泥的草棍进行测年，距今5070前，我才意识到原来是建城之前先修的水坝，所以这就是科学测年给我们的认识。

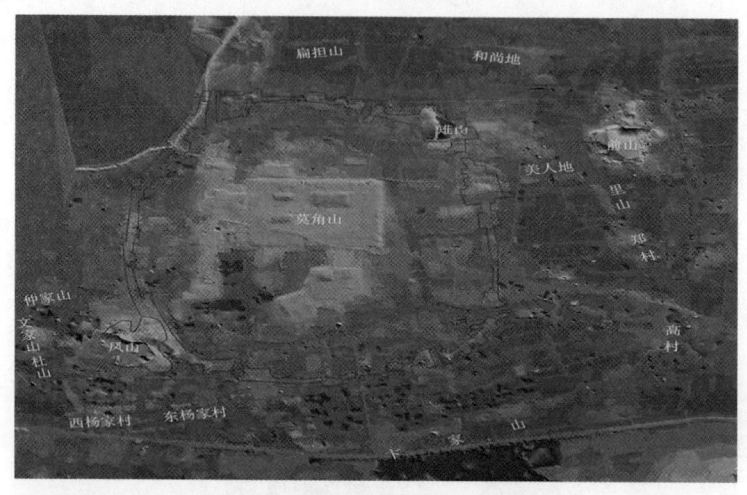

确认良渚古城西北部存在大范围的治水体系，目前已发现十一条水坝遗址，主要修筑于两山之间的谷口位置。

该水坝系统由沿山长堤、谷口高坝及平原低坝三部分组成。

所以这个工程量，良渚从内城外城，城中心高台加上外边大型水利工程，总用工量多少？我们计算，需要3600万个劳动日，劳动日的概念可能现在我们年轻人不了解，一个人干一天算一个劳动日，3600万个劳动日是什么概念呢？动用1万人连续干需要10年的时间，如果有农闲农忙至少再加一倍以上的时间，能够动员这么大量的人力持续在做大型的工程，原来史学界都认为它是部落联盟，根本是很难想象的，持续的说这20年30年，那是不是联盟的盟主都变了，所以我们说它是当时进入王权和国家的一个重要的表证。

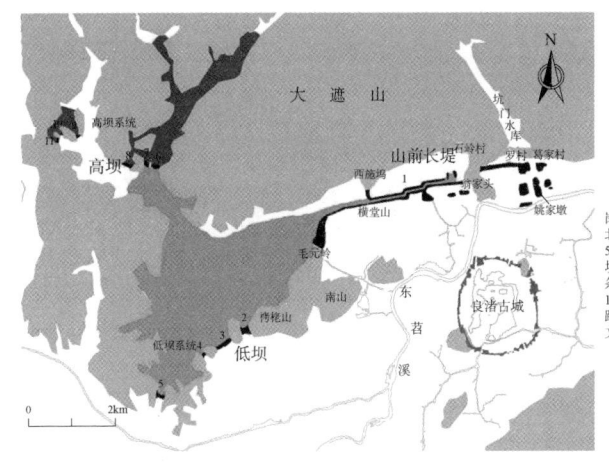

岗公岭等高水坝位于古城西北部约8公里处，坝体长约50-200米，高约10-20米，坝顶海拔约25-40米。对6条水坝样品进行测年，获得12个测年数据，建造年代为距今5000-4800年，属良渚文化早期。

我们再看高等级的高台上，630×450平方米，高十几米，都是高等级的建筑，其中规模最大的单体在200、300平方米的，整个区域周围有围沟围绕，所以也有人认为这是最早的宫殿区。

莫角山是人工堆筑的宫殿基址

莫角山上土台房基及石头墙基(黑色部分)分布图

莫角山遗址位于古城正中心，它是中国最早的宫殿区，目前所知也是史前中国最大的宫殿区。遗址为人工堆筑的长方形覆斗状土台，台体底面东西长约630、南北宽约450米，顶面东西长约590、南北宽约415，面积近30万平方米。通过发掘及钻探，我们知道莫角山的西部利用了原有的自然山体，人工堆筑厚度为2-6米，莫角山东部堆筑厚度约10-12米，大莫角山部分人工堆筑厚度达16.5米，整个宫殿区土台土方量为211万立方米。莫角山宫殿区上另有大莫角山、小莫角山、乌龟山三处小型土台，推测应为主要的宫殿基址。

大莫角山南发现9座土台房基

在沙土广场南部和东部还发掘东西皮两排、南北成四列分布的9座土台房基，面积在200-500平方米之间，分别编号为F8至F16，排列整齐，可能是宾级区的贵族居所，其中在北排的F9、F11、F12三座房基的附近还发现沟槽状遗迹。土台房基分布于沙土广场外缘，二者无叠压打破关系，这些遗迹应是在一个整体规划设计下完成的。

那是什么支撑这么大的公共工程呢，我们探源多学科多角度多层次全方位研究了它的农业、手工业、精神信仰、资源等等，我们发掘了附近的一个小型的遗址叫茅山遗址，小小的低山，可以看到建筑都在这小山上，这原来是一个河道，开垦的农田，大规模的水田，这是我们发掘的其中一部分，黑颜色是水田，红颜色的是田埂，有相当大的面积。

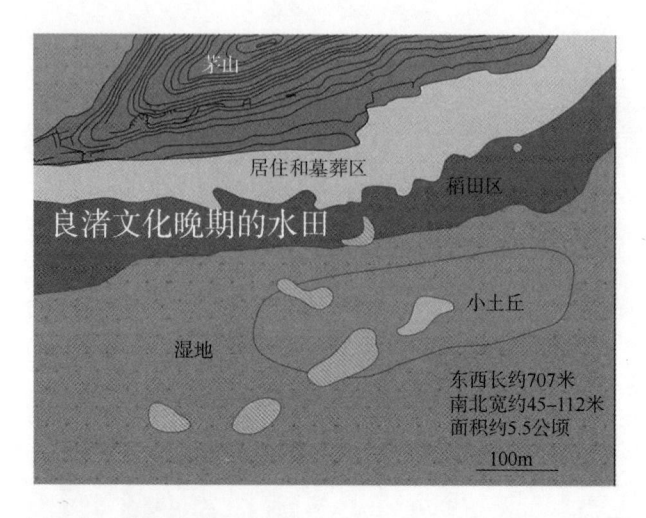

[图：良渚文化晚期的水田分布图，标注茅山、居住和墓葬区、稻田区、湿地、小土丘等区域，东西长约707米，南北宽约45-112米，面积约5.5公顷]

最近两年我们在余姚的施岙遗址，发现了10万平方米的良渚水田，10万平方米什么概念？相当于14个足球场，然后沟渠纵横，大大超出我们的想象，我们很难想象是4500—4800年前的水田，当时的农业生产工具尤其石犁，实际在良渚之前就出现了，在良渚普遍采用犁耕，我们发现了牛的脚印，表明犁耕应该是当时稻作农业一个非常重要的方式，正是发达的稻作农业支撑了良渚的文明。

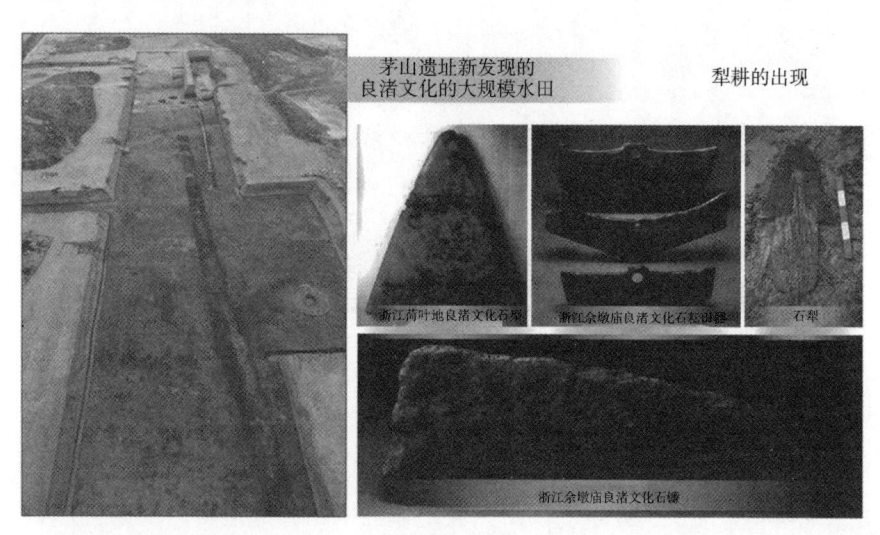

[图：茅山遗址新发现的良渚文化的大规模水田；犁耕的出现——浙江荷叶地良渚文化石犁、浙江余墩庙良渚文化石破土器、石犁、浙江余墩庙良渚文化石镰]

作为证据，我们刚才看高台上有那些高等级的建筑，高台的南侧发现了大量的炭化的稻谷的堆积，我们总计有20万公斤之多，大大超出想象，显然不是附近地块能够提供的，而且我们对稻谷当中含的锶同位素进行了研究，因为各地的水含的锶是不一样的，我们发现稻谷锶同位素差别特别大，显然是来自非常广阔的地区，可能是对王权的贡纳。

莫角山宫殿区附近
出土密集埋藏的(炭化)稻米，估计总重量竟有约20万公斤

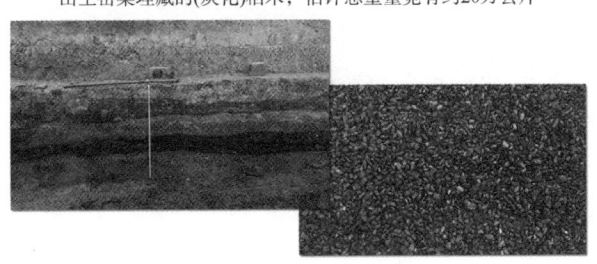

在良渚遗址，我们发现大量的玉器被随葬在高等级的墓葬中，而且它有一个共同的神徽，在各玉器当中都有这样的形象。具体分析，上面是一个人，然后戴着羽毛冠，骑在一个兽身上两手驾驭着兽，然后两个兽的前爪是匍匐的，然后你看在其他的一些或者是简单或者是繁复，但是主题的图案都是一致的，而且在江浙沪的江苏南部、浙江北部、上海高等级的建筑墓葬当中都会出现，显然它有一个统一的信仰体系。

良渚玉器花纹复杂精美、主题单一，表明良渚社会信仰的高度一致。

然后高等级的墓葬都修在特意建的高高的祭坛上，这是其中的反山的墓葬。一个墓中我们发现上百件玉器的随葬，而且器类都一样，圆形的玉璧、方形的玉琮和表明军事权力的玉钺，这是其中的一个墓。

良渚王者的墓葬
(以浙江反山23号墓为例)

反山23号墓

良渚文化祭坛和贵族墓

你看这是一个玉石钺武器，木柄朽烂了，但是木柄两侧的这个装饰还在，显然它是一个军事权杖。我们的考古和古文字的研究姓"王"字，就是从斧钺的"钺"字改变过来的，你看下边横，中间是这样一条斧钺的"钺"，为什么？因为至少在文明初期，一直到夏商周时期，斧钺的"钺"代表军事指挥权力。

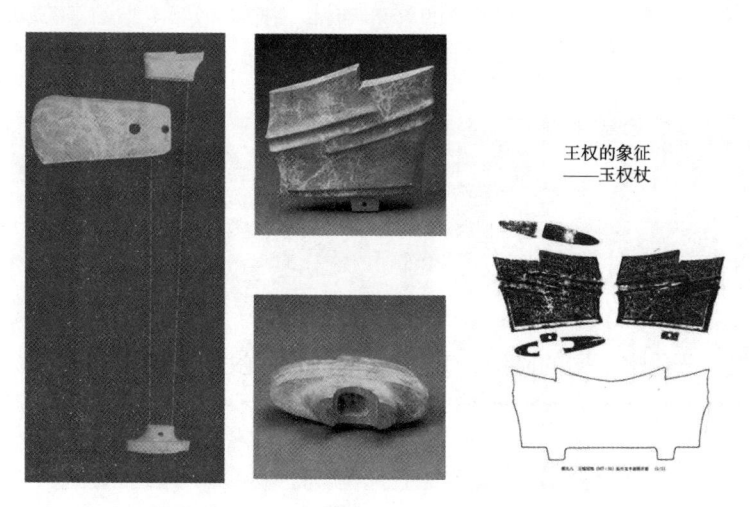

王权的象征
——玉权杖

这是大墓当中出土的斧钺，制作非常精致，它上面有这样的神徽和鸟。这是单体面积最大的一个，我们叫玉琮王，也是这样的形象。你再看其他的玉器，这个可能是他们的夫人的墓，没有玉琮、玉璧、玉器，但是装饰品上也都有这种神徽，所以应该存在统一的信仰体系，我们说对良渚的认识，给我们判断进入文明社会提供了一个重要的标本。

玉琮

刻有"神徽"的玉钺

统一的原始宗教信仰

有透雕神徽图案的冠状玉梳背

有神徽图案的玉梳背　　玉项饰　　锥形玉器　　浙江周家浜良渚文化遗址出土的玉背象牙梳

　　稻作农业发达，手工业技术发达，分工精细，良渚的玉器表面的一层1毫米的范围内已经有5—6条刻线，制作相当精致。高端手工业品的原料和成品被贵族所控制，存在统一的信仰体系，那个神徽反映了贵贱贫富的社会分化，分化出不同的阶级，政治经济文化中心独立出现，然后形成一个统一的社会的核心，所以我们说良渚已经进入了文明社会。

　　值得一说的就是2019年7月6号，良渚古城成功进入世界文化遗产，世界遗产理事会关于良渚古城遗址进入世界遗产名录的理由，是这样表述的："良渚古城遗址展现了一个存在于中国新石器时代晚期以稻作农业为经济支撑、并存在社会分化和统一信仰体系的早期区域性国家形态，印证了长江流域对中国文明起源的杰出贡献。""早期区域性国家形态"，这是非常关键的表述。什么是文明？国家，存在着国家，所以我们说良渚进入文明社会，是到国际认可的。

四 长江下游地区文明化进程（起源、形成和早期发展的过程）

那么我们最后跟大家稍微系统的梳理一下，我们所能看到的，包括长江流域在内的我们的文明化的进程。我们用了这样的表述，第一是万年奠基，以上山和桥头，就是上山文化的稻作农业为基础，定居社会出现。八千年起步，以跨湖桥遗址为代表，农业逐步发展，精神生活丰富，社会开始出现分化的端倪，所以我们说文明起源可以追溯到八千年。六千年加速，以苏州张家港东山村为代表，社会分化明显，大型的墓葬开始出现，五千多年进入，以凌家滩和良渚遗址为代表，尤其是良渚为代表，大型的都邑出现，高等级的墓葬，高等级的宫殿，还有战争和暴力，所以我们说良渚遗址是一个比较完整的证据链。

四千年过渡，这个时候良渚像长江下游的区域的文明，由于环境的原因导致农业遭受毁灭性打击，它衰落了，这个时候中原崛起，中原相当于尧舜这个时期的崛起，值得一说的就是在5000年这样一个阶段，我们这有良渚，其实在中原地区也兴起了初期的文明，而且跟这儿有交流，包括龙的信仰，龙的信仰真不是我们长江下游发明的，但是我们在良渚当中也能看到龙的形象，所以确实是有这么一个相互的交流，包括以玉为贵，八九千年前以玉为美，到了五千多年以玉器来表明尊贵的地位是在长江下游，在黄河中下游，包括辽河流域都是一样的。

经过了商到西周时期3000年左右，社会政权得到了巩固，周王把他的至亲、大臣分封到各地做诸侯，解决了商王朝时期这些方国时服时叛，你中原王朝势力强，他就臣服，你这稍微什么他就独立了，还包括我们大家知道的三星堆，但是到周王朝的时候，这个相当广阔区域得到了控制和巩固，制度礼器礼制得到了完备，我们长江下游地区这时候出现了吴国和越国，后来有很好的发展。

然后再下一个阶段就是到秦始皇统一，进入一个统一多民族国家新的阶段，就是帝国文明的时期。

五　长江流域早期文明的贡献

最后，我们总结一下长江流域早期文明对中华文明的贡献。长江中下游，不晚于1万年前发明了稻作，在全世界现在有1/3左右的人在吃稻谷，这是我们中华先民的发明。还有彩陶的发明，刚才看彩陶是红颜色的，然后还有刻画的符号，这也是目前世界范围内能看到最早的。还有独木舟的发明，7500—8000年，鸟神的信仰、河姆渡（文化）。我注意到我们这个论文集当中也有，包括蔡运章先生的文章，河姆渡的骨板上有两个鸟，然后中间托一个太阳，大家都认为是太阳鸟的形象，而且跟后来的我们的鸟和太阳的传说是有密切的关联，至少有7000年的历史。还有漆器的发明也是在河姆渡。犁耕的发明，然后玉琮、玉璧等等这样的发明一直在周礼当中，圆圆的璧礼天，方形的黄琮礼地都在周礼当中得到继承，还有瓷器的发明不晚于七千年，还有很多发明创造，所以我们长江流域的文化和黄河流域的文化共同构成了中华文明的主体。

所以我觉得在这个时候我们祭拜黄帝，研究黄帝文化，研究南北之间的交融，包括我做了几次三星堆的直播，我一直在强调不要光看到它的特殊性，不要光看到那些纵目等等，其实它有更广阔的一个在大的背景下中原王朝和各个方国各区域文明之间的交流。所以我觉得在这个时候我们研究中华文明起源，长江下游是非常重要的区域，而且我们实证中华5000年文明，最重要的是依靠良渚的材料，因为陶寺、石峁这都是4300年以后。尤其是令人兴奋的是良渚，进入世界遗产，得到遗产界的认证，所以我觉得我们也需要跟上认识。因为在史学界长期以来认为，禹传子家天下，夏王朝才开始中华文明，但是不要忽略我们20年来考古和多学科研究取得的一系列新的成果。

好！谢谢大家！就讲到这。

（王巍：中国社会科学院学部委员、历史学部主任、中国考古学会理事长）

河姆渡文化"日鸟合璧"图像及其重要价值
——兼谈河姆渡文化的"图画文字"和天文历法观念

蔡运章

河姆渡文化属于炎黄时代的文化遗存。浙江余姚县河姆渡文化遗址发掘出土器物上刻画的三件"日鸟合璧"图像①,引起学术界的高度关注②。本文谨就这些考古发现及其重要价值等问题,略述管见。

一 牙雕冠饰"双鸟负日"图像与"金乌负日"传说

"图画文字"是中国文字起源和形成的重要阶段。河姆渡遗址出土牙雕冠饰上刻画的"双鸟负日"图像,就是以"图画文字"的形式,来记录"日月俊生"和"金乌负日"传说的具体产物。

(一) 牙雕冠饰上"双鸟负日"图像

河姆渡遗址发掘出土被编为 T226:③:79 号的扁平倒梯形牙雕刻件上,刻有"双鸟负日"图像。这件器物的正中位置刻画一个多圈同心圆,外圆上部有火焰纹,两侧各有一只圆目利喙的鸷鸟,相对观望。鸷鸟的双

---

① 浙江省文物管理委员会、浙江省博物馆:《河姆渡遗址第一次发掘报告》,《考古学报》1978年第1期;河姆渡遗址考古队:《浙江河姆渡遗址第二期发掘的主要收获》,《文物》1980年第5期。
② 牟永杭:《试论河姆渡文化》,《中国考古学会第一次年会论文集》,文物出版社1980年版;牟永杭:《东方史前时期太阳神崇拜的考古学观察》,《故宫学术季刊》第12卷第4期,1995年;孙其刚:《河姆渡文化鸟形象探讨》,《中国历史博物馆馆刊》第10期,1987年。

尾折卷，指向刻件的两端。画面布局严整，线条虚实结合，蕴含深刻，具有浓烈的宗教意义。器身上下钻有小孔，便于固定。长 16 厘米，宽 5.9 厘米，厚约 1.2 厘米。出土于河姆渡文化的第三层（图一）①。

图 1　河姆渡文化牙雕上的"双鸟负日"图像

这件牙雕器上的图像，被称为"双凤朝阳纹"，或称之为"日鸟合璧"图像②。因其形状与良渚文化的"玉冠状饰"相类同③，故当名之为"牙雕冠饰"。

（二）牙雕冠饰"双鸟负日"图像与太阳神崇拜

"连图成组"来表示一个完整意思的图画，被称为"图画文字"④。河姆渡文化三件器物上刻画精美的"双鸟负日"图像，都是由"太阳"和"双鸟"图画组成，故应被纳入"图画文字"的范畴。而我国远古器物上独立存在的"刻画符号"的含义，大都与其载体的名义和用途相符合，可称之为"物象文字"（即"标识文字"）。它是中华先民"制器尚象"习俗的产物，也是一种特殊的纪事文字，具有浓厚的宗教意义⑤。因此，河

---

① 浙江省文物管理委员会、浙江省博物馆：《河姆渡遗址第一次发掘报告》，《考古学报》1978 年第 1 期；河姆渡遗址考古队：《浙江河姆渡遗址第二期发掘的主要收获》，《文物》1980 年第 5 期。

② 牟永抗：《试论河姆渡文化》，《中国考古学会第一次年会论文集》，文物出版社 1980 年版；冯时：《中国天文考古学》第 155 页，社会科学文献出版社 2001 年版。

③ 刘斌：《关于良渚玉器分类与定名的几点认识》，《文明的曙光——良渚文化》，浙江人民出版社 1996 年版；浙江省文物考古研究所等编著：《良渚考古八十年》，第 85、111、173 页，文物出版社 2016 年版。

④ 蔡运章：《仰韶文化两则"图画文字"解诂》，《洛阳理工学院学报》2022 年第 3 期。

⑤ 蔡运章：《大汶口陶甗文字及相关问题》，《山东师范大学学报》2013 年第 2 期。

姆渡文化"图画文字"的含义，也当与其载体的名义和用途相符合。

中华先民盛行太阳神崇拜的社会习俗。《礼记·郊特牲》载："万物本乎天。"《礼记·郊特牲》郑玄注："天之神，日为尊。"《礼记·杂记下》说："正月日至，可以有事于上帝。"周历"正月"即夏历十一月。"日至"即冬至。这是说"冬至"那天要举行祭祀上帝神灵的典礼。《礼记·郊特牲》有"迎长日之"的"郊祭"活动。《尚书·尧典》和殷墟甲骨文都有祭"出入日"的典礼。因为太阳的运行出没，直接决定着人类的日常生活。这就是古代世界各民族普遍存在太阳神崇拜习俗的根本原因。

(三) 牙雕冠饰"双鸟负日"图像与"金乌负日"传说

中国古代盛传"日月俊生"和"金乌负日"的神话传说。据《山海经·大荒南经》记载：

> 羲和者，帝俊之妻，是生十日。

《山海经·大荒西经》载：

> 帝俊妻常羲，生月十有二。

这说明"帝俊"之妻羲和生了十个太阳，常羲生了十二个月亮。长沙子弹库战国楚帛书《创世神话》说："日月俊生……帝俊乃为日月之行。"① 可见"帝俊"本是"日月之神"的传说，产生的年代非常久远。

据《山海经·大荒东经》记载：

> 汤谷上有扶木，一日方至，一日方出，皆载于乌。

《淮南子·精神训》载："日中有踆乌。"高诱注："踆，犹蹲也，即三足乌。"《论衡·说日》说："日中有三足乌。"这说明"三足乌"是负

---

① 李零：《长沙子弹库战国楚帛书研究》，中华书局1985年版；汤余惠：《战国铭文选》，吉林文史出版社1993年版，第165页。

载太阳运行的神鸟。《尚书·尧典》"历象日月星辰"蔡沈集传："日，阳精。"《玉篇·日部》："日者，阳之精。"《文选·左思〈蜀都赋〉》"阳鸟迥翼乎高标"刘渊林注引《春秋元命包》曰："阳成于三，故日中有三足乌。乌者，阳精。"这说明"三足乌"与太阳的名义相符合，也就成为太阳神的象征。这就是"金乌负日"传说的由来。

考古发现"金乌负日"神话年代较早的资料，以往见有陕西华县泉护村 H165 出土仰韶文化庙底沟类型彩陶器上，绘有典型的"金乌负日"图（图 2-1）①。距今约 5000 年的良渚文化玉璧上，刻有太阳纹祭坛上站着一只"神鸟"，也应是"金乌负日"故事的范畴（图 2-2）②。

图 2-1　陕西华县仰韶文化的"金乌负日"图

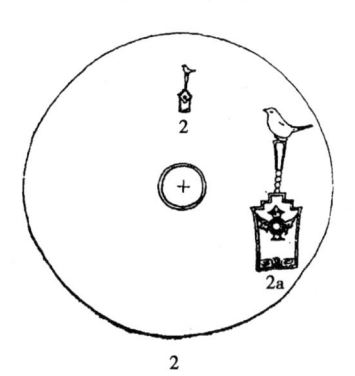

图 2-2　良渚文化玉璧上的"玉璧金乌"图

有学者已注意到，这件牙雕冠饰上"双鸟日纹"图像与我们习见的"金乌负日图并不相同"。以往流传的"金乌负日"图，"描绘的都是一只身负太阳、身展双翅的飞鸟"。河姆渡文化的"双鸟负日纹"，与"我们熟知的自新石器时代以来就已相当流行的展翅翱翔的金乌负日图大相径庭"③。因此怀疑这些"图像"是否与"金乌负日"传说有联系。

---

① 苏秉琦：《苏秉琦考古学论述选集》，文物出版社 1984 年版，第 166 页。
② 陈甘棣：《鉴赏美国收藏的良渚文化玉璧》，徐湖平主编：《东方文明之光——良渚文化发现 60 周年纪念文集》，海南国际新闻出版中心 1996 年版。
③ 冯时：《中国天文考古学》，社会科学文献出版社 2001 年版，第 156 页。

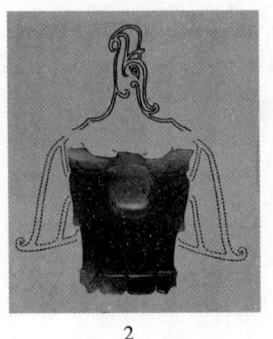

图 3 史前时期器物常见的玉鹰
1. 石家河古城址出土；2. 滕州前掌大出土；3. 南阳麒麟岗出土

其实，河姆渡文化的"双鸟负日纹"，展示的应是"凤凰负日"图像。《诗·大雅·卷阿》"凤皇于飞"毛传："雄曰凤，此曰皇。"《左传·庄公二十二年》"凤皇于飞"杜预注："雄曰凤，此曰皇。"《淮南子·览冥》"凤皇之翔"高诱注："雄曰凤，雌曰皇。"因凤皇本来就是雌雄成双，也是"阴阳和合"的象征。以往的图像中或双、或单，并无本质差异。例如，湖北石家河文化谭家岭遗址、山东滕州前掌大墓地、河南南阳麒麟岗西汉墓地出土的这种钩喙、长尾的玉鹰图像（图3）[1]，就有单双的不同。我们以往看到的"一鸟负日"图，只是简化后的图像而已。这就是牙雕冠饰上刻画的"凤凰负日"的缘由。

（四）牙雕冠饰"双鸟负日"图像与"图画文字"

河姆渡文化的牙雕冠饰，当是河姆渡部落酋长（或巫师）祭祀太阳神时，头上佩戴用来沟通人神的法器。"头"即首。"首""冠"名义相通。《公羊传·庄公二十年》"碎其首"何休注："首，头也。"《楚辞·离骚》"厥首用夫颠陨"王逸注："首，头也。"《说文·冖部》："冠，綦也，所以綦发，弁冕之总名也。"段玉裁注："冠，所以束发也。"《论衡·讥日》载："冠为首饰。"《释名·释首饰》："冠，贯也，所以贯韬发也。"《后汉书·党锢传》"贾韦节为其冠"李贤注："冠，犹首也。"《文选·嵇康

---

[1] 湖北省文物省文物考古研究所：《石家河遗址1959年发掘的主要收获》，《江汉考古》2016年第1期；中国社会科学院考古研究所：《滕州前掌大墓地》，文物出版社2005年版；南阳市文物工作队：《河南南阳市麒麟岗西汉木椁墓》，《考古》1996年第3期。

〈琴赋〉》"冠众艺兮"吕向注："冠，首也。"是其证。

"双鸟负日"图像里，"日"是主题。"冠""日"名义相通。因"首""冠"名义相通。"日"是天体的象征。孔颖达《诗经·十月之交》疏说："日者，太阳之精。"《礼记·曲礼上》"执禽者左首"孔颖达疏："首，亦阳也。"《汉书·天文志》"魁，海岱以东北也"颜师古注引孟康曰："首，阳也。"《礼记·冠义》："冠者，礼之始也。"《周易·比》"比之无首"《集解》虞翻曰："首，始也。"是其证。

"首"，通作道。《周易·离》"出涕沱若"王弼注："四为逆首。"《经典释文》："'逆首'，本又作'逆道'。"《周易·明夷》九三"明夷于南狩，得其大首"俞樾《诸子评议·周易一》按："首，当读为道。"是其证。《管子·枢言》载："道之在天者，日也。"房玄龄注："日者，万物由之以煦，万象由之以显。"《淮南子·天文训》也说："日至而万物生。"《老子》第四十二章："道生一，一生二，二生三，三生万物。"这说明"冠""首""道"都与太阳的名义相通。

由此可见，"双鸟负日"图像可以作为牙雕冠饰的象征和标识。

（五）牙雕冠饰"鸷鸟"图案与凤凰

神话传说中的凤凰是一种奇异的五彩神鸟。《山海经·南山经》说：丹穴山"有鸟焉，其状如鸡，五彩而文，名曰凤凰，首文曰德，翼文曰义，背文曰礼，膺文曰仁，腹文曰信。是鸟也，饮食自然，自歌自舞，见则天下安宁"。许慎《说文·鸟部》说得更为具体：

> 凤，神鸟也。天老曰：凤之象，鸿前麐后，蛇颈鱼尾，鹳颡鸳思，龙文虎背，燕颔鸡喙，五色备举。出于东方君子之国，翱翔四海之外，过崑崙，饮砥柱，濯羽弱水，莫宿风穴，见则天下大安宁。

凤鸟的具体形象，《韩诗外传》卷八、《说苑·辨物篇》亦有较详细的记录。由此可见，传说中的"凤"并不是一般的鸟类，而是一种奇异的五彩神鸟。

《山海经·南山经》载：凤凰"其状如鸡"。此"鸡"实为野鸡，本名为雉。这说明凤鸟本属雉类飞禽。《尔雅·释鸟》说：雉"伊洛而南素质五彩皆备曰翚"。所说"五彩皆备曰翚"，其实指的就是红腹锦鸡而言。今洛阳市汝阳县王坪乡鸡冠山尚栖息着一种"红腹锦鸡"，色泽艳丽，属国家二级保护禽鸟①，当是凤鸟的重要雏形。

"凤皇"或名俊鸟，亦名鸾鸟。《楚辞·九章·涉江》"鸾鸟凤皇"王逸注："鸾、凤，俊鸟也。"这说明"凤"鸟即俊鸟。日中的"踆鸟"即俊鸟。《山海经·西山经》载："有鸟焉，其状如翟而五彩文，名曰鸑鸟，见则天下安宁。"《楚辞·离骚》"鸑皇为余先戒兮"王逸注："鸑，俊鸟也。""俊鸟"即"骏鸟"。《说文·鸟部》说："骏，骏鸃，鸑也。"又说："鸑，赤雉也。""赤雉""鸑鸟"就是今天常见的红腹锦鸡，似雉而大，长尾，本是凤凰属的五彩神鸟，故被称为"俊鸟"。

在中华先民的观念里，"日月之神"就是上帝明神，也是人君的象征。《国语·周语上》载："古者先王既有天下，又崇立上帝明神而敬事之，于是乎有朝日、夕月以教民事君。"韦昭注："上帝，天也。明神，日月也。"《礼记·杂记下》说："正月日至，可以有事于上帝。"周以十一月为岁首，周历"正月"即夏历十一月。"日至"即冬至。这是十一月冬至日祭祀"上帝"的事例。《礼记·郊特牲》郑玄注："天之神，日为尊。"孔颖达《诗·小雅·十月之交》疏："日者，太阳之精，至尊之物。"这就是古人把"日神"视为上帝神明的原因。《后汉书·五行志六》引《日蚀说》云："日者，太阳之精，人君之象也。"郑玄《诗·北风·柏舟》注："日，君象也。"太阳神是人君的象征，古代君王率领臣民对太阳神顶礼膜拜，自然有利于巩固自己的权威和统治地位。

从三星堆祭祀坑出土的青铜"扶桑"神树来看，古蜀先民的太阳崇拜与《山海经》所载"十日"和日月之神"帝俊"事迹，应属同一个神话故事的范畴。因此，这三星堆出土的大型青铜立人像，很可能就是日月之神"帝俊"的偶像②。

---

① 《洛阳日报》2017年12月20日第9版。
② 蔡运章：《三星堆文化的太阳神崇拜——从古蜀金器"人头、鸟、鱼和羽箭"母题图案谈起》，《中华文化论坛》2007年第2期。

二 骨匕柄部"双鸟负日"图像与春秋祭典

河姆渡文化骨匕柄部刻画左右并列的"双鸟负日"图像,实乃河姆渡先民"出日、入日"祭典的真实反映。

(一) 骨匕柄部"双鸟负日"图像与"图画文字"

河姆渡遗址发掘出土被编为T21④:18号的骨匕,残存柄部。柄面雕刻两组"双鸟负日"图像,每组图像的中间均刻有圆日,圆日两侧各刻一相背的鸷鸟,作"双鸟负日"状。骨匕柄残长14.5厘米,宽3.4厘米(图4)。该器出土于河姆渡文化第四层①。这件牙雕骨匕,制作精美,当是河姆渡先民祭祀太阳神时用来切割肉食的礼器。

图4 河姆渡文化骨匕柄上的"日鸟合璧"图像

骨匕本是取饭食的器具,也是祭天的礼器。"日""匕"的名义相通。《周易·震》"不丧匕鬯"王弼注:"匕,所以载鼎实。"《仪礼·少牢馈食礼》"廪人概甑甗匕与敦于廪爨"贾公颜疏引上雍人云:"匕者,所以匕肉。""匕",通作比。《说文·匕部》:"匕,相与比叙也。从反人,亦所以用比取饭也。"段玉裁注:"匕,即今之饭匙也。比,亦可作匕也,此制字之本义。"是其证。《吕氏春秋·达郁》"肌肤欲其比也"高诱注:"比,致也。"《论语·先进》"比及三年"皇侃疏:"比,至也。"是"比"都有致献、送达之义。

同时,《说文·日部》:"日,实也,太阳之精不朽。"《释名·释天》:"日,实也,光明盛实也。"《礼记·杂记》"使某实"郑玄注:"实,当为

---

① 浙江省文物管理委员会、浙江省博物馆:《河姆渡遗址第一次发掘报告》,《考古学报》1978年第1期;河姆渡遗址考古队:《浙江河姆渡遗址第二期发掘的主要收获》,《文物》1980年第5期。

至。此读周秦之人声之误也。"俞樾《群经评议》按:"实,当为致。"《庄子·山木》"虽落其实,弃之而走"成玄英注:"实,食也。"《公羊传·定公十四年》"脤者何? 俎实也"何休注:"实,俎肉也。"《仪礼·少牢馈食礼》"皇尸未实侑"郑玄注:"实,饱也。"《吕氏春秋·审应》"必有其实"高诱注:"实,诚也。"《礼记·礼运》"此顺之实也"郑玄注:"实,诚也。"是"日"有美食、诚实之义。这说明"双鸟负日"有诚实地奉献肉食祭品之义,正与骨匕的用途相符合。

由此可见,"双鸟负日"图像可以作为骨匕的象征和标识。

(二)"双鸟负日"图像与春秋祭典

"双鸟负日"的图像,左右排列。依古人的方位观念,左东右西,当是春、秋两季的象征。《诗·大雅·緜》"迺左迺右"朱熹集传:"左右,东西列也。"《仪礼·士冠礼》"主人迎出门左"郑玄注:"左,东也。"《仪礼·士虞礼》"陈三鼎于门外之右"郑玄注:"门外之右,门西也。"《尚书·君奭序》"相成王为左右"《经典释文》引马融曰:"西为右,东为左。"这说明"双鸟"位列左右,当是东西方的象证。《国语·晋语二》"将在东矣"韦昭注:"东,东方也。"《素问·玉机真藏论》:"东方,木也,万物之所以始生也。"《玉篇·东部》:"东,春方也。"《史记·五帝本纪》"便程西成"《集解》引孔安国曰:"秋,西方,万物成也。"《广韵·齐韵》:"西,秋方。"春、秋是两个重要季节。春种秋收,决定着一年的收成。这就是这件骨匕要特意刻绘"双鸟负日"图像的缘由。

(三)"双鸟负日"图像与"出日、入日"祭典

中国古代有"春分朝日,秋分夕月"的社会习俗。《国语·周语上》载:古者先王"崇立上帝、明神而事之,于是乎有朝日夕月以教民事君"。韦昭注:"上帝,天也。明神,日月也。"《礼记·祭义》载:"祭日于坛,祭月于坎,以别幽明,以制上下。"孙希旦集解:"此谓春分朝日,秋分夕月之礼也。"《礼记·玉藻》说:"朝日于东门之外。"所谓"春分朝日,秋分夕月",就是"春分"那天早晨到东门外祭祀太阳神,秋分那天晚上到西门外祭祀月亮神的典礼。

值得注意的是,殷墟卜辞里有祭"出入日"的记录。例如:

(1) 戊戌卜，内，呼雀戠于出日于入日。 《合集》6572

(2) 乙酉卜，又出日、入日。 《怀特》1569

(3) 王其观日出，其截于日，剛。

弜祀。

弜剛。

其䆲濆，王其焚。 《屯南》2232

(4) 癸未贞，甲申酒出入日，岁三牛。 《屯南》890

这些卜辞中的祭"出日、入日"的典礼，常用牛来作牺牲。正如宋镇豪先生所说："出日"指东方日出，"入日"指西方日落。太阳不可能同时出入，而祭"出日、入日"也"绝非指天天拜祀日出日落"。故"出日、入日"应是个特定的历法概念。"截"，《诗·大雅·常武》毛传谓："治也。"商王"观日出"和"截于日"，当是"观察日出而治祭日神"之义。特别重要的是，商王"'观日出'的地点是在'濆'地（濆，通作堨、嵎，在今山东沿海地区），与《尧典》说的'宅嵎夷，曰旸谷。寅宾日出'，全相密合，绝非偶然"①。《礼记·祭仪》说："祭日于东，祭月于西。"《国语·周语上》韦昭注："以春分朝日，秋分夕月，拜日于东门之外。然则夕月在西门之外也。"由此推测，史前和夏商时期本来春分祭日出、秋分祭日落的礼仪，到了周代已演变为"春分朝日"于东门之外、"秋分夕月"于西门之外的习俗了②。

三 陶豆盘内"四鸟绕日"图像与"四时轮回"观念

河姆渡文化陶豆盘内的"四鸟绕日"图像，当是"四时轮回"观念的反映，也是"四时"祭太阳神的产物。

（一）陶豆盘"四鸟绕日"图像与图画文字

河姆渡遗址发掘出土被编为 M4:1 号的陶豆盘，豆盘呈钵形，柄部残

---

① 宋镇豪：《夏商社会生活史》，中国社会科学出版社 1994 年版，第 460、471、474 页。
② 蔡运章：《三星堆文化的太阳神崇拜——从古蜀金器"人头、鸟、鱼和羽箭"母题图案谈起》，《中华文化论坛》2007 年第 2 期。

失，泥质灰陶。盘内底部阴刻"日鸟绕日"图像，中央刻一圆日，四鸟环绕，分指四方。盘径27.5厘米（图5）。出土于河姆渡文化第一层①。

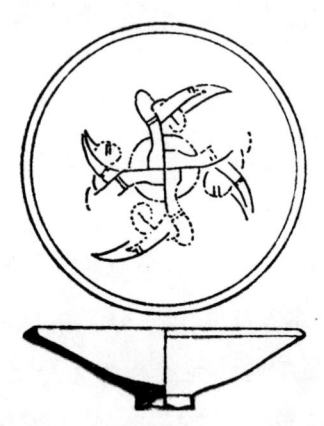

图5　河姆渡文化陶豆盘内的"四鸟绕日"图像

陶豆是祭祀天神的礼器。《说文·豆部》："豆，古食肉器也。"《国语·吴语》"觞酒豆肉"韦昭注："豆，肉器。"《诗·豳风·伐柯》："笾豆有践。"《尔雅·释器》"木豆谓之豆"郭璞注："豆，礼器也。"这说明陶豆是祭祀天神时使用的一种古老礼器。

陶豆本名为"登"。《说文·豆部》："登，礼器也。"段玉裁注："登，《诗》《尔雅》皆作登。"《尔雅·释器》："瓦豆谓之登。"《诗·大雅·生民》"于豆于登"毛传："瓦曰登。"《大戴礼器·曾子事父母》"执觞觚杯豆而不醉"卢辩注："以木曰豆，以瓦曰登。""瓦豆"即陶登。

因"双鸟负日"图像有诚实地奉献肉食祭品之义。《周礼·夏官·羊人》："登其首"郑玄注："登，升也。"《周易·升》"升，元亨"孔颖达疏："升者，登也。"《吕氏春秋·孟秋》"农乃升谷"高诱注："升，进也。"《京氏易传》卷上："升者，进也。"《吕氏春秋·孟夏》"农乃升麦"高诱注："升，献。"是"登"有进献祭品的意思。

"日"，通作"实"。《说文·日部》："日，实也，太阳之精不亏。"

---

① 浙江省文物管理委员会、浙江省博物馆：《河姆渡遗址第一次发掘报告》，《考古学报》1978年第1期；河姆渡遗址考古队：《浙江河姆渡遗址第二期发掘的主要收获》，《文物》1980年第5期。

《释名·释天》："日，实也，光明盛实也。"王先谦疏证补引王启源曰："日之名义取于实，故经传或即以实为日。"《左传·昭公二十四年》"今王室实蠢蠢焉"《说文·心部》引作"日蠢蠢"。《周易·蒙·象传》"独远实也"王弼注："阳称实。"孔颖达疏："阳主生息，故称实。"是其证。《吕氏春秋·审应》"必有其实"高诱注："实，诚也。"《礼记·礼运》"此顺之实也"郑玄注："实，诚也。"《吕氏春秋·审应》"取其实以责其名"高诱注："实，德行之实也。"是"日"有诚实、美德之义。这说明"双鸟负日"图像与陶登的名义和用途相符合。

由此可见，"双鸟负日"图像可以作为陶登的象征和标识。

（二）"四鸟绕日"与四季轮回的历法观念

陶豆盘内的"四鸟绕日"图像，四鸟各居一方，作轮回飞行状，当表示大自然的"四季轮回"。《淮南子·天文训》载："天地之袭精为阴阳，阴阳之专精为四时，四时之散精为万物。"《管子·山权数》载："时者，所以记岁也。"《春秋繁露·循天之道》载："天有两和，以成二中。"俞樾《诸子评议》按："两和谓春分、秋分，二中谓冬至、夏至。"《说文·日部》："时，四时也。"段玉裁注："时本春秋夏之称。"《释名·释天》载："四时，四方各一时。时，期也，物之生死，各应节期而至也。"中华先民观察到一年四季的气候变化，用四鸟飞绕来表示四季日月轮回的时间变化，由此可见河姆渡先民的聪明智慧。

陶豆盘内刻画"四鸟绕日"的四方神鸟，即四方雉鸟。据《尔雅·释鸟》记载：雉鸟"南方曰寿，东方曰鶅，北方曰鵗，西方曰鷷"。《说文·隹部》说：雉鸟"南方曰寿，东方曰甾，北方曰稀，西方曰蹲"。这说明北方凤名"鵗"，或书作"稀"。因伏羲之"羲"，可通作"希"。北方凤名"鵗""稀"，均可通作"希"。《左传·昭公十七年》载："五雉为五工正。"杜预注："五雉，雉有五种：西方曰鷷雉，东方曰鶅雉，南方曰翟雉，北方曰鵗雉。"四方雉鸟亦即四方凤鸟，因地域差别，有着不同的名称。

（三）"双鸟负日"图像的鸷鹰与太阳神帝俊

必须说明的是，河姆渡"双鸟负日"图像中的"双鸟"，与史前器物上常见的"凤鸟"多是钩喙、长尾的鹰类图像相同。因凤鸟本属雉类飞禽，鹰类也属于鸷鸟的范畴。《诗·大雅·大明》："时维鹰扬。"郑笺："鹰，鸷鸟也。"《说文·鸟部》："鸷，击杀也。"《楚辞·离骚》："鸷鸟之不群兮。"王逸注："鸷，执也。谓能执伏众鸟，鹰鹯之类也，以喻中正。""中正"是中华民族优秀传统文化的重要内涵，这就是远古先民产生鸷鹰崇拜习俗的原因。

史前器物上的鸷鹰，有可能是指鹞鹰而言。鹞鹰是一种身体瘦长，善于捕食雀、鼠等小型动物的猛禽。《说文·鸟部》："鹞，鸷鸟也。""鹞鹰"即鹞雉。《尔雅·释鸟》说："鹞雉，江淮而南，青质五采皆备成章曰鹞。"郭璞注："鹞，即鹞雉也。"《玉篇·鸟部》说："鹞，五采雉。"这说明"鹞鹰"即五彩雉鸟。

鸷、雉音近义通。《礼记·儒行》："鸷虫攫搏。"《经典释文》："鸷与挚同。"段玉裁《说文·鸟部》注："古字多假挚为鸷。"《仪礼·士冠礼》："奠挚见于君。"郑玄注："挚，雉也。"是其证。这就是鹞鹰被称为"鹞雉"或"五彩雉"的缘由。

我国古代器物上的凤鸟即"俊鸟"。"俊"，通作鵕。《山海经·大荒东经》："有一大人踆其上。"郭璞注："踆，或作俊，皆古蹲字。"《说文·隹部》：雉有十四种"西方曰鷷"。《说文·鸟部》说："鵔，鵔鸃，鷩也。"又说："鷩，赤雉也。""赤雉"即红腹锦鸡。由此可见，"日中"的"踆鸟"实即鵔鸟，也就是太阳神帝俊的化身①。

（四）"四鸟绕日"图像的巨大影响

值得注意的是，河姆渡文化器物上的"四鸟绕日"图像，在成都金沙遗址出土的金箔太阳神鸟、西汉铜鼓以及美国印第安人的器物上，都有踪迹可寻。

2001年，成都市西北金沙村商周遗址出土一件金箔太阳神鸟，整体呈圆形，内圈刻太阳纹，周围刻四只神鸟环绕飞行，颇似太阳旋转运行的样子。外径12.5厘米，内径5.29厘米，厚约0.02厘米（图6-1）②。我国西

---

① 蔡运章：《伏羲女娲传说与龙凤图腾崇拜》，《湖南科技学院学报》2019年第8期；蔡运章：《伏羲女娲传说与龙凤图腾崇拜的考古学观察》，山东枣庄全国伏羲文化学术研讨会论文，2021年10月，待刊。

② 成都文物考古研究院等：《金沙遗址——阳光地带二期发掘报告》，文物出版社2017年版。

南地区战国西汉时期常见的铜鼓面上,也刻有"四鸟环日"分居四方的图像(图6-2)①。

图6-1 成都金沙遗址出土四鸟坏日图

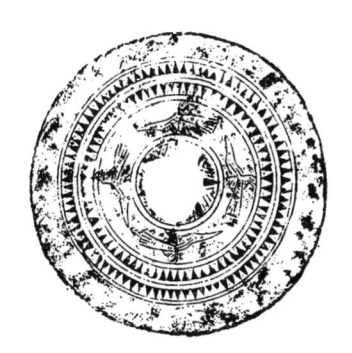

图6-2 战国西汉铜鼓面的"四鸟环日"图像
(采自冯时《中国天文考古学》,第158页)

这两件"四鸟环日"图与河姆渡文化陶豆上的"四鸟绕日"图像,时间相差数千年,地方相隔数千里,却都有表示日月运转、四季轮回的异曲同工之妙。由此可见,中华先民太阳神崇拜观念的巨大影响。

令人惊奇的是,北美印第安民族早期文化的器物上,也刻有类似河姆渡文化的"四鸟绕日"图像(图7-1、7-2)②,年代约为公元700—1000年。两者之间有什么关联?尚待研究。

图7-1 美国田纳西州蕯姆纳县印第安贝刻盘

图7-2 美国印第安普伟布洛刻盘
(采自冯时《中国天文考古学》,第157页)

---

① 易学钟:《铜鼓鼓面"四飞鸟"图像新解》,《考古》1987年第6期。
② 冯时:《中国天文考古学》,社会科学文献出版社2001年版,第155页。

四　河姆渡文化"日鸟合璧"图像的重要价值

以往不少学者曾对河姆渡文化"日鸟合璧"图像进行讨论。但对其重要价值，仍有重新认识的必要。这些"图像"的学术价值，主要体现在三个方面：

(一) 我国目前所知年代最早的"图画文字"

"图画文字"是中国文字起源和形成的重要阶段。河姆渡文化牙雕冠饰的中心位置，刻画一个象征太阳的同心圆火焰纹，火焰纹左右各刻一只圆目利喙的鸷鸟，相对观望。这三个"图画"相互连结，便形成一组"双鸟负日"的叙事性图案。这就形成了反映"金乌负日"故事的"图画文字"。

陕西华县泉护村H165出土仰韶文化庙底沟类型彩陶器上所绘的"图画"，用弧线表示天穹，中有圆形太阳，下有双翅展开、双腿向后伸展的神鸟，作背负太阳在天际飞行的样子。这幅图画正是典型的"金乌负日"图像，也是一幅叙述"金乌负日"故事的"图画文字"。

河姆渡文化骨匕上刻绘的两组表示"春秋"两季和陶豆盘内刻的画四鸟绕日飞行，来表示"四季轮回"的观念，都应属于"图画文字"的范畴。

中国史前的"图画文字"最早发生在什么年代和哪个地区？以往我们发现的"图画文字"，年代较早的可以追溯到宝鸡北首岭仰韶文化的"苍鹭衔鱼图"和临汝阎村发现的"鹳鱼石斧图"。这两组"图画文字"的年代，分别距今约6500年和约5500年[①]。河姆渡文化的年代距今约7000—5300年。河姆渡文化骨匕出土于四期，牙雕冠饰出土于三期，陶豆盘出土于一期。这说明河姆渡文化骨匕和牙雕冠饰上的"图画文字"，应略早于宝鸡北首岭仰韶文化"苍鹭衔鱼图"的年代。也就是说，河姆渡文化发现的"图画文字"，有可能是我国目前所知年代最早的"图画文字"。

河姆渡文化和仰韶文化，都属炎黄时代，是华夏文明形成的早期阶

---

① 蔡运章：《仰韶文化两则"图画文字"解诂》，《洛阳理工学院学报》2022年第3期。

段。河姆渡文化和仰韶文化时代，正是我国母系氏族公社的繁荣时期。这两种地域文化，南北远隔数千里，但却大体同时使用"图画"来表达各自的思想观念。由此可见，炎黄时代先民使用"图画文字"来"记载事实"的习惯，已逐渐趋于成熟。

(二) 我国目前所知年代最早的"金乌负日"图像

河姆渡文化器物上的三组"日鸟合璧"图像，体现的思想内涵虽然略有不同，但却都是用"金乌负日"故事为基础的"图画文字"，来记录祭祀太阳神典礼的产物。

"日月俊生"和"金乌负日"神话，见诸战国时代的文献记载。这种神话传说最早发生在什么时代和哪个地区？以往所见年代较早的是陕西华县泉护村H165出土仰韶文化庙底沟类型彩陶器上所绘的"金乌负日"图像，距今约6000年。而河姆渡文化四期、三期出土骨匕和牙雕冠饰上的"金乌负日"图像，显然要早于泉护村H165出土的"金乌负日"图像。这说明"金乌负日"的神话传说，可能最早发生在河姆渡文化先民的族群里。

如前所述，"金乌"即俊鸟，属"阳精"，也就是太阳神帝俊的化身。帝俊伏羲氏本为一人，乃是中华民族共同的人文始祖。"金乌负日"图像体现的则是中华先民融始祖神、至上神和造物主为一体的祖先崇拜观念[①]。仰韶文化和河姆渡文化器物上所绘的"金乌负日"图像，虽然南北相隔数千里，但却都具有以帝俊伏羲氏为核心的祖先崇拜观念。由此可见，中华民族共同体早在距今六七千年前的炎黄时代，就已初步形成。

(三) 目前所知年代最早的春秋、四时观念

河姆渡文化骨匕和陶豆盘内的"金乌负日"图像，是河姆渡先民"春秋"两季和"四时"祭祀太阳神的产物。冯时先生指出：骨匕上的"双鸟负日"图像，正是"体现了二分日时太阳分主东、西两方的古老观念"。而陶豆盘内的图像呈现"金乌运载着太阳东升西落，南行北进，不正是四

[①] 蔡运章：《伏羲女娲传说与龙凤图腾崇拜》，《湖南科技学院学报》2019年第8期；蔡运章：《伏羲女娲传说与龙凤图腾崇拜的考古学观察》，山东枣庄全国伏羲文化学术研讨会论文，2021年10月，待刊。

时日行四方的写照"①。由此可见,河姆渡先民已具有"春秋"和"四时"季节变化的历法知识。

据《淮南子·览冥训》记载,黄帝治理天下时,已"理日月之行,治阴阳之气,节四时之度,正律历之数"。河姆渡文化器物上的"日鸟合璧"图像,正是炎黄时代"理日月""治阴阳""节四时"活动的有力佐证。由此可见,河姆渡文化骨匕和陶豆盘内的"金乌负日"图像,当是我国目前所知年代最早的能体现"春秋"和"四时"观念的文物资料。

综上所述,河姆渡文化"日鸟合璧"图像的发现和解读,对研究中国古代的文字起源、天文历法和太阳神崇拜等问题,都具有重要意义。

(蔡运章:中国先秦史学会顾问、洛阳文物考古研究院研究员)

---

① 冯时:《中国天文考古学》,社会科学文献出版社2001年版,第156、157页。

中国农业的本土起源及其三大模块

唐燮军

农业的出现，无疑是人类历史由蒙昧走向文明的伟大革命。中华农耕文化起源的核心问题，就是原始农业究竟形成于何时、何地、何因、何种方式的问题，并由此派生诸如农具的改进、农技的发展、先民生存状态的变更乃至社会形态的变迁等一系列边缘问题。事实上，早在先秦时期就有人试图解答此一问题，见诸传世典籍，即有"神农之时天雨粟，神农耕而种之，作陶冶斤斧，破木为耜，鉏耨以垦草莽，然后五谷兴，以助果蓏之实"①的记载；而近年来，由于现代科技在田野考古中的广泛应用，以及考古发掘成果的层见叠出，农业起源问题更成为国内外农史界普遍关注的热点。

在众多的关于农业起源的假说与理论中，人口压力学说和竞争宴享理论无疑是最具影响力的。前者认为动植物的驯化是对人口压力和粮食短缺的一种反应，从而推动人类从采集狩猎经济走向农业经济；而后者否认驯化动植物在减缓、消弭人类饥荒中的决定性作用，转而认为某些动植物的驯化是在食物资源比较充裕条件之下，人类为扩大食品结构、增添美食种类的产物。这两种理论观点的截然对立，在某种程度上昭示着：不同地域的原始农业的出现，源自不尽相同的动力机制；对于农业起源问题的探讨，必须充分关注地域的差异，予以实事求是的分析。

我们认为：若以植物栽培种类为划分依据，中国的农耕文化的起源实

---

① 朱佑曾：《逸周书集释·逸文十一》。此外，《白虎通德论》及《淮南子·修务训》也曾作有意思相近的探讨。

际上包括黄河流域的粟作农业、长江中下游的稻作农业及西藏的青作农业三大模块，尽管它们的形成时间有先后，却无疑是独立起源、各有特点的农作方式，因而对于此一问题的考察，也应该分成粟作、稻作、青作三部分加以具体论述。尤需指出的是，农耕的起源经历了一个缓慢而又不可度量的过程，我们通过考古或其他手段所认知的，仅仅是史前农业形成之后某一发展阶段的概况，而绝不可能真正探知农耕起源的原初面貌。然而我们坚信，借助日新月异的科技手段和锲而不舍的探索精神，后人对于农耕起源问题的认识，能够无限地接近事实本身，而这正是撰述本文的原因所在。

一　粟作农业的起源问题

距今大约七万年前，由于第四纪晚更新世冰期的来临而导致的气温大幅度下降，直接造成浆果类植物的灭绝和大批动物的南迁，进而打破了原有的生态平衡。与北半球其他温带大陆不同的是，更新世冰期的黄河流域虽也曾反复出现过山脉冰川，却从未遭受大陆冰川的作用，华夏先民因此得以幸存，而山西朔县峙峪及沁水下川、河南安阳小南海、河北阳原虎头梁等地的文化遗存①，就是他们抗争冰期作用、顽强生存的遗迹。

这种抗争充分表现在：处于饥饿边缘的华夏先民改变长期以来对原有食物链的严重依赖，转而另觅新的食物来源以维持种群的延续。于是，耐寒的草本禾谷类植物种子成为他们首选（事实上也是主要）的食品；同样因为气温急剧下降的缘故，这些草本禾谷类植物种子并非四季常有，故而在旺季采集足够的食物以备淡季之需（即储藏）也就成为必要，而在寒冷气候下为生存而努力的人们，又在长期的采集、储藏过程中，势必逐渐深化对此类植物习性的认识，最终产生将之驯化、栽培的内在冲动，这种冲动大概就是徐旺生先生所谓的"作为观念的农业"②，并且随着全新世的来临和气候的转暖，外化为农业实践活动，其时间大致在距今10000年左右。

---

①　夏鼐：《新中国考古发现与研究》，文物出版社1984年版。
②　《中国农史》1994年第1期所刊徐旺生《中国农业本土起源新论》，不仅提出了"作为观念的农业"这一概念，而且推论了其萌芽的大致时间。

粟是由野生的狗尾草进化而来的，何炳棣先生根据午城黄土之中的粟类花粉遗存，推断这种进化大约发生在更新世初期之前①。其实，粟不仅具有顽强的生命力，而且营养比较丰富，因而在冰期来临、原有食物链中断之后，逐渐成为幸存于黄河流域的华夏先民的替代食物之一。随着第四期冰期的终结，黄河流域形成了冬春干旱、夏季多雨的气候特征，这种气候特征决定了该地的农作物只能是春种秋收、喜温性的一年生品种，而粟类作物的生长周期又恰好与之吻合，因为它"在幼苗期缺失水份时，呈假死状态，叶部纵卷以减少水份蒸发，原有根系向下深扎，……已经纵卷的叶子遇水后只1—3小时便能完全展开恢复生长"。幼苗阶段的干旱不但不会影响它的最后收成，"反而能够促使茎向粗的方向发展，对后期生长有利"②。惟其如此，使得它在诸多草本禾谷类植物中脱颖而出，并大致在第四期冰期结束后不久被广泛地栽种，"中国北方的农业，就是以粟的驯化为主体而逐渐形成和发展的"③。

不过，黄河流域之所以能够成为中国粟类作物的主要栽培区，除了气候适宜之外，在很大程度上是因为该地黄土的物理、化学特性为粟的生长提供了得天独厚的环境。土壤研究结果表明，近100万年以来不断堆积的结构疏松的黄土，不仅"便于原始方式的开垦及作物的浅种直播"，而且"具有垂直的纹理，有利于毛细现象的形成"，从而"可以把下层的肥力和水分带到地面，形成黄土特有的土壤自肥现象"。

在当前学界关于粟作农业究竟发源于何地的学术争鸣中，一般认为发端于黄河之滨，黄土高原则是其中的中心地带，即黄河是产生粟作农业的先决条件；而黄其煦先生则予以明确反对：尽管"黄土地带是发展原始农业的良好环境，黄河的小支流也是保证原始农业的因素，但这些都是'发展'农业的条件，而不是'发生'农业的契机所在"④。更有学者进而提出山地起源说，如李根蟠、卢勋主张：在华夏先民既无能力开发原始森

---

① 何炳棣：《中国农业的本土起源（续）》，《农业考古》1985年第1期。
② 黄其煦：《黄河流域新石器时代农耕文化中的作物——关于农业起源问题的探索（三）》，《农业考古》1983年第2期。
③ 高国仁：《粟在中国古代农业中的地位和作用》，《农业考古》1991年第1期。
④ 以上引文俱见黄其煦《黄河流域新石器时代农耕文化中的作物——关于农业起源问题的探索（三）》。

林，又不能完全脱离狩猎、采集经济的情况下，在山地边缘地带从事农耕劳作无疑是最佳的抉择①。何炳棣先生则从作物驯化角度进一步论证了山地起源说，并得出这样一个结论，即农业不是发生在适于农耕的沃野，恰恰相反，较为贫瘠的山间地带才是它的最初乐园②。在所有的有关粟作农业起源问题的探讨中，我们更倾向于王震中先生所秉持的多元起源理论。他认为，分别位于黄河中上游、中游及下游的大地湾·老官台文化、磁山·裴李岗文化、北辛文化，实际上是三个独立起源而又平行发展的文化系统，尽管三者之间有着横向的交流和相互的影响，但并不存在源流和传承关系③。其实，王先生的这一观点同样适用于对于稻作及青作农业起源问题的考察。

迄今为止，考古学家已经在甘肃秦安大地湾、兰州白道沟坪、甘肃临夏马家湾、青海乐都柳湾、宝鸡北首岭、西安半坡、临潼姜寨、华县泉护村、郴县下孟村、河南洛阳王湾、新郑沙窝李、河北武安磁山、山东滕县北辛等文化遗址中，先后发现或存放于窖穴之中、或随葬于墓地之内的诸如粟粒、粟壳、炭化粟粒等史前粟作文化遗存④。从地域分布来看，这些早期粟作遗存大都位于山丘与平原的过渡地带，从而既利于农业生产，又便于渔猎和采集；从形成时间先后来看，上述遗址以河北磁山遗址的历史最为悠久（距今约8000年），该遗址不仅出土了猪、狗、羊等家畜的遗骸，而且在已经发现的88个窖穴中存储着总量高达13.82万斤的粟米⑤，其数量之巨，表明在新石器时代中期之前，黄河流域的粟作农业业已经历了一个相当长的发展时期；至于窖穴的发明及用于储存粮食，以及舌形石铲、椭圆形石斧、鞋底形石磨盘等工具的出土，又反映出当时的华夏先民已经开始过着以农业经济为主体的定居生活。而在磁山·裴李岗文化遗址，不但有定居的聚落遗存，还有整齐的公共墓地。

得益于稳定的农耕生活，许多环境相对优越的聚落，其规模已相当可

---

① 李根蟠、卢勋：《我国原始农业起源于山地考》，《农业考古》1981年第1期。
② ［美］何炳棣：《中国农业的本土起源》，《农业考古》1984年第2期。
③ 王震中：《中国文明起源的比较研究》，陕西人民出版社1994年版。
④ 有关各地发现粟米的资料，详参陈文华《中国农业考古资料索引（粟）》，《农业考古》1987年第1期。
⑤ 佟伟华：《磁山遗址的原始农业遗存及其相关的问题》，《农业考古》1984年第1期。

观,"如河北磁山遗址面积为 8 万平方米,河南舞阳贾湖村遗址有 5 万平方米,陕西临潼白家村遗址面积竟达 12 万平方米"①。同样受惠于稳定的农耕生活,人们有了从事文化创建的可能,譬如仰韶文化时期的华夏先民已经能够制造种类齐全、式样考究的陶器,考古人员在半坡遗址五分之一面积上,共收集陶片 50 万片以上,其中完整和能够复原的器皿将近 1000 件;在姜寨遗址一期,收集陶片 100 余万片,一、二期共出土完整器皿(加上后来修复)2044 件;在北首岭遗址,收集陶片 10 万片,完整器皿 919 件。就以上三个遗址所出土的陶器质地而言,均以细泥红陶、泥质红陶为主,辅之以少量的夹砂红褐陶、桔红陶及黑灰陶。

尤需指出的是,随着农耕定居生活的出现与稳定,以及制陶技术的不断发展,仰韶文化期的粟作农业已经跨入"器灌"农业阶段,"所谓'器灌',顾名思义,即是使用人工制造的器物,用人力自江河、水坑或水井中直接汲水,从事的农业浇灌"。尽管它只是一种最为原始的农业灌溉形式,却"是农业从天然灌溉到人工灌溉发展过程中的一次重大飞跃和质变",并"为后来井灌和渠灌农业的发展奠定了基础",因而"具有划时代的意义"②。"器灌"农业的产生,进一步巩固了农耕定居生活。作为器灌农业的实物证据,小口尖底瓶(即古书所谓的欹器)最早出土于山西农学院校址,此后又在南达汉水中上游、北及河套、东至豫西晋南、西到陇东的广大地区相继出土,它的发明与使用,既是制陶技术、工艺突飞猛进的表征,又在一定程度上缓解了粟类作物生长初期及分蘖拔节时分的用水需求,更折射出华夏先民将物理学上的重心原理应用于农田水利灌溉的科学智慧。

综上以观,不难发现:1. 黄土高原野生粟类植物的广泛分布,以及独特的土壤结构是形成粟作农业的重要条件;2. 距今 12000—10000 年之间,是黄土高原粟作农业滥觞的关键时期,距今 8000 年前的磁山文化已是粟作农业比较发达的阶段;3. 定居村落的出现,既是农耕文明出现后的产物,又反过来促进了农耕生活的稳定与发展。在广泛分布于黄河中上游地区的

---

① 李学勤主编:《中国古代文明与国家形成研究》,云南人民出版社 1997 年版,第 17—18 页。
② 黄崇岳、孙霄:《原始灌溉农业与欹器考》,《农业考古》1994 年第 1 期。

文化遗址中所发现的为数众多的家畜遗骸及农具、粟米遗存，从事实层面佐证了农耕定居业已成为仰韶文化时期的华夏先民普遍的生活方式。4. 粟作农业是中原地区由采集经济向麦作农业过渡的农耕方式，它的起源与发展，奠定了中原文化——人类文明史上延续时间最长而又从未间断的文化类型——最初的文明规模和文明能量。

二　有关稻作农业起源的学术争鸣及其相关问题

相对于前者而言，时下学界关于稻作中国农业本土起源问题的争论更为激烈，并围绕栽培稻的起源时间和地点问题，形成下列几个主要观点：

1. 云南起源说。这一观点以日本的渡部忠世、国内的柳子明为代表，得到汪宁生、游修龄、李昆生等人的支持和响应。他们认为：（1）云南地区的气候条件、地理环境特别适合水稻的生长；（2）该地不仅拥有稻种资源3000余种，而且酶谱同功酶分析结果显示该地现生栽培稻与普通野生稻之间有着较近地亲缘关系。

2. 长江下游起源说。该假说自河姆渡文化遗址出土大量稻谷遗存之后盛行于学界。1979年，闵宗殿以此为据力主此说。1982年，严文明先生又从考古学、生物学、历史地理学、文化人类学角度加以全面考察，确认杭州湾及其周围地区是中国稻作的起源中心，秉持此论的尚有杨式挺等人。

3. 长江中游起源说。向安强在湖南澧县彭头山稻谷遗存问世之后，首倡长江中游起源说，其后又反复论说，进而在卫斯先生基础上，补充了鉴定稻作农业起源地的三大标准：一是"该地区发现的史前稻作遗存，不仅年代之早列全国之最，发现地点之多也要居全国之冠，且分布密集。特别是早期的稻作文化遗址不能是孤例或二三例，而必须带有普遍性"。二是"该地区必须……是我国史前南北文化交流与传承过程中的纽带。其史前文化自身发展所达到的高度足以构成对周围地区史前文化发生强烈影响"。三是"该地区在史前（特别是新石器时代早期）应非'粟稻混作区'"①。他的观点得到了刘志一、中建、匡达人、卫斯、闰孝玉等人的支持。

---

① 向安强：《长江中游是中国稻作文化的发祥地》，《农业考古》1998年第1期。

4. 长江中下游起源说。安志敏在 1986 年提出"长江中下游可能属于栽培稻的起源中心"的观点①，林华东在《中国稻作农业的起源与东传日本》（刊《农业考古》1992 年第 1 期）一文中，更是明确指出："我们有充分的证据可以认定：长江中下游地区应是中国栽培稻的起源地。"该假说在 1993 年日本举行的"东亚稻作起源和古代稻作文化"国际学术研讨会上，引起与会中日学者的强烈反响。

5. 长江中游—淮河上游起源说。1998 年，王象坤等人根据河南舞阳贾湖遗址和湖南彭头山遗址的发掘情况，认为"长江中游与淮河上游可能是同一历史阶段发生并列发展的中国栽培稻的最初发源地"。与此同时，他们也提出了自己的关于稻作农业起源的标准：（1）该地发现中国最古老的栽培稻（或遗骸）；（2）该地发现与古栽培稻共存的野生祖先稻种（或遗骸）；（3）该地发现驯化栽培稻的古人类群体及稻作生产工具；（4）该地不仅具备野生稻生存、繁衍的气候与环境条件，而且具有强大的生存压力②。

6. 华南腹心地带起源说。基于湖南道县寿雁镇白石寨玉蟾岩、万年仙人洞和吊桶环遗址的最新考古发现，朱乃诚提出在南起南岭一线，北达长江以南的南丘陵、幕阜山一带，东抵武夷山一侧，西至雪峰山的区域内，即华南腹心地带，是中国稻作文化的最初起源地③。

7. 多中心起源说。严文明在主张长江下游说的同时，又提出："中国稻作农业起源地的范围较宽，华南、长江中游和下游都有可能成为中国稻作农业起源地区。"④ 裴安平同样认为，与其将长江流域看作稻作农业的起源中心，倒不如将其看作稻作农业的早期发达地区；在中国境内，诸如此类的中心不仅不止一个，而且所有的中心都有自己独特的发展经历⑤。

此外，尚有以丁颖、童恩正、李润权为代表的华南起源说，李江浙的黄河下游起源说，傅勤的中南半岛起源说，张佩琪的江西鄱江起源说等观

---

① 安志敏：《中国史前农业的起源》，《农业考古》1987 年第 2 期。
② 王象坤、孙传清、张居中：《中国栽培稻起源研究的现状与展望》，《农业考古》1998 年第 1 期。
③ 朱乃诚：《中国新石器早期文化遗存的新发现和新思考》，《东南文化》1999 年第 3 期。
④ 严文明：《中国史前稻作农业遗存的新发现》，《江汉考古》1990 年第 3 期。
⑤ 裴安平：《彭头山文化的稻作遗存与中国史前稻作农业》，《农业考古》1989 年第 2 期。

点。其中，华南起源说似有过于宽泛之嫌；云南起源说主要依赖生态环境资料和同功酶分析结果，迄今尚无考古依据；黄河下游起源说一方面仅以出土于江苏连云港二涧村的谷壳印痕为旁证，另一方面又从文字训诂入手加以论证，既缺乏考古发现的有力支持，其考证手段更难以令人信服；至于起源于长江下游、长江中下游、长江中游、长江中游—淮河上游等观点，又以当时的考古发现为立论依据，其研究成果既然在很大程度上受制于考古材料，也必将随着考古进展的不断深入和历史更悠久的稻作遗存的逐渐出土，而日益丧失存在的理由，譬如中南半岛起源说，正因为云南及华南地区10000年前野生稻遗存的发现而不攻自破。

诚如王海明先生所论，用考古材料研究稻作起源地必须注意考古资料的完整和系统①。所谓考古资料的完整和系统，是指：1. 就文化类型而言，无论在年代序列上，还是在文化谱系发展上，都必须具有一定的连续性；2. 除了普遍发现史前稻作遗存之外，必须同时出土与稻作农业密切相关的生产工具、相对稳定的聚落形态，以及定居生活所特有的日用品。换言之，有关稻作起源地的研究并非单纯的生物学问题，只有具备独立、完整的稻作文化遗存的地方，才有可能在史前时期的某一时段形成并发展中国原始的稻作文明。除此而外，论证某遗址是否稻作起源地，尚需关注：第一，该地的地理环境、气候特点、土壤结构在全新世中期，能否适合普通野生稻的生长，以及普通野生稻的分布状况；第二，在历经冰期作用之后，该地域是否仍有原始人群的活动痕迹，这些人群是否具备在生存压力逼迫下的驯化普通野生稻的内在冲动和应对能力。

如同黄土高原粟作农业的缘起，中国的稻作农业也大致出现于更新世晚期，由于生态环境的巨变和部分物种的消亡而导致的原有食物链的中断，迫使华夏先民在尽可能多地采集果实、猎取禽兽鱼虾的同时，转而利用当地业已存在着的野生稻资源。执此而论，尽管万年前后岭南、珠江流域既拥有丰富的野生稻资源，彼地人群又过着以洞穴为主的定居生活，然而，考古发现表明：广东阳春独石仔、封开黄岩洞、英德青塘墟朱屋岩、仙佛岩、吊珠岩、黄门岩、广西柳州白莲洞、桂林甑皮岩、江西万年大源

---

① 王海明：《中国稻作农业起源研究与考古发掘》，《农业考古》1998年第1期。

仙人洞等遗址虽都已有万年左右的历史，却无不表现出典型的渔猎、采集文化特征，很难想象在有大量动植物可供渔猎、采集而无食物短缺之患的情况下，彼地人群会舍易就难地去驯化栽培野生稻，故而基本上可以排除岭南、珠江流域作为中国稻作农业发祥地的可能性。

与此相反，生活在北纬29°至31°之间的长江中下游地区的原始人群，由于环境条件并不优越，特别是渔猎、采集经济的短缺，使得他们在强大的生存压力之下有可能甚而必需利用既有的野生稻资源，从而在长期的摸索过程中最终成功地将野生稻驯化栽培稻，此类推论一再地为相关的考古发现所证实，譬如在长江中游洞庭湖畔的澧县大坪乡彭头山文化遗址，考古学家发现了大量的距今约8500年前的稻作遗存，该遗址不仅残留着被认为是目前世界上历史最悠久的人工栽培稻稻壳、谷粒的炭化痕迹，而且出土了直接或间接用于农耕的石器、骨器和木器工具；而与之相距仅20千米的八十垱遗址，更以其丰富的文化内涵（包括稻粒遗存、食物构成、日用品及环壕村落）[1]，昭示着稻作农业经济在距今8000年前后的长江中游地区的主导地位。又如在长江下游的距今约7100年的桐乡罗家角马家浜文化遗址，其第三、四文化层不仅出土数量较多的古稻谷遗存（籼稻占总数的2/3至3/4），而且发掘出骨耜、骨勾勒器、靴形器等农具，以及肩脊釜、弧腹腰延釜等炊具，该遗址的发现表明在7000年前的长江下游地区，从事稻作农业的并非仅仅河姆渡人。

尽管从当前的考古发现来看，长江中游的稻作遗存明显早于长江下游地区，然而，"无论从长江下游自然条件的优越性来看，还是从河姆渡稻作农业已很发达，而河姆渡文化又没有明显的外来因素来看，都有理由相信长江下游稻作农业还有更早的发展历史"[2]。最近发掘出土的跨湖桥遗址（距今8000—7000年），作为一个自成体系的文化遗存，既开启了浙江考古史的崭新篇章，也是上述论断的最新实例。出土于其中的稻谷颗粒、由大型哺乳动物肩胛骨制成的骨耜，以及陶器的器形、纹饰和工艺，均反映

---

[1] 湖南省文物考古研究所：《湖南澧县梦溪八十垱新石器时代早期遗址发掘简报》，《文物》1996年第12期。

[2] 严文明：《河姆渡野生稻发现的意义》，载《河姆渡文化研究》，杭州大学出版社1998年版。

出：尽管狩猎经济在当时的经济生活中仍占有较大的比重，然而，耜耕农业与农耕文化模式，业已成为跨湖桥先民主要的谋生手段和生存方式。

因而我们认为，凡有普通野生稻生长的区域，客观上都存在着被挣扎在饥饿边缘的人类培育成栽培稻的可能，只是因为对其生长规律和生长条件有着认知程度高低、认知时间先后的不同，使得稻作农业在不同地区表现出起源上的或早或晚、发展上的不平衡。诸如此类使我们坚信：第一，中国稻作起源呈现出多中心、各自独立发展的趋向，这种多中心的独立发展趋向在地域上仅限于北纬29°至31°之间（因而不同于严文明等先生所主张的多中心起源说）；第二，当前的考古发掘具有很大的偶然性和局限性，目前，我们仅知长江中游及其下游地区曾经分别诞育过两个不同类型而又自成系统的稻作文化起源中心，即洞庭湖畔的玉蟾岩文化—彭头山文化—城背溪文化—汤家岗文化—大溪文化—屈家岭文化—石家河文化，以及杭州湾的河姆渡文化—马家浜文化—崧泽文化—良渚文化。第三，随着考古发掘的不断深入，在北纬29°至31°的纬度带内，必将发现接近万年甚至更早的稻作遗存，这种潜在的发现在时段上更切近于中国稻作起源问题本身，也将在学理上佐证该纬度带作为稻作文化发祥地的论断。

三 西藏山地青作农业的起源

相对恶劣的生态环境和闭塞的交通条件，不仅阻碍了西藏与外界的经济文化交流，而且使得该地域农业文明的发展程度明显落后于内地。以青稞种植为主的青作农业，既非西藏山地最原始的农耕方式，在起源时间上也相对较晚，但是，它自形成至今，对西藏的历史与社会所产生的深远影响，犹如粟作农业之于黄河流域、稻作农业之于长江中下游，故而对于青作农业起源问题的综合考察，具有不言而喻的重大意义。

关于藏人的来源，历来存在着以下两种传说，其中《殊胜赞释》称该地最早的人群是乔装逃离印度的汝巴底王及其千人军团[①]，而《西藏王统

---

① 布顿仁钦珠：《布顿佛教史》，中国藏学出版社1988年版，第180页。

记》则云藏人是猕猴与岩石魔女的后裔①。学界关于此一问题的探讨也是众说纷纭，或持源于西羌说，或主源于印度释迦王系说，或奉源于雅鲁藏布江流域说。目前，在定日县苏热、中扎县珠洛勒、班戈县各听、日土县扎布和多格则、吉隆县哈东淌和却得淌等地的考古发现，表明早在旧石器时代，西藏山地不仅生息着为数不少的华夏先民，而且很可能是人类的主要发祥地之一②；降及新石器时代，藏民更创造出颇值称许的远古农耕文明，如位于昌都以南12千米处的卡若遗址，在1977—1979年的先后两次发掘中，共出土房址28座、砾石路面2条、石围圈3座、灰坑4个、石制品7968件、骨制品366件、陶片20000余件、装饰品50件、大量兽骨、一些鸟骨、贝壳和谷子遗核等，从而将西藏史前史提前到距今5000至4000年③；尤其是1990年发掘的曲贡遗址，不仅出土了丰富的石器、陶器、骨器、兽骨、鱼骨及渔猎工具，而且发现了用以加工谷物的磨盘和大量收割器具，它的发掘证明拉萨河谷有着"比较发达的农耕文明，其文明的进程应大体上与内地同步"。"如果说昌都卡若遗址的发掘建立起藏东地区新石器时代文化的一个标尺的话，拉萨曲贡遗址的发掘无疑建立了西藏腹心地带新石器时代文化的另一个标尺。"④

自20世纪70年代以来，学界关于西藏新石器文化尤其是细石器来源问题的探讨既空前活跃又莫衷一是，其中1.童恩正等人主张本土起源说，如段清波就认为细石器"有可能起源于西藏本地"⑤；2.安志敏等人则持华北影响论："西藏地区的细石器可能属于华北细石器传统向南传播的一支"⑥；3.汤惠生等人以为西藏的细石器可分为藏北和藏南两大系统，其中藏北系统源于华北，而藏南系统则可能源于华南或西南⑦。我们认为：

---

① 萨迦·索南坚赞著，王沂暖译《西藏王统记》，商务印书馆1985年版，第40—43页。
② 童恩正《人类可能的发源地——中国西南地区》，《四川大学学报》1983年第3期。
③ 西藏自治区文物管理委员会、四川大学历史系：《昌都卡诺》，文物出版社1985年版。
④ 霍巍：《近十年西藏考古的发现与研究》，《文物》2000年第3期。
⑤ 段清波：《西藏细石器遗址》，《考古与文物》1989年第5期。
⑥ 安志敏、尹泽生、李炳元：《藏北申扎、双湖的旧石器和细石器》，《考古》1979年第6期。
⑦ 汤惠生：《略论青藏高原的旧石器和细石器》，《考古》1999年第5期；又可见《昌都卡诺》，第151—156页。

文化传播只能发生在相近区域之内,各地细石器类型的雷同并不完全是文化传播的结果;西藏相对封闭的地理环境和迄今都颇感困难的交通条件,在很大程度上决定了该地的原始文化只能生成于本土。譬如卡诺遗址所代表的原始文化就具有浓厚的地方色彩,出土于其中的陶器质地均为夹砂陶,纹饰以刻划、锥刺、附加堆纹为主,以罐、盆、碗等平底器为基本器形,没有发现内地新石器文化所特有的鼎、鬲、甗等三足器;表现在建筑风格上,诸如半地穴房屋中的"井杆式"木结构、石墙房屋、擎檐柱楼层建筑,也都呈现出浓郁的地方特色。

实际上,西藏山地的原始农业较诸黄河流域、长江中下游地区,有着不同的起源方式,即该地的原始农业始于以重植、移植无性繁殖根茎作物为特征的点播式园圃或家庭农艺①。大约在距今4000年前,生息在一江三河和藏东三江流域的藏民受干冷气候的影响,在根茎作物、瓜果、蔬菜及牲畜饲草急剧减少的情况下,被迫以野生青稞为主要食物来源,并进行大面积栽培,从而逐渐转向以种植青稞为主、畜牧和渔猎并举的青作农耕方式,换言之,青作农业是特定的地理环境与气候条件交互作用的结果,并很可能发端于喜马拉雅山地。尤其需要指出的是,它的文化内涵不仅迥异于内地的粟作农业和稻作农业,而且与中亚、西亚、中东、北非的麦作文化有着本质上的区别,而更倾向于欧洲大陆的农业发展模式。

从卡诺、曲贡等遗址的考古发掘来看,青稞在藏民的食物构成中无疑占据着很大的比重。在藏区,关于它的由来有着两种不同的神话传说,或者认为得自阿初王子的苦苦寻觅②,或者认为是观音菩萨的恩赐:猕猴与岩魔女产下的六个猴崽,被猕猴投放在一个名为鸟集林的野果丰盛之地繁衍生息,三年后猕猴重返鸟集林,发现其数量已增至500个,而该地的野果也被采摘一空,猴崽们面临着严重的食物危机。在猕猴的求助下,观音菩萨从须弥山缝中取出青稞、小麦、豆子、荞麦和大麦的苗子,撒向大地并使之生长,从而解决了猴崽们的食物来源问题,并且随着食物结构的改

---

① 张亚生:《对西藏青作农业的再认识》,《西藏研究》2000年第4期。
② 《青稞种子的来历》,载陶立璠等主编《中国少数民族神话故事选》,四川人民出版社1985年版。

变，猴崽们"毛尾转短，能作语言，遂变成人"①——上述两种传说无不认定青稞的本土生成，尤其是后者，更曲折地表达出这样一个信息：青作农业的出现，源自因人口增殖而导致的食物资源的短缺，而食物资源短缺的现状迫使先民另觅他物，执此而论，所谓的阿初王子，一如中原地区的神农氏，实际上代表着藏区最早从事青作农耕的人群。

细胞学鉴定和同功酶分析结果显示：作为一种温凉抗寒抗旱的谷物，青稞起源于西藏山地及喜马拉雅山地的野生二棱大麦，它并非自然形成而是人工驯化培育所致。我们认为，野生二棱大麦向青稞的演化过程，实际上就是青作农业的形成过程，而青稞的问世，其实就是青作农业形成的标志。当然，伴随着这一进程，必将派生出诸如青作农具的出现与改良、聚落形态的变更，以及青稞作物的再造（譬如青稞酒的酿制）等人类活动，因而对于青作农业起源问题的讨论，就是对上古先民社会生产、生活轨迹的关注。

始于20世纪50年代的西藏史前考古研究，虽然已为我们提供了一个关于高原早期人类活动的轮廓，也使我们认识到距今4000—5000年的新石器晚期，活动于喜马拉雅山地的先民业已开始了农耕劳作，但是，迄今为止的考古发掘（包括昌都卡诺遗存、拉萨曲贡遗存和山南贡嘎遗存），仍不足以全面考证青作农业的起源问题；部分学者如张亚生先生，试图从爬梳勾稽相关的文献记载、比对汉藏词源及语音入手加以考证和诠释②，诸如此类的努力尽管角度新颖，却不能从根本上解决问题。因此，对于青作农业起源问题的解答，期待着新的考古发现以及其他学科的学理论证。

四 初步结论

1. 广泛分布于各地的原始文化遗存，表明中国农耕文明的本土起源观点，是经得起实践检验和理论推敲的。

2. 粟作农业、稻作农业及青作农业不仅是独立起源、各有特点的农耕

---

① 《西藏王统记》，汉译本，第10—12页。
② 张亚生：《对西藏青作农业的再认识》，《西藏研究》2000年第4期。

方式,即便在各种农耕方式内部,同样存在着多元起源问题。三种农耕方式的起源,实际上源自不同地域的华夏先民对于本地野生植物的认知和利用,这种认知、利用由于自然条件的不同、生存环境的差异以及其他因素,而产生出不同的结果。

3. 华夏先民在从事原始农业劳作的同时,不断驯化其他动植物,进而发展出养蚕、织布等家庭手工业,这对后世自给自足的自然经济的形成,具有极其深远的影响。

4. 对于中华农耕文化起源这一漫长而又不可度量过程的考察,在某种意义上可以说是从人文角度探讨华夏先民在驯化野生植物(包括粟、稻、青稞)活动中的作用,以及此一进程中华夏先民走出蒙昧、开创文明的历史轨迹。

5. 定居的农耕生活既是华夏先民应对自然以求生存的产物,又激发了他们的聪明才智,故有房屋的修建、农具的改进、草药的研制、天象的观测、日用品的日趋丰富(具体表现为酒、酱、布、陶器等),进而推动了天文学、地理学、化学、数学、物理学、中医学等自然科学的萌芽的产生。

(唐燮军:湖州师范学院人文学院教授)

中华文明起源"融合说"

——基于逻辑、文献与考古成果的假说

朱 磊

"中华文明起源和早期发展综合研究"（简称"中华文明探源工程"）于 2001 年年底立项，2018 年正式公布了成果。中华文明探源工程进行了十几年，推动了浙江良渚、山西陶寺、陕西石峁和河南王城岗、新砦、二里头等一系列考古遗址的发掘，取得了不少成果。传说中的"三皇五帝"，在中华文明的起源中到底扮演了什么样的角色，在工程的课题设计和实施过程中并未提及。本文试图基于逻辑、文献与考古成果对中华文明的起源脉络进行勾勒，让考古成果与文献、传说在逻辑上统一起来。核心观点是：中华文明起源于"五帝"时期，是本土文化融合外来文化的结果。

一 中华文明起源的主要观点

关于中华文明的起源，20 世纪早期盛行"西来说"（如刘师培、章太炎、梁启超等），30 年代出现"独立说"（如傅斯年的"夷夏东西说"、梁思永、李济等），50 年代后流行"本土说"（如夏鼐的"中原中心说"、苏秉琦的"满天星斗说"和"直根系说"）。近年来，在考古和古史研究界，人们多倾向于用"多元一体"来描述上古时期各区域文化互动起源，有人称其为"新中原中心说"。

在探讨文化或文明起源时，需要避免混淆的是，文化传播不等于人种迁移，虽然这二者也可能是同步的，但有时少数外来族群也可能让多数本地族群出现文化变迁，这种变迁可能是进步，也可能是退步。中华大地的居住人群一直是流动与融合的，文明溯源是探讨中华大地由文化阶段迈入文明阶段是如何发生的。

文化进入文明的标志，一般有三要素说或四要素说。三要素指城市、文字和金属工具，四要素是在三要素之上加上一条礼仪性建筑。文明要素说最早是由英国一些考古学家根据西亚文明发展情况提出来的。近来中国学者提出文明社会由物质文明、精神文明和制度文明三部分组成。这种划分有更广阔的视角和更抽象的概括，且更具包容性，但不足之处是标志不明确，不似"要素说"简单明了。

对于中华大地由文化阶段进入文明阶段，目前中国学界的主流观点是：1. 距今5800年前后，黄河、长江中下游以及西辽河等区域出现了文明起源迹象；2. 距今5300年以来，中华大地各地区陆续进入了文明阶段；3. 距今3800年前后，中原地区形成了更为成熟的文明形态，并向四方辐射文化影响力，成为中华文明总进程的核心与引领者。

从地域版图来看，中国早期文化影响较大的有：长江下游的上山、跨湖桥、马家浜、崧泽、凌家滩、良渚等文化；长江中游的彭头山、大溪、油子岭、屈家岭、石家河等文化；长江上游的宝墩、三星堆文化；甘青地区的大地湾、马家窑、齐家、四坝等文化；山东地区北辛、大汶口、龙山、岳石等文化；北方地区红山、夏家店、石峁等文化；中原地区的裴李岗、仰韶、陶寺、二里头等文化。这些文化构成了中国上古的文化版图，最终孕育出中华文明。

在上述考古研究的基础上，目前学界涌现出对中华文明源头的多种猜测，例如对夏文化的起源地研究有"东南说""东北说""西北说""西南说""中原说""外来说"等，对商文化的起源地也有"河南说""河北说""陕西说""山西说""山东说""东北说""外来说"等观点。在没有得到公认的论据之前，各种合理的推测和学说都应该允许探讨，这是学术求真的基本态度。

二 研究方法

对于文明起源的研究，主要方法包括研究文献、民俗、考古成果和运用分子人类学方法等。考古成果只能提供资料，考古资料要与文献记载联系在一起，才能还原真实的历史。虽然，在没有获得充分内证性材料支持的情况下，一般不将考古成果或某一遗址背后的族群与文献中的上古人物进行对照匹配，但从逻辑的视角分析历史演化，离不开对历史文献，乃至神话传说与考古成果进行连结。

按照传统历史叙述，华夏历史从"三皇五帝"开始，但是三皇五帝在迄今的考古成果中都无法得到证实。而当各种考古成果与可信赖的历史文献进行对接时，可以得出中华文明演化的大体脉络，这种靠多学科、多领域证据逻辑推测出来的脉络未必准确，却为现有信息条件下尽可能真实还原历史做出有益探索。

之所以要将二者连结，是为避免两种常见的极端化观点，一种是只看考古成果，不相信中国古典文献的记载，另一种是只依赖古籍传述，不采用考古成果辨别记述真伪。只有通过逻辑让文献与实物契合，才能更好地理解真相。

主流观点是在现有证据的条件下得出的多数人认同的结论。当解释还有不圆满的地方时，允许有其他推测和猜想，也许各种观点证据都不充分，但可以继续探寻。通过逻辑链条连结考古资料与文献记载，会出现多种合理的版本，这些可能性应该允许同时存在，任何结论或假说都是探寻真相的努力，都是秉持客观真实的态度进行学术探讨，都不影响主流观点与文化自信的存在。

本文在运用可信文献资料整理中华文明起源脉络时，尽量将多领域的研究成果与可靠的中国传统文献及传说结合。当然，以迄今掌握的资料，完全对应是不可能的，且历史文献本身尚存疑问，因此这种尝试只是逻辑演绎，而非资料考证。事实上，中国传统的严肃学者也会运用这种方法提出对历史的认识。

例如《史记》是公认的严谨之作，开篇以《五帝本纪》《夏本纪》详述中国历史传说时代的人物关系与族群演变，卷十三以《三代世表》将上古帝王谱谍清晰呈现。司马迁在对距他2000多年前的历史进行记述时，同样是查阅了大量可信史料（"予观《春秋》《国语》，其发明《五帝德》《帝系姓》"），进行了大量实地考察（"余尝西至空桐，北过涿鹿，东渐于海，南浮江淮"），然后运用逻辑分析法去粗取精，得出结论（"非好学深思，心知其意，固难为浅见寡闻道也。余并论次，择其言尤雅者，故著为本纪书首"）。①

三 融合假说

本文提出一种假说，认为中华文明的起源与发展始终处于本土族群与外来族群的融合过程中。外来族群可能统治中原，本土族群也可能外迁海外。中华文明萌芽于"三皇"时期，起源于"五帝"时期，成熟于"三代"时期，是本土文化融合外来文化的结果。"五帝"之首的黄帝与"三代"之初的夏禹可能均有一部分外来族群的血统，但这丝毫不影响中华文明的伟大。这个故事脉络应该从人类早期活动开始讲起：

距今约6万年前，一批早期人类走出非洲，沿着非洲海岸—南亚海岸—东南亚海岸，终点站抵达澳大利亚。这批智人没有像此前走出非洲的人类那样遭受灭绝厄运。约4万年前，由共同祖先繁衍出的第二波走出非洲的早期人类进入欧亚干草原带，向世界各地迁移。这次扩散持续了3万年。

在这个过程中，第二波早期人类在一些地方与第一波早期人类的后裔相遇，厮杀并融合。在东亚地区，第一波早期人类主要从东南亚进入长江流域，第二波早期人类主要从中亚进入黄河流域，后来成为东亚地区主导族群。这是人类DNA遗传基因分子结构的采样检测中得出的结论。

距今约12900年前，地球出现被称为"新仙女木事件"的超强寒潮，全球气候快速变冷，持续约1200年。期间大型哺乳动物减少或消失，可供采集的植物类食物数量骤减，原始人类开始大规模流动以获取更多的食

---

① 司马迁.《史记·五帝本纪》。

物，游群与部落在接触与争夺中，拉开了人类文明的序幕。

"新仙女木事件"期间，原始人类被迫拓宽食谱，食用大量植物种子与坚果。其后的2000多年的时间里，地球气温回暖，有利植物生长，人类在长期与植物打交道的过程中发展出农业，出现定居。在农业发明之前，在渔猎为主的人类群体移动频繁，漫长的年代里有大量的不同文化接触。

浙江浦江上山遗址是距今约11000到8500年的新石器时代文化，其人已经会种水稻，会用石磨棒和石磨盘磨稻谷脱壳。湖南玉蟾岩遗址和江西仙人洞遗址均发现距今超过万年的有人工育化迹象的水稻遗存。这一时期的西亚两河流域的"新月沃土带"也出现原始农业和半稳定性聚落。

距今8200年前的"8.2千年冷事件"之后，各地原始人类因环境变化，纷纷聚集到更适合生存的河谷与三角洲地带，大规模人群的出现，使人类演化进入文明爆发阶段，出现城市与国家。古西亚与古埃及文明均在此时诞生，距今7400年前后，两河流域及尼罗河流域出现了目前发现的人类最早的城市。两地约在距今6500年前进入青铜时代。

人类文明最先在古西亚与古埃及这两个距离相近的地区产生，主要是气候与地形的结果。"8.2千年冷事件"之后地球上现今最大的撒哈拉沙漠和阿拉伯沙漠开始迅速形成。大面积草原消失，出现沙漠化，原本生活在这两片广大地区的人类被迫迁移，距离两大沙漠最近的两河流域及尼罗河流域成为地球上最先聚集了大量人口的地区，具备了人类文明产生的前提条件。

由于该阶段中华大地未出现大面积沙漠化等促使人口大规模聚集的气候环境演变，因此这一时期东亚文明进程不如古西亚与古埃及快速而激烈。但此时东亚文明也在气候骤变的刺激下开始快速孕育和萌生。中华大地出现满天星斗的文化聚落，且各有所长，其各自的突出贡献以传说形式流传下来。

东亚洪水泛滥等灾难导致人口骤减。此后，华北地区诞生了杰出的母系氏族部落——女娲氏。灾后女娲造人，大量繁衍，恢复人口，治理水患，斩杀水怪，清除威胁人类的猛兽，利用火灾过后产生的大量芦灰，填补淹水地区（"断鳌足以立四极，杀黑龙以济冀州，积芦灰以止淫水"）。女娲氏恢复和创新了被自然灾害一度中断的人类知识技术积累，如制陶技术,"造人传说"中的泥人塑像是制陶技术的副产品。女娲炼的"五色石"即各色陶土,用于制作工具与修补住处。

随着极寒之后的气候好转,各地人口大量繁衍,生存状态多由游群转为部落,进而出现部落联盟,甚至早期国家的形态。该阶段是中国传说中的"三皇"时期,已经有一些部落在较大地域范围内有了统治能力和影响力,其首领也被视为领导人们走向文明的杰出人物,例如燧人、伏羲、神农三个部落的首领。

继有巢氏发明建筑房屋后,燧人氏发明取火用火,熟食改善人类营养吸收状况,伏羲氏发明渔猎畜牧,动物性食物增加改善人类营养供给,神农氏发明种植五谷,植物性食物大幅提高食物数量,等等。陶器、弓箭、布帛、音乐等新事物也被各地发明。华夏出现第一个创新爆发期。此时定居和游猎均为部落生存的常态,因此各地间已经存在频繁交流互动,生产技术与原始信仰也在扩散和传播。

中国境内辽河流域的兴隆洼文化(8200—7400年前),红山文化(6000—5000年前),黄河流域的裴李岗文化(8000—7000年前)、北辛文化(7500年—6100年前)、仰韶文化(7000—5000年前)、龙山文化(5000—4000年前),黄河上游的大地湾文化(7800—4800年前),长江流域的跨湖桥文化(8000—7000年前),大溪文化(6400—5300年前)、凌家滩文化(5500—5300年前),钱塘江流域的良渚文化(5300—4300年)等文化遗址都是在两次小冰期之间这个阶段形成的。

从考古成果来看,在黄帝出现而初步形成中华文明之前,中华文化主要分布7大区域:辽河流域(北方地区)、黄河上游(甘青地区)、黄河中游(中原地区)、黄河下游(海岱地区)、长江上游(成渝地区)、长江中游(江汉地区)、长江下游(江浙地区)。这样划分大体涵盖主要文化遗址,且可以清晰勾勒"三皇"时期中华文化的区域分布。从这个角度看,黄帝部落既可能来自中原地区,也可能来自甘青地区或北方地区,而后者的可能性甚至更大。

约5000年前,地球气候最适期结束,大部分地区发生了从湿润到干燥的转变。古西亚与古埃及的城邦国家因环境恶化而战争频繁,不停有族群向四面扩散,希望能够找到更好的栖息地。东亚地区因自然条件优越,逐渐成为各路迁徙族群的目标乐土，并与当地的众多本土族群在这片"新大陆"上接触、冲突、融合，对土地、资源与人口进行重新分配。中华文明与其它文明交流大幅增加。①

"三皇"时期中国大地部落密布，已有大小尊卑之分，最强大者称"帝"，附属部落被封为公侯，公侯首领的子嗣称公孙。伏羲氏部落衰弱后，神农氏部落头领联合燧人氏部落取而代之，成为部落联盟之首，自称"炎帝"。4700年前，青藏高原地区骤冷，赤杨属植物绝迹，羊齿类孢子剧减，当地居民为求生存大量向东迁徙。黄河流域聚集了来自西部、北部的部落，碰撞和战争不可避免。

中国西北地区有一支游牧部落，居住在野兽出没的地区（"有熊国"），国家不大（"少典"），游猎为主（"迁徙往来无常处"），擅长驯养动物（"教熊、罴、貔、貅、貙、虎"），还会使用中原地区尚未出现的战车（"轩辕"）。这种战车与几百年前西亚出现的战车是否一致已不可考，但先进的军事装备令其所向披靡。

没有人知道这支部落来自哪里，只知道他们迁徙到渭水上游支流姬水的旁边，以"姬"为姓，并与"有蟜氏"部落联姻，生下来的部落新首领被称作"公孙轩辕"。从其父母双方的特征来看，都可能不是当地的本土居民。或者因交流频繁，发明较多。总之该部落带来众多新鲜事物，并开始挑战神农氏数百年的权威。

神农氏"炎帝"虽然仍在维持天下共主的统治，但已世衰。轩辕氏战力强大，且凭借战车有快速移动的军事优势，与神农氏开战。在阪泉（北京延庆）三战而击败神农氏"炎帝"，轩辕氏成为北方实际上最强的部落（"得其志"）。

"公孙轩辕"挟天子以令诸侯，引发众多部落不满。位于黄河下游、江淮流域的众多部落，不服号令，尤其以蚩尤部落最不听话（"蚩尤作乱，

---

① "在漫长的形成和发展过程中，中华文明与其他文明之间发生过各种各样的交流。大约距今5000年前，黄河上游地区就接受了起源于西亚地区古文明的制作铜器、栽培小麦、饲养黄牛和绵羊等新的技术。与此同时，起源于史前时期中国的稻、粟、黍的栽培也向西亚和其他地区传播。特别需要指出的是，中华文明在接受了西亚地区传来的冶金术后，对其加以消化吸收，大约在距今4300年前的黄河中游地区发明了泥范铸造铜铃乃至青铜容器的技术。"——王巍．中华文明探源工程——揭示中华文明起源、形成、发展的历史脉络［J］．人民周刊，2022（13）：60-62．

不用帝命")。不仅如此,蚩尤氏集结了众多(约81个)东方与南方部落,主动清君侧,向轩辕氏发起挑战,进攻至涿鹿(河北张家口涿鹿)。

轩辕氏则集结了所有能够动员的北方部落("征师诸侯"),双方使用当时最先进的技术(如指南车)、装备(如头盔、甲衣、战车)和武器(金属刀戈、大弩)投入战斗。最终轩辕氏在冀州之野(河北衡水冀州)擒杀蚩尤氏首领。此战胜利后,"公孙轩辕"被各部落尊奉为首领,取代神农氏称帝,自此才有"黄帝"的称号("诸侯咸尊轩辕为天子,代神农氏,是为黄帝")。①

此后中国进入"五帝"时代,国家形态统治方式日益明显。黄帝不断征讨不顺从的部落,直到平定才离开("天下有不顺者,黄帝从而征之,平者去之")。最终黄帝成为中华大地上所有部落的霸主(天子),其统治力和影响力波及各地,并随之带去先进的技术文化,被后世奉为中华文明的人文始祖。

这一时期中国不仅有了国家形态的治理制度,也出现了大量文明要素中的城市形态。距今5000年前的城墙与围壕遗址全国发现不少于10处,有的建于6000年前。城墙内部有居住区、墓葬区、制陶区等遗迹。金属工具方面的发掘尚不足,目前发现中国境内最早的青铜器是甘肃马家窑文化青铜刀(5000年前),但由于是孤例,没有发现青铜冶炼的痕迹,不排除从外部传入的可能。中国最早的青铜冶炼遗址和大规模成组的青铜礼器出现在河南洛阳二里头遗址(3700年前)。

黄帝的四处征讨加速了各地文化融合。此前中华大地万邦林立,群星璀璨,黄帝的横空出世,令天下归一,中华文明由多元走向一体。考古成果表明,黄帝的统治范围可能波及甚广,权力核心的出现也伴随着区域中心的衰落。红山、河洛、良渚、石家河、宝墩、山东龙山等文化支脉均融合到中华文明主脉中。

以黄帝为代表的轩辕氏是游牧为主、农耕为辅的族群,本身通过吸收不同文化,从而成为较之纯游牧或纯农耕族群更有战斗力的部落,在与其他部落的碰撞中不断融合其他部落,并在融合的过程中,逐步建立起国家

---

① 司马迁.《史记·五帝本纪》。

形式的统治模式。

黄帝时代出现了新生事物的爆发期，大量发明层出不穷。这些发明有可能均为原创，也有可能存在大量输入。无论是本土发明，还是受外来族群或技术的启发出现再创造，都不影响中华文明的灿烂伟大。中华文明自诞生起就是开放的。

黄帝喜欢云，官职都用云来命名，军队号称云师（"官名皆以云命，为云师"）。这一偏好反映在当时各地器物上均开始流行云纹，并成为日后中华文化中的一大特色。从出土文物看，黄帝所在的新石器时期以勾云纹为主，商代青铜时期的器物常见云雷纹，此后历朝历代都使用云纹，但样式各有不同。

"五帝"时代统治实行"家天下"。黄帝、颛顼、帝喾、尧、舜并称"五帝"。黄帝有二十五个儿子，两个嫡子，帝喾和尧是嫡长子系列，颛顼和舜是嫡次子系列。嫡长子玄嚣分封在长江中游，嫡次子昌意分封在长江上游（若水，即雅砻江）。

由于黄帝长寿，两个嫡子均未能接班，继任者是孙子颛顼。此时天下太平，天子不再需要四处征战、居无定所。于是颛顼赴任后，开始在黄河中游建造统治中华大地各诸侯国及部落的帝都（有多种说法，例如河南巩义双槐树遗址）。这就是震惊世界的石峁古城。它是2021年美国考古学会期刊《考古》"过去十年世界十大考古发现"中唯一上榜的中国遗址。

石峁城位于陕西榆林神木高家堡镇，面积至少425万平方米，规模远大于年代相近的良渚遗址，相当于6个故宫，是已发现的中国史前时期规模最大的城址，也是当时全球规模最大的城市。经系统勘察和科学检测，确认兴建于约4300年前，正是颛顼与帝喾的统治时期。废弃时间约3800年前，即夏朝建立之后。

这座古石城由皇城台、内城和外城三部分构成，皇城台相当于故宫太和殿，内城则相当于紫禁城，外城相当于北京城。这已经完全具备国家都城的基本形制。石峁古城的城内密集分布着宫殿建筑、房址、墓葬、祭坛、手工业作坊等龙山文化晚期至夏代早期遗迹。石峁城墙格局很像北京、西安古都的形制，地势险要，易守难攻，非常符合都城建设的特征。

石峁古城以墙藏玉，6000千余件，是中国文化中琼楼玉宇的神话来源。石峁玉器品式多样，有祭祀用的玉圭、玉璧、玉琮、玉刀等，也有生活和装饰用品，且制造工艺也已达到相当的水准。作坊区还出土了上万根由动物骨头打磨而成的骨针，其中最细的甚至达到了毫米级。石峁虽是出土玉器最多的古遗址，但周边并无玉矿，说明是石峁作为政治经济中心从外部输入的玉器。

石峁是农耕文化与游牧文化融合的地区。黄帝部落出身游牧，颛顼在此建城就是为了方便统治游牧区与农耕区。在颛顼之后的帝位争夺战中，嫡次子系列的鲧（颛顼之子、黄帝的曾孙）失败了，最高权力被嫡长子系列的帝喾（颛顼之侄、黄帝的曾孙）获得。帝喾为确保权力稳定，并彰显地位的合法与正宗，没有居住在颛顼所建的石峁古城，而是选在黄帝曾经的办公场所——陶寺，并予以扩建。

陶寺遗址位于山西省临汾市襄汾县陶寺村南，距石峁遗址约400公里，面积约300万平方米。多种科学方法判断均显示陶寺遗址的年代为距今4300年至3900年前。陶寺遗址是中国史前功能区划最完备的都城，由王宫、王陵、观象祭祀台、外城、仓储区、手工业作坊区、下层贵族居住区、庶民居住区构成。遗址中还发现了朱书文字、青铜器、玉器、城墙和城门遗址，完全具备文明要素。

陶寺与石峁这两大都邑性遗址，南北呼应，既有不同又有联系。除了因地理条件的不同，城址建设存在夯筑与石筑的差异外，在典型器物、筑城规划、城址结构、夯筑技术、用玉制度、彩绘图案、杀戮祭祀、铸铜技术等方面显示出千丝万缕的关系。陶寺和石峁遗址出土的部分陶器，面貌相似度很高。石峁与陶寺在崇尚和使用玉器方面也有较多相似。

陶寺遗址肯定与石峁遗址之间发生过相互影响与借鉴的深刻互动，相互又保持自己的个性。陶寺外郭城门加筑"C"形瓮城，有可能受到石峁皇城台门址凹凸扣合形内、外瓮城结构的启发，发明了简单却实用的军事城防工事"C"形瓮城。石峁外城东门遗址的始建年代可能略晚于陶寺中期外郭城门，吸收了陶寺"C"形瓮城的合理性，建造了更复杂的反"乙"形门道的内、外瓮城结构。

陶寺都城遗址的聚落形态考古研究已经初步表明，陶寺文化早期与中期的统治者，变换了王族。从都城由早期非典型的两城模式，发展到中期宫城—外郭城双城制，早期与中期王族不同茔域、宫城内宫殿建筑群的变化、丧葬礼制的重大变化、世俗生活文化面貌也出现了明显的变化，这一系列显著变化，都表明陶寺政权在早期与中期之间存在变化较大的政权更迭，这个更迭很有可能是尧舜之变。

各种证据显示："五帝"时代中华文明已具雏形。当时国家观念、王权观念、私有观念、礼制和历法等均已出现，甚至相当成熟，其中很多被后来的夏商周文明继承和发展。陶寺古城与石峁古城是五帝时期的文明中心。

石峁城主要为黄帝之孙颛顼所建，陶寺城主要为黄帝之曾孙帝喾所建。2015年中国社科院考古研究所召开新闻发布会，初定确定山西陶寺遗址，极有可能就是黄帝之玄孙帝尧的都城。

陶寺古城经帝喾与帝尧的两代扩建，已颇具规模。帝喾死后，儿子帝挚继位，但治国不善，不久就死了（"帝挚立，不善，崩"）。帝挚的弟弟帝尧（帝喾之子、黄帝的玄孙）取得帝位，继续在陶寺统治天下，治理国家。

4200年前的"4.2千年冷事件"在全球范围内带来洪水与降温。环境恶化导致大量族群无法在原有的高原地带生存，纷纷到低海拔地区寻求生存和抢占资源，人口流动加剧，利益纷争激化，同时也为中华文明的进一步成熟创造条件。

帝尧继位后适逢气候剧烈变化，"鸿水滔天，浩浩怀山襄陵"。鲧素有贤名，被举荐治水。鲧本来有资格和机会继承天子之位，但没有争过自己的远方兄弟帝喾。因此，帝喾迁都陶寺之后，鲧就留在父亲颛顼开创的石峁城内。但因黄帝嫡次子系列的封国在川甘一带，鲧也要经常回去，并在那里生下了禹。

青藏高原东侧的岷山位于四川、甘肃交界之处。发源于的岷山南麓的岷江曾长期被视作长江正源。岷山氏居住在岷江上游，成都平原位于岷江中游。岷江流域野蚕众多，因此岷山氏最早发明了养蚕纺丝，并以蚕为图腾。通过丝绸的对外贸易，岷山氏富甲一方，成为南北丝绸之路的枢纽中心。

曾经有一支外来族群，沿着古丝绸之路来到岷江上游，征服并融合了岷山氏。该族群崇拜眼睛，岷山氏崇拜桑蚕，两个图腾崇拜组合在一起，称为"蜀"（眼睛+桑蚕）。"岷山氏"改称"蜀山氏"。新国家被后世称为"古蜀国"，统治区域后由岷江上游逐渐扩展到中下游，后留下三星堆遗址（约4800年—3100年前）。

古蜀国统治集团大力发展该地独特的养蚕纺丝技术与丝绸贸易，被称为"蚕丛（丛者，聚也）"。蚕丛氏来自异域，相貌奇特，发髻与服饰均与当地人迥异，风俗也与众不同，人死后用石棺石椁。他们有独特的宗教信仰和神权政体，热衷祭祀活动，盛行青铜文化，成为独树一帜的地方势力，并对禹产生影响。

黄帝在征战的同时，很注重通过与各部落联姻，维持统治的稳定。黄帝娶蚕丝产地蜀山氏部落之女嫘祖为正室（隋唐之后嫘祖被奉为"蚕丝始祖"），生子昌意。昌意再娶蜀山氏部落女子为妻，生子颛顼。鲧被分封在川、甘交界的岷江流域。他的儿子禹就出生在富裕的岷江流域汶山石纽（西羌地区）。

鲧被帝尧征召治水后，历时九年，勤勤恳恳，声望日增，对尧的帝位形成威胁。帝尧于是启用舜（黄帝的七世孙、母亲是东夷人）。舜获得权力后，以鲧"治水不力"为由，将其流放到东夷之地并最终处死（"舜登用，摄行天子之政，巡狩。行视鲧之治水无状，乃殛，鲧于羽山以死"），消除了竞争隐患。

舜虽然是颛顼之后，属于嫡次子系列，却一直与本族人不睦，而选择投靠嫡长子系列。帝喾与帝尧均为嫡长子系列。帝尧对舜的投靠不以为意，认为舜之所以受到父母、兄弟及周围人的排斥，完全是那些人的邪恶与过错，舜没有杀死那些人，说明舜慈孝高尚，因而予以重用。舜在尧在世时即开始代为行使天子职权。

舜在权力稳固后，就把尧软禁起来，让尧做有名无实的太上皇。帝尧之子丹朱被赶到了都城以外的尧山遗址（山西浮山县），父子不能相见。帝尧死后，舜正式继位天子，却受到帝尧之子丹朱的反对和讨伐。

丹朱一度占优，攻占平阳（陶寺），舜被迫定都蒲阪（山西永济）。但后来形势反转，舜逐渐取得优势，诸侯拥舜，舜以天命为由，重新占据陶寺。（《史记》此处的传说是："尧崩，三年之丧毕，舜让辟丹朱于南河之南。诸侯朝觐者不之丹朱而之舜，狱讼者不之丹朱而之舜，讴歌者不讴歌丹朱而讴歌舜。舜曰天也，夫而后之中国【注：陶寺】践天子位焉，是为帝舜。"）①

帝舜通过政治与军事斗争平定丹朱之后，任命禹继续治水，如有差错，后果将与鲧同。当时禹的政治和军事实力尚不足以反抗舜，只能从命，不敢轻忽，"劳身焦思，居外十三年，过家门不敢入"。

率众治水之外，禹利用中原受灾较轻、各地灾害严重的时机，高举天子之命，开疆拓土，征讨各地尚未臣服的部落前来朝贡（"披九山，通九泽，决九河，定九州，各以其职来贡，不失厥宜，方五千里，至于荒服"）。②

水患是当时人类的共同灾难，禹以治水为名，要求各地部落听从调遣，有道义上的正当性，不服从就利用武力消灭。在此期间，辉煌一时的长江下游的良渚文化、长江中游的石家河文化、长江上游的宝墩文化都不约而同地迅速消亡。

带有这些文化的浓郁特征的精美文物大量出现在了远在北方的石峁城。各地物产、生产技术、历法、葬俗等也汇集而来。

石峁城曾经是颛顼都城，也是鲧和禹的统治中心与办公住所。禹在外治水和征讨期间，战利品源源不断运送至石峁城，由儿子启来管理。

启在积累财富、巩固城防以外，积极训练部队，准备以武力手段将最高政治权力夺回来，并为自己的祖父鲧报仇。

石峁建城之初，黄土高原地区有大面积的森林覆盖，质地疏松，气候适宜，有利于石质工具进行简单的土地开垦和浅种直播等原始农耕活动。

然而农业活动会造成天然植被的破坏和土地贫瘠化，反过来导致农业衰退。而且，单一作物对土地有着较为致命的影响，土壤的侵蚀度增加，同时肥力也在减弱。在地表植被遭到破坏后，水土流失加剧，土地恢复力极其缓慢。

随着石峁人口的增加，需要更多的土地、木材、陶器来满足人们的需

---

① 司马迁.《史记·五帝本纪》。
② 司马迁.《史记·五帝本纪》。

求，所以森林与草地被砍伐与开垦的速度加快，再生速度比不上破坏速度，原来的森林草原迅速沙漠化，最终农业无以为继，粮食短缺，石峁人必须另谋出路。

禹的军队和启率领的全体石峁人发动了对陶寺的战争，以残酷的手段消灭了留在城内的敌人，为被尧舜冤杀的鲧复仇。不仅击败了舜的势力，还清除了嫡长子系列的尧的势力，并采用了残酷的"绝嗣"之法杀死并掩埋了陶寺贵族。

关于五帝历史，虽然古代文献中的"禅让"记载也符合情理，但从现实中的考古挖掘来看，暴力战争更有可能。考古成果显示，陶寺与石峁都属于龙山文化，两处遗址之间有交流，两地居民有血缘关系，后来石峁居民残暴毁灭过陶寺。

禹军占领平阳（陶寺）后，舜之子商均逃到阳城。禹军追到阳城，商均又逃至安邑。禹军一路攻杀，因此历史上禹的都城有平阳、阳城、安邑等多种说法，很可能这些地方都曾为禹发出号令的指挥都城。

禹在大约4000年前（公元前2070年）称帝，建立夏朝（"即天子位，南面朝天下，国号曰夏后"）。夏朝历代君主都以"后"称呼自己，例如羿夺取太康之位篡权，篡位后就被称为"后"羿。商朝和周朝君主则称"王"，例如商纣王、周武王。

此时石峁城地区因气候恶化已经农业衰竭，不适宜生存，因此夏朝几代帝王向南方农耕区迁都。为了寻找更好的自然环境，多次改址，最终河南二里头遗址（距今3800—3500年）成为夏朝都城。

石峁出土的牙璋被二里头传承，成为了夏文化的标志物。夏朝的建立，结束了中国历史的"五帝"时代，中华文明走向成熟，夏文化成为中华大地的主导。

夏朝迁都次数较多，每次都城建造期短，规模有限，因此后世难以发现与石峁城规模相似的遗址。"五帝"时代与夏朝时期，丝帛发达，是官方文字的主要载体，但极易腐坏，所以各地出土的"五帝"与夏时期文物中很难见到文字（三星堆遗址也未发现文字应为同样原因）。

综上所述，本文的核心观点是：中华文明萌芽于"三皇"时期，起源于"五帝"时期，成熟于"三代"时期，是本土文化融合外来文化的结果。1. 中国"三皇"时期（距今约 6000 年前），黄河、长江及辽河流域的伏羲、神农、女娲等神话传说中包含了诸多文明要素，出现了开始从文化阶段向文明阶段发展的迹象；2. 中国"五帝"时期（距今约 5000 年前），由黄帝开创的中华统一局面已经具备国家雏形，考古成果也证实此时中华大地各地区陆续进入了文明阶段；3. 中国"三代"时期（距今约 4000 年前），以夏代建立的国家为开端，中华文明日益成熟。中华文明的每个阶段的发展，都是本土文化融合外来文化的结果。

（朱磊：闽南师范大学教授）

闻新刊布清华简《五纪》有"蚩尤为黄帝子"说有感

张广志

2021年12月16日,《清华大学藏战国竹简（拾壹）》（清华简第十一辑）成果发布会以线上、线下结合的方式在清华大学召开。据介绍，该辑收录了内容基本完整的长文《五纪》，凡130简，近4500字。简文内容为借托"后帝"之口，以五纪（日、月、星、辰、岁）、五算为中心，确立天地万物的常规、法度，将星辰历象与礼、义、爱、仁、忠五种德行以及天神地祇所司所掌——相配，更大篇幅则集中于与之相应的人事行用，涉及树设邦国、礼仪祭祀、人伦德行、土工百物、兵戎战事、生育繁衍、人体疾祟等诸多方面，构建了一个宏大而复杂的天人体系，堪称先秦时期对天人关系认识的综合与总结。

简文我至今无缘看到，自己也不是简帛学者，对《五纪》的内容、价值自不敢置一词，我所关心者乃简文中"黄帝有子曰蚩尤，蚩尤既长成人，乃作为五兵"这句话。

看到这句话，我最初的感觉是惊讶，接下来又觉得这实不过战国秦汉人的老套套，也就一笑置之，见怪不怪了。

之所以惊讶是因为，前此虽曾为黄帝的有无、性别、生地、葬地、征战地、建都地，以及炎帝、黄帝、蚩尤三者间到底是什么关系，蚩尤同炎帝是不是一伙的或蚩尤就是炎帝这类问题搅得晕头转向，却从不敢设想打得昏天黑地的黄帝与蚩尤居然是一对父子。

之所以很快平静下来是觉得，此语也并不是什么石破天惊的事儿，类似的说法传世文献中本来就有，如褚少孙补《史记·建元以来侯者年表》录田千秋谏武帝书即有"蚩尤畔父，黄帝涉江"之类的话，只不过在黄帝与蚩尤的父子关系这个问题上《五纪》的作者比褚少孙说得更确切、直白，时间上也从西汉提前到了战国时期而已。

虽见怪不怪了，却还想借此说几句，就算是借题发挥吧。

我想说的是，必须对战国秦汉人的造伪保持足够的警觉。著名学者、一代宗师顾颉刚先生曾有言曰：

> 研究历史，第一步工作是审查史料。有了正确的史料做基础，方可希望有正确的历史著作出现。①
> 自从战国时一班政治家出来，要依托了古王去压服今王，极力把"王功"与"圣道"合在一起，于是大家看古王的道德功业真是高到极顶，好到极处。……我们要懂得五帝三王的黄金世界原是战国后的学者造出来给君王看样的，庶可不受他们的欺骗。②

战国学者倒也不是没事干了专门去编造历史骗人取乐，而是有其良苦用心，即有其政治目的。《淮南子·脩务》云："世俗之人，多尊古而贱今，故为道者必托之于神农、黄帝而后能入说。"用章学诚的话来说，即所谓"皆自以为至极，而思以其道易天下"。（《文史通义·原道中》）即托古改制，打着古圣王的旗号，贩卖自己的东西，用自己的学说去影响、改造当代，左右时局。此伎俩亦非中国所特有，外国政治家也是深谙此道的。马克思有言：

> 一切已死的先辈们的传统，象梦魇一样纠缠着活人的头脑。当人们好象只是在忙于改造自己和周围的事物并创造前所未有的事物时，恰好在这种革命危机时代，他们战战兢兢地请出亡灵来给他们以帮

---

① 《战国秦汉间人的造伪与辨伪》，《古史辨》第七册（上），上海古籍出版社1982年影印本，第1页。

② 《答刘胡两先生书》，《古史辨》第一册，上海古籍出版社1982年影印本，第101—102页。

助,借用它们的名字、战斗口号和衣服,以便穿着这种久受崇敬的服装,用这种借来的语言,演出世界历史的新局面。例如,路德换上了使徒保罗的服装,1789—1814年的革命依次穿上了罗马共和国和罗马帝国的服装……①

平心而论,战国学者这一做法,也不是一无是处,在托古风气的影响下,历史受到空前的重视,上古一些零乱的传说资料得到初步整理,略具统系的上古史展现在人们面前,但也毋庸讳言,他们也炮制出不少私货,造了不少假。

以顾颉刚为代表的古史辨派,在辨伪方面做了不少工作,他们在古书、古史的辨伪上虽不免有过头之处,但其本质是"五四"新文化运动影响下的一场史学革命,功不可没。近年来,在纠正古史辨派违失的同时,盲目"信古"之风却大有重新泛起之势,一些学者,不问材料的时代、真伪,只要于己说有利,便拿来就用,炮制出一些看似新颖实无多少学术价值的所谓成果来。

对此,有学者已严肃指出,此风断不可长。已故著名学者赵光贤指出:

> 学者往往贪多求博,见书就抄,于是神话、传说与历史相混淆,把后人伪造的历史系统当作经典看待,写文章彼此矛盾,时代颠倒,令读者目眩。②

> 顾先生在古史研究方面的最大成就,是他的"层累地造成的中国古史"说,这是大家都公认的。一般都说顾先生是疑古派,我认为这不大科学。疑古是一种研究历史应有的态度,不能说某人疑古,某人不疑古。梁启超在清华国学院给学生讲一门课,叫做"古书的真伪及其年代",教学生首先认识伪书,然后再辨伪史,可见辨伪不是顾先

---

① 马克思:《路易·波拿马的雾月十八日》,《马克思恩格斯选集》第一卷,人民出版社1972年版,第603页。
② 赵光贤:《我的自述——学史贵有心得》,《亡尤室文存》,北京师范大学出版社2001年版,第8—9页。

生一个人独创的，不过由于他在《古史辨》里发表的文章中疑古的态度比较大胆，能说他人不敢说的话，因而被人认为疑古派，其实只能叫做"古史辨"派。①

裘锡圭先生指出：

我们走出疑古时代，是为了在学术的道路上更好地前进，千万不能走回到轻率信古的老路上去。②

总的来说，"古史辨"派的观点是有过分的地方，但他们对古书和古史传说不盲目信从的态度，还是应该肯定的。像"三皇五帝"的系统不是历史事实，似乎是不言而喻的。……我感到研究上古史，应该注重全面掌握史料，包括古文字资料及其他考古资料。在使用古书方面，应该有"古史辨"派的基本训练，注意史料的可靠性、时代性。③

周书灿先生谓：

长期以来，封建时代的史学家往往将传说中五帝时期当作信史盲目地加以信从。如在华夏民族大认同的历史背景下，东周秦汉时期的学者在我国古代历史上较早地建立了夏、商、周、秦、楚等同出于五帝之一的黄帝的统一谱系，在我们今天从民族学角度重新审视，显然问题不少。然而，近年来一些学者不仅将古史人物人格化，而且试图将古史辨派早已打破的"民族出于一元"的观念再次颠覆，力图"重

---

① 赵光贤：《顾先生是一位划时代的真正学者》，王煦华编《顾颉刚先生学行录》，中华书局2016年版，第451页。
② 裘锡圭：《中国古典学重建中应该注意的问题》，原载《北京大学中国古文献研究中心集刊》（二），北京燕山出版社2001年版，后收入《中国出土文献十讲》，复旦大学出版社2004年版，第14页。
③ 裘锡圭、曹峰：《"古史辨派"、"二重证据法"及其相关问题——裘锡圭先生访谈录》，原载《文史哲》2007年第4期，后收入文史哲编辑部文史哲丛刊《"疑古"与"走出疑古"》，商务印书馆2010年版，第318、322页。

建黄帝谱系"。

  古史研究中的"信古"、"复古"回潮基本上可以视为是一股学术逆流，是古史研究的全面倒退。①

  战国是中国思想史的黄金时代，人才辈出，成果丰硕，这是任何人否定不了的，但对战国学者所造作的古史，战国人的书，包括战国简帛，亦应作科学的、具体的分析，既珍视其贡献、价值，亦应指出其不足，特别是其中的造伪部分，切不可一看到地下挖出来的东西就在一片赞叹、乃至亢奋中忘记了冷静和科学分析。一般来讲，早期出土文献比之后世传世文献的可信度要大些，但亦不可轻信，因为出土文献所载也并不全是历史的真实。一如清华大学出土文献研究与保护中心的青年学者正确指出的：《五纪》中的黄帝故事，应该就是战国时的思想家为了申论其"五纪"学说，汇集当时有关黄帝的材料剪裁而成的。而其中的哪些是神话传说，哪些又有史实素地，则是需要我们仔细辨别的。信哉斯言！愿借此奉劝一些人，切莫一抓住传世文献或新出地下文书中的只言片语就动不动去颠覆人的认知、改写历史，亦大可不必用什么此处之"子"并非指父子之子，而是指臣子，曲为弥缝、回护，尽可理直气壮地指出：战国秦汉间的政治家和文人们基于现实的政治需要本是惯用编织历史的。对此，顾颉刚先生早就有所洞察，并多次强调指出过，遗憾的是，有些人就是听不进去，或压根不愿听。

  说到这里，不妨再把话题扯远些。且看传世文献有关盘瓠的两则记载：

  高辛氏，有老妇人，居于王宫，得耳疾。历时，医为挑治，出顶虫，大如蚕。妇人去后，置以瓠篱，覆之以盘。俄尔顶虫乃化为犬，其文五色，因名盘瓠。遂畜之。时戎吴强盛，数侵边境，遣将征讨，不能擒胜。乃募天下有能得戎吴将军首者，赠金千斤，封邑万户，又赐以少女。后盘瓠衔得一头，将造王阙，王诊视之，即是戎吴。为之

---

① 周书灿：《中国古史学术史论》，河南人民出版社 2016 年版，第 277、281 页。

奈何？群臣皆曰："盘瓠是畜，不可官秩，又不可妻，虽有功，无施也。"少女闻之，启王曰："大王既以我许天下矣，盘瓠衔首而来，为国除害，此天命使然，岂狗之智力哉。王者重言，伯者重信，不可以女子微躯，而负明约于天下，国之福也。"王惧而从之，令少女从盘瓠。盘瓠将女上南山，草木茂盛，无人行迹。于是女解去衣裳，为仆竖之结，著独力之衣，随盘瓠升山，入谷，止于石室之中。王悲思之，遣往觅视，天辄风雨，岭震，云晦，往者莫至。盖经三年，产六男、六女。盘瓠死，后自相配偶，因为夫妻。……号曰蛮夷。（干宝《搜神记》卷十四）

昔高辛氏有犬戎之寇，帝患其侵暴，而征伐不剋。乃访募天下，有能得犬戎之将吴将军头者，购黄金千镒，邑万家，又妻以少女。时帝有畜狗，其毛五彩，名曰槃瓠。下令之后，槃瓠遂衔人头造阙下，群臣怪而诊之，乃吴将军首也。帝大喜，而计槃瓠不可妻之以女，又无封爵之道，议欲有报而未知所宜。女闻之，以为帝皇下令，不可违信，因请行。帝不得已，乃以女配槃瓠。槃瓠得女，负而走入南山，止石室中。所处险绝，人迹不至。于是女解去衣裳，为仆竖之结，著独力之衣。帝悲思之，遣使寻求，辄遇风雨震晦，使者不得进。经三年，生子一十二人，六男六女。槃瓠死后，因自相夫妻。……其后滋蔓，号曰蛮夷。……今长沙武陵蛮是也。（范晔《后汉书·南蛮西南夷列传》）

《搜神记》作者干宝为东晋人，《后汉书》作者范晔为南朝刘宋人，而据《后汉书·南蛮西南夷列传》唐李贤注称，"以上并见《风俗通》也"。《风俗通》，即《风俗通义》，东汉应劭撰，原本二十卷，大部亡佚，今存十卷。上述记载虽不见于今本，但李贤注所云应是可靠的。若此，则盘（槃）瓠的传说在东汉时就已有了。战国秦汉间的政治家和文人们连蛮夷是帝譽高辛氏"畜狗"的后代的荒唐言都造得出来，说蚩尤是黄帝的儿子又有什么可大惊小怪的。

战国秦汉间的政治家和文人们之所以如此造作，并不是闲暇无事的率意之举，而是有其深刻政治用意的，因为，在我们这样一个极重"忠"

"孝"的国度里，如此这般一来，蚩尤就不仅是个"乱臣"，而且还是个"贼子"，自可人人得而诛之，以达到从政治上、道德上进一步抑蚩扬黄之目的。

(张广志：中国先秦史学会顾问组组长、
　　　　青海师范大学原校长、终身教授)

黄帝是"天帝"还是"人王":论黄帝的性质

——从陈侯因𬱟敦与春秋时黄帝二十五子的传说说起

王 晖

黄帝是古史传说"五帝"时代的第一位,但是人还是神?是历史传说中的古帝王、部落首领,还是神话中的天神、感生帝……近代以来看法迥然不同。这个问题牵扯到我国古时传说时代的"五帝"是自古相传的历史传说?还是荒诞的神话故事?是需要认真辨析的。

我们准备以陈侯因𬱟敦铭和《国语·晋语四》有关黄帝的记述资料,来讨论这一问题。

一 陈侯因𬱟敦铭与田齐高祖黄帝

陈侯因𬱟敦铭云:

> 唯正六月癸未,陈侯因𬱟曰:皇考孝武桓公恭哉!大慕(谟)克成。其惟因𬱟扬皇考,邵(昭)緟高祖黄啻(帝),伋嗣桓、文,朝昏(问)诸侯,合(答)扬厥德。诸侯寅荐吉金,用作孝武桓公祭器敦,以登以尝,保有齐邦,世万子孙永为典用。(《殷周金文集成》4649)

陈侯因𬱟就是陈侯午之子齐威王。齐威王之名,《史记·田完世家》及《六国年表》称"因齐",《战国策·赵策三》作"婴齐"。齐威王之父就是该铭文中的"皇考孝武桓公",亦即战国中期陈侯午,此器应是齐威王在其父去世不久所做的器物,这是他还未称王,故称为"陈侯"。尽管齐威王还未称王,但已是东方诸侯霸主。"侎嗣桓、文",这是说当时齐威王继承了齐桓公、晋文公的霸业而"朝问诸侯"。

陈侯因𰹧敦铭给近代学术界带来最大的震撼,就是黄帝是妫姓的田齐的"高祖"问题,该器铭中齐威王尽管明确说黄帝是自己的"高祖",但学者形成了几种截然不同的观点。1. 赞成派。以徐中舒、丁山、王晖为代表①。发表从世系、传说资料的可信程度以及战国中期田齐尊祀高祖黄帝的特殊背景,分析了陈侯因𰹧敦铭所记陈侯因𰹧所说"高祖黄帝"的关系和铭文的价值意义。2. 否定派A:黄帝是战国时才由天帝演变为人王。此说以顾颉刚、童书业、杨宽等学者为代表,认为陈侯因𰹧敦铭正好反映了战国中期的人们把本为天帝认作先祖人王的开始。② 3. 否定派B:黄帝是后人想象出来的华夏族或汉族的先祖,此说的代表人物大概是郭沫若,见之于其主编的《中国史稿》第1册③。他把陈侯因𰹧敦铭中的"邵(昭)緟"隶定为"绍统"而连上读,把"高祖黄啻(帝),侎嗣桓文"当做对文,并解读为"言高则祖述轩辕黄帝,侎(弥,低也)则承嗣齐桓晋文"④。而且,郭沫若也继承了古史辨派的看法,说"黄帝本是皇帝或上帝的转变",但进一步认为"齐威王要'高祖黄帝',这应该就是黄老之术,所以要托始于黄帝的主要原因"⑤。

我认为肯定派的看法是对的。但无疑在学术界否定派的声浪似乎更高一些,这样我们就不能不进一步做些讨论了。

---

① 徐中舒:《陈侯四器考释》,《中央研究院历史语言研究所集刊》第3本第4分,1933年;丁山:《由陈侯因𰹧镦铭黄帝论五帝》,《中央研究院历史语言研究所集刊》第3本第4分,1933年;王晖:《出土文字资料与五帝新证》,《考古学报》2007年第1期。
② 顾颉刚:《史林杂识初编·黄帝》,中华书局1963年版,第179页;童书业:《春秋左传研究》,上海人民出版社1980年版,第3—4页;杨宽:《中国上古史导论》,上海人民出版社2016年版,第106—110页。
③ 郭沫若:《中国史稿》第1册,人民出版社1976年版,第118—126页。
④ 郭沫若:《两周金文辞大系图录考释》下册,上海书店出版社1999年版,第219—220页。
⑤ 郭沫若:《十批判书》,见《郭沫若全集》历史编第2册,人民出版社1982年版,第155页。

虽然黄帝等古帝是由天帝演变为人王的说法出现很早，但从当今学术界的讨论来看，同意郭沫若否定派B的看法更多一些①。其实不过是人王黄帝是战国时才由天帝演变为人王的看法，或者说黄帝是战国时人想象出来的华夏族的先祖，都是有意或无意地忽视了许多早期（西周或春秋时）关于黄帝资料造成的影响。

《逸周书·尝麦》云："赤帝大慑，乃说于黄帝，执蚩尤，杀之于中冀。"李学勤先生认为《尝麦》篇的文字很多地方类似西周较早的金文，很可能是西周中期穆王初年作品②。还有学者利用金文和春秋时官职进行比较，认为其篇在西周早期就已经成文了。③ 连古史辨派的殿军刘启釪也认为《尝麦》与《顾命》相近，保留了西周原有的史料，为周成王亲政后的记录文献，其文字可能写成于春秋之时。④ 以此看来，黄帝之名与炎帝、蚩尤一起在西周前期就以"人王"身份出现在古文献中了，那种说黄帝是战国时才由天帝演变为人王的说法，或说战国时黄老家出现，齐威王等人才"托始于黄帝"的看法都是没有根据的。

其实说黄帝为有虞氏的高祖也是见之于春秋文献的。《国语·鲁语上》云："故有虞氏禘黄帝而祖颛顼，郊尧而宗舜。"《礼记·祭法》云："有虞氏禘黄帝而郊喾。祖颛顼而宗尧。"这两个文献中所说"有虞氏"的祭祀制度虽有些差异，但"禘黄帝"和"祖颛顼"是相同的。《礼记》虽为战国后儒礼学家的作品，但《国语》中的《鲁语》应是春秋时史官所记上至国君下至卿大夫百官重要言论的语体文字，尽管《国语》成书已经到了战国时代，但其最初笔之于简帛的史料应该是春秋时代。正如《论语》成书已经到了战国早期，但它最初资料应是春秋末期孔子弟子所记录下来的。

春秋时的《国语·鲁语上》说有虞氏"禘黄帝"，也就是以"黄帝"

---

① 周生春、孔祥来：《田齐"高祖黄帝"考辨》，《浙江社会科学》2012年第12期；赵燕姣：《也谈陈侯因齐敦铭中的"高祖黄帝"》，《东岳论丛》2019年第11期。
② 李学勤：《〈尝麦〉篇研究》，见《当代学者自选文库·李学勤卷》，安徽教育出版社1999年版，第575页。
③ 张怀通：《〈尝麦〉新研》，《社会科学战线》2008年第3期。
④ 刘启釪：《尚书学史》（修订本），中华书局1989年版。

为高祖而祭祀的。田齐就是有虞氏之后,祭祀先祖虞舜,这见之于《左传》①;而有虞氏则"禘黄帝而祖颛顼,郊尧而宗舜"(《鲁语上》)。这并不是到齐威王时才把本为天帝的黄帝作为"人王"来看待,也不是齐威王受黄老学派的影响才拉大旗作虎皮,追认黄帝为"高祖"的,而是早在春秋时期礼学家所说礼仪中就有这种传说。

我们还应看到,学者所说战国中期齐威王时才把天帝身份的黄帝转变为"人王"先祖,或者是受黄老学派的影响才认黄帝为高祖等说法,是不符合先秦时代祭祀礼仪的原则的。《左传·僖公十年》说:"神不歆非类,民不祀非族。"对先祖来说,不是自己的子孙后裔,就不是自己的同类,他们的祭祀品是不馨香的,那些祖先神灵是不会享用的;反过来说,民众也不会去祭祀不是自己同族的神灵的。这应是先秦时期一条十分重要的祭祀原则,人们一般是不会违犯的。而按照上面学者的说法,人们随便找一些神灵作为"高祖"去祭祀,而不去考虑是否符合礼仪制度,其方法大概不是很妥当的。

不过,还有一个问题是需要讨论的。这就是《左传·昭公八年》和《史记·陈杞世家》等文献中说陈国是颛顼、帝舜之后,所祭祀的高祖只是虞舜,周初所赐胡公满妫姓,也只和虞舜有关,并没有提到祭祀黄帝的问题,到战国时为什么齐威王就突然祭祀起"高祖黄帝"了呢?原因何在?我们认为,春秋时期陈国君主没有"禘黄帝",其原因只是诸侯身份,达不到祭祀"所自出之帝"的规格。但是在战国时代就不同了,齐威王即位就已经是诸侯霸主了,作为诸侯霸主,就要像王一样用天子身份去行使祭礼"所自出之帝"高祖黄帝,不然反而会受到神灵的惩处。《左传·昭公七年》记载晋平公患病卧床三月不愈,子产说病因是"晋为盟主"却没有郊祀鲧,于是韩宣子"祀夏郊,晋侯有间"。这说明春秋战国时期诸侯盟主就应像天子一样,用禘、郊、祖、宗等祭礼祭祀远祖和始祖神灵。《礼记·大传》:"礼,不王不禘。王者禘其祖之所自出,以其祖配之。诸

---

① 《左传》昭公八年史赵云:"陈,颛顼之族也。岁在鹑火,是以卒灭,陈亦如之。……自幕至于瞽瞍无违命,舜重之以明德,寘德于遂。遂世守之。及胡公不淫,故周赐之姓,使祀虞帝。"《史记·陈杞世家》也说陈开国君主胡公满是虞帝舜之后。

侯及其大祖。"因此，春秋时期陈国以"不王不禘"的祭礼，不能"禘所自出"之帝黄帝，也未提到"高祖"黄帝，是符合礼仪规定的；而战国中期齐威王即位之初，齐国已为诸侯盟主，这就和春秋时晋为盟主晋平公则必须行天子祭礼一样，"有虞氏禘黄帝而祖颛顼"，便以有虞氏之后的身份"禘所自出"之帝黄帝，且称其为"高祖黄帝"，是合乎周代祭礼规定的。这样看来，尽管陈侯因𦈡敦时代不太早，但它祭祀"高祖黄帝"，且出现在战国中期齐威王即位之初，绝不是齐威王随便拉一位"大神"来加强自己的权威，而是符合礼仪且符合"民不祀非族，神不享非类"古训制度的。

二 黄帝之子二十五人有十二姓问题的历史背景

《国语·晋语四》云：

> "司空季子曰：'同姓为兄弟。黄帝之子二十五人，其同姓者二人而已，唯青阳与夷鼓皆为己姓。青阳，方雷氏之甥也。夷鼓，彤鱼氏之甥也。其同生而异姓者，四母之子别为十二姓。凡黄帝之子，二十五宗，其得姓者十四人为十二姓。姬、酉、祁、己、滕、箴、任、荀、僖、姞、儇、依是也。唯青阳与苍林氏同于黄帝，故皆为姬姓。同德之难也如是。昔少典娶于有蟜氏，生黄帝、炎帝。黄帝以姬水成，炎帝以姜水成。成而异德，故黄帝为姬，炎帝为姜，二帝用师以相济也，异德之故也。……'"

这一段资料如果按照父系血缘继嗣制度来看，是完全没有办法理解的。既然是黄帝之子，为什么会是异姓？而且会有姬、酉、祁、己、滕、箴、任、荀、僖、姞、儇、依十二姓之多？根据这个司空季子的说法，炎帝黄帝成了同一个父母的兄弟，但是奇怪的是也是"异德"而"异姓"！因此，清人崔述认为此说违背了"同姓不婚"的古制，批评说"诬古圣而惑后儒者,皆《国语》为之滥觞也"①。顾颉刚也说这样短短的一段文字,"错得这样利害,可见讲'黄帝子孙'故事的人实在是胸无定见,逞口瞎说"②。实际上近代学者如刘节③、李玄伯④、吕振羽⑤、翦伯赞⑥等,均不约而同地指出黄帝二十五子的故事不符合父系社会从父姓制度,须从母系社会从母姓制度才能得到合理解释。但我们看出,早期一般学者的分析其深度还是有限的,许多问题并未得到完全合理的解释。而进行深入研究的是杨希枚先生。杨希枚先生利用文化人类学和社会人类学的理论和资料,指出《国语·晋语四》这段讲黄帝二十五子的故事恰恰是母系氏族社会制度的反映。首先,他分析了先秦时"姓"之古义:"作为'族'字解的'姓'字,即如姜姓、姬姓一类的'姓'字,也显指一种亲族集团(kinship grouping),而相当于现代人类学所谓'clan'(gens, sib, orsept),因此著者便拟称之为'姓族',以示别于先秦社会同时并立但组织不同的'氏'或著者所拟称的'氏族'";"依'姓'字古义,应解为'其得子姓者十四人',意即'得嗣传宗者十四人','其不得姓者'意即'绝后无嗣者'";并认为这一段文字是说黄帝二十五子"分为二十五宗,但其中仅十四人得嗣传宗;而分衍为十二姓;余者十一人则都绝后乏嗣。其得嗣十四人中,仅青阳、苍林(即夷鼓)二子与黄帝同族因同属姬姓;余者都属异姓"。这种现象完全不可能是春秋或战国以父系社会组织结构编造出来的故事。⑦ 因此清儒所说"诬古圣而惑后儒",古史辨派所谓"可见讲'黄帝子孙'故事的人实在是胸无定见,逞口瞎说"之论,实际上都是以后世父系社会的组织结构去理解《晋语四》所说黄帝二十五子十四人得姓的可贵传说,自然方凿不得圆枘。杨希枚对《晋语四》黄帝二十五子得姓十二人的资料评价十分高,认为这是"先秦传说时代有关母系家族的一项重要原始史料","但其中依

---

① (清)崔述:《崔东壁遗书》,上海古籍出版社1983年版,第36—37页。
② 顾颉刚:《中国上古史研究讲义》,中华书局1999年版,第16—17、99页。
③ 刘节:《中国古代宗族移植史论》,上海书店1996年版,第114—115页。
④ 李玄伯:《中国古代社会新研初稿》,上海孔德研究所1941年排印,第102—103页。
⑤ 吕振羽:《中国原始社会史》第5章《传说中的尧舜禹时代——母系氏族社会》,耕耘出版社1943年版。
⑥ 翦伯赞:《中国史论丛》,重庆文风书局1943年版,第68页。
⑦ 杨希枚:《先秦文化史论集》,中国社会科学出版社1995年版,第227、237页。

母系家族制度理论的解释应是最自然而合理的,且就在这一解释下,《晋语》黄帝父子异姓的传说也就是溯论先秦时代母系家族制度的重要原始史料"①。这种现象完全不可能是战国秦汉时代的人们为了"层累古史"而编造出来的。

说句实话,在战国秦汉时代那样的父系社会制度中,社会结构和家庭模式与原始母系社会已经大相径庭,想编造那样的故事也是编造不出来的。春秋晋国司空季子所说的那样一段故事,应该是人们口耳相传的古史传说。

(王晖:中国先秦史学会副会长、陕西师范大学历史文化学院教授)

① 杨希枚:《先秦文化史论集》,第251页。

试论黄帝"垂衣裳而天下治"

廖名春

黄帝为"五帝"之首，是中国历史上首位大政治家。其治道，也就是为政之道，《周易·系辞传下》概括为七个字："垂衣裳而天下治。"但"垂衣裳"如何理解？各家之说颇有不同，很有探讨的必要。

现存《周易》注解以东汉郑玄（127—200）最早，其注"垂衣裳"云"始去羽毛"。这是说黄帝发明了"衣裳"，所以从此人民开始去掉了"羽毛"，不再穿鸟羽兽皮了。察其意，是以"垂"为创制。

三国时期的易学大家虞翻也说："乾为治在上为衣，坤下为裳。乾、坤，万物之缊，故以象衣裳。乾为明君，坤为顺臣，百官以治，万民以察，故天下治，盖取诸此也。"（李鼎祚《周易集解》卷十五）其以乾、坤上下取象为说，解释了"衣裳"之义，但"垂"为何意？盖阙如也。

东晋韩康伯（332—380）《周易·系辞传》注："垂衣裳以辨贵贱，乾尊坤卑之义也。"这是说黄帝发明了以上衣下裳为代表的礼仪文明，用来分辨社会各色人等的高低贵贱，取法的是《周易》的"乾尊坤卑"的道理。韩注在虞翻注的基础上有所发挥，将"垂衣裳"与贵贱之礼联系起来了。

九家易："黄帝以上，羽皮革木以御寒暑。至乎黄帝始制衣裳，垂示天下。衣取象乾，居上覆物。裳取象坤，在下含物也。"唐人孔颖达（574—648）《疏》："'垂衣裳'者：以前衣皮，其制短小，今衣丝麻布帛，所作衣裳，其制长大，故云'垂衣裳'也。'取诸乾、坤'者，衣裳辨贵贱，乾、坤则上下殊体，故云'取诸乾、坤'也。"其释"垂"字，以"垂长"为义；也以"垂衣裳"为"制衣裳"。"垂"字一名而含二义。从语言学的角度而言，这种含糊的解释肯定是不行的。"垂"为"垂长"

就不能为"制",因为"垂"没有"制作"义。我们看看《说文》《汉语大字典》《汉语大字典》等权威辞书字书就会明白。

以"垂"为"制"说在郑玄以前就存在了。《庄子·天地》:"垂衣裳,设采色,动容貌,以媚一世,而不自谓道谀。""垂"与"设"对举,可知"垂"为"制"义。《白虎通义·五帝》:"黄帝始制冠冕,垂衣裳,上栋下宇,以避风雨,礼文法度,兴事创业。""制冠冕"与"垂衣裳"相对,"垂""制"义同。由此可知,郑玄与九家易的"垂制"说渊源有自。

因此,今人《易》注多取"垂制"说。如黄寿祺、张善文《周易译注》说:"由于'乾''坤'为上、下之象,古代服制上衣下裳,故文中推测黄帝、尧、舜取此两卦的象征以制造'衣裳'。"高亨先生是著名的语言文字大家,他知道"垂"不能训为"制",只好别出心裁,云:"垂当借为缀。缀,缝也。……'缀衣裳'谓缝制衣裳也。垂、缀乃一声之转。"① 于是,人们就认定黄帝为中华服饰创制之祖,也就是服装的发明者。以致北京服装学院 2012 年 10 月推出"垂衣裳——敦煌服饰艺术展",以"垂衣裳"为服装设计制作的典故。

其实,《周易·系辞传下》"黄帝尧舜垂衣裳而天下治,盖取诸《乾》、《坤》"说的本义并非此意,宋人早已参透。

张载(1020—1077)《横渠易说》卷三:"君逸臣劳。上古无君臣尊卑劳逸之别,故制以礼。垂衣裳而天下治,必是前世未得如此,其文章礼乐简易朴略。"其说虽留有一个"制以礼"的尾巴,但指出"垂衣裳而天下治"是讲的"君逸臣劳"的道理,"取诸《乾》、《坤》"是得之于《乾》、《坤》二卦的"简易朴略",非常有见地。

其后郭雍(1106—1187)《郭氏传家易说》卷八说得更明白:"垂衣裳而天下治,谓无为而治也。能无为而治者,无他焉,法《乾》、《坤》易简而已。"直接指出"垂衣裳而天下治"的"无为而治"思想是"法《乾》、《坤》易简",取法于《乾》、《坤》两卦的"易简"之理。

南宋易祓《周易总义》卷十九亦云:"不知垂衣裳而治者,法《乾》、《坤》之简易……高拱无为而操其成功,黄帝、尧、舜氏以之。"

---

① 高亨:《周易大象传今注》,齐鲁书社 2003 年版,第 421 页。

宋人的这些解释，持之有据，言之成理，能得到早期文献的有力支持。

《说文系传》卷三十三："尧舜垂衣裳而天下治，孔子曰恭（拱）已正南面而已，故裳象南面垂衣之形也。"《说文系传》虽南唐徐锴所撰，但引"孔子曰"未必空穴来风，应该有据。

《荀子·王霸》："若是则一天下，名配尧禹。之主者，守至约而详，事至佚而功，垂衣裳，不下簟席之上，而海内之人莫不愿得以为帝王。夫是之谓至约，乐莫大焉。""事至佚而功，垂衣裳，不下簟席之上"，就是讲"黄帝、尧、舜垂衣裳而天下治"的。显然，"垂"不是制作，是有关"至佚"的。

《荀子·王霸》又说："故君人者，立隆政本朝而当，所使要百事者诚仁人也，则身佚而国治，功大而名美，上可以王，下可以霸。……既能当一人，则身有何劳而为？垂衣裳而天下定。""垂衣裳"就是"身佚""身有何劳而为"。

《晏子春秋·内篇谏下第二》："仲尼闻之，喟然叹曰：'……是以虽事惰君，能使垂衣裳，朝诸侯，不敢伐其功。当此道者，其晏子是耶！'"是以"垂衣裳"来形容"君""惰"。

《商君书·君臣》："瞋目扼腕而语勇者得，垂衣裳而谈说者得，迟日旷久积劳私门者得。尊向三者，无功而皆可以得。""垂衣裳"是形容"无功"的。

《新序·杂事第四》："故王者劳于求人，佚于得贤。舜举众贤在位，垂衣裳，恭己无为，而天下治。汤文用伊、吕，成王用周、邵，而刑措不用，兵偃而不动，用众贤也。""垂衣裳"即"恭（拱）己无为"，是形容"佚"的。

王充（27—约97）《论衡·自然》篇则直接点明："《易》曰：'黄帝、尧、舜垂衣裳而天下治。''垂衣裳'者，垂拱无为也。"

所谓"垂拱"，垂衣拱手，谓不亲理事务。唐吴兢《贞观政要·君道》："鸣琴垂拱，不言而化。"戈直注："垂拱者，垂衣拱手，无为而治也。"

"垂衣"，又作"垂裳"，系"垂衣裳"之省。南朝陈徐陵《劝进元帝表》："无为称于华胥，至治表于垂衣。"唐高适《古歌行》："天子垂衣方晏如，庙堂拱手无余议。"前蜀杜光庭《贺圣体渐痊愈表》："伏惟皇帝陛下深仁御宇，至道垂裳，惠匝万区，恩周品物。"清查慎行《恩赐新刻御制诗集恭纪》诗之二："畊凿万方民击壤，箫韶九奏帝垂裳。"

"垂衣裳"为什么能用以称颂帝王"无为而治"？因为"垂衣裳"，衣裳下垂，是形容安居席上、无所事事的悠闲样子。《荀子·王霸》"垂衣裳，不下簟席之上"说得很清楚。古人在家休息，席地而坐，所以"不下簟席之上"。席地而坐，"不下簟席之上"，衣裳自然下垂。衣裳下垂，是闲居休息之状，故以代表"无为""身佚"。

"拱手"本指两手相合以示敬意。《礼记·曲礼上》："遭先生于道，趋而进，正立拱手。"引申之，则指不做事，不亲理事务。《战国策·秦策一》："大王拱手以须，天下徧随而伏，伯王之名可成也。"《秦策四》："齐之右壤，可拱手而取也。"汉贾谊《过秦论上》："于是秦人拱手而取西河之外。"

在此意义上，"拱手"与"垂衣"同义，古人往往并称。唐高适《古歌行》："天子垂衣方晏如，庙堂拱手无余议。"苏轼《御试制科策》："拱手垂裳而天下向风，动容变色而海内震恐。"

"垂衣"与"拱手"甚至可以省称为"垂拱"。《韩非子·初见秦》："大王垂拱以须之，天下编随而服矣，霸王之名可成。而谋臣不为，引军而退，复与赵氏为和。"又《守道》："人主甘服于玉堂之中，而无瞋目切齿倾取之患；人臣垂拱于金城之内，而无扼掔聚唇嗟唶之祸。"《大戴礼记·保傅》："桓公垂拱无事而朝诸侯，鲍叔之力也。""垂拱"都是不做事，不亲理事务，也就是"无为"的意思。

"黄帝、尧、舜垂衣裳而天下治"，为什么说"盖取诸《乾》、《坤》"？郭雍说是"法《乾》、《坤》易简而已"，李光地说是"取诸其易简也"（《周易折中》），很有道理。

《周易·系辞上》云："乾以易知，坤以简能。易则易知，简则易从。易知则有亲，易从则有功。有亲则可久，有功则可大。可久则贤人之德，可大则贤人之业。易简而天下之理得矣。天下之理得而成位乎其中矣。"《系辞传下》亦云："夫乾，确然示人易矣；夫坤，隤然示人简矣"，"夫乾，天下之至健也，德行恒易以知险；夫坤，天下之至顺也，德行恒简以知阻。"都是说乾、坤有简易之德。这应该是就乾、坤两卦的卦画而言。

《周易》六十四卦，其他六十二卦每卦都是有阴有阳，都是阴阳相杂，唯独乾、坤两卦，一是纯阳，一是纯阴。因此，相对其他六十二卦而言，乾、坤两卦的卦画，可谓之简易，简易得不能再简易。

从乾、坤两卦卦爻辞的内容来说，其"无为而治"的思想尤其突出，也可谓之"易简"。乾卦卦辞说："乾，元，亨；利贞。"是说刚健之时，能做到仁义，就会亨通。能守静不争，就会吉利。其用词云："用九，现群龙无首，吉。"是说六爻全是九，实力最强盛之时，群龙都不争着为首领，都能团结礼让，则非常吉利。卦辞提倡"贞"，守静不争；用词提倡"群龙无首"，都是"无为"的表现，与黄帝的"垂衣裳而天下治"，精神相通。坤卦卦辞讲"坤（顺）"、"利牝马之贞"、"安贞，吉"，也都有无为不争之意。六三爻辞"含章，可贞。或从王事，无成，有终"，六四爻辞"括囊"，上六爻辞"龙战于野，其血玄黄"，用六"利永贞"，都是讲无为不争。因此，无论从乾坤两卦的卦画而言，还是从其卦爻辞的思想而言，"黄帝、尧、舜垂衣裳而天下治，盖取诸《乾》、《坤》"，都是有道理的。

当然，考诸"伏羲作易"，也就是著名的"古者包牺氏之王天下也，仰则观象于天，俯则观法于地，观鸟兽之文，与（舆）地之宜。近取诸身，远取诸物。于是始作八卦，以通神明之德，以类万物之情"说，这种说法是有问题的。今天我们一般认为《周易》的卦爻辞为周文王、周公父子所作。文王之易非伏羲之易，伏羲之易是"八卦"而非六十四卦，更遑论六十四卦的卦爻辞了。就这一点而言，"法《乾》、《坤》易简而已"，就只能是法八卦乾、坤卦画的"易简"了。

《周易·系辞上》"黄帝、尧、舜垂衣裳而天下治"这一名言告诉我们：作为一个管理者，尤其是最高管理者，要有所为，更要有所不为。只有无为，才能无不为；只有有所不为，才能有所为。只有会休息的人，才是会工作的人，才是会做好工作的人。作为领导者，不能事必躬亲，大权独揽；要简政放权，摆脱琐事。思想之树长青，黄帝"垂衣裳而天下治"的精神永远值得我们学习。

（廖名春：清华大学历史系教授）

黄帝传说与中华早期军事文明

刘 庆

黄帝是中华古代传说中的先祖人物，据说中华民族的许多事物的发明都与其有密切关系。在军事领域，黄帝也是位奠基开拓者。军事科学院副院长高锐将军在所著《中国上古军事史》一书中断言："黄帝是中国历史上第一位军事家"，地位是很高的。

在口口相传和结绳记事的时代，黄帝的事迹主要是靠传说流传下来。本文主要借助这些传说以及大体上处于同一时期的考古发掘资料，对其身处的中华早期军事文明做个简略分析。

一 战争

据传说，黄帝时代战争频繁，"凡五十二战而天下大服"[1]。其中著名的两场大规模战争，一是黄帝与蚩尤的涿鹿之战。《山海经·大荒北经》载："蚩尤作兵伐黄帝。黄帝使应龙攻之冀州之野。应龙畜水。蚩尤请风伯雨师，纵大风雨。黄帝乃下天女曰魃，雨止，遂杀蚩尤。"

二是黄帝伐四帝之战（即阪泉之战）。三国时期魏蒋济著《蒋子万机论》言："黄帝之初，养性爱民，不好战伐。而四帝各以方色称号，交共谋之，边城日惊，介胄不释。黄帝叹曰，夫君危于上，民安于下，主失于国，其臣再嫁。厥病之由，非养寇耶？今处民萌之上，而四盗亢衡，递震

---

[1] 徐宗元：《帝王世纪辑存》，中华书局1964年版，第15页。

于师。于是遂即营垒以灭四帝。"①

涿鹿之战是黄帝部落联盟与炎帝部落联盟在今天的河北地区与蚩尤部落联盟的交战。蚩尤部落联盟原先在中国东部一带活动,战败后迁往西南地区,现在苗族民众仍供奉蚩尤为祖先,自称后人。阪泉之战也见于《孙子·行军篇》:"此四战之利,黄帝胜四帝也。"又《史记·五帝本纪》言:"(黄帝)与炎帝战于阪泉之野,三战而得其志。"关于此战记载最详细的要数银雀山汉墓竹简《黄帝伐炎帝》,其语涉及兵阴阳学,神秘难懂。大体来说,黄帝与周围的各大小部落联盟或部落进行了长期战争,最终征服了互不相属的大小部落,走向名义上的统一。

二 兵器

《世本》谈黄帝臣子的发明,有"挥作弓,牟夷作矢"之说法;其敌手蚩尤,则被誉为五兵(戈、矛、戟、酋矛、夷矛)的发明人。

图1 山东临沂汉画像万蚩无像,
(采自蓝永蔚、黄朴民、刘庆、钟少异《鼓角争鸣》,华东师范大学出版社2006年版,第18页)

最早人类在武器和生产(如狩猎)工具上是不分开的。史前时期这类兵器兼生产工具的材质有木、石、骨、皮等之分,种类则包括棍棒、砍砸

---

① 《太平御览》卷七九引。

器、矛、石斧、石钺、石锤、弓箭、匕首等。

弓箭是人类最早发明的捕猎工具之一。我国山西峙峪遗址、沁水县下川遗址，内蒙古乌审旗萨拉乌苏遗址，宁夏灵武水洞沟遗址等都发现了在3万年前左右的石簇。《易传》说黄帝等人"弦木为弧，剡木为矢"，虽然未必为实，但在早期中华军事文明中箭头已呈现出各种材质齐备的情形，除了石簇，还有骨簇、蚌簇乃至木簇则是不争的事实。比如浙江余姚河姆渡遗址四层就出土了木箭头。

弹弓也是华夏先祖的重要武器。《吴越春秋·勾践阴谋外传》陈音说："弩生于弓，弓生于弹。"认为弹弓的历史更早。在新郑裴里岗、武安磁山等遗址出土的大量石弹丸，陶弹丸说明它们在当时的生产、生活和作战中使用相当普遍。

石斧早在80万年前的蓝田人遗址中就发现过。它后来被装上木柄，用于生产、生活和作战。

随着中国金属冶炼技术的发展，自然铜、红铜、青铜被广泛用于兵器制造。仅河南偃师二里头遗址就出土了大量的青铜戈、戚、镞、环首短刀等兵器。目前的出土兵器虽然不能与黄帝、蚩尤传说中的兵器种类一一对应，但根据文明由简陋、单一到繁复的基本发展规律，黄帝时代兵器发展水平不可低估。

三　城邑

华夏先祖们从穴居山洞到移居山坡台地或平原丘岗后，村落居址的安全意识日益增强，故采取设置篱笆、栅栏，挖掘壕沟，修筑围墙的方式加强防御野兽或其他部落的攻击。

作为中华文明始祖的黄帝与城邑发展有什么关系？《山海经·海内西经》介绍有黄帝"下都"之称的昆仑山时说："昆仑之虚，方八百里，高万仞。""面有九门，门有开明兽守之。"有门有守，当是城邑标配。有学者认为，华夏先民第一次筑城活动高潮出现在距今5000到4000年之间，目前发掘的数十处中国史前城址，绝大部分都属于这一时期①。而这一时期与黄帝关系密切。其古城邑在城垣形制和辅助防御设施上出现了一些新特点：如互为犄角之势的姊妹城，包头阿善、莎木佳山城均由两个石城组成，威俊山城由3个小城组成。又如江苏连云港滕花落城的内城外廓的双重城垣结构。三如河南登封王城岗古城角处的突出部，或可以视为后世角台的萌芽。四如城门处的突出城台与护门墙配合控制入城通道（典型的是郑州西山古城）。五是内蒙准格尔寨子塔石城出现了瓮城的雏形。

值得注意的是内蒙呼和浩特后城咀石城呈现出龙山时代最为复杂、完备的三重防御体系。其结构布局由内城、外城、瓮城以及外瓮城组成，外环壕位于外瓮城内侧，东西两端与自然冲沟连接，外瓮城南侧为城门入口，城门外部两侧建有马面，外瓮城城墙西侧连接一处方形台基。外瓮城下发现两条地下通道，其中一条由城外经外瓮城城墙、外环壕底部进入外瓮城内部，另一条由外瓮城中部向瓮城延伸与内环壕连接。由外瓮城城墙、马面、台基以及外环壕沟构成的第一道防御体系，由瓮城城墙、瓮城城墙上布置的台基、墩台以及内环壕构成的第二重防御体系，由主城墙、主城门以及在主城门两侧设置两座马面构成的第三重防御体系，可能为研究石城瓮城结构的起源提供新的资料。

图2　内蒙呼和浩特后城咀石城遗址石城防御体系
见《四项考古新成果揭示史前与夏商城址建制和文化发展脉络》，
《中国文物报》2022年9月16日。

---

① 参见钟少异《中国古代军事（上古至五代）工程技术史》，第33页。

山西兴县碧村遗址的塌地点初步发现大型墩台与城墙围合的城防设施遗迹。城墙圪垛地点发现了遗址东城墙与城门，城门由东、南、北三个"品"字型布局的大墩台构成，东墩台为半圆形直径21.5米，南、北墩台均为方形，边长约25米，规模宏大。三座墩台之间穿插了一些夹墙、夹道、小型墩台等附属设施，设置内外多重瓮城结构，出入口设于东墩台南北两侧，西向经过两道瓮城后方可进入城内（《四项考古新成果揭示史前与夏商城址建制和文化发展脉络》）。后者城门处的复杂结构与郑州西山古城颇为相似。

图3　山西兴县碧村遗址瓮城夹角处出土陶器
见《四项考古新成果揭示史前与夏商城址建制和文化发展脉络》，
《中国文物报》2022年9月16日。

筑城技术发展总是由低水平向高水平不断积累发展，目前还难以将黄帝与具体哪座古城直接挂钩。但有一点毋庸置疑，中华先民们第一次筑城高潮的出现及筑城技术的新发展离不开黄帝时代打下的基础。

四　战略思想

司马迁《史记·五帝本纪》言黄帝"习用干戈，以征不享，诸侯咸来宾从"，"乃修德振兵，治五气，蓺五种，抚万民，度四方，教熊罴貔貅虎，以与炎帝战于阪泉之野"。其战略筹划细节不详，却也说明他在政治号召、经济准备、地理熟悉、武艺训练以及振奋士气上预先做了认真部署，故最后取得了胜利。据专家们研究，华夏集团这两个分别来自姬水和姜水流域的远缘亲属部落的交战，为更大规模的部落联盟雏形的形成拉开了序幕，确立了黄帝的领导地位。其中他在战略上的远见卓识功不可没。

在黄帝与蚩尤的涿鹿之战中，其对战争胜负的把握进一步扩及到风、雨、旱、涝、雾等自然气候要素。传说中的风伯雨师、应龙旱魃即这些自然力量的代表。《孙子兵法》所说的知彼知己，知天知地，"胜乃可全"全都涉及了，可见黄帝和他的臣子们战略思考力的明显进步。

五　战法与阵法

战法最早是由先民们的狩猎方法演变过来的，群体性的追捕、围攻、埋伏，用木棍、弓箭、火焰、石块相互协同杀死野兽的战法也被应用于对付敌对部落。

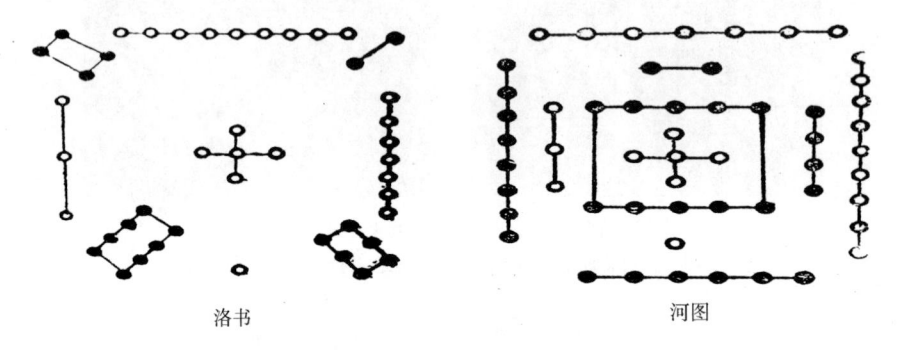

洛书　　　　　　　　　河图

图4　洛书、河图

出自魏汝霖、刘仲平《中国军事思想史》，台北华岗出版有限公司1979年版，第195页。

魏汝霖、刘仲平所著《中国军事思想史》曾认为中国历史上著名的河图、洛书便是原始社会的打虎公约，是先民们对付大型猛兽时猎人们的站位位置，也可以称为最早的作战队形或阵法。姑且不讨论这个说法是否成立，原始社会中最早的阵法来自狩猎队形确实于史可征。北宋时，朝廷派使者赴女真民族结盟，使者亲眼看到女真首领阿骨打率人以两翼包抄队形围猎兽群。它就是后来金宋交战时著名的三生阵。

黄帝时代既然发生过阪泉、涿鹿等大规模、长时间的战争，各部落或部落联盟按照一定的组织形式编组起来，排成固定的战斗队形就不奇怪了。兵书《唐太宗李卫公问对》中有"黄帝兵法，世传握奇文"语，肯定了黄帝其人与古代阵法的关系。《宋史·艺文志》著录的《握奇经》相传系黄帝之臣风后撰，西周初姜尚为之引申，汉公孙弘作解。该书论述了八阵原理，强调"八阵，四为正，四为奇，余奇为握奇"，布阵用兵要根据"天文气象向背，山川利害"等情况灵活运用。该书文字简略，后人又解释不一致，内中含义至今无法清晰破解，说它与黄帝时代有直接联系也证据不足。但其书署名则反映了古人对黄帝在早期军事文明发展中贡献的肯定态度。

六 其他军事装备

在黄帝传说中，与军事相关的还有夔鼓和指南车。

《孙子兵法》说旌鼓号角都是指挥作战的信号装备。黄帝所统部落有熊罴貔貅貙虎之分，当是使用不同动物图腾的部落民众，图腾标识在战时自然成为指挥工具。

号角作为联络工具在中国出现的也很早。

涿鹿之战时，黄帝以东海神牛夔之皮蒙鼓 80 面，用雷兽之骨做槌，"声闻五百里，以威天下"（《山海经·大荒东经》）。

图 5 山彪镇一号墓铜鉴上的金鼓旌旗文饰，
出自蓝永蔚、黄朴民、刘庆、钟少异《鼓角争鸣》，第 44 页。

指南车也是在涿鹿之战时发明的。据说蚩尤请风伯雨师助阵，作大雾弥漫三天三夜。风后在北斗星座的启示下，发明了指南车，才冲出迷雾（《太平御览》卷十五引《黄帝玄女战法》）。这个传说解释了军队行军与星象识别、方向确认的关系。

华夏先民们在传说中把许多早期军事文明的成就归功于那个时代的代表性人物黄帝，未必都反映历史真实。但我们今天结合考古资料进行梳理，以便对当时的军事文明成就有较为清晰的认知，还是有一定意义的。

(刘庆：中国军事科学院战争研究院研究员)

论战争的起源

王 珏

"我国考古发现的重大成就实证了我国百万年的人类史、一万年的文化史、五千多年的文明史。"① 探索人类史和文化史意义的战争起源,须走近那些繁星点点的早期生存遗迹,努力复原百万年来原始人类的生活场景。

一 文明史视域的战争本质

关于战争的本质以及由此引起的战争起源问题,一直没有形成统一的认识。战争的起源问题即战争"何时发生"的时间问题,回答这一问题的前提是必须回答"何谓战争"的问题,亦即"战争本质是什么"的问题。

《孙子·计篇》:"孙子曰:兵者,国之大事,死生之地,存亡之道,不可不察也。"郭化若的《孙子译注》,是一部经历过战争熔炉高烈度淬炼的军人力作,也是一部凝聚着5000年中国军事智慧的传世名著。对于《孙子兵法》开篇起首句"兵者,国之大事",《孙子译注》如此注释:"兵,兵器,用兵,也就是现在所说的战争。孙子一开头就对战争的主要方面(哲学上叫属性)和关系之重大作了总的叙述,首先指出战争是国家的大事。"② 战争既然是国家的行为,其政治本质昭然若揭。

克劳塞维茨有一句时常被引用的名言:"战争无非是政治通过另一种

---

① 习近平:《建设中国特色中国风格中国气派的考古学 更好认识源远流长博大精深的中华文明》,《求是》2020年第23期。
② 郭化若:《孙子译注》,上海古籍出版社1984年版,第77—78页。

手段的继续。"① 汉语如此翻译看起来较为简练，而德语原文表达的意思更加微妙复杂，大意是"各种手段的混合"。1938 年 5 月，毛泽东发表《论持久战》，在抗日救亡的危急时刻，发出中华民族的最强音："'战争是政治的继续'，在这点上，战争就是政治，战争本身就是政治性质的行动，从古以来没有不带政治性的战争。抗日战争是全民族的革命战争，它的胜利，离不开战争的政治目的。"② 必须指出，孙子、克劳塞维茨、毛泽东所揭示的战争政治本质是在文明史尺度内而言的。《孙子兵法》《战争论》《论持久战》的讨论都有一个预设的前提，即人类已经迈入阶级社会，国家已然出现，社会每一个阶级和世界每一个国家为实现或保护自身利益，均存在实施战争行为的可能性。

在文明史视域下，政治是战争的本质属性。如果只盯着战争的政治本质，追溯战争的起源问题时，就不得不附和学术界长期流行的论调：战争发源于私有制，或说战争是私有制的产物。"战争"用最直观的语言表达就是解决民族之间、国家之间、阶级之间、种族之间和立场之间矛盾的最高斗争形式。只要有利益冲突的地方就会形成矛盾，当矛盾无法用和平和谐的方式解决就会生成战争，人类利用战争的手段最后达到自己的政治目的。

在人类短短数千年的文明史中，可以看到战争一直如影随形，人类社会也在不断的毁灭与重建中向前发展，直至 20 世纪的一战和二战将这种发展状态推到了顶点，人类因战争而促进科技的发展，提高生产力，但也为自身带来惨重的代价，数十亿人被战争所席卷，灾难令人警醒，战争不仅彻底的改变了世界的格局，还影响了世界历史的发展进程。

战争是流血的政治，战略服务政治。绝对战争的观念，使得克劳塞维茨成为两次"世界大战"的意识形态之父。对于德国而言，"总体战""闪击战"战略，带来战争初期的胜利，最终却濒于灭国的边缘，这与人们心目中的政治理性南辕北辙。战略甚至关乎文明的命运。"复活节岛"孤悬在南大西洋中，极其封闭的环境孕育独特的文明，繁荣时期岛上人口

---

① [普鲁士] 卡尔·冯·克劳塞维茨：《战争论》（第一卷），商务印书馆 1982 年版，第 43 页。

② 毛泽东：《论持久战》，《毛泽东选集》，人民出版社 1964 年版，第 446 页。

一度达7000人,他们无师自通地学会克劳塞维茨式的战争理论,分成两个集团,展开岛内的"世界大战",战争摧残之下,人口减损严重。"到19世纪末,由于混乱造成民不聊生,再加上被欧洲人掳去做奴隶,还有些人死于欧洲人带来的疾病,岛上居民只剩下111人。"① 不仅成功消灭了政治,还几乎消灭了文明,悲剧命运可想而知。

二 文化史意义的战争本质

首先,战争不是单一政治性质的现象,同时也是文化现象。

关于《孙子兵法》的主旨,《计篇》开宗明义,反复陈言对"胜"的追求:"凡此五者,将莫不闻,知之者胜,不知者不胜。""吾以此知胜负矣。""将听吾计,用之必胜,留之;将不听吾计,用之必败,去之。""此兵家之胜,不可先传也。""夫未战而庙算胜者,得算多也;未战而庙算不胜者,得算少也。多算胜,少算不胜,而况于无算乎!吾以此观之,胜负见矣。""胜"应为《孙子兵法》的主旨,一个"胜"字,在《计篇》出现10次。客观而论,《孙子兵法》的用兵制胜之法,对所有阅读者都一视同仁,在敌对各方参与的战争中,不管哪一方一旦领会《孙子兵法》的精髓,必将收获开卷有益的效果。来自齐地的兵法之书,指导帮助吴人取得吴楚战争的胜利;西汉初年的韩信活用《孙子兵法》中的兵法原则,打赢"背水而战"的经典战例。《孙子兵法》的字字句句是由胜利的经验和流血的教训凝聚而成。作为人类优秀军事的文化载体,《孙子兵法》既可以摆放在指导正义战统帅者的案头,也难免出现在筹划非正义战争将领的营地。战争不是单一政治性质的现象,同时也是文化现象。《孙子兵法》服务于正义战争,还是非正义战争,是政治问题;《孙子兵法》同时服务于一场战争的正义方和非正义方,是政治问题,也是文化现象。正义一方诉诸武力杀伤非正义一方的战争行为,是政治问题,也是文化现象。

战争的政治性只是对于与战争有利益关联的人们而言的,《史记·孙子吴起列传》载:"于是阖庐知孙子能用兵,卒以为将。西破强楚,入郢,

---

① [英]约翰·基根:《战争史》,中信出版社2018年版,第34页。

北威齐晋，显名诸侯，孙子与有力焉。"用超然的历史目光打量孙子参与的吴楚柏举之战，只不过是春秋历史舞台上吴楚两股势力相互攻伐的一幕活剧而已。后人回望这次战争，政治性不再重要，最大的收获是了解了春秋战争文化，从中汲取了历史经验。

其次，战争现象远比政治出现得早。

即便进入文明时代，抛开任何的刻意掩饰，战争现象归根到底仍是人类自相残杀的文化现象。人类追求战争胜利的过程，也是自相残杀的过程。考古证据显示，在私有制产生以前，原始状态的战争，起源于原始社会晚期的母系氏族公社时期，也可能更早一些。"大约在公元前 1 万年左右，人类进入了地质上的全新世时期，地球上的最后一次冰期结束了。随着气候的逐渐变暖，自然环境发生了变化。在新环境下，原始人群的生产活动也随之改变，导致了旧石器时代的结束，而开始了向新石器时代的过渡。"① 这一阶段被称作"中石器时代"，先民们告别寒冷，向陌生的地域探索。当不同文化的人群遭遇时，不排除发生暴力事件的可能。"人们不无理由地说，原始社会把它们的部落集团的界限当成人类的边界，而把它们之外的一切人都看成是外人，即肮脏、粗鄙的低等人，甚至是非人：危险的野兽或鬼怪。"② 原始人群基于对外界的假性认识，去攻击靠近其边界的另外人群，很难不引起部落之间的暴力行动。弓箭就是在这个时期被发明出来。

考古学家在西班牙勒文特地区发现相当于中石器时代的原始人作战的岩画，画面生动地反映了原始人手持弓矢、相互对射的场面。这证明战争至今约有一万年左右的历史。《周易·系辞下》："弦木为弧，剡木为矢，弧矢之利，以威天下，盖取诸《睽》。"弓矢的远射程作战、狩猎功能，有威服天下之利，这里呈现的是弓箭部族威服那些乖违叛离者的景象，实施威服的目的，最终是要使敌方服从于己方的意志。"弧矢之利，以威天下"，应为《孙子兵法》"战争威慑"思想之源，在《谋攻》《九变》《九地》等篇中。出现诸如"故上兵伐谋""不战而屈人之兵""故善用兵者，屈人之兵而非战也""故兵不顿而利可全""屈诸侯者以害"的金句，堪

---

① 苏秉琦、张忠培、严文明：《中国远古时代》，上海人民出版社 2010 年版，第 31 页。
② [法]列维·斯特劳斯：《野性的思维》，商务印书馆 1997 年版，第 188 页。

称典型的"威服天下"思想。孙子还提出"威加于敌"的直接效果是"其众不得聚"和"其交不得合",从而形成春秋时代所特有的"威慑战略"。

克劳塞维茨《战争论》一开始也基于文化分析,其逻辑起点指向战争的构成要素——搏斗:"战争无非是扩大了的搏斗。如果我们想要把构成战争的无数个搏斗作为一个统一体来考虑,那么最好想象一下两个人搏斗的情况每一方都力图用体力迫使对方服从自己的意志;他的直接目的是打垮对方,使对方不再作任何抵抗。因此,战争是迫使敌人服从我们意志的一种暴力行为。"①

如克劳塞维茨所言,人类社会迈入文明门槛之前,人与人、人群与人群之间的不断扩大的搏斗行为,无疑是原始战争的早期模式。

原始战争的产物是部落联盟。原始战争,与阶级社会的战争有着本质的区别。它不具有政治目的,没有阶级对抗和奴役的性质。战争中的俘虏,不是杀掉,就是吃掉,或是用于祭祀,后来才懂得收作劳动力。战争通常是以一方部落被消灭或被驱走而告终。随着历史的发展,人类社会有了氏族部落,这个时期的战争是现代战争的初始阶段。但不能否认已具有现代战争的部分意义。将家族的利益扩展到了部落或者说是国家。可以说是人类为了利益结合在了一起并结合到了一定的规模。这个时候人与人的战争就开始了,人类为了自己集体的利益去和同类的其他集体去斗争。先秦史籍记载的最早一次战争是神农伐斧燧之战。《战国策·秦策一》载:"昔者,神农伐补(斧)遂。"《孙膑兵法·见威王》有大致相近的描述。此战约发生于公元前35世纪,也就是距今5500年左右,应归为文化史晚期的原始战争。因年代久远,细节已不甚精确。

神农氏部族的事迹,史乘中记载的线索简要而清晰。《周易·系辞下》云:"包牺氏没,神农氏作,斫木为耜,揉木为耒,耒耨之利,以教天下,盖取诸《益》。"相比之下,补(斧)燧氏部族的轶事实在微茫难求,清代程恩泽《国策地名考》曾勉强推测其支系的地望所在:"补即史伯所云鄢、蔽、补、丹之'补'。《姓苑》有补氏。据此则其地当在今河南新郑

---

① [普鲁士]卡尔·冯·克劳塞维茨:《战争论》(第一卷),商务印书馆1982年版,第1—2页。

县，然别无他证。"① 由于文献记载阙略，后人无缘得以窥视"神农伐斧遂"战事全貌，但可以想见，为争夺生存空间和自然资源而战，是生物界和人类社会普遍现象。先秦典籍中的"某某氏"，本身就是针对族群而言的，"神农氏"应该是指神农部族，斧燧（或称补燧）氏应该是指斧燧部族。关于两大部族之间燃起战火的起因，《路史·后纪三》载："（神农时）补（斧）遂不，乃伐补、遂，而万国定。"《说文解字》："戰慄也。"神农氏部族自恃强大，斧燧氏部族并不惧怕，双方爆发冲突。

庖牺（伏羲）氏相当于上古的渔猎时代，神农氏开启农作物种植的生业模式。伏羲氏寿终，神农氏兴起，他发明砍削树木做成耜，揉弯木头做成耒，耒耜是一种手推足踏的直插式翻土工具，适合于在黄土层深厚疏松的地区使用。新的农具便于深耕细做，神农氏的势力和影响同步壮大。耒耜的创新，具有划时代的意义，促成采集狩猎生业模式向农耕种植生业模式的巨大飞跃，农耕种植带来更加安稳的定居生活。先民们与土地结缘，对脚下的土地有新的认识和依恋，也开始关注太阳、季节、雨水、气温等自然环境，加速先民智力的积累和文明的长成。春种、夏长、秋收、冬藏，五谷的收获与储存，使饥饿的解除与粮食的积余成为可能。人口的增长，催生新型社会结构。而当食品有所剩余之后，就有利于社会的分工，"劳心者治人，劳力者治于人"。当一种统治关系以如此冠冕堂皇的论断来确定合理性的时候，阶级剥削和私有制已是呼之欲出，战争的政治性质也日渐凸显。

三 人类史尺度的战争本质

在人类出现之后、国家出现之前，人类之间的相互攻伐未曾间断，经历文化史尺度的原始战争期和人类史尺度的战争雏形期。

首先，人类在战争雏形期开始思考"死生之地，存亡之道"。

如果达尔文关于"人是从类人猿进化而来"的判断无误，在漫长的进化过程中，发生人类之间的暴力行为应视为人类史尺度的战争雏形。考古

---

① 范祥雍：《战国策笺证》，上海古籍出版社2006年版，第149页。

发现证明，至少在 180 万年以前，在中国大地上就已有了人类的足迹。远古时期的先民们集体居住，共同以采集、渔猎的方式获取食物。人与人、族群与族群之间虽然有冲突发生，和动物世界争夺食物和交配权的厮杀并无本质区别。如果借鉴考古的技术，挖开最上面的文明史尺度"灰层"，可看到文化史尺度的原始战争"堆积层"；继续往下开掘，人类史尺度的战争雏形便露出真面目。

阶级和国家出现之前，人类史尺度的战争雏形与《孙子兵法·计篇》所言"国之大事"没有干系，在百万年计的长时段内，一幕幕同类相残悲剧，催生原始人尽早地开始对"死生之地，存亡之道"进行思考。

中国文化的最遥远记忆，没有军事因素的踪影。天地日月先于人而生成，清代马骕《绎史》卷一裒集古人诸说，想象天地生成之初的景象。其引用《列子·天瑞》载："夫有形者生于无形，则天地安从生？故曰：有太易，有太初，有太始，有太素。太易者，未见气也。太初者，气之始也。太始者，形之始也。太素者，质之始也。气形质具而未相离，故曰浑沌。"又引用《淮南子·天文训》载："清阳者薄靡而为天，重浊者凝滞而为地。清妙之合专易，重浊之凝竭难，故天先成而地后定。""积阳之热气生火，火气之精者为日。积阴之寒气为水，水汽之精者为月。日月之淫为精者为星辰。天受日月星辰，地受水潦尘埃。"天地之间原无人类，宇宙运行的动作烈度之大，不容许脆弱的万物之灵存活，人类文明的信息一直埋藏在万物未相离的浑沌之中。

关于人类的起源，西方有人类是源自"两个住在伊甸园的人类"的神话，中国古代则有"三盈易天地，孕而生男女"和女娲抟黄土造人的传说。

上古思维缜致的智者洞晓人类为自然化育而成的真相。《三坟》载："太初者，天地之交也。太初之数四，四盈易四象，变而成万物，谓之太素。太素者，三才之始也。太素之数三，三盈易天地，孕而生男女，谓之三才。三才者，天地之备也。游神动而灵，故飞走潜化动植虫鱼之类必备于天地之间，谓之太古。太古者，生民之始也。"相较于前者，普罗大众更愿意接受女娲造人的传说。记载女娲神话的先秦古籍主要是先秦时期的《山海经》和《楚辞》。据《说文解字》追述，西周末年的周宣王太史籀的著作中出现过"娲"字，但原作已经亡佚，仅可作为旁证。《山海经》和《楚辞》二书中的记载也是比较模糊朦胧，但神话具有与生俱来的民间接受度高的流行特质，长久以来塑造的女娲以造人为职能的始祖母神的形象深入人心。现代学者袁珂就将《楚辞·天问》中的"女娲有体，孰能匠之"理解为"女娲作成了别人的身体，她的身体又是谁作成的"①。《山海经·大荒西经》载："有神十人，名曰女娲之肠，化为神，处栗广之野，横道而处。"晋人郭璞注云："或作女娲之腹。"又云："女娲，古神女而帝者，人面蛇身，一日中七十变，其腹化为此神。"古籍中最早明确提出女娲造人故事的是《风俗通义》："俗说天地开辟，未有人民，女娲抟黄土做人。剧务，力不暇供，乃引绳于泥中，举以为人。故富贵者，黄土人；贫贱者，引绳人也。"这则故事虽然正面描写女娲造人的事迹，显示出女娲始祖母神的地位，但毫无疑问，女娲造人的神话，并非空穴来风的纯粹杜撰，而正是早期血缘时代之母系社会中女性占据人口生产主导地位的反映。"抟黄土作人"被认为是人类文化史上制陶技术的发明在神话中的投影，而所造人类产生富贵贫贱之分则是人类进入等级社会的反映。这说明，神话一旦离开了它自身的生长土壤，它的形态就要随着新的生长土地而呈现新的姿态。

无论神话传说，还是进化论，都含有对战争起源于阶级社会和战争的政治本质论否定成分。如果人一出现便生而为人，先天有贵贱之别。那么人的暴力倾向也是与生俱来的，人类起源之时便是战争起源之日。为了弥合人间出现的阶层差别，女娲造人的故事里添加"黄土抟做人""引绳泥为人"的噱头。照此逻辑，阶级划分与人类起源同步发生，战争的源头仍应归于人类乍出现之时。

《五远历年纪》和《三五历记》，为目前所知记载盘古开天传说的最早著作。作者徐整出生于东汉末年，三国时曾任吴国的太常卿。据《隋书》记载，他另撰有《毛诗谱》，注有《孝经默注》。两部书的内容皆论三皇以来之事，可惜因为年代久远，原书均已佚失，仅部分段落经后人引证才流传下来，存于类书如《太平御览》《艺文类聚》之中。《五运历年记》载：

---

① 袁珂：《中国古代神话》，长江少年儿童出版社2019年版，第34页。

"元气濛鸿，萌芽兹始，遂分天地，肇立乾坤，启阴感阳，分布元气，乃孕中和，是为人也。首生盘古，垂死化身，气成风云，声为雷霆，左眼为日，右眼为月，四肢五体为四极五岳，血液为江河，筋脉为地里，肌肉为田土，髭髯为星辰，皮毛为草木，齿骨为金石，精髓为珠玉，汗流为雨泽，身之诸虫，因风所感，化为黎甿。"又有《述异记》引《三五历记》云："天地混沌如鸡子，盘古生其中。万八千岁，天地开辟，阳清为天，阴浊为地，盘古在其中，一日九变，神于天，圣于地。天日高一丈，地日厚一丈，盘古日长一丈。如此万八千岁，天数极高，地数极深，盘古极长。后乃有三皇，数起于一，立于三，成于五，盛于七，处于九，故天去地九万里。"

在云南公元3000多年前的沧源岩画上，也出现了盘古开天辟地的画面。印度最古老的文献材料《吠陀经》中梵天的经历和盘古十分相似，也是从卵中诞生，后来卵破为天地，身化为万物。现代科学宇宙起源假说的主流也是说宇宙起初就是一团混沌，随之而来的大爆炸使物质四散出去，宇宙空间不断膨胀，出现星系、恒星、行星等。在自然的伟力之下，人类战争的摧毁力量微乎其微，原始的神话传说没有军事因素存在。人类偏执如此，在宇宙生成之初，也不愿让武器缺席。等明代周游《开辟衍绎通俗志传》（又名《开辟衍绎》《开辟演义》）成书时，盘古手中多出一把巨斧。原文如下："约有七七四十九转，渐渐长成一人，身长三丈六尺，头角狰狞，神眉怒目，獠牙巨口，遍体皆毛；将身一伸，天即渐高，地便坠下，而天地更有相连者，左手执凿，右手持斧，或用斧劈，或以凿开，自是神力。久而天地乃分，二气升降，清者上为天，浊者下为地。"从此之后，盘古自然成长的过程便被主动挥斧开天地的形象掩盖。令人难解的是，"部编四年级语文上册"《盘古开天地》课文，居然接受盘古持斧的"暴力"形象："有一天盘古醒来了，睁眼一看，周围黑乎乎一片，什么也看不见。他一使劲儿翻身坐了起来，只听咔嚓一声，大鸡蛋裂开了一条缝，一丝微光透了进来。巨人见身边有一把斧头，就拿起斧头对着眼前的黑暗劈过去，只听见一声巨响，大鸡蛋碎了，轻而清的东西缓缓上升变成了天，重而浊的东西慢慢下降，变成了地。"盘古开天地的事迹对中国文化影响至深，为什么越往后越不愿让武器缺席？"兵凶战危"的警语，在人类耳边回荡几千年，到头来，小学课本的盘古之斧成为开辟天地的再自然不过的工具。巨斧背后存在难以摆脱的文化力量吗？

其次，人类史意义的战争根源于生存竞争。

据实考察，确认战争的政治属性和文化属性并不能解决战争的根源问题。关于战争的根源，或以为自然界的生存竞争法则使然，争夺生存资源是暴力发生的最根本原因，植物为了生存会争夺阳光、养分和水，草食动物为维系生命必须食用植物，肉食动物为维系生命必须猎杀动物，生命现象与暴力行为相依相随而不可分离。或以为人类的天性使然，对战争现象的全部思考，还应指向以人类史背景下的人类暴力行为。因为人类的暴力行为几与人类一样古老。考古证据表明，野蛮的祖先可能嗜杀成性："北京人的食物结构中明显有一部分人是其同类。"① "周口店出土的中国猿人仅有头盖骨……这些头盖骨似乎是猎头者的战利品，而且所谓猎头者通常是在头颅尚新鲜时，砸开头骨，吃掉其中的骨髓。许多头盖骨上的痕迹也表明，死者是因受重击导致颅骨破裂而死亡的。"②

关于战争的根源，还有一些近似、重复的说法。《左传·昭公十年》云："凡有血气，皆有争心。"《吕氏春秋》载："人曰（蚩尤作兵），蚩尤非作兵也，利其械矣。未有蚩尤之时，民固剥林木以战矣，胜者为长。"罗泌《路史·前纪》："世之日伪、俗之日浇，此势之必不复也。彼有血气者必有争，争则而不胜，必至于剥林木，林木未利，必至于造五兵，五兵之作，其可复乎？有甚而已。自剥林木而来，何日而无战？"③ 依循古人的思维路线，人有血气必起争心，相争必有胜负，胜负必有生死，生死必有复仇。人类之间的相互杀戮是关乎人类本性的文化现象，暴力行为直面生死存亡，显然关乎人性。人性是什么？《孟子》引告子的观点："食色，性也。仁，内也，非外也。义，外也，非内也。"为争夺食物和配偶而战，又何尝不是动物的本性？只要食色的需求存在，人的动物性就很难摆脱。但因之形成"战争根源于人的动物性"的简单判断，也未必合理。"亚里士多德说过，'人是政治动物'。笃信亚里士多德的克劳塞维茨更进了一

---

① 张光直：《古代中国的考古学》，辽宁教育出版社2002年版，第27页。
② 张光直：《古代中国的考古学》，辽宁教育出版社2002年版，第26—27页。
③ 罗泌：《路史》卷之五，明末吴弘基刻本。

步,说政治动物是挑起战争的动物。但他也仅仅到此为止。两人都不敢面对这样的主张:人是会思考的动物,他的思想指导着捕猎的欲望和杀戮的能力。"① 考察人类战争行为,发动战争的一方,多经过事前的周密筹划,甚至可以说出于浅层理性选择。

战争政治本质之下的所谓战争动因更趋复杂,除去继续对食、色的争夺,还有宗教分歧、民族仇恨、资源配额、要道控制、领土争端、联盟互助,各种名目的利益冲突引导人类走向战争之路。即便如此,战争的本质也远远不只有政治,《孙子兵法》将"吾以此知胜负矣""吾以此观之,胜负见矣"为终极追求,孙子堪为战国时代的战争指导理论之祖,对于被吞并的六国而言,战争消灭了政治,也毁掉了文化。《战争论》宣扬"绝对战争"的理念,克劳塞维茨被看作世界大战的意识形态之父,给人类文明带来的惨痛命运可能是他留下的最持久的遗产。时至今日,"杀人安人""以战止战"或许仍然应该是正义战争战略的题中应有之义,这一背反式论调,将持续引起战争研究的深度思考。

生命科学的证据还显示,人类族群之间的早期暴力行为根源于人的生物性所决定的固有的内在矛盾。就现象而言,无非是让一些人(绝大多数是男人)尽力伤害和自己一样强壮而有智慧的对手。就生理机能而言,"男性睾丸中分泌的睾丸素与侵略行为有着紧密的联系。睾丸素浓度不同的人表现很不一样。把它注入人的体内后,无论是男人还是女人的侵略性都回增加"。"总的说来,男性的睾丸素水平导致男性特征的增强,而侵略性正是男性特征之一;然而,睾丸素水平低与缺乏勇气或好斗的精神并无关系。"② 大脑中有对应着先天侵略性或者暴力倾向的细胞群,遗传学家还发现与侵略性或者暴力行为相关联的人类基因片段。

四 人类的本性决定战争的本质

1871 年出版的达尔文《人类的由来》(*The Descent of Man*),以巨大的学术勇气,打破人先天有贵贱之别的谎言,昭示出人类由低等生物进化而

---

① [英]约翰·基根:《战争史》,中信出版社 2018 年版,第 3—4 页。
② [英]约翰·基根:《战争史》,中信出版社 2018 年版,第 102—103 页。

来的可能性，挥起科学的铁锤，将形形色色的人类起源神话传说砸个粉碎。

或许人类学家的解释更令人信服："我们（指人类）不是机器，我们并非被强烈的'人类本性'所控制，也不单纯是基因的产物。我们可以选择。"① 探索战争与人性的关系，更应重视"人之所以为人"的那部分属性，人之灵明是由人类所拥有的不同寻常的认识能力赋予的，自人猿揖别那一天算起，天地间这点灵明已为人类所独占。这样看来，完整的人性由两部分构成：人与生物所共有的属性和人之所以为人的属性。那么，战争的根源与"人之所以为人"的属性关系如何？

《史记·管晏列传》云："仓廪实而知礼节，衣食足而知荣辱。"人类为万物之灵，当生存不再是生命的唯一目的时，当人类告别饥寒之后，必然滋生更高的精神追求。是否可以提出这样的假说，人类在进化，人类社会在发展，人性是不断增长的变量，伴随着人性向至善之境日趋接近，人类从主张正义战争，到消灭一切战争，对战争的理性认识日渐深化，战争猛兽终将走向灭绝。

战争被消灭之后，人类社会的暴力行为并不会消失，只是被及时化解和消弭，使之无法发展到战争的烈度。无论人类迈入文明门槛之前，还是战争被消灭之后，人群与人群之间的暴力行为都会作为文化现象存在。即便置身今天的文明社会，国家与国家、集团与集团之间的非战争暴力行为，也难以避免。人类的暴力行为，将长久伴随人类走向未来。

事实证明，以往关于人性与战争根源的论说来自一个基本的预设：比起已经拥有的，人类总是想要的更多；希望用有限的手段，去满足无限的欲望。然而，人类并非尽然如此。人类学家马歇尔·萨林斯通过一系列田野调查发现，澳洲和非洲的许多群体中，成年人每天为了满足生活所需而工作的时间不超过三到五小时。这些人可以做更多的工作，但他们并不想这么做。② 1971 年，在菲律宾棉兰老岛发现由 27 人组成的塔萨代部落，一

---

① ［英］马修·恩格尔克：《如何像人类学家一样思考》，上海文艺出版社 2021 年版，第 8 页。

② ［英］马修·恩格尔克：《如何像人类学家一样思考》，上海文艺出版社 2021 年版，第 6—7 页。

直过着与世隔绝的生活。这一小群人最显著的特征是没有侵略性,根本没有武器、敌意、愤怒或战争这样的词汇,采集或狩猎到的食物都精确、公平地分给每一部落成员。① 时至今日,在非洲、亚洲的热带雨林中和大洋中的孤岛上,尚存一些的人类族群自然界提供足够的动植物资源果腹,与世隔绝状态带来足够安全的生存环境,万年如一日,社会前行的步伐几近停止。间或出现的暴力行为与动物间的相互厮杀并无二致,无由发育成为战争,他们的族人简直不知战争为何物?

社会形态进展较快的是四大文明古国地区。英国历史学家阿诺德·约瑟夫·汤因比《历史研究》提出一个适用于大多数文明发展演变的模式,即文明犹如一个有机体,会经历起源、成长、衰落和解体。而导致文明兴衰的基本原因是挑战和应对:一种文明的兴起源于对特别困难的环境进行了成功的应战,而衰落是因为"自决能力"的丧失。而自决能力的丧失是由于掌握这种能力的那些富有创造力的少数人在引领文明生长的过程中逐渐蜕变成统治者造成的。② 以远古的中国为例,百万年来,在太平洋西岸的广袤大地上,先民们不断适应外部环境的挑战:"(中国文明的)核心部分却正是从中原到北方再折返到中原这样一条文化连接带,它在中国文化史上曾是一个最活跃的民族大熔炉,六千年到四五千年间中华大地如满天星斗的诸文明火花,这里是升起最早也是最光亮的地带,所以,它也是中国文化总根系中一个最重要的直根系。"③ 如果身处极端枯瘠之地,外在条件过于严酷,无法生存,则应战失败;如果身处天然食物充足、四季温暖之地,过于安逸,则进展缓慢;只有身处挑战足够或适中的地带,先民们与天斗,与地斗,与人斗,不论寒冷、炎热、干旱、洪涝、地震、火山、瘟疫,只要生命不息,先民的生存技能、生活经验、生命智慧将持续提升。在应对挑战中发出智慧之光,照亮文化和文明的前行之路。

(王珏:中国军事科学院战争研究院研究员、历史学博士)

---

① [美]斯塔夫里阿诺斯:《全球通史》,上海社会科学院出版社1999年版,第530页。
② [英]阿诺德·约瑟夫·汤因比:《历史研究》,上海人民出版社2000年版,第122—123页。
③ 苏秉琦:《中国文明起源新探》,生活·读书·新知三联书店1999年版,第125—126页。

弓箭制作与礼乐文明

杜 勇　李玲玲

弓箭或称弓矢,是古代世界首屈一指的远程抛射武器。它曾被广泛用于古代狩猎和军事活动之中。美国人类学家摩尔根将人类社会早期历史划分为蒙昧时代、野蛮时代、文明时代三个阶段,蒙昧时代处于人类社会童年时期,其时弓箭的发明和使用具有重要的里程碑意义。

一　关于黄帝作弓矢的有关传说

黄帝作为中华民族的人文始祖,不仅功勋盖世,而且拥有众多发明创造,开辟了中国古代社会人类生活的新纪元。在中国古代典籍中,弓箭也被视为黄帝或黄帝之臣的一项重要发明。相关说法甚多,大体归类如下:

(一)　黄帝作弓

《玉海》引《吴越春秋》说:"范蠡进善射者陈音,越王问射所起,音曰:'黄帝作弓,以备四方。后有楚狐父,以其道传羿,羿传逢蒙,蒙传楚琴氏。'"[1]《吴越春秋》为东汉赵晔所撰,主要记述春秋末年吴越两国的争霸史。陈音这段话不见于今传本《吴越春秋》,应已亡佚。他说黄帝是弓箭的发明者,以应对越王所问弓箭的源起。

(二)　挥作弓,夷牟作矢

此见于《世本》一书,宋衷注云:"挥、夷牟,黄帝臣。"后世有姓书

---

[1] 《玉海》卷一五〇《兵制》引《吴越春秋》。

说"挥"是黄帝之孙,是他发明了弓箭。南宋章定《名贤氏族言行类稿》引《姓纂》曰:"黄帝第五子青阳生挥为弓正,观弧星始制弓矢,主祀弧星,因姓张氏。"这是说"挥"为黄帝之孙,青阳之子,时为弓正,制弓矢,姓张氏。《路史》卷二十四《国名纪》说:"黄帝子挥,亦封于张。"又说"挥"为黄帝之子,封地在张,故以地为氏,名张挥。后世张姓即奉张挥为始祖。然据《国语·晋语四》记载:"凡黄帝之子二十五宗,其得姓者十四人为十二姓。姬、酉、祁、己、滕、箴、任、荀、僖、姞、儇、依是也。唯青阳与苍林氏同于黄帝,故皆为姬姓。"所言十二姓无张,是知挥非黄帝子或孙。尤其是弓与矢本为一体,却分作挥与夷牟二人的发明,更与常理相违。

(三) 垂作弓,浮游作矢

此见于《荀子·解蔽篇》说:"倕作弓,浮游作矢,而羿精于射。""倕"又作垂,相传是舜时的工官①。王先谦《荀子集解》说:"倕,舜之共工。《世本》云:'夷牟作矢。'宋衷注云:'黄帝臣也。'此云浮游未详,或者浮游,夷牟之别名,或声相近而误耳。言倕、游虽作弓矢,未必能射,而羿精之也。"荀子将弓矢的发明权归于倕和浮游,或以浮游为夷牟的别名。《楚辞·天问》云:"羿焉彃日,乌焉解羽。"洪兴祖注:"此尧时羿,非有穷后羿。"是说羿为尧时射官,极善射箭,其时"十日并出,羿射去九"②,仅留一日普照人间,以避草木枯焦灼之难。羿在传说中的这一壮举,彰显了弓箭的神奇力量。

(四) 羿作弓矢

银雀山汉简《孙膑兵法·势备》说:"羿作弓弩,以势象之。"《墨子·非儒下》说:"古者羿作弓。"《吕氏春秋·勿躬》说:"夷羿作弓。"这是将射官羿作为弓箭的发明者。据说他高超的箭术来自黄帝之后弧父的传授。《吴越春秋》卷四说:"黄帝之后,楚有弧父。弧父者,生于楚之荆山,生不见父母,为儿之时,习用弓矢,所射无脱。以其道传于羿,羿传

---

① 《尚书·舜典》。
② 《淮南子·本经训》高注。

逢蒙，逢蒙传于楚琴氏。"

（五）般为弓矢

《山海经·海内经》说："少暤生般，般是始为弓矢。帝俊赐羿彤弓素矰，以扶下国，羿是始去恤下地之百艰。"郭璞注云："彤弓，朱弓；矰，矢名。以白羽羽之。"少暤又作少昊，为东夷族首领。《路史》卷十六《年纪七》注引《世本》云："少昊，黄帝之子，名契，字青阳。黄帝殁，契立。王以金德，号曰金天氏。"这是以少昊为黄帝之子，他发明弓矢也就与黄帝有关。

以上五种说法，不管弓矢的发明者是黄帝，或黄帝之孙、黄帝之臣，或舜时工官，尧时射手，他们大体都处于中国古典文明肇始的五帝时代。从考古材料看，弓箭发明与使用的时间已经很长了，不能说是五帝时代的发明创造。

二 考古材料所见弓箭出现的年代

从中国出土的考古资料看，弓箭的出现实际比五千年左右的黄帝时代要早得多。在山西朔县峙峪遗址发现一件很特殊的石器，原料为燧石，用非常薄的长石片制成，一端具有很锋利的尖；一侧边缘经过精细的加工，另一侧保持石片原来就很锋利的边缘。与尖端相对的另一端左右两侧均经修理使之变窄，状似短短的镞铤。经专家比较研究后认为，这是一件石制箭头[①]。而峙峪遗址距今约二万八千年，意味着此时弓箭就已经出现了。原始的弓用单根木材或竹材弯曲而成，是"弦木为弧"的单体弓，可以将开弓时存储在弓上的能量在发射时一下释放出来，构造简单而有效，有利于远程射猎。因此，世界各地很早就有弓箭的发明和使用。蒙昧时代的高级阶段，相当于旧石器时代晚期，其开始时间约距今5万年前。中国发现的最早的石镞大体与此同步。

---

① 贾兰坡等：《山西峙峪旧石器时代遗址发掘报告》，《考古学报》1972年第1期。

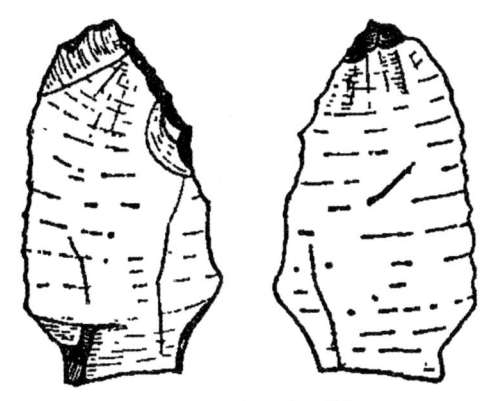

峙峪遗址出土的石镞

到了新石器时代，箭镞的发现就更多了。公元前5000年至4000年的河姆渡遗址出土的骨镞就有上千件。骨镞大体分为窄长柳叶形无铤式、长锋或短锋斜铤式、长锥形圆铤式等形制。以铤部不对称的斜铤镞较为特殊，应是侧面捆扎在箭杆上的，是重要的渔猎工具①。仰韶文化各个文化遗址都发现不少的石镞、骨镞和蚌镞。如6000多年前半坡遗址发现大量的狩猎工具，箭镞类就有三百多件，骨镞占一半，其余为石镞、角镞。比较进步的型式有中部起脊、两侧有翼的圆铤镞。可知当时主要是运用弓箭射取猎物。

箭镞的制作最初多为石质、骨质材料，后来又以铜或铁作材料，更具杀伤力。原始的弓只是用木竹材料制成的"弦木为弧"的单体弓，到了殷周时期出现了复合弓。如湖南长沙战国楚墓出土的保存较好的复合弓，其中一件全长140厘米，最宽处4.5厘米，厚5厘米。两端装角质弭，弓体为竹质，中间一段采用四层竹片叠合以增加弹力，两面粘有呈薄片状的筋、角，再缠丝涂漆。② 它的用料与《周礼·考工记》所说，制弓要用干（竹、木）、角、筋、胶、丝、漆等"六材"相合。这类弓在竹、木制的弓体上傅角被筋，强度很大，表明当时制弓技术已非常先进。

---

① 浙江文物管理委员会、浙江省博物馆：《河姆渡遗址第一期发掘报告》，《考古学报》1978年第1期。

② 中国科学院考古研究所：《长沙发掘报告》，科学出版社1957年版，第59—60页。

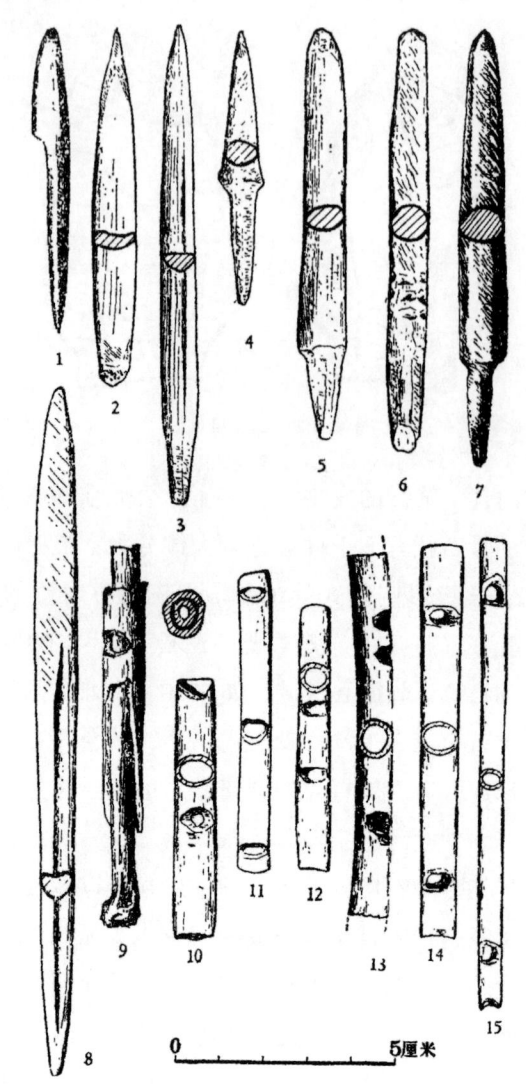

河姆渡文化骨镞与骨哨图

(编号1为斜铤镞,2、8为柳叶形镞,3—7为圆铤镞;9—15为骨哨)

虽然弓箭的发明和使用早在黄帝之前就开始了,但由于黄帝时代部落间兵戎相向,战事频仍,弓箭的制作技术日益成熟,杀伤力不断提高,在战争中颇显威力。《周易·系辞下》说:"黄帝、尧、舜氏作……弦木为弧,剡木为矢,弧矢之利,以威天下。"黄帝部落的强大也许与其弓箭的制作和使用技术较高有关,因而受到广泛称颂,后世遂将弓箭的发明权归美于黄帝或五帝时代。这种说法虽与历史事实不相吻合，但它反映了后世中华民族对黄帝的文化认同。这种文化认同是民族认同的重要条件，寄寓着人们团结合作、共兴共荣的民族情愫，有利于多元一体民族构成的形成，推动着中华民族命运共同体的不断发展。

三　弓箭在古代射礼中的运用

弓箭最初作为一种狩猎工具，继而在战争中成为射远武器，是中华民族的一项创造发明，与世界各地发现的古代弓箭相比毫不逊色。不仅如此，它在后来的发展中又成为古代射礼仪式的一种主要用具，对于中华民族形成尚武图强、刚柔相济、宽和中庸的文化传统，也发挥了积极作用。

夏商时期射礼情况不详，但周人各种射礼，都有射箭的过程。周代的射礼活动，有乡射、大射、燕射、宾射四种。燕射、宾射是举行宴会或招待贵宾后进行的礼仪活动，随机性、娱乐性较强。但乡射礼每年春秋两季在乡学中举行，参加者为地方乡大夫和士；大射礼则是天子或诸侯会集臣下在大学举行，是配合祭祀的一种礼仪活动。

"射"是中国古代礼、乐、射、御、书、数六艺之一，也是贵族子弟教育的必修课。乡学不仅是国人所居乡的贵族学校，也是贵族成员集体行礼、集会和练武的场所。乡射礼即是国人在所居乡中举行的一种以射箭比赛为内容的运动会。据《仪礼·乡射礼》记载，这种礼在"豫"中举行，豫又作"序"，或作"榭"，原是土台上厅堂式建筑，有大殿而无室，以作讲武之用。《国语·楚语上》："先王之为台榭也，榭不过讲军实。"所谓"讲军实"，就是讲习戎事。

乡射礼由司射担任教练和指挥，挑选六名德才兼备的弟子，以两人相配为一组，形成"三耦"。三番比赛中，射手每次须发射四支箭。一番射先由司射作射仪示范，继而三耦轮流发射，不管是否射中箭靶，都不计算成绩。二番射即为正式比赛，参加者除三耦外，还有主人、宾、大夫和众宾。经计算成绩，负方饮罚酒。三番射有音乐伴奏，是射的最高要求。乐工演奏节《诗·召南·驺虞》，节拍均匀如一。其比赛程序与二番射相同，但要应着鼓的节拍射中者才计入成绩，仍由负方喝罚酒。最后经过"旅酬"等余兴节目,赛事告终。乡射礼是把乡学中弟子的军事学习和乡中成员的军事训练密切结合起来,既是乡学中教育弟子的一种军事教练课程,又是乡中成员进行集体军事训练的一种社会活动。

关于天子举行大射礼,西周金文每每可见。如作册麦尊铭文云:

> 王令辟井(邢)侯出坯侯于井,雩若二月侯见于宗周,亡尤,会王饔荓京,酚(肜)祀,雩若翌日,在辟雍,王乘于舟,为大礼。王射大龏(鸿),禽(擒)。侯乘于赤旂舟从。(《集成》6015)

铭文中的"饔"有餐多种释读,以唐兰先生释为祭名裸为长①。在荓京举行祭祖裸礼,看来并不是经常性的,故铭文说"饔(裸)荓京年","会王饔(裸)荓京"。士上盉说在宗周举行禴祭(夏祭),又在荓京举行裸祭,足见荓京也是重要的祭祀场所。麦尊说邢侯到宗周觐见天子,当时周王在荓京举行裸祭,所以第二天邢侯也赶到那里,参加周王在辟雍(大学)举行的大射礼。其中一个环节就是周天子在辟雍三面相环的水面上,射击大鸿(鸿雁)。新见贤鼎铭文亦称:"王大射,在鲁。"(《铭图续》228)也记录了周天子举行大射礼的活动。

周天子举行燕礼,在西周金文中亦有反映。鄂侯驭方鼎铭说:

> 王南征,伐角、僪(潏),唯还自征,在矿,噩(鄂)侯驭方纳醴于王,乃裸之,驭方侑王,王休宴,乃射,驭方会王射,驭方休阑,王宴,咸饮。王亲锡驭方玉五瑴,马四匹,矢五束,驭方拜手稽首,敢对扬天子丕显休赉,用作尊鼎,其万年子孙永宝用。(《集成》2810)

铭文记录了周厉王在征伐淮夷还归成周的途中,在大伾与鄂侯驭方有过一次会晤。铭中的"矿"字,王国维以为系指"大伾"②,郭沫若谓即今

---

① 唐兰:《西周青铜器铭文分代史征》,中华书局1986年版,第257页。
② 王国维:《观堂集林(外二种)》,河北教育出版社2001年版,第805页。

河南汜水县里许之大伾山，① 地在今郑州市荥阳西北。至于鄂侯的都邑所在，由于近年随州羊子山墓地出土一批噩国青铜器，证明鄂国都邑应在随州，与曾国邻近②。联系静方鼎铭文说，王在成周命静"司在曾、鄂师"（《近出》357），其曾、鄂并列，且由一人司其职，说明两国相距不远，今随枣走廊中部的安居镇应是鄂国的政治中心所在。或因鄂侯驭方未直接参与此次叛乱，因而被召北上觐见厉王，得到优渥的赏赐。宴会期间，暂停饮酒，举行射礼。先由天子射箭，接着由鄂侯驭方来射，结果"驭方休阑"。陈梦家以为"阑"可能是指"射布"③，我们怀疑是指悬挂射布的栏杆。在进行射礼的过程中，鄂侯驭方并未射中箭靶，却射到了悬挂射布的栏杆上。表面上看鄂侯驭方箭术不精，鄂国武备松驰，实际上此后不久，鄂侯驭方就勾结淮夷诸邦发动了北犯成周的反叛战争。鄂侯此举很可能是想以此迷惑周天子，使其放松警惕，以便顺利发动北上进攻西周王畿的反叛战争。以箭不中靶来掩饰他反叛周王室的政治野心，蒙蔽朝廷，还换来赏赐，可见鄂侯驭方玩弄阴谋手段的高明。周代燕礼本为娱乐，觥筹交错之中还暗藏政治争斗的玄机，实出意外。

中国旧石器时代弓箭的发明和使用，是古人类生产技术发展的一项重大突破。古时人们将此发明创造归美于黄帝或黄帝时代，虽与历史事实不合，但它反映了中华民族在发展进程中的一种文化认同和民族认同。与古代世界其他民族不同，中国的箭术在三代射礼中还发挥着积极作用，有利于形成尚武图强、刚柔相济、宽和中庸的民族精神，推动多元一体的民族共同体的发展，不断跨越新的文明高度。

（杜勇：中国先秦史学会副会长、天津师范大学历史文化学院教授；
李玲玲：河南省社会科学院《中原文化研究》杂志社副研究员）

---

① 郭沫若：《两周金文辞大系图录考释》（六），科学出版社1957年版，第41页。
② 张昌平：《论随州羊子山新出噩国青铜器》，《文物》2011年第11期。
③ 陈梦家：《西周铜器断代》，中华书局2004年版，第219页。

黄帝作鼓及其文化内涵探析

李玲玲

鼓是我国史前社会最早出现的乐器之一。其功能不同于一般乐器，在产生之初即被赋予了独特的文化内涵，在祭祀、战争中担任重要角色，有着比较明显的身份、等级的象征意义，是史前礼乐制度起源发展的重要物化体现。文献中对鼓的发明者和出现时间有不同记载，但大体都在五帝时期，此与考古发掘中所见到鼓的发展脉络基本可以对应。这一时期正是文明要素的萌芽和发展期，因此对鼓的发展演变进行深入探析，对于探寻中华文明起源和礼乐制度的产生皆具有重要意义和价值。

一 关于黄帝作鼓的传说

春秋战国时期，我国族群融合和文化融合达到了一个新的高度，自觉的华夏民族意识已经形成，出现了比较一致的文化认同和祖先认同，五帝尤其是黄帝作为人文初祖的身份开始凸显，其对人类社会发展的贡献得到了普遍认可和尊崇。到战国末期以后，黄帝更是成为史前人类社会诸多重大发明创造的集大成者，许多重要发明或被归于黄帝本人，如水井、火食、旃、冕、制乐等，或被归于黄帝之臣，如文字、历法、算数等的发明创制[①]。鼓作为史前重要的乐器之一，亦是如此。

先秦文献中，鼓的发明创制有不同记载。黄帝作鼓的传说最早见于

---

① 齐思和：《中国史探研》，中华书局1981年版，第203页。

《山海经》。《山海经·大荒东经》载:"东海中有流波山,入海七千里,其上有兽,状如牛,苍身而无角,一足,出入水则必风雨,其光如日月,其声如雷,其名曰'夔'。黄帝得之,以其皮为鼓,橛以雷兽之骨,声闻五百里,以威天下。"《黄帝内经》亦有类似记载,"黄帝伐蚩尤,玄女为帝制夔牛皮鼓八十面,一震五百里,连震三千八百里"。这里的"夔"学者认为是鳄鱼,以鳄鱼皮蒙鼓,即后世文献中所说的"鼍鼓",夔为鼍鼓之精①。从这两则传说可知,黄帝时期已经制作夔牛皮鼓,并将其用于战争,目的在于震慑对手,提升军威。黄帝作鼓之外,《世本》中还记载有黄帝之子夷作鼓②、黄帝之臣巫咸作鼓③的说法。

关于鼓的来源,《吕氏春秋·古乐》中还有几种不同的说法。如颛顼时期鱓作鼓之说,"帝颛顼……乃令鱓先为乐倡。鱓乃偃寝,以其尾鼓其腹,其声英英。"帝喾时期"有倕作为鼙鼓钟磬吹苓管埙篪鼗椎锺,帝喾乃令人抃,或鼓鼙,击钟磬,吹苓,展管篪"。舜尧时,"乃命质为乐。质乃效山林溪谷之音以歌,乃以麋輅冒缶而鼓之。乃拊石击石,以象上帝玉磬之音,以致舞百兽"。《礼记·明堂位》说:"土鼓、蒉桴、苇龠,伊耆氏之乐也。"这些记载体现的应该是不同族群所长期流传的鼓的初创情景。

秦汉以后,随着黄帝地位的提升,五帝归于一体,被纳入黄帝世系,与黄帝有了或远或近的血缘关系。鼓的创制完全被纳入黄帝名下,成为黄帝或说黄帝时期的重大贡献。如《册府元龟》有:"黄帝又令伶伦为管援,铸十二钟,和五音以英韶,以仲春之月,乙卯之日,日在奎,始奏之,命曰《咸池》。是时岐伯作鼓吹,盖短箫铙歌(蔡邕曰:军乐也,所以扬德建武,劝士讽敌也)。"④《御批历代通鉴辑览》中有黄帝"命岐伯作镯、

---

① 王子初:《鼍鼓论》,《中央音乐学院学报》1986年第3期。
② 《世本》曰夷作鼓。以桴击之曰鼓。以手摇之曰鼗。参见宋衷注,秦嘉谟等辑《世本八种·世本秦嘉谟辑补本·卷九作篇》,中华书局2008年版,第361页。
③ 《绎史》卷五引《庄子》"逸篇":"黔首多疾,黄帝氏立巫咸,使之沐浴斋戒,以通九窍,鸣鼓振铎,以动其心,劳神趋布,以发阴阳之气,茹葱以通无藏,击鼓呼噪,逐疫出魅。"
④ 王钦若等编纂:《册府元龟》卷五六五《掌礼部(三)作乐》,凤凰出版社2006年版,第6480页。

铙、鼓（鼓革音之器，为羣音长）、角、灵鞞、神钲，以扬德而建武"。这些后世文献，已经剔除了早期文献中鼓乐起源的多元化观点，而将之统一归于黄帝。

从黄帝作鼓的传说来看，鼓与战争密切相关，用于战场上"扬德建武"，鼓舞士气，震慑对手。鼓的创制源自对自然界雷声的模仿。在史前时期，充满神秘色彩的大自然是人们最早的崇拜对象，天空中的阵阵惊雷，往往伴随着闪电和暴雨，给人们带来威慑和恐惧，所以鼓的产生如惊雷一般，在狩猎、战争中起到震慑猎物和对手，鼓舞士气的重要作用；在祭祀中因其模仿雷声，又有沟通天人的功能，自然也就成为特殊阶层掌控的工具。因此鼓自产生之日起，就有着特殊的地位与功能。其形制、种类在后世不断多样化发展完善，至商周时期已经形成了功能不同、形制多样的鼓，以及进入国家礼制层面的用鼓制度。

《周礼·地官·鼓人》对此有详细记载："鼓人掌教六鼓四金之音声，以节声乐，以和军旅，以正田役。教为鼓而辨其声用，以雷鼓鼓神祀，以灵鼓鼓社祭，以路鼓鼓鬼享，以鼖鼓鼓军事，以鼛鼓鼓役事，以晋鼓鼓金奏。以金錞和鼓，以金镯节鼓，以金铙止鼓，以金铎通鼓。凡祭祀百物之神，鼓兵舞帗舞者。凡军旅，夜鼓鼜，军动则鼓其众。田役亦如之。救日月，则诏王鼓。大丧，则诏大仆鼓。"这段记载描述的主要是鼓的政治功能，凸显了鼓的特殊地位，主要涉及三个方面：一是用于祭祀，在祭祀天神、地祇、祖先等各种国之祭祀中，鼓因其高亢入云的如雷声响，担任着沟通神灵先祖的重要的祭器功能，所以有"灵鼍之鼓"的称谓。二是用于军事行动，用以振奋士气。三是用于国家重要事务发生之际的警示，如召集农耕、发生日食月食等天象大事、王室大丧之时、发生疾病疫情之时，均会有不同的人击鼓警示等。除政治功能之外，鼓还有日常的世俗音乐之功。因其音高亢有力，鼓与其他乐器相配，在音乐演奏中主要起主导节奏的功能。文献中鼓为"群音之长""节声乐"的记载正是对鼓在世俗音乐中地位和功能的高度概括。

由上述黄帝作鼓的传说可知，最早的鼓应该出现于黄帝时代，应用于军事战争、祭祀、狩猎等是其最初的功能定位，因此，鼓从其问世以来就有着与一般乐器不同的独特地位。这在考古发现的史前鼓的实物资料中也有一定体现。

二 考古所见史前鼓的发展演变及特点

对于目前考古发掘出土的史前鼓的实物资料，学者做过非常详细的统计①。从相关资料来看，考古发现的史前鼓多达 200 余件。其中土鼓 207 件，鼍鼓 12 件。其发展演变呈现出以下几个鲜明特征。

（一）从鼓的形制来看，史前鼓有一个清晰的演变序列，即由土鼓（陶鼓）发展为鼍鼓

鼓最初的形态为土鼓，也称为陶鼓。《周礼·春官》载："籥章掌土鼓、豳籥。"郑注引杜子春云："土鼓，以瓦为匡，以革为两面，可击也。"对土鼓的形制有具体说明。按此标准，考古学者在北方地区诸多史前考古遗址中发现了大量土鼓。这些土鼓形制多种多样，有釜形、喇叭形、座形、罐形、葫芦形、束腰鼓形、缸形、筒形等，都为陶制空腔，有单面蒙革（单面鼓）和双面蒙革（双面鼓）之分，体积大小不一，使用方式也有所不同。目前所见，时代最早的土鼓距今约 6000 年。代表器物有距今 6000 年的甘肃秦安大地湾仰韶文化中期的彩陶鼓，是泾渭流域仰韶文化庙底沟类型中首见的陶鼓文物资料②；山东大汶口文化遗址所出的土鼓（图1），最早的距今 6200 年左右③；辽宁凌源三官甸小城子山遗址的彩陶筒形器（图2），属于距今 6000 年至 5000 年之间的红山文化遗物④，等等。整个仰韶时代，鼓的形制均以陶制土鼓为主。

---

① 参见王清雷《史前礼乐制度雏形探源》，《中国音乐学》2007 年第 3 期。
② 马岩峰、方爱兰：《大地湾出土彩陶鼓辨析》，《民族音乐》2020 年第 5 期。
③ 东省文物管理处、济南市博物馆：《大汶口》，文物出版社 1974 年版；山东省文物考古研究所：《大汶口续集——大汶口遗址第二、三次发掘报告》，科学出版社 1997 年版；何德亮：《大汶口文化的打击乐器——陶鼓浅析》，《东南文化》2003 年第 7 期；费玲伢：《淮河流域史前陶鼓的研究》，《江汉考古》2005 年第 2 期。
④ 李恭笃：《辽宁凌源县三官甸子城子山遗址试掘简报》，《考古》1986 年第 6 期；陈星灿：《红山文化彩陶桶形器是陶鼓推考》，《北方文物》1990 年第 1 期。

图1　山东大汶口文化出土的土鼓　　图2　辽宁凌源三官甸城子山遗址出土的土鼓

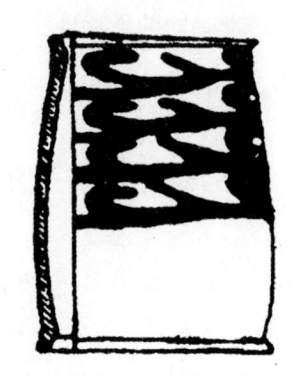

到大汶口文化晚期和龙山时代，虽然各地鼓的形制仍以土鼓为主，但是出现了更高级别的鼍鼓。鼍鼓是以鳄鱼皮作为鼓面，其腔体有陶制的，也有木制的。因鳄鱼皮蒙鼓，发出的声音巨大，威力惊人，加之鳄鱼皮的珍贵，故鼍鼓一经问世便被赋予了特殊的地位和意义。目前发现的确切的鼍鼓遗存只有十来件，集中出土于山西陶寺、山东泗水尹家城等遗址，尤以陶寺遗址出土的鼍鼓为大宗[1]（图3）。鼍鼓鼓腔一般为圆筒状，分筒底和无筒底两种；鼓的边缘多有凸棱或乳钉，以便将鳄鱼皮固定在鼓腔上口；鼓身常有纹饰或彩漆装饰，整体形制非常华丽。对鼍鼓遗存的判断，主要是"以鳄鱼骨板遗存数量多少以及鼓腔、鼓钉等附件的有无作为依据"[2]。鼍鼓出现后，应是当时最高权力的象征，故数量并不多，大量存在的依然是土鼓。直到商周时期，鼍鼓还是王室重器，同时铜鼓也出现了。就目前出土的铜鼓来看，中原核心区未曾见到，中原地区一直盛行的是土鼓和鼍鼓。最早的商代铜鼓出土于湖北崇阳，春秋以后，南方地区大量盛行铜鼓。

---

[1] 中国社会科学院考古研究所山西工作队、临汾地区文化局：《1978—1980年山西襄汾陶寺遗址墓地发掘简报》，《考古》1983年第1期；山东大学历史系考古教研室：《泗水尹家城》，文物出版社1990年版，第44、157页；徐紫瑾：《试论史前黄河流域随葬鳄鱼骨板现象》，《江汉考古》2021年第1期。

[2] 徐紫瑾：《试论史前黄河流域随葬鳄鱼骨板现象》，《江汉考古》2021年第1期。

图 3　陶寺出土的鼍鼓（M3015∶15）

（二）从地域来看，不同区域鼓的分布有所差异，反映着不同区域文明与文化的特点

史前土鼓主要分布于黄河中下游的河南、山东，黄河中上游的甘肃、青海，北方辽河流域，南方江淮流域的安徽、江苏等省区。从学者的相关统计来看[1]，辽河流域出土的土鼓数量最多。辽河流域的红山文化遗址出土了大量彩陶筒形器，这种器物大口，无底，多彩绘，常见于墓葬和祭祀遗址，因其形制与文献所载土鼓相合，故有学者认为是陶鼓[2]。如此推论不误，则陶鼓在红山文化中可能是一种比较普遍的祭祀专用器物，目前可见有近百件以上。红山文化陶鼓，出土非常集中，常常是一二十件集中出土于某一遗址，这种状况应与该区域的原始宗教密切相关。陶鼓作为一种专用祭器，在祭祀中承担着沟通天人的重要功能，与其他区域的土鼓功能当有所区别。辽河流域之外，出土土鼓较多的便是山东地区。目前所见该区域出土的史前土鼓和陶鼓总数在 40 件以上，出土遗址较多，比较分散，与红山文化陶鼓的集中出土有所不同。说明该区域土鼓的功能和作用与红山文化应该有所不同。在这两个区域之外的黄河上游甘青地区、黄河中游河南地区、江淮流域安徽江苏等地出土的史前土鼓数量相差不多，多在 20

---

[1]　王清雷:《史前礼乐制度雏形探源》，《中国音乐学》2007 年第 3 期。
[2]　陈星灿:《红山文化彩陶桶形器是陶鼓推考》，《北方文物》1990 年第 1 期。

件上下。

从史前陶鼓的地域分布来看，集中于红山文化和山东大汶口文化、龙山文化，这与不同区域的史前文化特色和宗教信仰似有关系。红山文化是同时期史前文化中宗教祭祀色彩浓厚、神权发达的区域，与黄河流域祖先崇拜盛行、族权发达的传统不同，与南方长江流域军权与神权并重的习俗也有所区别，故在祭器使用上也呈现出独有的特色，其彩陶鼓的集中出土正是红山祭祀文化的集中体现。而山东地区的大汶口文化、龙山文化是等级、礼制比较发达的区域，对周边地区文明进程的发展有着重要影响，该区域土鼓的发达应与其礼制的发展有关。

鼍鼓出现后，形制精美，数量极少，集中发现于山西陶寺遗址和山东地区。这种地域分布状况，一方面说明陶寺文化与山东龙山文化之间有着密切的交流和联系；另一方面也说明了陶寺区域文明中心的特殊地位，在某种程度上体现出陶寺遗址在当时黄河流域族群中应处于中心和领导者的地位，故才会有代表最高权力的鼍鼓的集中出土，这与文献中尧舜时期尧舜族群建立的尧舜共同体成为万邦之首的记载亦相对应。

（三）从功能和地位来看，鼓自产生之日起就附加了身份和等级标识

从目前史前土鼓的出土情况看，200多件土鼓大多出土于大、中型墓葬和大型的祭祀遗址，明显是具有身份和等级标识的特殊器物。如辽河流域红山文化的土鼓多出土于祭祀遗址和墓葬，且集中大量出土，显然具有特殊功能，应该是当时主持祭祀的神职人员的专属祭器，有着独特的宗教意义和文化内涵。山东大汶口文化、龙山文化遗址发现的土鼓大多数出于大、中型墓葬，应是氏族部落中少数贵族阶层权力和地位的象征。

鼍鼓更是如此。陶寺遗址发现的8件鼍鼓集中出土于等级最高的5座甲种大墓中，并且与土鼓、特磬共同组成鼍鼓2、土鼓1、磬1的固定器物组合。这五座大墓在陶寺遗址中级别最高，其墓主应为陶寺遗址早期的方国最高首领。因此，鼍鼓应该是当时最高王权的象征，其崇高地位一直延续至后世。商代殷墟遗址大墓中曾发现一件鼍鼓，可知商代鼍鼓依然为象征身份和地位的王室重器。

三 黄帝作鼓的文化内涵

黄帝作鼓的传说与鼓的发展演变并不只是简单的物质层面的表象展示，其背后蕴含着深厚的文化内涵和文化意蕴，体现着华夏民族统一民族意识、文化认同的形成与发展，也是中华文明多元一体格局演进的重要体现。

首先，黄帝作鼓是民族认同、文化认同和祖先认同的反映。从考古发现看，土鼓在距今6000年前已经出现，且不同的区域独立起源，形制不同功能不同，是先民生活实践的产物，并非是哪一位具体先王先圣的发明创制。黄帝作鼓的传说更多地是体现鼓在黄帝时代的发展状况，是一种文化意义上的认同，而非历史的真实。战国和秦汉以后，黄帝的地位日益凸显，他不仅成为诸多史前重要发明创制的集大成者，而且被视为华夏民族的人文始祖，被不同区域不同族群共同认可。黄帝这种地位的奠定，与周文化的统一有比较直接的关系。西周分封制和宗法制的确立，极大地拓展了周人的统治范围，周文化的影响远比夏商文化更为广泛。因此，整个西周时期，周人统治范围之内出现了高度的文化统一现象，大到国家制度和政策的推行，小到器物制作的规范，周人统治下的诸侯国与王室之间都保持着较大的一致性，周人的文化及信仰也随之影响到更广泛的区域。黄帝被看作周人的远祖，必然也随着周文化的扩展被不同区域的族群逐渐接受和认可，这是春秋战国时期黄帝地位日益凸现的重要前提。此外，战国至秦汉时期，黄老之学广为流传，影响深远，并受到汉初统治者的推崇，也为黄帝成为诸帝之首和华夏民族的始祖奠定了重要基础。可以说到了汉代，已经形成了统一的民族观和文化认同，有了不同民族都是黄帝子孙的观念。故将上古古帝纳入黄帝世系，史前重大贡献尽归黄帝名下，体现的正是战国秦汉以来逐渐形成的统一的民族意识和文化认同现象。

其次，鼓的出现是史前礼乐制度萌芽与发展的重要物化体现。鼓在产生之初，便具有特殊的意义和地位，是少数神职人员或贵族阶层身份和等级的象征。因此，鼓的产生可以说是等级产生、阶级分化的具体体现。鼍鼓出现以后，只出现于最高级别的国君大墓，说明当时阶级和等级进一步分化；鼍鼓与土鼓、特磬形成固定的礼乐器组合，说明当时的特殊器物已经形成相对固定的制度，这正是史前礼乐制度萌芽的最重要体现，也就是说至迟到陶寺时代初步的礼乐制度已经出现。

最后，鼓的发展演变体现了中华文明多元一体的演进格局。文献中鼓的发明创制由不同族群的多样化记忆到统一归于黄帝名下；现实中从土鼓的广泛分布到黄河流域中下游地区鼍鼓的集中，都体现出文明起源的多元一体演进格局。鼓的起源是多源的，不同的区域不同的族群在大致相同的时代都创制出了鼓，性质不同，功能有异。鼓产生之初，不同的区域功能各有侧重，如辽河流域更多地是作为祭器，是特殊人员的特殊工具，财富与等级的差异并不明显；山东大汶口和龙山文化的鼓则更突出身份、等级、财富上的区别，凸显的是特权阶层和贵族阶层的存在。距今6000—5000年之间，黄淮流域和北方辽河流域均出现了鼓，这一时段正是文明起源时期，不同区域出现的功能不同、形态各异的鼓，正是文明起源多元化的具体体现；发展到距今4600—4000年的龙山时代，出现了更高形态的鼍鼓，且集中于黄河流域中下游地区。此后鼍鼓作为王权象征物长期流传，一直到商代依然发挥着重要作用。由土鼓的广泛存在到鼍鼓的独具尊崇，不仅在物质层面，而且在地域和文化上都体现着中华文明多元一体的演进格局。

（李玲玲：河南省社会科学院《中原文化研究》杂志社副研究员）

黄帝文化与泰山崇拜论

孙敬明

黄帝乃人文初祖，是中华文明多元一体构成格局的核心象征。五千多年以来，普天之下有关黄帝的事迹、传说、遗存，不仅递载于文献典籍，而且还随时代之推演遍布于黄河、长江流域，诸如黄帝故里、战场、城堡、古道、泉湖、封禅典礼、祭祀山川、陵墓祠庙与炼丹升仙处等等。世界上人类对高山河海的崇拜，或与人类起源同步。以历史文献与考古资料相结合，来推考黄帝文化与泰山崇拜、探寻黄帝文化的博大涵蕴，缙云山（仙都山）鼎湖峰则是泰山之外，与黄帝关系最为密切的轩辕仙都标志，而其亦例应属于大山崇拜之典型，是国内宗教、文化、政治、精神名山之巅峰。

一 黄帝封禅肇于泰山

司马迁《史记·五帝本纪》载录黄帝为五帝元首。应劭《风俗通义》云："《易传》、《礼记》、《春秋》、《国语》、《太史公书》：黄帝、颛顼、帝喾、帝尧、帝舜是五帝也……黄帝始制冠冕，垂衣裳，上栋下宇，以避风雨，礼文法度，兴事创业。黄者，光也，厚也，中和之色，德施四季与地同功，故先黄以别之也。"[①] 泰山乃中华文明之"国山"。《风俗通义》曰："东方泰山。《诗》云：'泰山岩岩，鲁邦所瞻。'泰山，山之尊者。一曰岱宗。岱者，始也；宗者，长也。万物之始，阴阳交代，云触石而

---

① （东汉）应劭著，吴树平校释：《风俗通义校释》，天津人民出版社1980年版，第15页。

出，肤寸而合，不崇朝而徧雨天下，其惟泰山。故为五岳之长。王者受命易姓，改制应天，功成封禅，以告天地。"① 而封禅之典礼肇于黄帝。普天之下始封者惟泰山！而泰山五岳独尊，昂首天外，考其渊源盖始于黄帝。《史记·封禅书》：公孙卿答武帝问，曰："封禅七十二王，惟黄帝得上泰山封。"唐张守节《史记正义》云：黄帝生于寿丘，"寿丘在鲁东门之北，今在兖州曲阜县东北六里。生日角龙颜，有景云之瑞，以土德王，故曰黄帝。封泰山，禅亭亭。在牟阴"。而所谓"牟"在泰山近东南方向。古云"嬴、牟之间"，嬴城在今莱芜。《史记·封禅书》（以下称引文献，凡不另注处出处者，皆出于此）："自古受命帝王，曷尝不封禅？盖有无其应而用事者也矣，未有睹符瑞见而不臻乎泰山者也。"《史记正义》："此泰山上筑土为坛以祭天，报天之功，故曰封。此泰山下小山上除地，报地之功，故曰禅。"《史记·五帝本纪》曰黄帝得帝位："东至于海，登丸山，及岱宗。西至于空桐，登鸡头。南至于江，登熊、湘。北逐荤粥，合符釜山，而邑于涿鹿之阿。迁徙往来无常处，以师兵为营卫……万国和，而鬼神山川封禅与为多焉……黄帝崩，葬桥山。"《索隐》："言万国合同，而鬼神山川封禅祭祀之事，自古以来帝皇之中，推许黄帝以为多。多犹大也。"《史记·历书》太史公曰："神农以前尚矣，盖黄帝考定星历，建立五行，起消息，正闰余，于是有天地神祇物类之官，是谓五官。"

传统历史经典文献，诸如《春秋左传》《国语》《管子》《孔子家语》《周易·系辞》《庄子》《山海经》《越绝书》《吕氏春秋》《史记》等均不乏黄帝之记载；上海博物馆藏战国简《容成氏》关于轩辕氏与诸历史帝王序统釐然；春秋战国吉金铭文如陈侯因齐敦则明确记载陈国之"高祖黄帝"。旁如邾公钟、郳公镈铭文追述远祖"祝融"；遂公盨、秦公钟、叔夷钟铭文均提及"禹"。再如《吕氏春秋·慎大览》："武王胜殷，入殷，未下舆，命封黄帝之后于铸。"《春秋左氏传》襄公二十三年（前500）："臧宣叔娶于铸。"迄今所见两周铸国带铭文青铜器14件，可分七种：铸侯求钟，铸司寇鼎，铸叔皮父簠，铸公簠，铸子黑颐鼎、簠、盨，铸叔鼎、簠、匜（铸叔匜，为近年山东枣庄山亭东江小铸国墓地盗掘出土）、铸子

---

① （东汉）应劭著，吴树平校释：《风俗通义校释》，天津人民出版社1980年版，第366页。

匦。铸国为黄帝之后，而周武王所新封地在今山东肥城大汶河流域之铸乡，由铸奉祀正统。故两周时期山左古国载述黄帝事迹。迄于西汉山东嘉祥武氏祠汉画像石帝王人物的上方对应题刻：伏戏（羲）、祝诵（融）、神农、黄帝、颛顼、帝（喾）、帝尧、帝舜、夏禹、夏桀等名称。由此可证黄帝应该确有其人。黄帝封泰山可信。

黄帝之后，"《尚书》曰舜在璇玑玉衡，以齐七政。遂类于上帝，禋于六宗，望山川，遍群神。辑五瑞，择吉日月，见四岳诸牧，还瑞。岁二月，东巡狩，至于岱宗。岱宗，泰山也。柴，望秩于山川"。后则复至南岳衡山、西岳华山、北岳恒山，以及中岳嵩山，五载一巡狩。《虞书·舜典》："岁二月，东巡守，至于岱宗，柴，肆觐东后。"可见从黄帝始至舜帝时祭祀五岳已然成为定制。清铁岭高怡《泰山道里记·序》云："岱宗，古巡守地，昉于《虞书》，见诸周制。"大致可信。

二 秦皇汉武封禅泰山

《禹贡》谓"岱"，《周礼》云"岱山"，《尔雅》《诗经》《管子》《论语》皆曰"泰山"。文献典籍记载由黄帝创始封禅典礼，后世遵循不替，损益可知，与时偕行，绵延数千百年。"周官曰：天子祭天下名山大川，五岳视三公，四渎视诸侯；诸侯祭其疆内名山大川。四渎者，江、河、淮、济也。""齐桓公既霸，会诸侯于葵丘，而欲封禅。管仲曰：'古者封泰山禅梁父者七十二家，而夷吾所记者十有二焉。昔无怀氏封泰山，禅云云；虙羲氏封泰山，禅云云；神农封泰山，禅云云；炎帝封泰山，禅云云；黄帝封泰山，禅亭亭；颛顼封泰山，禅云云；帝喾封泰山，禅云云；尧封泰山，禅云云；舜封泰山，禅云云；禹封泰山，禅会稽；汤封泰山，禅云云，周成王封泰山，禅社首。皆受命然后得封禅。'……其后百有余年，孔子论述六艺，传略言易姓而王，封泰山禅乎梁父者七十余王矣。"

秦始皇即帝位三年，东巡郡县，先祭祀邹峄山。再征从齐鲁之儒生博士七十人，至乎泰山下，诸儒生议论古代者封禅之礼制，各有乖异。秦始皇"由此绌儒生。而遂除车道，上自泰山阳至巅，立石颂秦始皇帝德，明其得封也。从阴道下，禅于梁父"。

汉武帝元年，"汉兴已六十余岁矣，天下艾安，搢绅之属皆望天子封禅改正度也"，汉武帝时李少君通神仙术，还能辨识青铜器铭文，其对汉武帝言："黄金成以为饮食器则益寿，益寿而海中蓬莱仙者乃可见，见之以封禅则不死，黄帝是也。"武帝时，"济北王以为天子且封禅，乃上书献太山及其旁邑，天子以他县偿之"。又武帝即位一段时间，"始巡郡县，侵寻于泰山矣"。再汉武帝因得特大宝鼎而改年号"元鼎"，齐人公孙卿等以此类比黄帝得宝鼎之事，并托齐人申公之言："汉之圣者在高祖之孙且曾孙也。宝鼎出而与神通，封禅。封禅七十二王，唯黄帝得上泰山封。"此后不久汉武帝东巡海上行礼祠八神。四月还至奉高，至梁父，礼祠地主。封泰山下东方，如郊祠太一之礼。礼毕，天子独与侍中奉车子侯上泰山，亦有封。禅泰山下阯东北肃然山，如祭后土礼。天子从禅还，于是制诏御史："朕以眇眇之身承至尊……遂登封太山，至于梁父而后禅肃然。""又下诏曰：'古者天子五岁一巡狩，用事泰山，诸侯有朝宿地。其令诸侯各治邸泰山下。'天子既已封泰山，无风雨灾……有司言宝鼎出为元鼎，以今年为元封元年。"

三　泰山崇拜肇始远古

黄帝与泰山，人文比自然。关于泰山崇拜之缘起。20世纪末，程继林先生撰文研究泰山崇拜起源，曾论及大汶口文化陶文"旦"字，其认为："这种文字可能就是表示对日和山的崇拜在山上点火来祭祀的表意形式。"并将这种文字现象与《周礼》所载的古代"燔燎"之祭祀形式相联系。① 我们在有关文章中或尝试将"旦"字解释作"阳"，而且汉代莒地旧有五阳：安阳、城阳、开阳、南武阳、阳都；更早莒地为少昊之虚，少昊部族也是崇拜太阳的，这里的五阳应与崇拜太阳有关，应是从大汶口文化时期的太阳崇拜逐渐发展延续的结果。② 2020年山东省水下考古中心举

---

① 程继林：《试论泰山崇拜的起源》，《中国先秦史研究动态》1992年第2期（总第22期）。
② 孙敬明：《阳都三题》，《临沂文物》2005年第2期。

办的全国"考古学视野下古代泰山文明学术研讨会",有的学者再次论及莒县陵阳河以及宁阳于庄东南遗址的陶文,由此而联系到关于泰山崇拜的起源。20世纪60年代,莒县陵阳河及其附近出土大汶口文化晚期陶尊上刻划陶文20余个,其中,最为典型的则是"旦"字(图1)。俟后又在诸城枳沟前寨遗址发现同时期、同文化、同种器物、同一部位所刻画的相同文字(图2)。后来又在安徽蒙城尉迟寺出土与莒县相同的9个文字刻画,其中亦有"旦"字(图3、图4);洎2018年在泰安宁阳于庄东南遗址出土一件带有"旦"字刻画的大口尊(图5)。2021年莱州平里店吕村考古发掘出土大汶口文化陶文"旦"字(图6)。凡此五处地点出土大汶口文化陶文,都有"旦"字,可见"旦"字最具普遍与典型意义。这在距今四五千年之历史时期,在800千米如此大范围内出土相同陶尊之刻画"旦"字,其意义非同寻常。我们认为莒县陵阳河一带应是这种对太阳、山川予以崇拜,并且对这种崇拜寓意景象最早摹刻于大口尊之上的,于是这种形制硕大、卓然不群的大口尊就成为人们崇拜和祭祀太阳、山川形象刻划的载体,同时也成为区域文明的重要标志。随着人文的播迁和文化的交流与影响,而使得这种宗教崇拜意识愈渐浓重凸显,尽管有的地域在相对的范围内并没有山峦群峰,但是宗教传承的意识形态却早已牢牢的扎根于人们的心灵之中了。

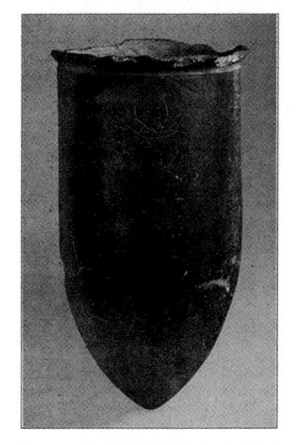

图1 莒县凌阳河出土陶文　　图2 诸城前寨出土陶文

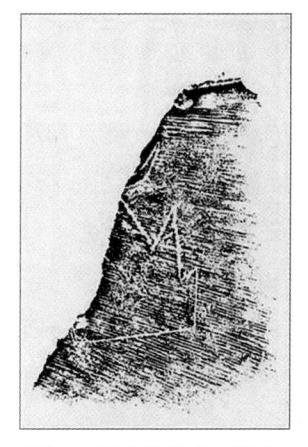

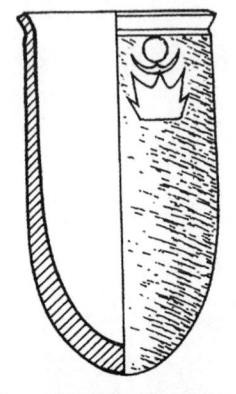

图3 蒙城尉迟寺出土陶文　　　图4 蒙城尉迟寺出土陶文

图5 宁阳于庄东南出土陶文　　图6 莱州吕村出土陶文

由于原居部族的迁徙，和巍巍泰山的雄浑气势，于泰山之巅恭敬日出则是震撼人们魂魄心灵终生难忘的神圣冲击，所以由当初的五峰山屋楼崮而逐渐演变发展成为普天之下崇拜泰山、黄帝封禅泰山、泰山成为五岳独尊、天下第一神圣之山。

四　泰山与缙云山崇拜

泰山崇拜起源甚早，至大汶口文化时期，已经形成以泰山为中心的海岱文化圈泰山崇拜区域，而发展至黄帝时乃形成天下封禅泰山之始。夏商周三代，孟世凯《甲骨学词典》称："三山，商王朝祭祀之山。卜辞中有：'二山'、'五山'、'九山'、'十山'等，三山是其中之一。武丁时期卜辞有：'癸卯……往三山'（《合》19293）"① 由此可见殷人崇拜祭祀之山数量，卜辞载录商王田猎范围已经到达泰山之阿，而其所谓之"山"或许就有泰山。鲁人承继周人传统，《鲁颂·閟宫》所谓"泰山岩岩，鲁邦所詹。奄有龟蒙，遂荒大东"。孔夫子云："登东山而小鲁，登泰山而小天下。"既表示鲁国对泰山的崇拜，同时还对其境域之高山名山的崇拜，春秋战国天子诸侯、秦皇汉武传承黄帝舜帝封禅泰山之礼制。周郢划分泰山文化发展为五期，一期是先秦至秦汉，泰山深受东方民族崇拜，逐渐发展成为帝王封禅告祭之所，一邦之镇，一国之尊。可称"政治之山"的形成期。二期是魏晋至南北朝，原有泰山崇拜与新兴宗教融合，可称为"宗教之山"的形成期。三期是隋唐宋金时期，不仅宗教而且文化名圈风雅高士咏赞之风勃然而起，可称"文化之山"形成期。四期是元明清三代，为泰山民俗文化发展达到高潮，可称"民俗山"形成期。五期是民国以来，泰山逐渐成为中华民族文化的象征，可称为"精神山"形成期。②

我们在此借用周郢关于泰山文化的分期，以此考量缙云山、鼎湖峰的宗教文化形成发展。俾便参考，特将元至正《仙都志》有关缙云山（仙都山）、鼎湖峰之内容迻录如次。

《仙都志·山川》载：仙都山，古名缙云山。《太平寰宇记》："唐置缙云县，又以括州为缙云郡。盖以其地有缙云山故也。今县在山之西二十三里。《图经》云：'唐天宝七年六月有彩云起于李溪源，覆遶缙云山独峰之顶。云中仙乐响亮，鸾鹤飞舞，俄闻山呼万岁者九，诸山皆应。自申至亥乃息。刺史苗奉倩上其事于朝，敕改今名。'""独峰山，一名仙都石。谢灵运《名山记》云：'缙云山旁有孤石屹然干云，高二百丈，三面临水；周围一百六十丈，顶有湖生花'……《东阳记》：'一名丹峯山，昔黄帝尝乘龙车登此山，辙迹犹存。'自唐白乐天以下，古今名贤，留题有什。"

---

① 孟世凯：《甲骨学词典》，上海人民出版社2009年版，第48页。
② 周郢：《泰山与中华文化》，山东友谊出版社2010年版，第17—34页。

"'鼎湖',即独峰顶上湖也。尝生莲花。按唐宋以来名公题咏,并以'鼎湖'称之。"《仙都志·祠宇》:"玉虚宫在仙都山中。即玄都祈仙洞天。黄帝飞升之地。自唐天宝戊子(748),以独峰彩云仙乐之瑞,刺史苗奉倩奏闻,敕封仙都山。周廻三百里禁樵採捕猎。建黄帝祠宇。岁度道士七人,以奉香火……黄帝祠宇,唐缙云县令李阳冰篆额。"(图7、图8)

图7 李阳冰《黄帝祠宇》残碑
(《东方博物》吕岳群
《缙云李阳冰碑刻题记遗存》图片)

图8 李阳冰《黄帝祠宇》复制品
(缙云县博物馆)

《仙都志·刻石》:唐韦翙《都山铭》有云:"黄帝彼访,碧岭是冲。"唐张鹭撰铭,句曰:"祠堂在焉,永怀轩后。"宋转运副使叶清臣撰文有:"黄帝车辙"句。唐白居易诗称:"黄帝旌幢去不回。"唐曹唐诗句:"轩后登真谢六宫","黄帝登真处"。李建中诗称:"岩岩仙都山,肃肃黄帝宫。巨石临广泽,千仞凌高空。"梁鼎诗句:"黄帝升天石,高名壮斗牛。"孙何诗句:"黄帝升天去不还,空留片石在人间。千寻杳杳撑红日,万古峨峨出众山。"

唐所置缙云县、郡,盖因缙云山,而缙云山之名由来久矣!《史记·五帝本纪》:"黄帝者,少典之子,姓公孙,名曰轩辕。"《索隐》称引皇甫谧云:"黄帝生于寿丘,长于姬水,因以为姓。居轩辕之丘,因以为名,又以为号。"史籍与地方志乘记载,缙云山名之古,不知其所始。而仙都山、黄帝祠宇则均始于唐代。如上《仙都志·山川》:"'鼎湖',即独峰顶上湖也。尝生莲花。按唐宋以来名公题咏,并以'鼎湖'称之。"《史记·封禅书》:汉武帝即位数年"文成死明年,天子病鼎湖甚……幸甘泉,病良已"。《索隐》案:"《三辅黄图》:'鼎湖,宫名,在蓝田'。韦昭云:'地名,近宜春。'案:湖本属京兆,后分属弘农,恐非鼎湖之处也。"《史记·封禅书》:"黄帝且战且学仙……黄帝采首山铜,铸鼎于荆山下。鼎既成,有龙垂胡髯下迎黄帝。黄帝上骑,群臣后宫上者七十余人,龙乃上去。余小臣不得上,乃悉持龙髯,龙髯拔,堕,堕黄帝之弓。百姓仰望黄帝既上天,乃抱其弓与胡髯号,故后世因名其处曰鼎湖,其弓曰乌号。"《风俗通义》:《封禅书》说"黄帝升封泰山,于是有龙垂胡髯下迎黄帝。黄帝上骑,群臣后宫从者七十余人,小臣独不得上,乃悉持龙髯,拔堕黄帝之弓。小臣百姓仰望黄帝不能复,乃抱其弓而号,故后世因曰乌号弓。"① 吴树平校释曰:"本书载《史记·封禅书》说,乃约略引之。事又见《论衡·道虚》。《淮南子·源道训》高诱注:'黄帝铸鼎于荆山鼎湖,得道而仙,乘龙而上。其臣援弓射龙,欲下黄帝不能也。乌,於也;号,呼也。於是抱弓而号,因名其弓为乌号之弓也。'皆出自方士附会之说。"②

"鼎湖"之名早见于汉代。缙云山之"鼎湖",应源自史书所载黄帝铸鼎升仙之事。再从地方文化与中国历史山川崇拜考量,位于东海之滨括苍山是我国东南道教文化中心,唐代最盛,得到帝王赐题。而缙云山即在括苍山下亦是一方名胜,尤其鼎湖峰如新笋含苞,气势勃然,拔地通天,直逼凌霄,诚乃天地之包孕,宇宙之奇观。考古发现缙云境内好溪岸畔陇东古文化遗址"总体上看,陇东遗址年代最早约距今9000年,主体年代为距今4700—4000年"。"陇东遗址的发掘有效地连接了钱塘江流域和永安溪一带的史前文化考古断层。""陇东遗址是一处包含了上山、良渚、商代、西晋和宋代堆积的古遗址,遗址主体以良渚和商代堆积为主,良渚时期的遗物可见罐、豆、壶以及各类鼎足;商代遗物中未发现完整器型,但出土较多印文硬陶残片、石镞等。上山时期遗物数量较少,发现了少量夹炭红衣陶片,在部分采集品中发现了平底盘残片、陶罐口沿、大口盆腹部残片、掺合稻壳的陶块以及石球、磨石。通过发掘可以肯定,陇东遗址是迄今为止丽水地区发现的最早的史前人类聚落,年代为上山文化晚期,距今9000年

---

① (东汉)应劭著,吴树平校释:《风俗通义校释》,天津人民出版社1980年版,第54页。
② (东汉)应劭著,吴树平校释:《风俗通义校释》,天津人民出版社1980年版,第54—57页。

左右。这也是目前发现的第19处上山文化遗址,陇东遗址的发现为研究上山时期的文化交流、社会结构、人群迁移等问题提供新的材料。"好溪盘桓曲折,绵流于崇山峻岭之间,岸畔有冲积台地,是人类繁衍生息的场所;而陇东遗址则仅仅是古代人类在好溪流域生存的冰山一角,更多的文化遗存则有待于考古发掘。缙云山(仙都山)、鼎湖峰之云霭雾幻,霓霞灵光,定然会令古人心底生出无限的神秘与崇拜,所以说,好溪流域的古人对缙云山(仙都山)、鼎湖峰的自然崇拜与泰山崇拜的缘起理应相似。

随社会发展,文化宗教交融的速度、频率与范围日见增大、密切而远阔;尤其秦汉魏晋道教文化发展,从先秦"燕齐海上多神仙",而炼丹飞升成仙的追求与信仰则渐及东海江浙。东海之滨第一高峰括苍山,群峰翁郁,凌观沧海;云蒸霞蔚,曼妙奇幻,俟魏晋唐宋成为道教名山。缙云山以轩辕之号命名,鼎湖峰则乃黄帝铸鼎飞升而得称;千百载下,祀典愈隆;近数年来禘祫之祭,国之大事。噫嘻,缙云山、鼎湖峰为中华民族精神之山矣!

五 《泰山志》与《仙都志》

周郢称:"泰山著述其源甚长,东汉时已有《泰山记》之作。但此后至明初的千余年中,泰山的著述流传甚少。直到明代嘉靖年间,歙县(今安徽歙县)学者汪子卿编撰《泰山志》一书,方填补了这一学术空白。所以现代古籍专家王重民先生评价汪子卿之《志》:'是书似为泰山有志之始,为可宝也。'明《泰山志》全书四卷,其体例与内容如下:卷一内容为泰山山水与封禅祭祀,志文依次是:《山水》分为峰、岩、洞、岭嶂、崖19类,著录山水胜迹近300处;《狩典》,缕述历代帝王巡守泰山史事;《望典》,历述各朝致祭泰山的活动,而附以有关的祭祀文辞、碑记;详记列朝帝王封禅始末,并附录历代儒臣的有关评论。卷二专记泰山古迹名胜,分为《遗迹》、《灵宇》、《宫室》三目。《遗迹》之下,又分《帝王》、《圣贤》、《列仙》三节,分别记录各类名人在泰山的活动及遗迹,共38条;《灵宇》记叙东岳庙等34处寺观的沿革及庙貌;《宫室》记载萃美亭等亭榭、官署、书院建筑,共20处,以上内容多附以建修碑志及相关记载，共著录碑石、诗文70篇。卷三为《登览》，略当地方志之'艺文志'，目录分别为《诗》、《颂》、《赋》、《记》四类，汇录了自周迄明（止于嘉靖三十三年）千余年间咏赞泰山的诗文近400篇，而尤以诗歌为大宗。卷四为《岳治》、《治绩》、《人物》、《物产》、《祥异》、《杂志》。前五题分别载录泰安州治、历代长吏政绩、乡邦名人、本地物产及灾害祥瑞等情况，而以志余琐记诸事为《杂志》。"① 《仙都志》乃元延祐至正年间赵性定编撰。《仙都志·序》云："仙都东吴胜事，在道家书为祈仙洞天，爰自发迹轩辕。由唐建宋锡名荐祉，符瑞屡臻。胜朝延祐间贞士赵虚一载奉玺书来领釐事。山川草木，昭被宠光，独峰炼豁若增而高浚而深也！住山陈君此一载笔于编，沿革瑰奇，钜细毕录。其有功兹山者欤……此编目击道存，可以卧游矣。至正戊子（1348）五月既望。"延祐元年（1314）洎至正八年（1348）戊子，凡三十余年。而赵氏编撰《仙都志》即在此时间内。汪子卿《泰山志》载录止于明嘉靖三十三年（1554），三十四年（1555）由巡检御史吴伯鹏付梓。以刊行时间《仙都志》较《泰山志》早207年。泰山、沂山分为五岳、五镇之首，明王居易编撰《东镇沂山志》五卷，万历丙戌年（1586）刊行。王居易《刻沂山志序》称："余少时，即欲为志以纪之，迁延不果。顷见《东岳志》、《东海志》，又见《西镇志》、《南岳志》，因思五岳、五镇、四海、四渎，俱山川之高大，载在祀典者也。"于此，王氏所揭列诸山岳海渎之志修于明。而五镇之首《东镇沂山志》所刊行时间比《仙都志》晚238年。由此可见《仙都志》应是天下最早的名山名志。

《仙都志》分卷上、下，可视为两卷。《沂山志》分五卷。《仙都志》分：

序

卷上

山川：

收录缙云山、独峰山、双翔峯、步虚山、童子峰（称引《括苍旧志》）、好山、伏虎岩、灵龟石、小蓬莱（称引《郡志》）、小赤壁（称引

---

① 周郢：《泰山与中华文化》，山东友谊出版社2010年版，第208—216页。

《郡志》)、仙释岩、黄嵝赤岩、天师岩、东蒙岩、玉甑岩、蹼头石等16座；隐真洞、仙水洞（称引《郡志》)、金龙洞（称引旧《志》)、天堂洞、忘归洞、初旸洞、双龙洞、杨郎洞、仙岩洞、梯云洞等10处；鼎湖、炼金谿、金华潭、练溪、丹井、玉泉池、放生池、天塘、梳水濑等9处。

祠宇：

收录玉虚宫、金阙寥阳宝殿、黄帝祠宇、飞天法论藏店、天一真庆行宫、三元三官圣堂、梓潼帝君行祠、洞天仙官祠、玉虚真官祠、衍教堂、隐真堂、风雨堂、金莲馆、玉虚宫门、祈仙洞天门、仙都山门、片云亭、回澜亭、仙都蜕轩、竞秀轩、撷芳轩、练玉轩、驻鹤亭、照水亭、忘归亭、妙廷观、独峰书院、灵泽庙（提及《郡志》)、赵侯庙（称引《郡志》)等29处。

神仙：

收录景复周、刘处静（称引括苍旧《志》)2位。

卷下

高士：

收录游大成、楼大度、黄见素、李伯祥、林天任、谢天与、徐元瑁、赵嗣祺、李德宁等9人。

草木：

"金莲花，按《郡志》仙都山，孤石撑空，石顶有湖生莲花。古老相传尝有金莲花瓣飘落。"

"龙须草，产于独峰顶崖上，旧《志》云黄帝驾龙上升，群臣攀龙髯而上，髯坠化为草。"

"寿松古柏，生于独峰之顶，木皆合抱，四时长青。可见独峰有鼎湖之润深也。"

草有黄精、菖蒲等178种。

碑碣

收录唐李阳冰篆书黄帝祠宇、韦翃、李季贞、陆龟蒙，宋治平二年改赐玉虚宫敕及省札部符等6种。

刻石

收录刘大中《游仙记》、丁宗旦诗、谢伋诗、邹景初诗并跋、吴大韶诗、杜晦之记、赵必愿记、安刘判状、潜说友记、吴祖文诗、陈仁玉诗陈绍若跋、石谷诗、玺书文（一）、刘处静碑志、玺书文（二）、叶清臣铭、毛维瞻记、郭契敷与蒋善昭并赵善诗及杨景祈雨记、留元刚与郭磊卿记、楼轮书、黄邦彦诗、王埴歌、无名氏"仙水崖"与"初旸谷"楷书、"倪翁洞"篆书传李阳冰作、"隐真洞"与"金龙洞"篆书、"天堂洞"隶书、"忘归峒"楷等29处。《仙都志》于此附记云："右山中碑碣摩崖名目已见于前。今摘其铭记略存于后。所有古今名公题咏诗集另刊。"

以下附录

仙都山铭：唐韦翃、张鹭、宋叶清臣等三人者。

题咏：白居易、徐凝、曹唐、陆龟蒙、皮日休、李建中、梁鼎、孙何、王含章、周启明、曾会、陈若拙、柳绅、胡志道、刘参、毛维瞻、苏舜元、沈括、叶胡份、杨杰、刘泾、王銍、胡升、丁宗旦、吴说、韩元吉、李士举、谢伋景、朱熹、吴谨微、许尹觉、吴荮等32人者。

如上所揭列《仙都志》卷上：山川、祠宇、神仙共3部分；卷下：高士、草木、碑碣、刻石共4部分；并附录部分名流铭记、题咏等。

元《仙都志》开创山志之体例，开篇即"山川""祠宇""神仙"，并有高士、草木、碑碣、刻石等等。明《泰山志》则有："山水"、"灵宇"、"宫室"、"列仙"、"人物"、"登览"（相当志书"艺文志"，可比较《仙都志》之附录"铭文"、"题咏"）"物产"等，这些与《仙都志》相似；而其"宫室"则附记碑碣、刻石，而其他如《狩典》，《望典》，《岳治》，《治绩》，《祥异》，《杂志》等则因泰山历史地位所衍生而来。

明《东镇沂山志》卷一：山水、名胜、庙祠、亭馆，卷二、三诏文、祭文，卷四代祀记、杂记，卷五诗文。其卷一与《仙都志》多相似。

另外，《仙都志》"山川，仙都山"称引《图经》，《图经》是宋代地方山川风物、古迹名胜、户口粮草、关隘道路、衙署祠宇等方面志书。《金石录》提及《潍州图经》、《青州图经》。[①] 并且，"童子峰""刘处静"称引《括苍旧志》，"小蓬莱"、"小赤壁"、"仙水洞"、"灵泽庙"、"赵侯

[①] （宋）赵明诚著，刘晓东、崔燕南点校：《金石录》，齐鲁书社2009年版，第155、177页。

庙"与"草木金莲花"提及《郡志》,"草木龙须草""金龙洞"提及旧《志》。由此可证元代之前括苍郡、处州府、缙云已经有郡、府、县志书。如南宋咸淳孙友益《缙云县志》,然至明永乐二十年(1422),樊公伦《访溪图志·序》称孙志"今亦罔传矣";而元至正八年(1348)陈性定所撰《仙都志》刊行前孙志尚存天壤间。研究者指出自宋代完成从《图经》到方志的过渡之后,元代方志在前朝基础上取得新成就。从国家、省级层面主持修纂的图志数量、体例、质量均达完备,为后世所宗法。据张国淦《中国古方志考》统计元代所修方志约160种,以浙江最多约40种。而括苍郡、处州府、缙云县在元代之前就有方志,并且新修《仙都志》,凡此情景国内当时极为少见。由此可见,缙云一带宋元时期文化之发达,注重地方历史名迹的保护传承与著录。而《仙都志》则是在前朝乡邦文献丰厚基础之上而创修的,是研究地方史与国内名山名志的宝贵文献。

(孙敬明:山东潍坊市博物馆特聘研究员)

黄帝文化与道家道教

朱晓鹏

黄帝文化历史悠久、内涵丰富，是上承中华远古文化、下启百代后学的中国优秀传统文化的重要组成部分。本文仅从思想文化史的角度考察一下黄帝文化与道家道教的关系，以此揭示黄帝文化的兴盛、传播及其思想内涵的一些主要特点和过程。同时也借此考察说明作为南方黄帝文化典型代表的缙云仙都黄帝文化的形成及其特点。

一 黄帝文化的兴盛与道家的密切关系

我们知道，中国文化语境中的黄帝很大程度上是一个半神半人的形象，其原型很可能是传说中的原始氏族社会后期某个巨大部落的酋长。历史上最早有关黄帝的文字记载，在先秦的《尚书》《左传》《国语》《逸周书》《山海经》等典籍及一些出土文献中都有零星片断的记载，而且黄帝在传说的远古帝王世系中本来也不居特别早、特别突出的地位。从现有各种史料上看，黄帝作为远古帝王和诸多人文技术创始者的形象得到普遍公认和频繁地提及主要始于战国中后期。在《商君书》《管子》《庄子》《吕氏春秋》《易传》《世本》等典籍中已较多地出现黄帝之名。同时，它也逐渐与"老子"思想相联系，形成了影响巨大的黄老之学。当然，从概念上说，真正形成黄、老并称及"黄老"这个名称主要是从汉初开始流行的。[①] 可以说，从战国中后期到汉初，是黄帝文化在历史上的第一个兴盛期，并在《淮南

---

① 丁原明：《黄老学论纲》，山东大学出版社1997年版，第3—5页。

子》《史记》《汉书》等著作里得到了初步的系统总结。

黄帝文化能够在战国中后期和汉初达到兴盛，原因固然有多方面，但其中主要的一个因素可能与道家有关，并有以下两点突出表现：

一是当时兴起的托古之风的影响。受中国祖先崇拜传统的影响，在春秋战国诸子百家争鸣中，各家各派为了使自己的学说主张更有权威性和影响力，往往要假托古代的权威以增强说服力，于是就形成了普遍尊古贱今、崇拜远古圣王的思想风气，如儒家崇拜尧舜、墨家崇拜夏禹、农家推重神农、道家则推崇比他们更为久远的黄帝。由于道家崇尚自然状态，还处于原始氏族社会状态中的黄帝显然较为符合道家的理想形象。受这种托古风气的影响，当时的道家及众多典籍，都纷纷把各种思想学说及技术发明的源头追溯到黄帝那里，黄帝成为华夏族文明的发明创造的集大成者，像开井、熟食、舟楫、杵臼、五声、弓箭等皆由黄帝发明制作。例如：对井，《周易·井卦·释文》引《周书》："黄帝穿井。"对熟食，《管子·轻重戊》："黄帝作，钻燧生，以熟荤臊。"对舟楫，《周易·系辞下》："黄帝……刳木为舟，刻木为楫，舟楫之利以济不通。"对杵、臼，《周易·系辞下》："黄帝……断木为杵，掘地为臼，臼、杵之利，万民以济。"对五声，《管子·五行》："昔黄帝以其缓急作五声，以政五钟。"对弓箭，《周易·系辞下》："黄帝……弦木为弧，剡木为矢，弧矢之利，以威天下，盖取诸睽。"总之，上古时代的各方面的成就，诸如日常生活中的衣食住行、社会生产中的各种器械，科学文化中的音律五声等，几乎都被说成是出自黄帝之手，他完全成了华夏族文明和智慧的象征，被尊为中华人文始祖。

黄帝在这种托古之风影响下逐渐被塑造成始祖，使黄帝进一步成为各方面的权威，最终形成了"百家言黄帝"① 的盛况。

与此同时，托名黄帝的各种著述也十分繁多，成为在远古帝王中被托名著述最多者，据《汉书·艺文志》所列，当时各种托名黄帝著述的除了有道家类五种之外，还有阴阳家、小说家、兵家和天文、历谱、五行、方术、神仙、医药等著述，共有十二类二十六种之多，其中如《黄帝四经》《黄帝内经》为较著名者，但其他大部分现已不存。据唐兰考证，1973年

---

① 《史记·五帝本纪》。

长沙马王堆 3 号汉墓出土的《老子》乙本卷前的古佚书，应该就是《汉书·艺文志》里所著录过的《黄帝四经》。许多学者认为，它们即使不是唐兰所认为的《黄帝四经》，也至少可以称之为《黄老帛书》，是托名黄帝著述于公元前 400 年前后的古文献。① 它们证明了汉志所记载托名黄帝所著的作品大部分应是真实存在过的。正如《淮南子》里所说："世俗之人多尊古而贱今，故为道者必托之于神农、黄帝，而后能入说。"②

二是黄老之学兴起的影响。随着黄帝名号的影响扩大，在"百家言黄帝"的氛围中，只有道家与黄帝实现了真正的深度融合，并形成了"黄老之学"作为这种深度融合的最终成果。

从文献上看，《老子》中没出现过"黄帝"之名，同一时代的《论语》里也未见，这说明在春秋末期"黄帝"之名还未流行。但到了庄子时代，"黄帝"之名已被人们的托古之风吹起，在《庄子》书中就有多处论及黄帝。而且，这时无论庄子还是其他人都虽然尊崇老子，常常称引阐发博大精深的老子思想和言论，但还没有把他当作道家学派的"宗师"看待，如一般只称"老聃曰"或"古之博大真人"如何如何③，并没有至高的权威性。相比之下，他们更愿意把"黄帝"抬出来作为至高无上的权威来为自己的观点和论述作佐证，所以许多明明是老子所说的话，却把它们安到"黄帝曰"名目下（如《庄子·知北游》等）。正如有学者指出的："总的来说，《汉书·艺文志》中的道家类，大多数可说是黄老之学的著作，它们……思想上与《老子》相似，主要以道论为理论基础，文字上也有许多相同之处，直接抄《老子》之文，或引用与《老子》相同的文字。"④ 正是由于把老子等道家思想嫁接到黄帝身上，不但使老子等道家思想在诸子百家中跃居突出的地位，发挥了更大的影响，而且直接形成了一种道家思想的新形态——黄老之学。战国中期以后出现的黄老之学，把人们推崇的中华文化始祖黄帝与老子并立，同尊为古代文化的重要创始人，虽然实际上是借黄帝之名，述老子之学，但它们的结合既极大地提升了老

---

① 丁原明：《黄老学论纲》，山东大学出版社 1997 年版，第 7 页。
② 《淮南子·修务训》。
③ 《庄子·天下》。
④ 熊铁基：《秦汉新道家》，上海人民出版社 2001 年版，第 32 页。

子及整个道家思想的地位和影响，推进了道家思想在新的社会现实环境中的发展和转型，又使黄帝文化获得了许多实质性的思想内涵，开启了黄帝文化一条重要的兴盛之路。所以，黄、老的结合，可以说是实现了双赢，也是战国中后期中华文化大融合的一个成功案例。

黄老之学的形成和发展，有两个重要的繁荣期：

第一个繁荣期是稷下黄老之学的兴起。战国时齐国的稷下学宫，汇聚了当时一切重要的思想学派，兴盛一时。据司马谈《论六家要旨》所总结，战国中后期诸子之学可归纳为儒、墨、名、法、阴阳、道德六家，而这六家恰好也是稷下学中最主要的派别。其中"道德家"实指道家，在稷下学派中，它应该称之为"黄老学派"，是稷下学派中一直居于主导地位、受到其余五家尊重的学派。《史记》里说："慎到，赵人；田骈、接子，齐人；环渊，楚人；皆学黄老道德之术，因发明序其指意。"① 司马迁多次论述稷下学者时都提到了慎到、田骈、接子、环渊这几位"学黄老道德之术"的人，而且他们每次都在所列举的名字中占了大半，这可以表明他们所具有的重要地位和影响。稷下黄老学派之所以能具有较大的影响，主要由于它既能在理论上融会各家、择善而从，又能与时迁移，"立俗施事""事少功多"，能够适应于时代的需要。司马谈《论六家要旨》里论"道家"时说："道家使人精神专一，动合无形，赡足万物。其为术也，因阴阳之大顺，采儒墨之善，撮名法之要，与时迁移，应物变化，立俗施事，无所不宜，指要而易操，事少而功多"②，这对道家是很高的评价，而这里司马谈所说的"道家"，其实主要就是指黄老之学。

第二个繁荣期是汉初实行的黄老之术。汉代秦之后，为了改变社会动荡无序、民生艰难的局面，汉高祖刘邦采纳了陆贾的"无为而治"的治国之策，使后续的汉初统治者接受了黄老道家无为而治的思想，主张"与民休息"，最终实现了"文景之治"。道家的清静无为的思想在现实政治生活中第一次得到了实施并取得了显著成效，可以说道家思想实际上已转变成了一种黄老之术，它是汉初统治者所尊崇和推行的主导性的意识形态，所

---

① 《史记·孟荀列传》。
② 《史记·太史公自序》。

以汉初的黄老之学不但占据了当时社会最重要的思想地位，而且在实际政治实践中产生了主要的作用。正因此，不仅大批学者好"黄老言""黄老之术"，而且政治上层人物如惠帝、高后、文、景二帝、窦太后、重臣张良、陈平、萧何、曹参等人，也都热衷于学"黄帝言""黄老之术"。如《史记》记载："窦太后好黄帝、老子言，帝及太子诸窦不得不读《黄帝》、《老子》，尊其术"①。窦太后不仅自己十分爱好黄老之学，而且通过自己的强有力影响将整个国家的大政方针都纳入黄老思想的指导之下。同时，黄老之学也在理论上获得了进一步的发展，像《吕氏春秋》《淮南子》《老子河上公章句》等都对黄老之学的系统化、理论化的建构发挥了重要作用。在浓厚的尊崇黄老之术的氛围下，许多儒家学者也都注意吸收学习黄老之学，兼通儒道、造诣深厚。汉初黄老之治取得了巨大成效，"非遇水旱，则民人给家足，都鄙廪庾尽满，而府库余财，京师之钱累巨万，贯朽而不可校，太仓之粟陈陈相因，充溢露积于外，腐败不可食"②。社会经济生活得到极大改善，整个社会呈现盛世局面，它不仅证明黄老之学在实际社会政治中发挥了巨大作用，也为后世政治实践提供了重要的启示。

二 黄帝文化的传播与道教的密切关系

自汉武帝实行"罢黜百家，独尊儒术"的文化转向之后，"绌黄老、刑名百家之言"③，黄老之学逐渐退出了正面的政治舞台和正统的意识形态舞台，而转化为一股思想的暗流在政治和观念世界里继续存在并发挥着影响。由于道家思想、包括黄老之学中本来就包含有治身与治国两大方面的思想内容，在有关治国一脉的黄老之术被汉朝统治者压制和边缘化之后，有关治身这一脉的黄老之学恰恰兴起而替之，对人们的观念世界和世俗生活产生了日益重要的影响。

而这其中，由道家老庄思想、黄老之学、神仙方术、长生信仰等结合而逐渐形成的道教在很大程度上取代了原有的黄老之学的风头，渐成气

---

① 《史记·外戚世家》。
② 《汉书·食货志》。
③ 《史记·儒林列传》。

候。"应该说,道家思想是道教形成的主要渊源,这包括道家本身不断吸收和融合阴阳五行、神仙方术等内容,这是带有'开放性'和'包融性'的黄老道家进一步的发展。在道教的形成过程中,明显地有上层和民间的两条发展途径,而共同的一点是,均从'奉事黄老'开始。"①

早在东汉初年,统治集团中就讲究"黄老养性之福"。② 道家黄老之学中原本就有的养生、保身等思想及其方法在与神仙方术等融合后,逐渐产生了可以通过某些技术达到肉体长生的信仰,并且神化黄帝、老子作为得道成仙、长生不死的典型,从而吸引了大批上层人士积极追求。据《后汉书》里记载,楚王英"晚节更喜黄老,学为浮屠斋戒祭祀"③,"又闻宫中立黄老、浮屠之祠"④。桓帝多次派人"祠老子",自己也多次"祠黄、老于濯龙宫"⑤,把黄老与浮屠并称,并作祠祭祀,显然已把黄、老完全神化,具有了宗教性质。黄老之学与这些神仙方术、长生信仰等因素不断融合后,修习黄老养生之术、成仙之方就受到了社会上下普遍的追求,"祭黄老君,求长生福"⑥已成为一种社会风气。在这个基础上,道教也就逐渐开始形成。太平道作为道教早期的一个派别,就十分尊奉黄老,尤其尚黄,"张角自称'黄天',其部[帅]有三十六[方],皆著黄巾"⑦。这种尚黄风气,应与其尊奉黄帝有关,史书称:"初,钜鹿张角自称大贤良师,奉事黄老道,畜养弟子,……百姓信向之。"⑧《抱朴子》里也说:"言黄帝仙者,见于道书及百家之说者甚多。"⑨ 可见,黄帝文化在道教里已完全演变为一种仙道文化,它不仅由此对道教的产生和发展发挥了重要的影响,并且进一步对以后塑造黄帝得道成仙、炼丹飞天等仙化形象起了奠基性作用。黄帝文化中的养生、保身以及相关的修炼丹道、祭祀仪典、神话传说等文化元素通过道教的发展传播也被不断地丰富、完善和传播,对整

---

① 熊铁基:《秦汉新道家》,上海人民出版社2001年版,第190页。
② 《后汉书·光武帝纪》。
③ 《后汉书·光武十王列传》。
④ 《后汉书·襄楷传》。
⑤ 《后汉书·孝桓帝纪》。
⑥ 《后汉书·孝明八王传》。
⑦ 《后汉书·灵帝纪》。
⑧ 《后汉书·皇甫嵩传》。
⑨ 《抱朴子·极言》。

个中华传统文化产生了重要影响。鲁迅曾说:"中国根柢全在道教。"① 而道教中就包含了丰富的黄帝文化的因素,由此也可见黄帝文化在中国传统文化中的重要地位。可以说黄帝文化的第二次兴盛就是由道教的兴起和传播所带来的黄老仙道文化的繁荣。

我认为,缙云仙都的黄帝文化,应该主要是道教兴起后向南方传播的一个重要结果,缙云仙都黄帝文化中那些主要的元素,如黄帝的得道成仙形象、炼丹飞天故事、长生不死的修身之术、秀美雄奇的世外桃源山水等,都与道教里的黄帝文化元素高度吻合,所以的确可以看作是中国南方黄帝文化的一个最重要基地。相信通过各方努力,这里不但能够继续成为中国南方黄帝祭祀中心,而且也一定能够成为中国南方黄帝文化的辐射中心、传播中心,为进一步推动中华民族多元统一的文化共同体的现代发展及中华优秀传统文化的传承和创新做出重要贡献,实现黄帝文化的第三次兴盛、发展。

(朱晓鹏:杭州师范大学公共管理学院中国哲学与文化研究所所长、教授、博士生导师)

---

① 鲁迅:《致许寿裳(1918年8月20日)》,《鲁迅书信集》上卷,人民文学出版社1976年版,第18页。

黄帝信仰与中国道教

谢路军

轩辕黄帝是远古时期的部落联盟首领,生活在公元前2697年至前2599年,少典之子,本姓公孙,长居姬水,因改姓姬;居轩辕之丘(在今河南新郑西北),故号轩辕氏;出生、创业和建都于有熊(今河南新郑),故亦称有熊氏;又因有土德之瑞,故号黄帝。

道教神灵中有两个黄帝之说,一个是中华民族始祖的轩辕黄帝,即指鲁迅先生诗中所说的"我以我血荐轩辕"中的轩辕;又称"道祖轩辕黄帝开元治世天尊",三皇五帝中的五帝(三皇,即伏羲氏、神农氏和燧人氏;五帝,即黄帝、颛顼、帝喾、唐尧和虞舜)之第一位,学界又称之为"人文始祖"。黄帝重视农业生产发展,注重解决人们的衣食住行诸问题,注意对天文气象的观察、历法的制定、医理的探求,造文字、律例、弓矢、礼仪、冕服,还发明了诸如舟、车辆等工具,等等。总之,黄帝为中华民族的昌盛与繁荣奠定了物质的和精神的基础。

还有一位则是"中央元灵元老黄帝一炁天君",这位黄帝实际上就是张角所创立的太平道奉祀的神,被称为"中黄太乙";"太乙"又作"太一"。《史记·天官书》说"太一"居紫微宫北辰,又称"中宫天极星"。秦汉时期,"太一"被认为是紫微宫北极天帝或天帝大皇,是天中央主宰四方的最高神。《史记·封禅书》说:天神贵者"太一","太一"佐曰五帝。东汉时期,"太一"又被视为比北斗神黄帝更高明的神仙。《汉书·王莽传》引《紫阁图》说:"太一"、黄帝皆仙上天。纬书《春秋合诚图》又有黄帝问"太乙"长生之道之说。在《太平经》中也出现"太一"信仰,并有"太一"位于中央的观念;文曰:"然天地之道所以能长且久者,以其守气而不绝也。……乃上从天太一也，朝于中极，受符而行，周流洞达六方八远，无穷时也。"太平道在"太一"之前冠以"中黄"二字当与五德终始说有关。东汉光武帝得赤符称帝，以火德自居。五行相生说是以木——火——土——金——水的次序，火可生土，五行中土居中，色尚黄，黄为大吉之色。太平道以土为吉，信仰"中黄太一"，崇尚黄色，隐含着主运土德的张角太平道即将取代主运火德的东汉王朝，建立黄天太平社会的愿望。我国古代素有崇尚"黄色"的传统，以黄为贵，配之以"中"和五行之"土"，这本身即体现了一种颇为独特的民族文化心理，"黄帝"之"黄"正是生活于黄土地之上的华夏族人的象征，也是中华民族正统文化源头的象征。张角自称黄天，头裹黄巾，提出"苍天已死，黄天当立"的口号，奉"中黄太一"为尊神的原因就在这里。所以，黄帝的出现还是道教五行崇拜的体现，与东方苍帝、南方赤帝、北方玄帝、西方白帝并称。由此可见，五行居中的黄帝与早期符箓派道教的太平道关系密切。不过，历史上将以上两位黄帝当作一位来叙述的也时有发生。本文所讨论的黄帝是侧重于"人文始祖"的轩辕黄帝。

道教思想的形成有三大理论来源，即古代神仙信仰为道教的形成起了目标导向作用，即构成了道教的"道旨"；道家思想为道教的形成起了理论铺垫作用，即构成了道教的"道论"；古代的巫术为道教的形成起了方法奠定作用，即构成了道教的"道术"。

一　黄帝与"道旨"

道教的宗旨在羽化成仙。傅勤家在《中国道教史》中说，"盖道家足以清心寡欲，而道教独欲长生不老、变化飞升"。黄帝就是"长生不老、变化飞升"的最早的典范。《史记·封禅书》中曰"黄帝且战且学仙"，即黄帝一面完成消灭炎帝、蚩尤实现统一的任务，一面学习长生成仙的方法；黄帝还"接万灵明廷"，又"采首山铜，铸鼎于荆山下。鼎既成，有龙垂胡须下迎黄帝，黄帝上骑龙，群臣后宫从上者七十余人"。《云笈七签·轩辕本纪》中采用了这些说法。汉朝的方仙道术士多以黄帝为学仙的榜样。魏晋时期的葛洪在《抱朴子》中云："黄帝生而能言，役使百灵，可谓天授自然之体者，犹复不敢端坐而得道。故涉王屋而受丹经，到鼎湖而飞流珠，登崆峒而问广成，适东岱而奉中黄，入金谷而咨老子，论道养则咨玄素二女，精推步则访山稽、力牧，讲占候则询风后，著体诉则受雷岐，审攻战则纳五音之策，穷神奸则记四泽之乱，相地理则书青鸟之说，救伤残则缀金冶之术。故能毕竟秘要，穷尽道真。"由此可见，黄帝不仅先天禀赋好且后天好学不倦，以帝位之尊而问道于崆峒、力牧，故方仙道士乐言之。葛洪在这里虽然提到了黄帝和老子，但是其重点乃在表彰黄帝而非老子。

葛洪在《抱朴子》中就公开斥老庄之书为泛泛之言而无益于长生，文曰："五千文虽出老子，然皆泛论较略耳，其中了不肯首尾全举其事，有可承按者也。但暗诵此经，而不得要道，直为徒劳耳，又况不及者乎？文子、庄子、关令尹喜之徒，虽祖述黄老，宪章玄虚。但演其大旨，永无至言……去神仙亿万里，岂足耽玩哉？"在此，葛洪认为神仙之道本与道家无关，凸显了神仙之道重视学仙的特点。

维甸《校刊抱朴子内篇序》云："秦汉方士，绝不附会老子，即依托黄帝，亦非道家之说。"这说明在维甸的《抱朴子》序中亦认为方士学仙，与道家关系不大。维甸解释其原因说："东汉之际，桓帝好神仙，祠老子。张陵之子衡，使人为祭酒，主以《老子》五千文都习。神仙之附会道家，实昉于此。"由此可见，秦汉之时神仙家与道家还是有区别的。

陶弘景的《真灵位业图》记载，轩辕黄帝其位置在第三之左，号"玄圃真人轩辕黄帝"，排名次于葛玄、王长、赵升，更比不上上清派传法真师许逊了。可见道教脱离了早期祖先崇拜的模式，有了自己的理论体系而有别于民间之信仰。黄帝成为道教崇拜的重要神灵，而且其后代尧、舜、禹在道教中被称作"三官"，天官为尧、地官为舜、水官为禹。三官①亦被称作"三官大帝"。"三官大帝"信仰是中华民族民间宗教信仰的非常重要的组成部分，亦属于早期道教尊奉的三位天神。《历代神仙通鉴》云元始天尊吐气化成的尧、舜、禹被人们封"三官大帝"。尧、舜、禹三官的诞

---

① 另外有一种说法，说"三官"为金、土、水三官；守卫天门的唐、葛、周三将军，在周幽王时期号称"天门三将军"，死后为神，各地多有庙。

辰即为"三元"日，因此从唐宋以来，"三元节"都是道教的大庆日子。唐代"三元节"由皇帝下敕天下诸州禁屠三日，"令百姓是日停宰杀渔猎"。道教中的"三元节"，即上元祭祀天官尧，天官赐福，在农历正月十五，就是民间的元宵节；中元祭祀地官舜，地官赦罪，在农历七月十五，恰好是民间的鬼节、佛教的盂兰盆会；下元祭祀水官，水官解厄，在农历十月十五。故"三官大帝"又称"三元"，为道教较早供祀的神灵。

早期道教的两个重要宗派，五斗米道和太平道都提倡三官信仰，而且将三官信仰看作是其道教信仰的最重要内容之一。所以，我们研究早期道教信仰的情况，必须要从"三官"信仰入手，才能窥见道教的真实面貌。五斗米道的发源地四川青城山和太平道的发源地河北邢台平乡，都有反映早期道教信仰的"三官殿"。东汉时沛国丰邑（今江苏丰县）人张道陵创立"五斗米道"，亦称"正一盟威道"或曰"天师道"，就以祭祀天、地、水"三官"为主要信仰内容；上"三官手书"作为道教徒请祷治病的方法，亦在历史上流传下来。东汉中后期，张陵弃官入川，学道于鹤鸣山（今四川大邑县境内）并结合汉族民间原始宗教信仰，著作道书，结合当地民族原有的巫道，开创五斗米道。因其最初主要以道术祷祝和驱鬼并以符水为人治病，故被称为道教"符箓派"，又因道教徒尊称张陵为天师，故五斗米道以后又称为"天师道"。五斗米道一方面尊老子为教祖，祭酒传授老子《道德经》；另一方面以天、地、水为三官，信其能通鬼神，主管病人请祷。祷请方法主要见于《三国志·张鲁传》注引《典略》书中说："书写病人姓名，说服罪之意，作三通，其一上于天，著山上，其一埋于地；其一沉于水，谓之三官手书。"

由上可见，从黄帝到尧、舜、禹都被道教奉为神灵，而黄帝开道教神仙之先河，为"道旨"的形成起了导向和目标的作用。

二　黄帝与"道论"

黄帝是"五帝"中的代表人物，一直受到统治者的推崇。在统治者的倡导下，赞美黄帝成为社会风气，从五行家的邹衍到齐都稷下学宫的一大批学者们，"皆学黄老道德之术，因发明序其指意"（《史记·孟子荀卿列传》），出现了"百家言黄帝"的"黄帝热"局面。正如《庄子·杂篇·盗跖》所说"世之所高，莫若黄帝"。

道教以黄帝为祖先而形成的祭拜是有特殊的理论根源的，这是因为道教以道家为母体；而道家本来就相当崇尚黄帝，尤其从庄子、稷下道家、黄老道这一脉络中更可以找到大量证据。在《庄子》中有黄帝的记载，在《列子》中则专设《黄帝篇》以叙说黄帝事迹，稷下道家的重要典籍《黄帝四经》更是托以黄帝之名阐述修身治国的道术。

宋代的马端临《文献通考》之《经籍志》中说："按道家之术，杂而多端，先儒之论备矣。盖清净一说也；炼养一说也；服食又一说也；符箓又一说也；经典科教又一说也。黄帝、老子、列御寇、庄周之书，所言者，清净无为而已，而略及炼养之事。服食以下，所不道也。至于赤松子、魏伯阳之徒，则言炼养，而不言清净。卢生、李少君、栾大之徒，则言服食，而不言炼养。张道陵、寇谦之之徒，则言符箓，而俱不言炼养、服食。至杜光庭而下，以及近世黄冠师之徒专言经典科教。"

明末藏书家、思想家焦竑在《焦氏澹园集》卷二十三《经籍志》中说："九流唯道家多端。昔黄老庄列言清净无为而已，炼养服食所不道也。赤松子、魏伯阳则言炼养而不言清净，卢生、李少君则言服食而不言炼养，张道陵、寇谦之则言符箓而不言炼养服食，杜光庭以来至近世黄冠独言经典科教。盖不唯清净之旨趣寂焉无闻，而炼养服食之书亦未尝过而问焉矣。而悉宗老氏以托于道家者流，不亦谬乎！道以深为根，以约为纪，以虚极静笃为至，故曰虚者道之常，因者君之纲。此古圣人乘要执中而南面无为之术也。岂有几于长生哉。"

马端临和焦竑的言论说明黄帝与老子、列子、庄子所探讨的问题的主旨在"清静无为"而已，而这一思想的第一提倡者首推黄帝。可见黄帝在道家思想的构成中确实起了奠基作用。道家的很多思想都可以在黄帝这里找到理论源头。

《庄子》中记载了黄帝关于"清静无为"思想的很多个案，其中比较典型的表现是黄帝对"无"的推崇和对"道法自然"思想的提倡。

（一）黄帝对"无"的推崇

《庄子·外篇·知北游》中说："知北游于元水之上，登隐弅之丘，而适遭无为谓焉。知谓无为谓曰：'予欲有问乎若：何思何虑则知道？何处何服则安道？何从何道则得道？'三问而无为谓不答也，非不答，不知答也。知不得问，反于白水之南，登狐阕之上，而睹狂屈焉。知以之言也问乎狂屈。狂屈曰：'唉！予知之，将语若，中欲言而忘其所欲言'。知不得问，反于帝宫，见黄帝而问焉。黄帝曰：'无思无虑始知道，无处无服始安道，无从无道始得道。'"黄帝的答案是以"无"作为问题的症结所在。《庄子·外篇·在宥》中亦说，黄帝在甘肃平凉的崆峒山问道广成子，广成子答曰："至道之精，窈窈冥冥；至道之极，昏昏默默。无视无听，抱神以静，形将自正。必静必清，无劳女形，无摇女精，乃可以长生。"其中的"无视无听"也突出一个"无"字。《庄子·外篇·天道》又说："天道运而无所积，故万物成；帝道运而无所积，故天下归；圣道运而无所积，故海内服。"意思是说，天道运转不停滞而万物得以生成，帝王治国因任自然不停滞而天下人民就会归附，圣人之道行运不停滞而普天之下人民就都会顺服。也就是说，天道、帝道、圣道都离不开"无"所积，一个"无"字概括出了天道、帝道和圣道的运行特点。庄子重视"无"的作用，正所谓"无为名尸，无为谋府，无为事任，无为知主"。即人活在世上不要为名利、智谋、事情和所谓的知识所缠缚控制。我认为，《庄子》的思想要旨在于"三无"，即"至人无己""圣人无名"和"神人无功"。

《道德经》的主旨也在阐发这一"无"字，经文开头即曰："无名天地之始，有名万物之母；故常无欲以观其妙，常有欲以观其徼"；经中还说"天下万物生于有，有生于无"。魏晋玄学的开创者王弼即将"道"解释成"无"，他说："道者，无之称也，无不通也，无不由也，况之曰道。"隋唐重玄学的核心也是在探讨有与无的关系问题，成玄英将"重玄"解释成既不执着于有也不执着于无谓之一玄；进而不执着于有、无也不执着，谓之重玄；正所谓"遣之又遣""玄之又玄"。宋金元时期的全真道提倡性命双修，具体方法是炼精化气、炼气化神、炼神还虚和还虚合道，其中的前两个阶段相当于修命的阶段，即有无之"有"的阶段；后两个阶段则相当于修性的阶段，即有无之"无"的阶段。后来禅宗的出现，作为最中国化的佛教宗派也承袭了"无"的思想。《六祖坛经》的核心思想离不开三个"无"，即"无念为宗""无住为本"和"无相为体"。赵州从谂禅师经常参的一个公案就是"狗子有没有佛性？"回答是"无"。宋代的无门慧开禅师写了一本书就叫《无门关》，其中有两句关键性的话是"佛语心为宗，无门是法门"。日本的铃木大拙就将禅宗看作是中国佛教的老庄化；范文澜将禅宗看作是披着天竺袈裟的魏晋玄学，其中就隐含了重视"无"的思想。

所以，整个道家思想的发展都离不开一个"无"字。而这一"无"字的阐发始自黄帝。学术界一般将这一发展的脉络归于老子开其端绪。实际上，道家的奠基者当归于黄帝，因为黄帝比老子要早两千年的时间。

（二）黄帝对"道法自然"的提倡

古文献记载黄帝在治理国家的早期阶段并未顺应自然，结果犯了很多错误。后来有一天黄帝白天休息时做了个梦，梦见自己漫游华胥氏之国。《庄子·外篇·在宥》谓"其国无师长，自然而已；其民无嗜欲，自然而已"。黄帝醒来后明白了最深的道是顺应自然而治，所以"又二十有八年，天下大治，几若华胥氏之国，而帝登遐。百姓号之，二百余年不辍"（《列子·黄帝篇》）。

在此，黄帝被塑造成一个因任自然而治世的模范典型。《庄子》与《列子》中的记载说明道门中人在修行过程中不断地对"道法自然"的思想进行解说且阐发出新的意境。

另外，黄帝对"中和"思想的倡导，也是值得关注的。人们在谈到"中和"时往往单纯地从儒家文化内去寻求。其实，早在儒家诞生之前"中和"理念已在黄帝思想中初见端倪。黄帝于"四面"中"建中立极"的理念通过"易经"而发展起来。《易》之卦画以三画象征天地人，人居于天地之中，这体现了以"中"为正位的思想。故《易经》卦爻辞凡遇"中爻"得位皆为元吉。"中"之所以被尊崇是因为它象征人与天地之气的感通与协和，"居中"为"正"，而"正"则"和"生，这就是"中和"。《道德经》提倡"守中"且以"冲气"为"和"，所谓"冲气"也就是"中气"或称"中和之气"。《历世真仙体道通鉴》卷一称黄帝作屋宇宫室，将此称作"处于中"；黄帝见河图则斋戒于"中宫"；他"衣黄服，戴黄冕，驾黄龙之乘"，而所谓"黄服"等黄色之物亦是"中"的法相。

道教尚"中"成为一种传统,《道藏》之内还有不少经书之名冠以"中"字,例如《中和集》《规中指南》《赤松子中诫经》等凡27种。这些经典内包含了"中和"的精神理念且将之当作修道的重要原则。道教的第一部经典《太平经》,就强调天、地、人三通相和;《黄帝阴符经》以圣人居天、地之中而致"相通"之用。这说明了道教中保存了黄帝居"中"的协和精神,从而也就使黄帝形象所包含的"中和"精神成为中华民族所倡导的主要精神理念。

可见,黄帝的精神成为道教的重要理念,构成了道教中的"道论"。

三 黄帝与"道术"

《道藏》中以黄帝命名的经典有《黄帝阴符经》《黄帝内经》《黄帝九鼎丹方》《黄帝九鼎大还丹方》《黄帝四扇散方》《黄帝九鼎神丹经诀》《黄帝一物饵丹法》《轩辕黄帝水经药法》《黄帝八十一难经》《黄帝灸二十一种痨图并序》《黄帝胎息诀》《黄帝龙首经》《黄帝金匮玉衡经》《黄帝授三子玄女经》《黄帝宅经》《黄帝太乙八门入式诀》等,涉及天文历算、医学养生、奇门遁甲、周易风水、内丹养生和外丹服食等多个和道教有关的重要领域,与道教有很深的渊源关系。潘雨廷先生在《道教史发微》中以黄帝为仙之始祖,老子为道家学说的创始人,仙道结合乃为道教。

《史记》记载,黄帝铸鼎于荆山炼丹砂,已具备了道教炼丹术的雏形。《黄帝九鼎神丹经诀》卷一称"黄帝受还丹至道于玄女,玄女者,天女也。黄帝合而服之,遂以登仙";《黄帝内经素问补诠释文》则谓黄帝"欲合神丹"告诫"当于深山大泽,若穷里旷野,无人之处;若于人中作之,必于高墙厚壁",这些思想为后世的道教炼丹、选址提供了理论依凭;《广黄帝本行纪》叙说黄帝采首山之铜铸鼎"逆炼九鼎之丹服之",其中的"逆炼"说明了"逆修成仙"的思想已经体现在黄帝的炼丹术之中了。

黄帝还是太一、遁甲、六壬等占卜法式的缔造者。《黄帝太一八门入式诀》卷下以黄帝之口吻称"六丁玉女常自随各有知。若欲使之,各呼其名,自可神验"。《秘藏通玄变化六阴洞微遁甲真经》说九天玄女送《遁甲符经》三卷予黄帝,"上卷乃神仙炼丹抱一之术,说长生之法"。

可见黄帝不但为道教的形成提供了"道旨""道论",还为道教成仙方法做了探索和研究,从而构成了道教的"道术"。

以上三方面说明黄帝在道教的创立方面确实功不可没,探讨黄帝与道教的关系有着重大的理论和现实意义。

四 黄帝崇拜对于道教的意义

(一)为道教"道旨"提供了信仰的内涵

从黄帝崇拜中提炼出的黄帝精神,如对生命的热爱、长生不老和羽化成仙的追求,为道教信仰充实了其精神内涵。著名道教学者潘雨廷先生在《道教史》中说,老子的道家思想和黄帝的成仙信仰共同构筑了道教的精神内涵。

(二)为道教炼丹和术数的"道术"提供了方法

从道教发展史来看,黄帝的修炼注重炼丹方术,为外丹家之代表;还注重精、气、神的修炼,亦为内丹修炼的代表,从《黄帝内经》中可见一斑;又传承了伏羲八卦的思想,精通各种术数,为道教的形成起了铺垫作用。

(三)为道教的理论构成"道论"提供了依据

黄帝精神推崇大道、道法自然、中和等为中华民族精神的形成起了奠基作用,而这些精神恰巧是道教的基本精神。所以鲁迅先生说"中国根柢全在道教,以此读史有多种问题可迎刃而解";"中国人憎和尚、憎尼姑、憎回教徒、憎耶教徒而不憎道士,懂得此理者懂得中国大半"。日本的研究道教五十余年的窪德忠在其《道教入门》的序中说:"我认为研究中国人的最有效的手段是研究中国固有的道教。"

(四)为天师道名称提供了来源

目前,道教有正一和全真两大派。正一派的前身是五斗米道,起源于四川青城山和鹤鸣山,张道陵为该派的创始人。后来五斗米道又称天师道，而天师道之名也与黄帝有很大关系。《庄子·杂篇·徐无鬼》中说，黄帝至于襄城之野，适遇牧马童子，遂问治理天下的道理，童子答以"无事"，"亦去其害马者而已"，于是"黄帝再拜稽首，称天师而退"。全真道侧重于性命双修和精气神的修炼，这些都可以在托名于黄帝的《黄帝内经》中找到根据。

（五）为儒道二教的融合提供了理论范例

道教崇尚与祭拜黄帝既是中华民族对祖先饮水思源感恩的结果，也是民族精神的凝聚力所在。所以，早期道教之黄帝信仰含有祖先崇拜的成分。黄帝在道教祭拜仪式中成为祖先信仰的一面旗帜。道教文献中冠以"黄帝"之名的经书不胜枚举，如《广黄帝本行纪》《黄帝八十一难经》《黄帝内经素问灵枢略》《黄帝阴符经》《黄帝龙首经》《黄帝九鼎神丹经诀》《黄帝太一八门入式秘诀》《轩辕黄帝水经药法》《黄帝宅经》等。这些著作冠以黄帝之名，都反映出道教关于祖先崇拜的心理特征。其中的《广黄帝本行纪》是唐代的道教著作，记载了黄帝如何问道求仙的故事，字里行间流露出民族祖先崇拜的情怀；作者在书的末尾还特别追溯了黄帝之后的姓氏源流，谓"黄帝子孙各得姓于事，帝吹律定姓者十二"，又称黄帝之子各封一国，"总三十三氏，出黄帝之后，子孙相承凡一千二百五十年"，姓氏源流的追溯反映了仙道文化本来就有相当深厚的祭祀祖先的文化内涵，也说明了儒道本来是一家的思想特色。儒家的孝的含义有三，即生事之以礼、死葬之以礼、祭之以礼；其中的"祭之以礼"明显地体现了儒道崇拜的合一与不可分割的关系。著名仙学家陈撄宁在政协全国委员会三届三次会议上还说："道教是汉族自己的宗教，他没有世界性，在国际性不发生重大关系。"《复兴道教计划书》中又说："道教发源于始祖轩辕黄帝，集成于道祖太上老君。""吾辈既属炎黄子孙，对于此种宗教，当然要特别爱护，努力弘扬。"而陈撄宁先生倡导的"道教研究院"内只可供奉黄帝、孔子、老子三圣牌位。民间道教及其神仙谱系之发展，是道教发展的自然演进。而朝廷尊奉黄帝，虽然以神仙修道的形象出现，然而其更深层次的指导思想仍然含有儒家"慎终追远"，"国之大事，在祀与戎"的意识。

（六）为海峡两岸四地的道教文化交流提供了典范

2011年香港飞雁洞和内地七大道观举办了一次大型的斋醮，第一站就是上崆峒山迎请轩辕黄帝銮驾。近年来也有不少港台道众，前来内地宫观受度寻根，这些都体现了道教对于维系同胞情谊和加深文化认同的作用。

（谢路军：中央民族大学教授）

激扬黄帝文化软实力　铸牢中华民族共同体

武伟伟

一　古代黄帝祭祀文化的薪火相传

黄帝时代，华夏文明成就出现"井喷"式的发展，奠定了中华文明的根基，塑造了中华文明的雏形，形成了中华文明长河的源头。每一个在中华文化薰育下成长起来的中华儿女，血液里都流着黄帝所开创的文化基因。正如钱穆所言："黄帝是中国历史上第一个伟人，是奠定中华文明的第一座基石。"[①]

中华民族素有"礼仪之邦"的美称，祭祀作为中国传统政治与文化的重要组成部分，自古以来就被懂礼重礼的中国人世代传承。用祭祀的方式来缅怀祖先、纪念对民族发展做出过杰出贡献的重要历史人物，使之流芳千古，激励后人，是中国传统礼仪文化的一大特色。黄帝作为中华民族公祭的祖先，自古及今多方享祭，香火连绵不绝。

（一）先秦时期

夏、商、周三代，统治者特别注重祖先功德，通常以功德大小作为祭祀选择的标准，因黄帝开创中华文明的卓越历史功勋，受到这一历史时期人们的隆重祭祀。但由于这一时期祭祀兼具天命崇拜和祖先崇拜的宗教观念，黄帝通常以主宰神被作为祭祀的最高神祇。这一时期的黄帝祭祀虽具有祖先的身份，但通常兼具神格。

[①] 钱穆：《黄帝》生活·读书·新知三联书店2004年版。

何炳棣认为:"构成华夏人本主义最主要的制度因素是氏族组织,最主要的信仰因素是祖先崇拜。"① 将黄帝作为华夏族血缘意义上共祖开始祭祀始于春秋战国。这一时期王纲崩殂,诸侯之间征伐不断,人们渴望社会恢复到统一、和平、社会秩序稳定的时代。黄帝败炎帝,杀蚩尤,统一氏族各部落,规范社会秩序,进取统一的历史形象正好符合这一时期诸子百家为了规拟未来统一社会蓝图的心理需求,于是各学派通过研究黄帝丰富自身学说,为结束春秋战国时代的分裂割据战争局面,促进大一统的实现而寻找重要的理论依据。到战国末期,黄帝逐步成为引导人们从战乱走向统一、走向社会和谐稳定的最有力的旗帜。黄帝作为德业辉煌的文明开创者,逐渐超出"古代帝王"的狭域观念,并被后世不断丰富、延续。此后,将黄帝作为中华民族的先祖祭祀一直没有中断,华夏群体的精神基础和社会结构也因此而初步具备,并对以后历代以宗法为内核的家国伦理关系、政治创建产生了深刻地影响。

(二) 秦汉—隋唐时期

从秦王朝扫六合一统天下到唐王朝威盛四海,在千余年的华夏与少数民族的交流交往交融过程中,中国彻底完成了从"万国"到"一统",华夷融合进一步丰富了华夏的概念。经过这一时期的历史演进,黄帝不再只是汉族最主要的血缘先祖,也是整个华夏族的血缘先祖。

黄帝祭祀的演进在这一时期经历了深刻的变化,秦王朝在统一六国之前,就已经开始祭祀黄帝,并将黄帝祭祀纳入最高祭祀系统之中,为统一中国做精神与舆论准备。只是在国家祭祀问题上,秦始皇延续过去秦国对白、青、黄、赤四帝的祭祀传统,而不是单纯的只祭祀黄帝。汉初流行阴阳五德终始说,五帝崇拜逐渐兴起,黄帝作为上天五帝之一被国家祭祀,主要表现为把五帝与节时、五行相配,《淮南子·天文训》将黄帝视为执绳而治四方的中央之地。这一时期的黄帝祭祀适合中国地大物博和农业发达的国情,主要是适应从春秋战国数百年的混战到秦汉数百年的大一统帝国的创建与稳固,政治上看,是王权政治的延伸与中央集权的稳定;经济上看,是古代小农经济在全国范围内的推广与改进;文化上看,是儒家思

---

① 何炳棣:《何炳棣思想制度史论》,中华书局2017年版,第6页。

想取代法家思想的文化价值更替。

但五帝崇拜模糊了至上神的观念,削弱了它的唯一性和权威性,从长远看,不利于中华民族大一统文化价值观念的建设以及中央政权的统一和巩固。魏晋南北朝时期,国家长期分裂与动荡,南北分立政权的统治者为争夺正统地位,都将祭祀黄帝的郊天大典视为天子权力的象征。同时,许多帝王开始到有黄帝遗迹的地方进行祭祀,东晋年间,缙云始设"缙云堂",为南方人民祭礼黄帝的最早建筑物;《魏书·礼志》记载,北魏文成帝拓跋睿和平元年正月,"帝东巡,历桥山,祀黄帝"。

隋唐时期,以黄帝为中心内的天神崇拜和祖先崇拜开始明显地具有国家宗教性质,并逐级延伸到民间,黄帝祭祀朝着更加理性化、礼仪化、世俗化的方向发展。《大唐开元礼》中将国家宗教祭祀分为大中小三层,使之层次分明,同时确定每岁常祀的制度。黄帝祭祀属于头等祭天祭祖的大祀,需预卜祀日,散斋4日,致斋3日;若天子亲祀,则于正殿行致斋之礼。唐玄宗时,敕封"缙云山"为"仙都山","缙云堂"为"黄帝祠宇",并颁布诏令,周围三百里内禁止砍柴打猎捕鱼。从此,黄帝文化"北陵南祠"格局开始形成。

(三)宋元明清时期

宋元时期,国家对黄帝的祭祀与前代相比稍有变化,朝廷规定,对轩辕黄帝每三年祭祀一次。明代朱元璋废除了在祭天时以五方帝从祀的传统,在京师设置历代帝王庙。朱元璋将黄帝祭祀权收归中央,并采纳礼部意见,将上古圣王和汉以下之创业英主和守成贤君一体祭于陵寝,并于洪武六年(1374)建历代帝王庙,在京师实行庙祭。最终建立了三皇、五帝、三王、汉高祖、光武帝、隋文帝、唐太宗、宋太祖、元世祖共十七帝的历代帝王祭祀系统。[1]

满族把握历史机遇建立清王朝而成为中国最高统治者后,也在全国范围内形成"稽中原之古,右汉族之文"的社会风气。从顺治到道光,历代皇帝都十分重视黄帝的祭祀。国家对于黄帝的祭祀沿袭明代,集中在两大项:一项是中央历代帝王庙展祭,多由皇帝主祭,春秋二次祭祀。二项是

---

[1] 李媛:《明代国家祭祀制度研究》,中国社会科学出版社2011年版,第273—274页。

黄帝陵庙致祭，多由皇帝派专员致祭，一般是三年一次，偶有临时祭告。这一时期的黄帝祭祀特别频繁与隆重，与清王朝统治中原的实际相关，通过祭祀黄帝来强化自身统治的合法性，同时，注重笼络汉族士人的情感，满足自身的实际统治需求。但客观来看，这一举措强化了黄帝祭祀的政治与现实意义，减少了黄帝祭祀的神化色彩，增添了一分现实属性。

黄帝作为华夏祖先受到历朝历代王朝的顶礼膜拜，实际上兼具着中华民族血缘先祖与人文始祖双重身份的华夏共祖，这两种身份或两种含义的统一是华夏历史发展的必然结果。

二 近代黄帝祭祀文化的葳蕤蓬勃

（一）辛亥革命时期

晚晴以来，中国在列强的坚船利炮下被迫开启从"天下"国家到民族国家的转型。在这一转型过程中，黄帝符号扮演了极为特殊的角色。革命党人为策动反满革命，将黄帝由中华帝系之首逐渐转化为"中国民族开国之始祖"，"黄帝子孙"成为当时最具号召力的身份认同。1903年，刘师培发表《黄帝纪年论》，宣称"凡一民族，不得不溯其起源"，而黄帝乃"吾四百兆汉族之鼻祖"、"乃制造文明之第一人，而开四千年之化者"、"故欲继黄帝之业，当自用黄帝降生为纪年始"①。在近代中国民族危亡之际，将黄帝重新阐发为整个中华民族的始祖，并以构建中华民族命运共同体进行仪式操演。这一时期黄帝祭祀活动多与中华民族复兴事业相联系，并特别突出黄帝作为中华民族先祖的历史地位，黄帝祭祀成为近现代中华民族共同体意识形成和发展的重要载体。

为进一步推动中华民族觉醒，革命党人通过祭祀黄帝提高汉族士人的认同感，为推翻清王朝统治集聚力量。1908年，陕西同盟会秘密祭扫黄帝陵，祭文中提到："满清政府恣其荒淫，不恤国耻。殷忧之士，义愤填膺。……乃集合同志，密谋方略，誓共驱除鞑虏，光复故物，扫除专制政

---

① 张枬、王忍之编：《辛亥革命前十年间时论选集》（第一卷下），生活·读书·新知三联书店1978年版，第721—722页。

权,建立共和国体,共赴国难,艰巨不辞。"① 在这次密祭的有关宣传中,黄帝不再是官方祭祀和传统历史叙事中的国家正统、帝王世系之源,而是整个中国民族之始祖。换言之,黄帝子孙也不再是尧舜禹汤、唐宗宋祖的天潢贵胄,而是指称整个民族的每一分子。这一切使得黄帝符号成为民族共同体的重要象征。同时祭陵行为也将祭祀的权力由皇室垄断转向民间,并逐渐为民间和现代民族国家所用。

(二) 南京国民政府时期

民国肇建后,为寻求中国的主权统一和领土完整,以所谓的"汉地十八行省"作为中华民族的构成,将满、蒙、回、藏等少数民族排除出中华民族显然已不合适。"五族共和"取代"驱除鞑虏"成为更得人心的口号,中华民族的内涵发生了重大变化。② 孙中山、章太炎等人很快认同梁启超等人将汉、满、蒙、回、藏等中华大地上一切民族融为同一个中华民族的观点,以求得国家的完整统一,黄帝符号以整个中华民族始祖的身份为更多人所接受。于是孙中山先生于 1912 年 3 月亲笔书写了黄帝祭文:"中华开国五千年,神州轩辕自古传,创造指南针,平定蚩尤乱,世界文明,唯有我先。"③ 这篇气势磅礴富有民族自信心和自豪感的祭文传遍五湖四海,增强了全民族团结的力量。

20 世纪 30 年代以来,由于日寇的侵略,中华民族陷入生死存亡的危急关头。在民族危机之中,中国人民对中华民族的认同感和中华民族命运共同体的意识大大增强。在这一历史进程中,黄帝祭祀再次扮演了极为重要的角色。

西安事变和平解决后,中共中央于 1937 年 2 月 10 日致电国民党三中全会,要求"停止一切内战,集中国力,一致对外",并表示"我辈同为黄帝子孙,同为中华民族儿女,国难当前,惟有抛弃一切成见,亲密合作,共同奔赴中华民族最后解放之伟大前程"④。为了团结全国各族人民共

---

① 李学勤、张岂之主编:《炎黄汇编·祭祀卷》,吉林文史出版社 2002 年版,第 405 页。
② 黄兴涛:《重塑中华:近代中国"中华民族"观念研究》,北京师范大学出版社 2017 年版。
③ 徐晓燕:《神州轩辕自古传——公祭轩辕黄帝新典礼侧记》,《两岸关系》2004 年第 5 期。
④ 《中共中央给中国国民党三中全会电》,《新中华报》1937 年 2 月 13 日。

同抗日，1937年的清明节国共两党经协商各派代表共同祭拜轩辕黄帝。中国共产党代表林伯渠，国民政府特派代表孙蔚如，各自携带祭文来到桥山，列队鸣炮致祭，并各自宣读祭文。

其中毛泽东、朱德的祭文：

> 赫赫始祖，吾华肇造，胄衍祀绵，岳峨河浩。聪明睿智，光被遐荒，建此伟业，雄立东方。……各党各界，团结坚固，不论军民，不分贫富。民族阵线，救国良方，四万万众，坚决抵抗。①

中华民国国民政府的祭文：

> 惟帝智周万物，泽被瀛寰。拯群生于涂炭，固国本于金汤。涿鹿征诸侯之兵，辔野成一统之业。干戈以定祸乱，制作以开太平。……默启邦人，同心一德；化灾祲为祥和，跻一世于仁寿。②

自此，黄帝祭祀正式成为标志性的国家仪式，也成为中华民族共同体的重要象征。七七事变发生后一周，国共尚未正式达成合作抗日的协议，朱德为奔赴抗日前线的红军将士题词说："我辈皆黄帝子孙，华族胄裔，生当其时，身负干戈，不能驱逐日本出中国，何以为人！"③ 慷慨陈词中，高举黄帝符号的旗帜以激发全国民众的民族意识。1940年，华侨领袖陈嘉庚为支持抗战事业，率领"南洋华侨回国慰劳视察团"回国。5月31日在赴延安途中，陈嘉庚专门安排了谒祭黄帝的活动，祭毕还向县长和当地学生百余人发表演讲，表示此行"代表南洋千万华侨，回国慰劳考察，鼓励抗战民气"④。

在国家危难的时期，黄帝祭祀开启了国家层面的制度化进程，成为现代民族主义意义上的大型文化仪式与政治仪式统一体。不仅表明"黄帝子

---

① 马平安：《黄帝文化与中华文明》，团结出版社2021年版，第328页。
② 马平安：《黄帝文化与中华文明》，团结出版社2021年版，第328页。
③ 朱德：《朱德军事文选》，解放军出版社1997年版，第256页。
④ 陈嘉庚：《南侨回忆录》，上海三联书店2014年版，第155—156页。

孙"成为包括所有少数民族、海外华人华侨和台港澳同胞等全体中华儿女的共同身份认同，也表明黄帝祭祀成为其表达和增进中华民族共同体意识的重要仪式。

三 新中国成立后黄帝祭祀文化的赓续传承

新中国成立初期，为强化中华民族命运共同体意识，以"黄帝子孙"的共有身份认同对原国民党军政人员、台湾同胞、海外华侨华人等做统一战线的工作。通过黄帝祭祀传达政治主张，动员群众积极参加社会主义革命与建设。多次进行黄帝祭祀活动，1951年黄帝陵祭祀中强调中国历史的成就是"自轩辕黄帝以来中国人民的劳动创造和伟大发明"。

黄帝祭祀曾因历史原因一度中断，改革开放后再度恢复并延续至今。改革开放以来的一段时间里，西方思潮大量涌进，西方的各种节日、习俗等对中国传统文化造成了极大的冲击，中华民族的传统文化及诸多礼仪处于失序状态。为激发人民群众爱国主义精神，早日实现祖国统一大业，铸牢中华民族共同体逐渐成为一个刻不容缓的时代任务。

缙云黄帝祭祀在铸牢中华民族共同体意识上扮演了重要角色，作为中国南方黄帝祭祀中心和中国南方黄帝文化辐射中心、研究中心、展示中心。1998年，缙云重建了盛唐风貌的黄帝祠宇，并恢复祭典，已连续举办了20多年。一年两祭——重阳公祭与清明民祭，弦歌不辍。台胞、侨胞等海内外中华儿女同心祭始祖，诠释了铸牢中华民族共同体意识，凝聚炎黄子孙大团结的主题。以现实的文化形式强化近代以来由黄帝符号所构建的历史叙事，即中华民族由黄帝以来五千年绵延不绝这一由共同体成员所共享的历史文化记忆。

中华民族共同体意识就是各民族共建中华民族、共享中华文化意识，培育中华民族共同体意识就是在不同社会成员之间建构共享的历史文化记忆和共享的现实文化形式，进而凝练出全体社会成员共同遵循的价值共识，为全体社会成员生成共有国家认同打下情感和心理基础。大卫·贝尔在其关于法国民族形成史的著作中所说："伟人崇拜存在于一个民族之中……在所有的媒介中，伟人崇拜都不懈地表达其教导性和爱国主义的品格。"① 从这个意义上说，黄帝祭祀作为一个现代仪式，自 20 世纪 30 年代"重新发明"以来已近百年，不仅在过去为铸牢中华民族共同体意识作出巨大贡献，在今天仍有其重大现实意义。

四 浙江共同富裕示范区与缙云黄帝祭祀文化的共生共长

党的十九届五中全会提出"扎实推动共同富裕"，"十四五"规划纲要提出，要支持浙江高质量发展建设共同富裕示范区，这是党中央、国务院对浙江省的信任和重托，将成为浙江省"重要窗口"建设的新亮点。浙江共同富裕既是为中国新时代共同富裕提供经验与借鉴，同时也是为世界打造十亿级以上共同富裕的样板。因此，浙江的共同富裕改革，不仅仅是国内共同富裕的先行地，同时也是世界性窗口。

要早日实现高质量发展共同富裕示范区的光荣使命，妥善解决当前浙江省域内城乡、区域和阶层之间的收入差距问题，不仅要靠顶层设计来解决全省一体协同、区域互融互通互促的交流发展模式，更多时需要基层自身寻找新契机、打造新平台、把握新机遇，努力寻找创新型、可持续的经济增长点，实现自身跨越式高质量的稳定发展。

2021 年 7 月 20 日，经"国清组"批复，同意中国仙都祭祀轩辕黄帝大典主办单位变更为浙江省人民政府。"仙都祭祀轩辕黄帝大典"规格的提升，为浙江省的共同富裕改革提供了新的平台，也为缙云的发展提供了良好的契机。"仙都祭祀轩辕黄帝大典"作为连接浙北与浙西南的精神纽带，将有效贯通浙江南北的物质文化联系，为缙云打造立足浙江，辐射东南，放眼全国的文化辐射圈提供了良好的战略支撑，为铸牢中华民族共同体意识和赋能革命老区共同富裕先行示范区创建做出新的更大贡献。

---

① ［英］大卫·贝尔：《发明民族主义：法国的民族崇拜（1680—1800）》，成沅一译，浙江大学出版社 2020 年版，第 207、204 页。

以仙都黄帝祭典为核心,聚焦黄帝文化,深化黄帝文化研究,转化黄帝文化价值,物化黄帝文化产业链,把黄帝文化保护好、传承好、弘扬好、利用好,打造成为代表缙云形象、体现东方智慧、具有世界影响的文化标识,全方位、多角度切实推动缙云文化和旅游业高质量发展。当前,缙云已成立黄帝文化研究会,并先后顺利举办五届黄帝文化学术研讨会,为进一步深入挖掘黄帝文化的精神内涵和时代价值,传承中华文脉,坚定文化自信,为全省推进"两个先行"贡献力量。此外,缙云已围绕大众美食、高端民宿、特色茶园、风情小镇等构建了稳固的旅游产品体系,但要更加充分发扬黄帝文化,营造生态缙云,需要进一步拓宽旅游资源、延展文化旅游产业链,还需开发更多诸如千鹦鸟舍这样的科普生态旅游资源,使"绿水青山"真的在缙云人民的手中转换为"金山银山"。

千鹦鸟舍——以鹦鹉观赏、繁殖、研究和科普活动为中心的生态主题类型观光场所

共同富裕既包括物质的极大丰富,也内含精神的极大满足。发展是最好的保护,"仙都祭祀轩辕黄帝大典"所承载的黄帝文化记忆是中华民族共同的文化记忆,为助推缙云经济发展的转型升级和创造新的增长点,祭祀大典所承载的黄帝文化记忆通过文化导入和产业融合为提升缙云人民的

生活质量、探索区域经济社会高质量发展、实现共同富裕探索了一条新路。

　　回望历史可见，将黄帝祭祀活动为代表的黄帝符号再阐释，是在近代以来中国面临"三千年未有之大变局"的历史时刻开端的。今天，我们面对中华民族伟大复兴战略全局和世界百年未有之大变局这"两个大局"，研究黄帝文化的价值，就是要寻根、凝心、铸魂，重在凝聚与激发中华民族的伟大力量，进一步铸牢中华民族共同体意识，加强中华儿女大团结，更好地为实现中华民族的伟大复兴服务。

（武伟伟：缙云中学教师、缙云县黄帝文化研究会会员）

黄帝"万国和"与中华民族共同体架构

徐日辉

西汉的司马迁以历史学家的责任感，高瞻远瞩开篇中华历史，起自黄帝传承文明。《史记》百三十篇之首即《五帝本纪》，五十二万六千五百字首句就是"黄帝者少典之子，姓公孙，名曰轩辕"。以司马迁为代表的史官们以黄帝作为中国第一个国家首领开始序列历史，充分体现出中华民族大一统的历史观与中华民族共同体意识，黄帝之"万国和"则是真实的呈现。

一 黄帝是中华民族的历史认同

中华文明源远流长，炎黄子孙受到全球华人华裔的认同，"但长期以来人们在谈及炎黄文化的地域分布时，'南炎北黄'则成为潜意识概念。事实上南方不仅有炎帝文化，更盛行黄帝文化，以浙江的缙云仙都为代表，不仅是南方黄帝文化的核心区，更是南方黄帝文化的传播中心、研究中心、祭祀中心和祈福中心，尤其以祈福文化为特色，有别于其它地区"①。对于浙江缙云仙都黄帝文化的定位，来自司马迁大一统的观点，他说：

> 维昔黄帝，法天则地，四圣遵序，各成法度；唐尧逊位，虞舜不

---

① 徐日辉：《论国家祭祀缙云轩辕黄帝大典与民族团结的重大意义》，载《黄帝文化 缙云浙江——中国第四届黄帝文化学术研讨会论文集》，中国社会科学出版社2022年版，第118页。

台；厥美帝功，万世载之。作五帝本纪第一。①

司马迁以黄帝为首撰写历史，其核心就在于黄帝建立了与以往不同的国家形态，并且成为后世"遵序"与不可超越的"法度"。所以司马迁称之为"法天则地""万世载之"。

考察中国历史的发展进程，如果以中国一统的政权为标准，则是从夏朝开始的，因为商、周的官方记载就是从早夏起始，一直延续不断。由夏及周、秦发展到司马迁时代脉络非常清楚，他说："学者多称五帝，尚矣。然《尚书》独载尧以来；而《百家》言黄帝，其文不雅驯，荐绅先生难言之。"② 为什么会出现这种情况，饶宗颐先生有个观点值得注意，他认为："古代中国之长篇史诗，几付阙如。其不发达之原因，据我的推测，可能由于：（一）古汉语文篇造句过于简略，（二）不重事态的描写（非 Narrative）。但口头传说，民间保存仍极丰富。"③ 所以，我们推测司马迁接触到的大量的当是民间保存的口传资料，或者是由口传资料整理而成的书籍。今天看来这些资料都是历史构成的一部分，而且是很重要的元素，其中部分已经被考古发现所证实。

黄帝是中华民族的历史认同，作为信史虽然距离我们有些遥远，但传承至今绵延有序。《国语》记载：

> 故有虞氏禘黄帝而祖颛顼，郊尧而宗舜。夏后禘黄帝而祖颛顼，郊鲧而宗禹。商人禘舜（喾）而祖契，郊冥而宗汤。周人禘喾而郊稷，祖文王而宗武王。幕，能帅颛顼者也，有虞氏报焉。杼，能帅禹者也，夏后氏报焉。上甲微，能帅契者也，商人报焉。高圉、大王，能帅稷者也，周人报焉。凡禘、郊、祖、宗、报，此五者国之典祀也。④

---

① 司马迁：《史记·太史公自序》，中华书局2013年版，第3997页。
② 司马迁：《史记·五帝本纪》，中华书局2013年版，第54页。
③ 饶宗颐：《澄心论萃》，上海文艺出版社1996年版，第38页。
④ 徐元诰：《国语集·鲁语上》，中华书局2019年版，第168—171页。

作为语类文献，"传世的《国语》，是汇集各诸侯之'语'而形成的一部重要史书，成功地创设了以记言为主的史书体裁"①。此处主要讲述的是邦国之志，核心在于传承历史赓续文化。正如张政烺先生所言："语之为书既是文献记录，也是教学课本"②，承担着以史为鉴的重要教育功能。汉代人纂辑先秦至秦汉时期的礼学文献所选编的《礼记》，也保留了《国语》的记载："祭法：有虞氏禘黄帝而郊喾，祖颛顼而宗尧；夏后氏亦禘黄帝而郊鲧，祖颛顼而宗禹；殷人禘喾而郊冥，祖契而宗汤。周人禘喾而郊稷，祖文王而宗武王。"③ 国之大事，在祀与戎。在中国古代社会最能展示民族历史渊源的活动便是祭祀，作为活态传承，表现中华民族认同的黄帝的真实历史，也是司马迁写黄帝历史的主要依据，极为珍贵。

中华文明5000多年人尽皆知，落实到具体则取决于对黄帝的认识，特别是以考古发现为基础的中华文明探源工程所获取的巨大成果由传说变成真实。

2018年5月28日国务院新闻办公室发布中华文明探源工程成果，证实"距今5300年前后，中华大地各地区陆续进入了文明阶段"④。考古资料向全世界展示出中华大地5000年文明的光辉历史，为黄帝时代进入文明阶段画上了阶段性句号。"中华文明从距今5000年到4000年期间的各区域文明各自发展、交流共进，转变为由中原王朝引领的一体化新进程。总之，中华文明探源工程展现了中华文明起源发展历程；实证了中华5000多年文明；提出了判断进入文明社会标志的中国方案，为探索世界各地文明起源作出中国学者的贡献；揭示了中华文明的丰富内涵，再现各地文明演进的情景；展现了中华文明起源与发展的脉络——早期中国的形成与发展等。"⑤ 现在每年清明节国家对黄帝的祭祀，从中华民族共同体意识与民族团结国家兴亡的维度考察，真正实践了以司马迁为代表的史官夙愿。

李学勤先生指出："历史传说是我们古史的组成部分，不但我们这样，

---

① 陈其泰：《〈国语〉"记言"史书的成功创设及其丰富内涵》，载《史学理论与史学史学刊》2012年卷（总第10卷），第152页。
② 张政烺：《〈春秋事语〉解题》，载《文物》1977年第1期，第36页。
③ 杨天宇：《礼记译注》，上海古籍出版社2004年版，第599页。
④ 杨阳：《考古实证中华五千年文明》，载《中国社会科学报》2018年5月30日。
⑤ 王巍：《中华文明探源工程及其主要收获》，载《中国民族》2022年第9期，第18页。

世界文明古国都是如此；追溯到一定时期以前都是传说，均有神话色彩因素。炎帝、黄帝的传说，是我们祖先通过他们的认识、记忆、语言记录传递下来，其中有真实的'素地'。"① 事实确实如此，以考古为基础的探源工程充分说明了这一点。

更为重要的是探源工程认为中华文明在起源与早期发展阶段形成的多元一体格局、兼容革新能力，成为其长期生长的起点，从中孕育出的共同文化积淀、心理认同、礼制传统，奠定了中华文明绵延不断发展的基础。

寻根问祖慎终追远，从黄帝序列国史，在很大程度上是史官们从口耳相传的信息中得到启示，核心依然是政治需求。特别是"黄帝作为历史时期的杰出代表，在整个中华民族发展史的长河中，是作为一种认同始祖的文化信息来认识的，是建立在以农业文明为核心的基础之上"②。司马迁为实现"究天人之际，通古今之变"的宗旨，以黄帝开讲中华历史，以历史进程探求发展规律，以规律赞誉国家一统民族和谐。

二 中华民族共同体是历史演进的必然

中华民族共同体历史悠久，可追溯到新石器时代末期，但是中国大地上活动着数量众多的氏族群体，史有万国之称。随着社会的发展，相当一部分群体或被消灭或被融合，逐渐形成了几个大的集团，成为徐旭生先生所划分的："华夏集团""东夷集团"和"苗蛮集团"，而黄帝只是"华夏集团"的首领③。史称："轩辕之时，神农氏世衰。诸侯相侵伐，暴虐百姓，而神农氏弗能征。于是轩辕乃习用干戈，以征不享，诸侯咸来宾从。而蚩尤最为暴，莫能伐。炎帝欲侵陵诸侯，诸侯咸归轩辕。"④ 自《史记·五帝本纪》出，黄帝便逐渐被公认为中华民族的始祖。

毫无疑问，司马迁非常清楚中国的历史不可能只从黄帝开始，在此之

---

① 李学勤：《深入探讨远古历史研究的方法论问题》，载《炎帝·姜炎文化与和谐社会》，三秦出版社 2007 年版，第 2 页。
② 徐日辉：《论渭水流域对中华民族形成的影响》，载《炎帝与汉民族论集》，三秦出版社 2003 年版，第 229—239 页。
③ 徐旭生：《中国古史的传说时代》，文物出版社 1985 年版，第 40 页。
④ 司马迁：《史记·五帝本纪》，中华书局 2013 年版，第 4 页。

前应该有长时间的延续。所以他在黄帝之前就有意识地提到伏羲、神农、炎帝等。但是，司马迁并没有从伏羲、神农、炎帝开始写起，而是选择了黄帝。"司马迁之所以选择黄帝不是心血来潮，更不是个人好恶，是他经过严密的考信和认真调查研究之后，最终决定自黄帝始，体现出中国的历史学从一开始就是以一元论为前提和构架的文化特色，由官方发端、认同、发展、延续。"① 所以，有专家说："最称中华民族'人文始祖'的黄帝，其首创'大一统'观念并最早实践，功在当时，利在后世，遂被增饰放大，乃至移花就木，几乎无美不归，在族统、神统、政统、物统、道统等诸人文主要方面，成唯一提纲挈领、发凡起例、开物成务、率先垂范、作始成统之伟大人物形象。"② 由此可见，司马迁大一统的历史观和中华民族共同体意识对整个历史贡献巨大。

我一直说："历史表明中华民族在漫长的形成过程中，是以华夏族为主体的，因此黄帝从当时华夏氏族或集团的首领，逐步成为有文字记载以来的最具影响力的民族领袖，并由后人逐步提升为'帝'。身为历史时期的杰出代表，黄帝在整个中华民族发展的长河中，是作为一种认同始祖的文化信息来认识的。"③ 我们看到"人们把古代的许多发明创造都附会在他们的身上，在中国的许多地方都有着关于他们的传说和踪迹，这说明民族的共同心理早已使黄、炎超出了他们原来的含义，而成了勤劳、智慧、创造、进取的民族融合体的代称。"④ 今天的研究考察表明，黄帝作为中国国家建设的第一人，毋庸置疑是最初的中华民族共同体的架构，具有强烈的中华民族共同体意识。

从历史发展进程考察，黄帝之所以能够"万国和"诸多部族，核心要素是在农业文明的基础框架之内，构成稳定的社会形态。黄帝之黄，系黄

---

① 徐日辉：《黄帝文化之"三十辐共一毂"探微》，载《黄帝文化与黄河文化研究》，河南人民出版社2022年版，第68页。
② 杜贵晨：《黄帝形象对中国"大一统"历史的贡献》，载《文史哲》2019年第3期，第164页。
③ 徐日辉：《钱穆所论黄帝政治中心的考古印证》，载《浙江工商大学学报》2008年第6期。
④ 张玉勤、张辉杰：《论黄帝、炎帝及华夏文明的起源》，载《山西师大学报》2007年第5期，第72页。

土地的颜色。黄从田，与黄土地密切相关。《说文》曰："黄，地之色也。从田，从炗，炗亦声。炗，古文光。"因此《易·坤卦》称："天玄而地黄。"《史记索隐》案：

  有土德之瑞，土色黄，故称黄帝，犹神农火德王而称炎帝然也。此以黄帝为五帝之首，盖依大戴礼五帝德。又谯周、宋均亦以为然。①

在中国的传统文化中"五行莫贵于土"②。五行配五方，五方之中居中者正是土，所以土有圣人之德，即"土者，五行之中也"③。古人认为"中央，土也，其帝黄帝，其佐后土，执绳而制四方"④。所谓"太皞配木，炎帝配火，黄帝配土，少皞配金，颛顼配水"⑤。由于土地为万物之母，而黄帝又来自于中部的黄土地，所谓中央戊己土，以中央"执绳而制四方"，故黄帝自然而然地被确立在中央核心地位，与大一统的政治理念密切相关。去年出版的《清华大学藏战国竹简（拾壹）》，⑥ 公布了"约4500字的长篇佚籍"《五纪》⑦，其中"简文将'五德'与'青、白、墨、赤、黄'五色对应相配，以'五色'彰显'五德'，这就是'天下之章'"⑧。五色、五行、五方等等，归根到底是要与人配伍，这是中国文化的传统套路，而黄帝则是绕不过去的核心人物。

  中国是传统的农业国家，发展农业离不开土地，早期农业黄土以十分明显的肥力优势于全国之上，最宜于先民们的繁衍生息，黄土考察中国早期农业文明的发展，黄土是农业经济最早开发和最富裕的地区，并且在很长一段时间内处于全国的领先地位。《禹贡》在评价全国土地的特点时指出：

---

① 司马迁：《史记·五帝本纪》，中华书局2013年版，第2页。
② 苏舆：《春秋繁露义证》，中华书局1992年版，第316页。
③ 苏舆：《春秋繁露义证》，中华书局1992年版，第321页。
④ 刘安等著，许匡一译注：《淮南子·天文训》，贵州人民出版社1993年版，第114页。
⑤ 王德明主编：《孔子家语》，广西师范大学出版社1998年版，第280页。
⑥ 清华大学出土文献研究与保护中心编，黄德宽主编：《清华大学藏战国竹简（拾壹）》，中西书局2021年版。
⑦ 马楠：《清华简〈五纪〉篇初识》，载《文物》2021年第9期，第81页。
⑧ 黄德宽：《清华简〈五纪〉篇建构的天人系统》，载《学术界》2022年第2期，第6页。

> 黑水西河惟雍州：弱水既西，泾属渭汭，漆沮既从，沣水攸同。荆、岐旅，终南惇物，至于鸟鼠。原隰底绩，至于猪野。三危既宅，三苗丕叙。厥土惟黄壤，厥田惟上上，厥赋中下。

所谓"厥土惟黄壤，厥田惟上上"，明确指出黄土最宜于农业生产。黄皮肤的中国人是传统的农耕民族，而黄土又是中国农业文明的起源地之一，所以，黄土在九州当中被认为是"上上"品，为九州"第一等"，是长期社会实践的结论。已经被距今 8200 年前的甘肃大地湾一期文化遗址中粮食作物黍和油菜籽的发现所证实①。在这片广袤的黄土地上曾经养育了万万千千的中华儿女，有着不可替代的生存作用。

考察表明，黄帝之所以称其"黄"者，实质上就是农业民族的象征②。秦始皇虽然称皇帝以"黄"为"皇"，但是发展到帝王时代最终时，正是以"黄"色成为帝王象征。司马迁《五帝本纪》说黄帝氏族"播百谷草木"等，都反映出黄帝在农业方面的贡献。因此，葛志毅先生认为："黄帝之伟大，不仅仅因其被视为我国种族之所自出，更因其被推为中华民族人文始祖之地位，此可从古代文化史的角度助益申论之。"③ 所以有学者认为"黄即是母"，且与"女性生殖有关"④。还有专家认为："黄帝之为水母大神，一切与水有关的神灵，共工、鲧、禹，也可列入黄帝系神话中；黄帝又为地母大神，一切与土地有关的神灵，共工、后土、禹，也可列入黄帝系神话中。"⑤ 如果从泛生殖的范围讲，黄土、黄河等都是养育中华民族的重要物质资源，从这个意义上讲，黄即是母亲，浇灌大地滋养万民也不为过。既然黄土如此的贵重，黄帝因何来浙江缙云，原因就在于他在构建中华民族共同体的过程中，南方缙云的战略意义就显得十分重要。作为黄帝和谐万邦的有机构成，缙云的地位由此得到提升。

---

① 甘肃省文物考古研究所：《秦安大地湾——新石器时代遗址发掘报告》，文物出版社 2006 年版，第 60 页。
② 徐日辉：《缙云黄帝文化的定位与旅游开发》，载《缙云国际黄帝文化学术研讨会论文集》，山西古籍出版社 2005 年版，第 86 页。
③ 葛志毅：《黄帝对上古文明的创制贡献》，载《湖南科技学院学报》2017 年第 3 期。
④ 王增永：《华夏文化源流考》，中国社会科学出版社 2005 年版，第 118、129 页。
⑤ 陆思贤：《神话考古》，文物出版社 1995 年版，第 205—206 页。

三　良渚文化为黄帝架构中华民族共同体在南方缙云的重要支点

从中华民族共同体发展的历史进程考察，大体可分为六个阶段，其中第二阶段正是以黄帝协和万邦为代表的中华民族共同体的架构时期。中华文明探源工程的"研究证实，从距今5300年前后开始，包括长江、黄河和西辽河流域在内的广大地区，渐次进入文明社会。各地区密切互动，形成'多元一体'的'中国交互作用圈'，奠定了中华文明起源的基础。包括良渚、凌家滩、牛河梁、石家河、石峁、陶寺、二里头等都邑性遗址在内的数十处核心遗址的考古新发现，实证了中华文明具有五千多年的历史"[①]。特别是浙江的良渚文化。

良渚文化作为探源工程的考古依据，其年代大体与五帝时期相当，而繁荣的时间段与黄帝处于同一时期。由此可见，中华文明探源工程离不开良渚文化，探讨黄帝对中华文明探源工程构建，尤其在浙江更是离不开良渚文化。因为"中华文明探源工程确定了四个最重要的区域性中心性遗址：浙江良渚遗址、陕西石峁遗址、山西陶寺遗址和河南二里头遗址。而良渚遗址为探源工程提供了最重要的依据，实证中华文明五千年"[②]。"多元一体"是中国历史发展的主线，也是中华民族共同体意识的不断加强与巩固。

黄帝和谐万邦时期的浙江作为中华民族共同体的重要组成，历史悠久文化绵长，从距今10000—8500年的上山文化、[③] 距今9000年的荷花山遗址等，[④] 大体上可以成为越文化的源头。其中最辉煌的则是科学支撑探源

---

① 陈星灿：《从中华文明探源工程谈文物和文化遗产的保护、管理和利用》，载《中国社会科学报》2022年7月11日，第3版。
② 冯源：《良渚文明后续如何？中原文明为何崛起？首席专家王巍话"中华文明探源工程"》，载《新华社每日电讯》2020年11月20日，第10版。
③ 浙江省文物考古研究所、浦江博物馆：《浙江浦江县上山遗址发掘简报》，载《考古》2007年第9期，第1页。
④ 张枫林、林森：《从龙游荷花山遗址东区的陶器类型谈对上山文化分期的新认识》，载《江汉考古》2021年第1期，第95页。

工程的良渚文化，距今 5000 年前后。

良渚文化是实实在在发生过的历史，并且今天依然可以触摸到他的存在，遂成为目前研究的热点。考古发现证实"良渚古城的占地面积约 100 平方公里"①，核心区为 8 平方千米。"良渚古城略呈圆角长方形，方向呈正南北，南北长 1910 米、东西宽 1770 米，总面积近 300 万平方米。利用凤山、雉山两座自然山丘为其西南角与东北角，城墙总长约 6 公里，宽约 20—150 米……在城内共发现古河道 51 条，河道宽度一般 10—50 米，深度一般 2—4 米，构成完整的纵横交错的水路交通系统，整个良渚古城犹如一座水城。据勘探情况，这些河道以及内外城河绝大多数均为人工开挖而成，总长度达 31562 米。"② 建筑如此巨大的工程，开放式网络状水上交通等，绝非一朝一夕所形成，令人震撼。

现在的问题是，良渚文化分为早中晚三期，其中中期距今 4900 年—4300 年之间。黄帝，一般认为在距今 4500 年左右，上述良渚文化的时间段大体与黄帝时期相当。因此，对于良渚的社会性质的考察就显得十分重要。有专家认为已经进入可以讨论的国家形态："大量考古发现显示，良渚作为一个国家已经具备了可以讨论其形态的成熟条件。不仅精美的玉器、漆器、丝绸、象牙器、陶器，以及高超的木作建筑，意味着良渚的社会分工十分发达，农业和手工制造业之间存在确凿的分工；众多墓葬资料也反映了良渚社会分层十分明显，已经是阶级社会；包括良渚古城和水坝在内的一系列新发现，更是大大丰富了对良渚社会发展状况的认识：良渚拥有高度发达的科学技术；深彻的社会动员能力和高效的组织管理能力；明确的城乡差别；良渚古城与周围广大地区结成了不可分割的经济体；良渚社会存在武力、暴力；其宗教信仰还具有明显的一神教特点。因此，各项发现皆明确指向了良渚古城内存在一个强制性的公共权力，也即良渚的国家性质；经过人为精心规划设计的良渚古城，在建设过程中完成了宗教信仰的神格化，用以凝聚和管理良渚社会；整个良渚社会确实存在一个以

---

① 赵晔：《良渚：中国早期文明的典范》，载《南方文物》2018 年第 1 期，第 72 页。
② 刘斌、王宁远、陈明辉、朱叶菲：《良渚：神王之国》，载《中国文化遗产》2017 年第 3 期，第 9—10 页。

良渚古城为中心的'中央'联系各'地方'中心的网络结构。"① 当然，这里的范围是有限的，大体以环太湖流域及浙、沪、江、皖等部分地区为主体。所以，黄帝和谐万邦，南方的缙云自在范围之内，史称普天之下莫非王土，率土之滨莫非王臣。黄帝深入缙云在南方开拓发展的可信记录，与良渚文化究竟是何种关系，值得深入研究。

黄帝构建中华民族共同体，已经被中华文明探源工程所证实，如果承认缙云在黄帝领导的范围之内，那么，与良渚文化发生关系是无法避免的事实。然而，由于没有文献的记载，至今仍是空白点。不过，从历史文献的记载当中，亦可爬梳出蛛丝马迹。《史记·五帝本纪》记载黄帝：

> 东至于海，登丸山，及岱宗。西至于空桐，登鸡头。南至于江，登熊、湘。北逐荤粥，合符釜山，而邑于涿鹿之阿。置左右大监，监于万国。万国和，而鬼神山川封禅与为多焉。

丸山在今山东临朐，距莱州湾80千米，岱山在泰安；空桐又作空峒、崆峒，在甘肃平凉；鸡头山又作空桐山，系一山两名；江，长江；荤粥，即是獯狁，秦汉间的匈奴。釜山，一说在今河北省怀来县境；一说在今涿鹿县东，按釜又为䰛，䰛系古量器，䰛山即黄帝时烧制陶量器的地方②，即今河北涿鹿县的矾山镇一带地。凡此等等，正是黄帝与祖国各地不同部族的万邦和谐的真实记录。

上述记载黄帝"东至于海"的海，就与浙江相关，《禹贡》记载"淮海维扬州"，扬州在《禹贡》中属于东南地区，包括长江下游的江、浙、闽、赣、皖以及部分海岛在内，其面积远远超过冀、青、兖、徐诸州。上博简《容成氏》记载："禹乃通三江五湖，东注之海，于是乎荆州、扬州始可处也。"③ 此处虽然讲的是大禹时期的时期，延续性考量，当与五帝

---

① 赵辉：《良渚的国家形态》，载《中国文化遗产》2017年第3期，第22页。
② 曲辰：《轩辕黄帝史迹之谜》，中国社会科学出版社1998年版，第195页。
③ 陈剑：《上博简〈容成氏〉的竹简拼合与编连问题小议》，载《上博馆藏战国楚简书研究续编》，上海书店出版社2004年版，第329页。

时期的活动范围，包括黄帝的足迹在内。

另外，还有出土文献记载，黄帝建邦立国"始有树邦，始有王公。四荒、四尤、四柱、四唯、群祇、万貌焉始相之"①。简文是说黄帝有天下之后，得到四方首领的支持。又《清华简·为政之道》称："昔黄帝方四面"，"四佐是谓"②。四佐，即四方。《尚书》记载："唐虞稽古，建官惟百。内有百揆四岳，外有州牧侯伯。庶政惟和，万国咸宁。"③ 正因为黄帝得到四方诸侯等的拥护，成为构建中华民族共同体的基础。

将历史文献与出土简牍并联起来考察，黄帝到缙云的史迹之所以成为人们难忘的记忆，可得到合理的解释。当然，《史记》记载的珍贵性毋庸置疑。其《封禅书》记载：

> 黄帝采首山铜，铸鼎于荆山下。鼎既成，有龙垂胡髯下迎黄帝。黄帝上骑，群臣后宫从上者七十余人，龙乃上去。余小臣不得上，乃悉持龙髯，龙髯拔，堕，堕黄帝之弓。百姓仰望黄帝既上天，乃抱其弓与胡髯号，故后世因名其处曰鼎湖，其弓曰乌号。

缙云之所以被称为仙都，来源于黄帝在此升天的故事，得益于司马迁的实录。他说："黄帝时万诸侯，而神灵之封居七千。天下名山八，而三在蛮夷，五在中国。中国华山、首山、太室、泰山、东莱，此五山黄帝之所常游，与神会。黄帝且战且学仙。"④ 黄帝在"万国和"的过程中，尤其关注各地的生产生活与人居环境，考察最理想的归属之地。因为"龙山时代（5.0—4.5KaBP）气候并非一直处于传统上所认为的暖期，而是可以细分为龙山早期暖期（5.0—4.5KaBP）、龙山中晚期冷期（4.5—4.0KaBP），以及龙山末期降温事件（4.2—4.0KaBP）。这些气候特征阶段和气候突变

---

① 程浩：《清华简〈五纪〉中的黄帝故事》，载《文物》2021年第9期，第91页。
② 清华大学出土文献研究与保护中心编，黄德宽主编：《清华大学藏战国竹简（玖）》第126页，中西书局2019年版。
③ 孔安国传，孔颖达正义：《尚书正义》，北京大学出版社1999年版，第482页。
④ 司马迁：《史记·封禅书》，中华书局2013年版，第1641页。

事件与世界其他许多地区表现一致，一些气候变化呈现出至少北半球特征"①。所以，黄帝选择缙云作为最后的成仙得道之地，原因就在于风景如画的环境和温润的气候。

司马迁读万卷书行万里路，黄帝是他考察的核心。司马迁循着黄帝在祖国山水的行踪，做了大量的田野考察，从而得出令后人折服的结论。他说：

  余尝西至空峒，北过涿鹿，东渐于海，南浮江淮矣，长老皆各往往称黄帝、尧、舜之处，风教固殊焉，总之不离古文者近事。②

黄帝是信史，有着真实的历史核心。正因为黄帝致力于"万国和"的中华民族共同体构建，所以今天全国好多地方都留有黄帝的事迹和众多的故事传说。依照司马迁考察的结果和记载，黄帝曾经达到今天的浙江一带，所以才留下缙云的黄帝故事。其中缙云著名的龙须草，正是司马迁田野调查的结果。

龙须草，又名龙须、龙修、龙华、龙珠、悬莞、草续断、缙云草等，属于草部。所谓缙云草者，李时珍释曰："缙云，县名，属今初州，仙都山产此草，因以名之。"③ 因此，浙江的缙云作为祖国东南地区的黄帝仙都与陕西黄陵形成了南祠祈福北陵祭祀的历史格局，而且是香火鼎盛绵长无穷。

司马迁在《五帝本纪》中对黄帝事迹的记载，虽然仅仅456字，内容却相当的丰富，作为司马迁所能知道的全部，包括他自己的考察补充，内容涉及从新石器时代到文明社会的重大转折，以及黄帝与神农氏、黄帝与蚩尤等相互之间的历史状态。面对错综复杂的历史背景，司马迁则突出黄帝建立规矩一统"万国和"的历史功绩。

---

① 吴文祥、房茜、葛全胜：《中国龙山时代（5.0—4.5KaBP）气候变化》，载《海洋地质与第四纪地质》2013年第6期，第133页。
② 司马迁：《史记·五帝本纪赞》，中华书局2013年版，第54页。
③ 李时珍编纂，刘衡如、刘山永校注：《本草纲目》，华夏出版社1998年版，第699页。

黄帝架构中华民族共同体有着丰富的实践，他曾经西巡空桐山，就民生问计于有道的广成子："黄帝立为天子十九年，令行天下，闻广成子在于空桐之山，故往见之。曰：'我闻吾子达于至道，敢问至道之精。吾欲取天地精，以佐五谷，以养民人'。"① 空桐，即甘肃崆峒山。用现在的话讲，就是说黄帝位十九年，已经令行天下，开始寻求发展大计，亲自前往远在西北崆峒山的广成子，求教发展农业的好方法，助力五谷丰登，以饱养天下百姓，为民祈求更多的幸福。实际上是黄帝通过发展农业与西北各部建立和谐的大一统整体。

学界认为："早期中国文明发展的物化形态主要是标示血缘性内聚化聚落的社会、文化需求，即与祖先神崇拜、世俗化王权等政治、宗教、社会因素相适应的物化形式，如大型城垣、大型祭坛遗址、宗庙、王墓及成组、成套的祭祀礼器等。通过这些标志物的不同构成，我们可以判断早期中国文明的演进路径及其特殊性。"② 从中国历史进程考察，"多元一体"和中华民族共同体的发展是主线，是社会发展向上的必然。

结　语

"历史也是故事，尤其对于广大民众而言，相信传说故事超过真实的历史，尽管传说故事很难与数字化时代无缝对接。"但是，并不会削弱我们对黄帝的影响，恰恰相反，正因为有了诸多的故事传说，才使黄帝的形象高大丰满、流传百世。

翻开中国历史，统一意志始终贯串穿着中华文明。黄帝对于中华民族共同体的架构，对于中华文明起着十分重要的作用，其影响之大早已经被全球的华人所公认。从人类学考察，作为黄帝文化的祭祀与祈福民俗，表明南北方在祭祀黄帝时有着相同的仪式和相同的文化表现以及相同的民俗。

缙云作为南方黄帝文化的传播中心，其黄帝祠宇正是凝聚华夏民族团

---

① 郭象注，成玄英疏：《庄子注疏·在宥》，中华书局2011年版，第207页。
② 李禹阶：《文明与早期中国文明》，载《中国史研究动态》2022年第1期，第27页。

结的总祠堂,是古往今来祭祀祈福黄帝的重要思源地。继续黄帝架构的中华民族共同体,必须像石榴籽一样紧紧抱在一起,必须铸牢中华民族共同体意识,这个意识是国家层面最高的社会归属感、面向世界的政治归属感。

(徐日辉:浙江工商大学教授、中国旅游文献研究所原所长)

黄帝传说与中华民族认同的形成谫论

程 勇

中华民族是以汉族为凝聚核心、多元统一的命运共同体和文化共同体。在近代以来获得基于公民权利的国民民族（State-Nation，国族）的规定前，中华民族始终是一个文化民族（Cultural Nation）。文化定义了中国和中国人，文化认同是推动中华民族共同体形成的重要力量，而中华文化有自成系统的源生性的观念、符号和表意模式。在中华民族的象征符号系统中，黄帝是首屈一指也可能是最伟大的一个。讲述他的故事的传说/神话，刻印着上古中国的历史记忆，隐喻了中国文化的核心观念和信仰。随着黄帝传说/神话的持续传播，这些记忆、观念和信仰也不断被普遍化，构成了中华民族文化认同建构的基石。

一 黄帝传说之史影

康有为说"三代以上茫昧无稽"[①]，然而，20世纪特别是新中国的考古发现，为重构中国的上古史提供了有力的证据。三代以上的中国并非无可稽考，而传世文献所说的五帝时代也并非纯然虚构，尽管其层累形成的印记宛然可辨。

提出中国文明起源"满天星斗说"的苏秉琦先生认为，考古发现正日渐清晰地揭示出古史传说中五帝活动的背景。五帝时代以距今5000年为界

---

① 康有为：《孔子改制考》，见《康有为全集》第三集，中国人民大学出版社2007年版，第147页。

可以分为前后两大阶段,以黄帝为代表的前半段主要活动中心在燕山南北,红山文化的时空框架,可以与之对应。五帝时代后半段的代表是尧舜禹,是洪水与治水。① 中国古文化有两个重要区系:一个是源于渭河流域的仰韶文化,一个是源于大凌河流域的红山文化。它们都有自己的根(祖先)、自己的标志。两者出现或形成的时间约当距今六七千年间,都是从自己的祖先衍生或裂变出来的。仰韶文化的一种标志是玫瑰花(包括枝、叶、蕾、冠或仅花冠),而红山文化的一种标志是龙或仅龙鳞。华(花)和龙最早分别出现在距今六七千年间的华山脚下和燕山之北,而两者的根(祖先)的成长时间则在距今七八千年间。②

这些重要观点,是从考古学角度、依托坚实的考古材料提出的,但与历史传说可以相互印证。这样看黄帝传说,可以确定其中的史实,与苏先生所说五帝时代的上限是仰韶时代后期、下限是龙山时代有契合。《越绝书》说:"黄帝之时,以玉为兵"。"玉"是"石之美者"(《说文解字》),也可理解为精细加工的石器,意指黄帝时处新石器时代。《史记·五帝本纪》《三代世表》说黄帝姓公孙,名轩辕,号有熊。按杨向奎先生的解释:黄帝号玄鼋(轩辕),又号有熊,有熊是炎帝后裔族徽。炎黄两系合流后,遂有黄帝之双号,而《天问》中之"焉有虬龙,负熊以游","虬"即"玄鼋"。③ 再看《山海经·海外西经》说:"轩辕之国,在此穷山之际,其不寿者八百岁……人面蛇身,尾交首上","穷山在其北,不敢西射,畏轩辕之丘。在轩辕国北。其丘方,四蛇相绕",《大荒东经》说:"东海之渚中,有神,人面鸟身,珥两黄蛇,践两黄蛇,名曰禺䝞。黄帝生禺䝞,禺䝞生禺京。禺京处北海,禺䝞处东海,是为海神","虬""蛇"都是龙。轩辕之丘当是祭祀黄帝之坛(梁玉绳《史记志疑》认为,轩辕之丘是因黄帝得名),禺䝞是黄帝子孙,可知黄帝一族是以龙为族徽。不仅如此,根据雷广臻先生的研究,中国古文献记载的黄帝图腾(熊、龙、龟、云、

---

① 苏秉琦:《重建中国古史的远古时代》,见《苏秉琦文集》(三),文物出版社2009年版,第166页。
② 苏秉琦:《华人·龙的传人·中国人》,见《苏秉琦文集》(三),文物出版社2009年版,第127页。
③ 杨向奎:《大一统与儒家思想》,中国友谊出版公司1989年版,第200页。

鸟等），均有红山文化玉器与之对应。① 与黄帝对应的考古文化，应当就是以龙为标志之一的红山文化。

苏秉琦先生还提出，距今五六千年间，花与龙开始结合。两者真正结合到一起的证据，发现在大凌河上游的凌源、建平、喀左（辽宁省西部地区）一带，时间不晚于距今五千年间。那里发现的红山文化后期的祭坛、女神庙和积石冢群，含有玉雕猪龙、玉雕玫瑰、玫瑰图案彩陶筒座与彩陶盆的巧妙结合。② 这可与炎黄族群融合的传说建立对应关系。《国语·晋语》说："昔少典娶于有蟜氏，生黄帝、炎帝。黄帝以姬水成，炎帝以姜水成。成而异德，故黄帝为姬，炎帝为姜。"少典亦号有熊，可知黄帝、炎帝同出一族，有共享的文化源头，"成而异德"则是族群和文化的分化。对此，徐旭生先生提出，炎帝及黄帝的氏族最早居于陕西，此后一部分逐渐东移。黄帝氏族东迁的路线偏北；他们大约顺北洛水南下，到今大荔、朝邑一带，东渡黄河，循中条山及太行山边逐渐向东北走。山西南部诸姬姓国家的分布，芮、骊戎、鲜虞、蓟的建国，或者可以指示黄帝氏族东迁时的路线。炎帝氏族也有一部分向东迁移。他们的路途大约顺渭水东下，再顺黄河南岸向东。因为路线偏南，所以他们的建国有同苗蛮集团犬牙相错的地方。③ 其后，《逸周书·尝麦》说"蚩尤乃逐帝，争于涿鹿之阿，九隅无遗。赤帝大慑，乃说于黄帝，执蚩尤"，《史记·五帝本纪》说"炎帝欲侵陵诸侯，诸侯咸归轩辕。轩辕乃修德振兵，治五气，艺五种，抚万民，度四方，教熊罴貔貅䝙虎，以与炎帝战于版泉之野，三战然后得其志"，《拾遗记》说黄帝"去蚩尤之凶，迁其民善者于邹屠之地，迁恶者于有北之乡"，炎黄二族由同盟而敌对，最终以黄帝族为主，实现了族群和文化的融合，按杨向奎先生的说法就是"炎、黄两系逐渐变作以黄帝为大宗的体系"④。

大概可以这样认为，黄帝族和炎帝族在族群和文化上系出同源。从仰

---

① 雷广臻：《红山文化玉器蕴藏着黄帝及龙凤文化信息》，《理论界》2012年第1期。
② 苏秉琦：《华人·龙的传人·中国人》，见《苏秉琦文集》（三），文物出版社2009年版，第127页。
③ 徐旭生：《中国古史的传说时代》，文物出版社1985年版，第44—46页。
④ 杨向奎：《哲学与科学》，山东大学出版社1997年版，第16页。

韶时代早期到晚期，属于苏秉琦先生所说文化的裂变，炎帝族发展到庙底沟文化，黄帝族则在向北迁移后，发展到红山文化。《史记·五帝本纪》说："天下有不顺者，黄帝从而征之，平者去之，披山通道，未尝宁居。东至于海，登九山及岱宗。西至于空桐，登鸡头。南至于江，登熊湘。北逐荤粥，合符釜山，而邑于涿鹿之阿。迁徙往来无常处，以师兵为营卫"，黄帝依托强大的军事力量，通过长期征战，结束了部落间的冲突，实现了族群和文化的大融合，从此前的游牧生活为主转向农耕生活为主，开始从石器时代转向金石并用时代。农耕技术是学习炎帝族，冶铜制器技术可能是学习蚩尤族（或说属于东夷族，或说属于炎帝一族）。《龙鱼河图》说："蚩尤兄弟八十一人……铜头铁额……造立兵杖刀戟大弩"，"铜头铁额"大概是铜制面具。《管子》说"葛庐之山发而出水，金从之，蚩尤受而制之以为剑铠矛戟，是岁相兼者诸侯九。雍狐之山发而出水，金从之，蚩尤受而制之以为雍狐之戟芮戈，是岁相兼者诸侯十二"，蚩尤族作乱，威逼诸侯，严重危及炎帝之共主地位，是因其率先掌握了制作犀利的金属兵器的技术。《史记·孝武本纪》中方士公孙卿说"黄帝采首山铜，铸鼎荆山下"，"首山"是中条山，说黄帝铸鼎不可信，但说当时已有采铜铸铜的初步知识，大概可信。《古今注》说"黄帝与蚩尤战于涿鹿之野，常有五色云气、金枝玉叶止于帝上，有花葩之象，故因而作华盖"，黄帝族徽为龙，今又有花葩之象，正是龙与花的结合，也是黄帝取炎帝而代之的兆祥。其后再发展到二里头时代，距今3800—3500年，炎黄融合的最终成果是出现了具有强势辐射态势的二里头文化，是又一次的从量变到质变。其重大意义在于，二里头时代的二里头都邑，就是当时的"中央之邦"；二里头文化所处的洛阳盆地乃至中原地区，就是最早的"中国"。①

二 民族谱系和民族志的书写

布理恩·汉德森认为："神话的作用——其出自实际冲突的建构与其对接受者的冲击力——始终联系着讲述神话的时代，而不是神话所讲述的

---

① 许宏：《最早的中国》，科学出版社2009年版，第15页。

时代。"① 本尼迪克特·安德森认为：民族"是一种想象的共同体"，"它是想象的，因为即使是最小的民族的成员，也不可能认识他们大多数的同胞，和他们相遇，或者甚至听说过他们，然而，他们相互联结的意象却活在每一位成员的心中"，"民族被想象为一个共同体，因为尽管在每个民族内部可能存在普遍的不平等与剥削，民族总是被设想为一种深刻的，平等的同志爱"②。这对理解黄帝传说与多元一体的中华民族认同的形成来说，是有益的分析框架。对民族身份的想象建构，核心是创造出民族成员"相互联结的意象"，其所涉及的范围虽然相当广泛，但皆旨在创造全体民族成员的一体感，为此甚至需要诉诸神话叙事，以解决难以自圆其说的品质和事实。用民族系谱学的方法解决分散的、事实上并不存在血缘关系的众多种族的一体性，就是一种很典型的神话叙事。相对现实得多的做法，则是以民族志的方式塑造全体民族成员拥有相同的历史传统、文化记忆，经历过相同的荣耀或屈辱时刻，有共同的命运和目标。

上古中国的民族集团，蒙文通先生分为江汉、河洛、海岱，徐旭生先生分作华夏、东夷、苗蛮，其内部的复杂情况以及文化上的表现、各民族集团间的关系及其互动演生等细节，需要更多的考古发现才能证明，但对于中华民族认同建构来说，黄帝是中华民族的系谱学、民族志建构的起点，而最早具有典范意义的书写是《史记》。传世文献表明，黄帝传说的孳蔓和定型是在周秦之际。按费孝通先生的看法，春秋战国的500多年是汉族作为一个民族实体的育成时期，到秦灭六国，统一天下，而告一段落。③ 黄帝传说的构造动力，很大一部分是政治性的，意在以之确立从邦国时代进入王国时代的王朝政权的合法性，或者为夺取政权制造舆论。例如，森安太郎就认为，黄帝传说是由陈奔齐的陈氏（田氏）子孙所作成的，是在自陈奔齐后，陈氏势力强大之际，或者是从田氏齐形成之后，才

---

① ［美］布理恩·汉德森：《〈搜索者〉——一个美国的困境》，戴锦华译，《当代电影》1987年第4期，第68页。
② ［美］本尼迪克特·安德森：《想象的共同体：民族主义的起源与散布》，吴叡人译，上海人民出版社2011年版，第6、7页。
③ 费孝通：《中华民族的多元一体格局》，见《费孝通全集》，内蒙古人民出版社2009年版。

开始发展而成的，黄帝代炎帝的当下表现就是田氏齐取代姜氏齐。① 但对黄帝的认祖归宗，也有族群认同建构上的需要。周秦之际政治、经济、交通、技术等方面的重大变化，使不同地域、文化和族群的人们的接触日益频密，在此过程中，人们试图通过归属于集体的努力而获得稳定而清晰的存在感。同时，也必须注意到，通过确定"我们"与"他们"的不同，而将"我们"所归属的集体与"他们"所归属的集体划分出清晰的边界，以确定与生存相关的所有权利，这对任一集体中的个人的生存和发展都具有至关重要的意义。

可以说，民族认同建构的实质是对本族优越性资格的论证与自我形象的塑造，从谱系学角度看，必然会将之投射到本族的祖先。《五帝本纪》说黄帝"生而神灵，弱而能言，幼而徇齐，长而敦敏，成而聪明"，《帝王世纪》说黄帝"母曰附宝，见大电绕北斗，枢星照四郊，感附宝，孕二十四月，生黄帝于寿丘"，《白虎通》说"黄帝龙颜，得天匡阳，上法中宿，取象文昌"，《鹖子》说"黄帝十岁知神农之非，而改其政"，黄帝的感生、异貌、超能，足以确立以之为始祖的人们在种族上的自我优越感，此正如《圣经》说上帝按照自己的形象创造人类，故人类得以分享上帝之神圣性，而为万物之灵长。同样的论证还有，《白虎通》说"德合天地者称帝"，"黄者，中和之色，自然之性，万世不易。黄帝始作制度，得其中和，万世常存，故称黄帝也"，《吕氏春秋》说"黄帝之时，天先见大螾大蝼，黄帝曰：'土气胜'，土气胜，故其色尚黄，其事则土"，黄帝名号，表明其崇高之德性，是为万世立法，也隐喻着以黄帝为始祖的族群系天选之民，是中央之族，其所居为天下之中——"居天地之中者曰中国"②，其制度得中和之宜，因而具有先天的优越感。

杨向奎先生认为，炎、黄两系的支与流裔可以覆盖中华民族的大多数，而以黄帝为大宗。《国语·晋语》说："凡黄帝之子，二十五宗，其得姓者十四人，为十二姓，姬、酉、祁、己、滕、箴、任、荀（苟）、僖、

---

① ［日］森安太郎：《黄帝的传说——中国古代神话研究》，王孝廉译，时报文化出版企业有限公司1989年版，第185页。
② 石介：《中国论》，见陈植锷点校《徂徕石先生文集》，中华书局1984年版，第112页。

姞、儇、依（衣）是也。唯青阳（玄嚣）与苍林氏同于黄帝，故皆为姬姓。"司马迁说，黄帝生昌意，其孙为帝颛顼；黄帝生玄嚣，其孙为帝喾；黄帝生苗龙，其后为白犬、犬戎；黄帝生苍林，其孙为北狄；黄帝生青阳，其子为少昊。少昊发展出沈、姒、黄、淮夷、赵、江、葛等等，最重要的是秦（司马迁说其始祖女修为颛顼之苗裔孙，但《索隐》认为赵、秦以母族而祖颛顼，非生人之义，秦为嬴姓，当祖少昊）；颛顼发展出曹姓、斟姓等等，最重要的是夏禹（颛顼之孙）；帝喾发展出帝尧（帝喾子）、商汤（其始祖契为帝喾子）、周武王（其始祖弃为帝喾子）、汉高祖（其始祖为尧之庶子），以及狸姓、范氏、摇氏等等。至于虞舜，司马迁亦以之为黄帝苗裔，为高阳六世孙，于尧为玄孙之属。对于政治认同建构而言，这种千世一系的神话叙事是否历史真相，并不重要，重要的是这些被纳入黄帝家谱的人们是否接受这种身份设定、资格论证——哪怕是以假为真，进而将主观上的自我认同转变为客观的族群内部彼此承认的认同实践，这同时也是与族群外部成员自觉区分、划分边界的过程，由此进入某种稳定的社会关系和生活形态，获得作为黄帝子孙而带来的情感和价值意义。很清楚，一定是因为这种认同是能确定无疑地、切实地满足个体利益诉求的身份归属，所以才被坚持下来，才被视为非要不可的东西，而刻意加以强调标榜。

那么，黄帝作为一个象征，对于自我承认为黄帝后裔的人们来说，意味着什么？换言之，加入黄帝的族群，可以得到什么？最为重要的大概是文化，是具有优势地位的核心文化，但还有其他一些不容忽视的利益，例如生存空间和安全保障。这两方面是相互联系的，黄帝用武功消除了内部争斗、外部侵扰（战争频繁而残酷，《新书》说炎黄涿鹿之战血流漂杵，《帝王世纪》说黄帝蚩尤之战凡五十二战），成为天下共主（司马迁说"诸侯咸尊轩辕为天子"），又继续运用强大武力征讨不庭，从而扩大了联盟体的生存空间，各部落成员间相安无事，生活安定。《五帝本纪》说："神农氏之衰，诸侯相侵伐，暴虐百姓，而神农氏弗能征。"《尚书·吕刑》说："蚩尤惟始作乱，延及于平民，罔不寇贼。"《淮南子·览冥》说：黄帝治天下，"使强不掩弱，众不暴寡。人民保命而不夭，岁时孰而不凶；百官正而无私，上下调而无尤；法令明而不暗，辅佐公而不阿。田者不侵畔，渔者不争隈；道不拾遗，市不豫贾；城郭不关，邑无盗贼；鄙旅之人相让以财，狗彘吐菽粟于路而无忿争之心"，这真是一个理想的世界。就事实论，黄帝当日之势力范围（疆域），是以中原为中心，这个东亚大陆的两河流域气候适宜，地势平坦开阔，兼有粟作农业和稻作农业、农耕经济和游牧经济，有很强的环境承载能力、抗压能力，可以容纳密集的人口和都邑；内部交通便利，利于四方人员、文化、技术、货物的交流，对外又相对封闭，利于军事防卫，宜乎黄帝族东迁若干岁月后还要西来，因为这里才是进入文明高级阶段最理想的地方。这对炎黄之外的其他各族同样具有吸引力。

这也就形成了一个将所有部落联盟成员带入其中的叙述体系，他们拥有共同的在神性圣王带领下由乱而治的历史传统和文化记忆，有共同的命运和目标，由此形成一体化的存在感，当中有想象的成分，也有真实的生存经验。对于通过黄帝传说/神话创造中华民族"相互联结的意象"来说，也许浪漫主义诗人诺瓦利斯说得有道理："这个世界必须浪漫化，这样，人们才能找到世界的本意。浪漫化不是别的，就是质的生成。低级的自我通过浪漫化与更高、更完美的自我同一起来。"①

三 黄帝作为人文初祖

文化认同是民族认同建构的核心内容，当中最重要的是文化核心观念。文化核心观念是一个民族成员共同接受并藉以实现相互认同的符码，这些符码构造了共同的世界图景和生活模式，规范所有成员的行为与想象，并从中产生意义，这是较诸血缘、生物性基因更加有力地将全体成员凝聚在一起的纽带。正如塞缪尔·亨廷顿所说："人类群体之间的关键差别是他们的价值观、信仰、体制和社会结构，而不是他们的体形、头形和肤色。"② 这对多元一体的中华民族尤然。

黄帝被称作中华民族的人文初祖，是神话学所说的文化英雄。埃·

---

① ［德］诺瓦利斯：《断片》，转引自刘小枫《诗化哲学》，华东师范大学出版社2007年版，第47页。
② ［美］塞缪尔·亨廷顿：《文明的冲突与世界秩序的重建》，周琪等译，新华出版社2010年版，第21页。

英·梅列金斯基说,文化英雄是"神话人物,他为人类获取或首次制作各种文化器物(火、植物栽培、劳动工具),教人狩猎、手工和技术,制定社会组织、婚丧典章、礼仪节令。由于原始意识中关于自然和文化这两个概念的含混不清(例如把摩擦生火与雷电、日光等自然现象混为一谈),因此文化英雄也参与创世。他填海造地、开辟宇宙、确立昼夜四季、掌管潮汐水旱、创造最初的人类,并给予意识,施以教化,等等"①。作为神话人物的黄帝也具有创世之能力。例如,《淮南子·说林训》说"黄帝生阴阳",《史记·五帝本纪》说"黄帝……旁罗日月星辰",森安太郎据此认为黄帝和宇宙的创世生成有关,黄帝既为阴阳的创生者,那他就是宇宙的始元。②黄帝的文物发明神话包含了一部分真实的史影,大部分则是神化黄帝作为祖先和圣王的附会,有些是荒诞无稽之辞,但也有不少是中国文化核心观念的隐喻,承载着中国民族的政治和宗教信仰、对理想的世界和生活的想象。承认黄帝的人文初祖身份,也就意味着对黄帝神话所隐喻的观念、制度、生活的认同。对此,本文拟在众多黄帝或者黄帝集合的发明中选择下述三项,略作述论。

(一)发明文字,统一命名体系

《荀子·解蔽》说:"好书者众矣,而苍颉者独传者,壹也。"苍颉其人及其创制文字的情况,《淮南子·本经》说:"苍颉作书而天雨粟,鬼夜哭。"《论衡·骨相》说:"苍颉四目,为黄帝史。"《春秋元命苞》说:苍颉"生而能书,及受河图绿字,于是穷天地之变,仰观奎星圆曲之势,俯察龟文鸟羽,山川指掌,而创文字"。所述苍颉之神异绝不可信,但述造字之象形方法、文字发明之重要意义,诚为的论。语言具有本体论意义,而不仅仅是表达经验和情感的工具,而文字之发明,则使语言可以超越时间、地域、族群的限制。在某种意义上可以说,统一的民族语言的创造是一个民族确立其主体性的标志,它在民族成员之间创造出一种内在的心理联系,更意味着一种共同的对世界与自我进行感知和理解的思维模式。一

---

① 转引自冷德熙《超越神话——纬书政治神话研究》,东方出版社1996年版,第116页。
② [日]森安太郎:《黄帝的传说——中国古代神话研究》,王孝廉译,时报文化出版企业有限公司1989年版,第178页。

般认为，殷商甲骨文是成熟的汉字系统，之前一定有一个长期的发展过程，虽然目前的考古成果还不能还原这一过程。汉字的发明使大规模地储存信息、承载思想并大范围地传播成为可能，亦因此使华夏文明的典范性可以普遍化，因此是中华文化圈形成的基石。

《国语·鲁语》记展禽说："黄帝能成命百物，以明民共财"，《礼记·祭法》中"成命"作"正名"，是说黄帝为百物制定名称，而能使民知物，不仅知其名，更知其利害而有所趋避，此即如《左传·宣公三年》记王孙满所说夏"铸鼎象物，百物而为之备，使民知神奸"。这可解释为黄帝用语言创世（神话），也可解释为黄帝用语言为世界赋予意义（哲学）。从历史学的角度，事实可能是，各个部族原本有自己的命名体系，所以百物之名杂乱不一，黄帝在成为天下共主后，统一了不同部族的命名体系，所以才给人以从黄帝开始百物才有适当名称的深刻印象。从语言文字之工具论的角度，黄帝的"正名百物"便利了原属不同族群的人们之间的交流，但从语言文字之本体论角度说，则是建立起一个共同的意义世界，一个感知共同体。如果将"物"字起源解释为象征太阳的金乌与牛宿的相交，起源于冬至时，正当天地阴阳转换的起始，"物"可解作各族之图腾，因为图腾是各族之起始。如此则黄帝之"正名百物"，就可能包含着整理已经混乱的各族图腾的意思。这一工作的非凡性在于，不仅可以从源头上厘清各族之谱系，建立起彼此之间的紧密联系，而且也包含着后世清晰化了的"同姓不婚"之生物学、政治学、伦理学上的意义。

（二）历法的制作与改良

《世本》说："黄帝使羲和占日，常仪占月，臾区占星气，伶伦造律吕，大挠作甲子，隶首作算数。容成综此六术而著调历也。"照此说，黄帝之时，历法大备，与之相关的天文、律历、术数等知识和技术也有相当规模。在古代社会，历法不仅直接关系到农事的安排，也关系着政治生活、日常生活的组织，因此，一个统一的历法意味着一个统一的清晰有序的世界。因此，在中国文化中，律历之学从来不是自然科学，而是天人之学，而制定和颁授历法更是一向被视为天子之事。羲和等人所做的事情，不会始于黄帝。单就炎黄传说论，历法之发明，与农耕文明有关，而炎帝族较早进入农耕生活,则必有其历法。黄帝时代大概是在已有基础上做了改进和提升,当然也有新的发现和发明,但这套历法以及相关的知识、技术、方法等等所具有的优越性,使后世将历法的发明置于黄帝名下。《汉书·律历志》就提到汉初的六种古历,其中之一是《黄帝历》。这些知识和思想后来成为中国文化的重要构成,影响着中国历史的开展和中国人的生活世界的形成。

天人之学的核心观念是天与人的相应相感,这正是中国文化的重要标志。《吕氏春秋·古乐》说:"伶伦自大夏之西,乃之昆仑之阴,取竹于嶰谿之谷,以生空窍厚钧者,断两节间,其长三寸九分,而吹之,以为黄钟之宫,吹曰舍少。次制十二筒,以之昆仑之下,听凤皇之鸣,以别十二律。"《史记·五帝本纪》又说:"黄帝考定星历,建立五行,起消息,正闰余,于是有天地神祇物类之官,是谓五官。"《论语纬·撰考谶》说:"黄帝受地形、象天文以制官。"伶伦作律,黄帝制官,其制作的原则或原理,都暗含着天人合一的观念。与此相关,《淮南子·说林训》说"黄帝生阴阳",《尸子》说"黄帝四面",按叶舒宪先生的解释,黄帝、阴阳、四面的模式,与太极、两仪、四象的模式,存在对应关系,只不过一个是历史化的造物主神神话,一个是哲学化的创世神话。① 可以说,黄帝造物/创世神话隐喻了中国民族关于时间和空间的观念、解释世界和人类社会的模式,如四季十二月、四方或五方、一二四的数字序列等等。这与其他黄帝传说/神话的关联性在于,有了时间的观念和解释模式,才有历法之改进或创制的可能。而有了空间的观念和解释模式,也就可以发明指南车:"蚩尤作大雾,兵士皆迷,于是作指南车以示四方"(《古今注》),也才可能"受命风后,受图割地,布九州,置十二国",划定对中国之疆域的最初想象。

(三) 制礼作乐

《礼纬·含文嘉》说:"礼有三起,礼理起于太一,礼事起于遂皇,礼名起于黄帝。"《吕氏春秋·古乐》说:"黄帝又命伶伦与荣将铸十二钟,以和五音,以施英韶。以仲春之月,乙卯之日,日在奎,始奏之,命之曰

---

① 叶舒宪:《中国神话哲学》,陕西人民出版社2005年版,第236页。

《咸池》。"礼、乐的关系，如果分而论之，则礼主秩序，乐主和谐，如果合而论之，则可以"礼"之一字概括，其原则是和而不同。按《礼纬》所说，黄帝的贡献是为礼制名，然而也是礼的最后完成。据前述对"正名百物"的解释，黄帝为礼制名，既有整顿礼事杂乱局面而趋统一有序之意，也有使名实一致、以名正实之意，二者有内在联系，正与黄帝时期民族和文化的大融合格局相一致。

礼是中国文化的显著特征，中国文化就是礼的文化，中国民族就是礼的民族，中国政治就是礼的政治，中国历史就是礼的历史。[①] 对中国和中华民族的形成来说，礼乐文明是一统天下的理想制度，是大一统的文明，天下一统于礼乐，于是民族之间无境界差别，无种族之分，仅文野之别。[②] 可以说，礼乐贯穿了五千年的中国史，定义了中国民族的性格和形象，是实现中华民族文化认同建构的核心。礼乐的重要性决定了只有圣王才具备制礼作乐的资格，所以《礼记·中庸》才说："虽有其位，苟无其德，不敢作礼乐焉；虽有其德，苟无其位，亦不敢作礼乐焉"，《礼记·乐记》也说："敦乐而无忧，礼备而不偏者，其唯大圣乎"，这就可以明白为什么必须塑造黄帝之礼乐创制的文明业绩。循此思路，可以解释黄帝在衣食住行方面的一些发明，也当与礼制有关。例如，《春秋内事》说："轩辕氏以土德王天下，始有堂庑，高栋深宇，以避风雨"，《拾遗记》说："轩辕始造书契服冕垂衣"，《世本》说："黄帝作旃冕，胡曹所冕，伯余作衣裳，於则作犀履"，这些可能都不仅仅是为实用，而是出自礼制上的考虑，《易·系辞》说黄帝"垂衣裳而天下治"，《三坟·帝皇轩辕氏政典》中说"礼以制情"，就是很好的说明。至于后世儒家概括的礼的重大意义，如《礼记·乐记》所说"礼别异"，《荀子·礼论》所说"制礼义以分之，以养人之欲，给人之求，使欲必不穷乎物，物必不屈于欲"，以及《礼记·礼运》所说"礼之初始诸饮食"命题包含的平均分配生存资源的思想，在古礼制作之时已然隐含着了。这样就可以说，黄帝是第一个以武功统一天下的圣王，也是第一个用礼乐一统天下的圣王，而礼乐创造了一个文采斐然

[①] 柳肃：《礼的精神——礼乐文化与中国政治》，吉林教育出版社1990年版，第1—2页。
[②] 杨向奎：《大一统与儒家思想》，中国友谊出版公司1989年版，第120页。

的人文世界，正是这个世界让不同种族、文化的人们心悦诚服地加入中华民族的大家庭中，支撑着中国的历史绵延数千年而不绝。

文字、历法、礼乐，是构成中国文化之中国性的关键要素，而将其作为黄帝文明业绩的一部分（可能是最重要的部分），既塑造了黄帝作为中华民族人文初祖的崇高形象，也反过来宣布了中国文化的合法性与普遍性，而最大的普遍性意味着最大的可分享性，最终成为建构中华民族认同的基石。

（程勇：浙江工业大学教授）

全面抗战时期黄帝文化在增强
民族凝聚力中的作用探析

——以《申报》相关报道为中心的探讨

刘俊峰

黄帝作为华夏民族的人文始祖，自古以来备受尊崇，华夏族往往自称为炎黄子孙，时至今日，黄帝依然是维系海内外华人的重要精神纽带。民间关于黄帝的传说故事，不可胜数，从古至今黄帝享祀不绝。中华民族在对黄帝的推崇与纪念过程中，形成了独特的黄帝文化，其中凝聚力正是黄帝文化的魅力所在。作为中国优秀传统文化代表之一的黄帝文化，对增强民族凝聚力、向心力，具有极为重要的作用。在全面抗战时期，面对日本帝国主义的侵略，黄帝文化在增强民族凝聚力方面扮演着无法替代的角色。本文试图以《申报》[1]为中心，探讨全面抗战爆发后到1941年年底，黄帝文化在增强民族凝聚力中的作用。本文以《申报》为切入点的原因主要有两点，其一，《申报》是民国时期首屈一指的大报，发行量大，社会影响力大；其二，《申报》非官办报纸，报纸的报道相对客观，能够反映国统区社会大众对黄帝文化的认识。

全面抗战时期，民族危机空前加剧，全民族团结起来一致抗日，成为

---

[1] 1937年11月，上海华埠沦陷后，日本侵略者企图控制该报，《申报》拒绝其新闻检查，于12月14日被迫停刊。1938年1月、3月，汉口版、香港版分别复刊，但汉口版于当年7月停刊，香港版于次年7月停刊。1938年10月10日，《申报》借美商之名在上海租界复刊。1941年底，日军占领上海公共租界，《申报》再次停刊。虽不久复刊，但《申报》成为日本控制的报纸。因此本文探讨的时间段为1937年全面抗战爆发到1941年年底。

时代的呼唤和民族救亡的要求。在此背景下，黄帝文化凸显出重要作用。

一　对黄帝的认同有利于国共两党的团结合作

1937年9月23日，《申报》刊载《中共中央为公布国共合作宣言》的内容，宣言指出，在国难极端严重民族存亡绝续之时，国共两党获得了谅解，而共赴国难了。宣言强调，"中共中央特为我们民族的光明灿烂的前途庆贺。不过我们知道，要把这个民族的光辉前途，变为现实的独立自由幸福的新中国，仍需要全国同胞每一个热血的黄帝子孙，坚忍不拔的努力奋斗。中国共产党愿乘此时机，向全国同胞提出我们奋斗之纪的目标"①。可见，从中国共产党的立场看，国共同为"黄帝子孙"，理应共赴国难，挽救民族危亡。

其实，早在1937年清明节，国共两党在黄陵前共同祭祀过黄帝，中国共产党表达过实现民族团结，一致抗日的愿望。只不过国共合作还未完全实现，国统区的报纸，包括《申报》，因政治环境的限制，未能报道。中国国产党在黄陵祭文中明确表示，特派代表林伯渠前往黄陵参加祭礼的目的是"对中华民族之始祖致敬并表示誓死为抗日救亡之前驱，努力实现民族团结"。

不论怎么说，国共两党于国家民族危亡之际，共祭黄帝，充分说明了黄帝文化影响力之大，凝聚力之强。

国共合作后，《申报》刊登边区的消息明显更趋正面。1937年10月17日，《申报》转发了中央社记者王少桐的新闻报道《今日的朱彭》，报道指出："'红军'为参加民族抗战，已改变了他们的策略，抛弃了他们的红旗，站在三民主义的旗帜下和蒋委员长的领导下，改编成国民革命军的第八路军，开到抗战最前线，已和敌人作战了数次，而且都得到相当胜利。一般人对于过去'红军'作战的耐久性和他们战术上特殊的优点，就是以小牺牲换大胜利的游击战术，都抱着一种热烈的希望，希望他们在这

---

① 《中国共产党宣言精诚团结一致抗敌》，《申报》1937年9月23日，第3版。

次民族抗战中，有更好的表现，为捍卫祖国尽黄帝子孙应有的责任。"① 国民党官方通讯社的报道中强调"捍卫祖国尽黄帝子孙应有的责任"，表明国共两党在对黄帝的认同以及作为黄帝子孙应该承担的责任上存在共识。

二 黄帝文化为国民动员、加强团结提供了精神支持

面对日本帝国主义的入侵，作为当时的中央政府，理应主动承担起抵御外辱的责任。尽管在抗日战争中，国民政府有消极抗战的一面，但不可否认，国民政府在抗战中也发挥了重要作用。尤其是在动员全民团结抗战中，中央政府及国民党有不可替代的作用。从文化的角度看，黄帝文化为国民政府动员民众团结抗战提供了精神支持。

国民政府通过行政力量，动员国民进行抗战。1939年4月17日，《申报》刊登了《国民精神总动员发表告同胞书》的报道，上海市各界国民精神总动员协会总部发表告全市同胞书，号召大家遵守、执行，"方不愧为我黄帝之子孙，中华之儿女"②。在抗战形势日益严峻的情况下，上海市党部发表《告全市同胞书》，称："除了汉奸以外，没有一个黄帝子孙不以全力贡献给国家。由于全国兵心民气之发扬蹈厉，敌人'不战而屈'、'速战速决'、'速和速结'的阴谋迭告失败，泥足日深，国力日竭，而我国的最后胜利，显然已日趋迫近。"③

其实动员的形式也是多种多样的。面对民族矛盾的日益加深，1935年国民政府确定清明节为"民族扫墓节"，以激励全国民众抵御外侮的信心。而在民族扫墓节的活动中，以陕西黄帝陵祭典最为瞩目。1938年4月6日，《申报》汉口版就报道国民政府派员在黄帝陵举行扫墓典礼的情况。④ 1939年清明，国民政府同样举行了祭黄陵大典。⑤ "民族扫墓节"的举行，鼓舞了民众的抗敌斗志。《申报》上就刊登了作者为"尘"的一篇文章，

---

① 王少桐：《今日的朱彭》，《申报》1937年10月17日，第8版。
② 《国民精神总动员发表告同胞书》，《申报》1939年4月17日，第10版。
③ 《市党部告全市同胞书》，《申报》1939年3月29日，第9版。
④ 《民族扫墓礼昨在中部举行》，《申报》（汉口版）1938年4月6日，第1版。
⑤ 《民族扫墓节举行祭黄陵大典》，《申报》1939年4月7日，第4版。

文章指出"在这日骑纵横，烽火遍地的今日，遇此令节，倍觉其意义之伟大。我们为着纪念对于我们民族有大勋劳的圣帝明王，名臣良将，如黄帝，汉武帝，唐太宗，明太祖，岳飞，戚继光等，……以示崇敬。同时，以他们为表率，继承其遗志，保持已往的光荣历史，这是民国二十三年开始举行此项典礼的原意"①。

各级党政机关也参与到动员中来。1939年，国民党中宣部为提高民众抗战意识，制定了抗战春联，分别发各县张贴，其中有一条内容是"是黄帝子孙，不做汉奸，保中华国土，责在吾民"②。

此外，在重要纪念日，从领导人的讲话中，可以看出，黄帝文化为团结民众抗战提供了精神力量。蒋介石在抗战周年纪念日广播演讲《告全国军民》，强调"我们同是黄帝的子孙，当前的命运只有一个，不奋斗，即灭亡，能团结，即有前途……以我们事实的团结、对×人作有力的答复"③。

总之，全面抗战时期，黄帝文化成为国民党及国民政府各机关动员民众团结抗战的精神"武器"。

三　黄帝文化增强了民族认同感与民族团结

在黄帝文化的感召下，华侨和少数民族同胞纷纷投入全面抗战的洪流中来。

在全面抗战背景下，黄帝文化增强了华侨对民族的认同。1940年，南洋华侨慰劳团二十余人，在陈嘉庚的带领下特地祭谒黄帝陵寝、瞻仰重加修葺后的黄帝庙。④ 这反映了侨居海外的华人群体对华夏始祖的崇敬之情，体现出华侨强烈的民族认同感。

正因为华侨有这样的认同，在民族危机面前，华侨通过各种途径为中国抗战贡献力量。在抗战大的历史背景下，华侨抗敌动员会发表告侨胞书，号召华侨"与本总会协助政府抗战建国之宗旨，适相感孚，声应气

---

① 尘：《民族扫墓节》，《申报》1940年3月24日，第15版。
② 《中宣部制定抗战春联》，《申报》1939年1月12日，第10版。
③ 《告全国军民》，《申报》（香港版）1938年7月8日，第2版。
④ 《南侨慰劳团在青献旗》，《申报》1940年6月1日，第6版。

求，推诚合作，相期牺牲奋斗，共济时艰，而国内外硕德洪才、与各界人士亦鉴此丹心，乐予助力，河山历劫，赋禾黍其同伤，薪胆复仇，修戈矛而偕作。本总会于此，盖有感极而慰慰极而奋者，所愿坚同心于金石，勉携手于始终，炎黄之灵，实式凭之"①。从中也可以看出，华侨对黄帝的崇敬。

华侨在助力中国抗战过程中，以炎黄遗胄居之，与全国人民团结一致，共赴国难，也得到了国内媒体的认可。《申报》在1938年年底的一篇报道中，肯定了华侨的贡献。报道称："中国在这决抵抗日本侵略的神圣革命战争中，凡是炎黄遗胄，勿论国内人民或海外侨胞，不分老幼男女，不管党派异同，大家都在尽其全力以为国家牺牲。这种全国团结一致共赴国难的精神，乃是数千年来中国历史上所未有的奇迹！中国之不会为外寇所征服，这种奇迹便是铁一样的保证。"②

在全面抗战时期，蒙古王公祭黄帝陵体现出中华民族大团结的重要意义。《申报》报道："此次图扎萨克由西安返榆途中，曾在中部亲祭黄帝陵，仪式隆重。按蒙古王公致祭黄帝陵者，以图扎萨克为第一人，且图扎萨克系成吉思汗陵寝奉祀之吉农，此决致祭黄帝陵，殊有重大意义云。"③可见，黄帝文化对增强中华民族的凝聚力和感召力发挥了积极作用。

四　黄帝文化激发了民族自豪感、增强了民族自信心

对一个民族而言，尤其是一个历史悠久、文化深厚的民族而言，英雄崇拜展现出巨大的精神凝聚力。英雄人物的伟业、思想、品行，能够激发人民的民族自豪感和认同感。作为中华民族人文始祖的黄帝，就是英雄。

全面抗战爆发后，上海市电台在播送民族英雄故事时，黄帝的故事就是其中的重要内容。④ 与黄帝有关的书籍也得到出版，1938年，《申报》报道了陈鹤琴等编的中国历史故事出版的消息，该书就有黄帝灭蚩尤的故

---

① 《华侨抗×动员会发表告侨胞书》，《申报》1938年9月15日，第4版。
② 《华侨对于抗战的贡献》，《申报》1938年12月29日，第4版。
③ 《伊盟图扎萨克祭黄帝陵》，《申报》1941年9月15日，第4版。
④ 《市电台播送民族英雄故事》，《申报》1937年11月3日，第7版。

事，其目的"以激发民族意识加强救国的信念"①。

从《申报》的报道来看，黄帝的英雄形象主要体现在"御侮"方面，这也与抗战大的背景有关。《申报》曾辟有"历代御侮人物志"一栏，首先推介的就是黄帝轩辕氏，其内容介绍了黄帝打败炎帝，灭蚩尤的故事，并指出"我们都是黄帝的子孙，应该发扬祖宗的武德，起来抵抗强暴，复兴民族啊"②。《申报》刊登的叶仲均的两篇短文《闵外患也》③、《黄帝征蚩尤得最后胜利》④，讲的也是相同道理。

当然，黄帝的英雄形象还体现在他的发明创造上。《申报》刊登过《谁说中国没有发明家》一文，文中就指出"今日航业上不能缺少的指南针，还是几千年前黄帝所发明"⑤。《申报》对黄帝传说的推介，在一定程度上激发了民族自豪感，增强了民族自信心。

在全面抗战的背景下，社会大众对华夏始祖的崇敬，体现出强烈的民族认同和民族自豪感。黄帝文化在特定的历史时期，对增强中华民族的凝聚力发挥了积极作用：对黄帝的认同成为国共两党的团结合作的精神"纽带"；黄帝文化成为国民党及国民政府各机关动员民众团结抗战的精神"武器"；黄帝文化增强了中华民族的凝聚力和感召力；黄帝的英雄形象激发了人民的民族自豪感和认同感。这种民族凝聚力的增强，团结了抗战的力量，增强了中华民族战胜外敌的信心。

（刘俊峰：杭州师范大学历史系副教授）

---

① 《陈鹤琴等编中国历史故事》，《申报》1938 年 11 月 12 日，第 7 版。
② 《黄帝轩辕氏》，《申报》（汉口版）1938 年 4 月 4 日，第 4 版。
③ 叶仲均：《闵外患也》，《申报》1938 年 11 月 2 日，第 13 版。
④ 叶仲均：《黄帝征蚩尤得最后胜利》，《申报》1938 年 11 月 6 日，第 14 版。
⑤ 杨春绿：《谁说中国没有发明家》，《申报》1939 年 11 月 19 日，第 13 版。

从毛泽东《祭黄帝陵文》看当代祭祀轩辕黄帝的价值和意义

柯国明

1937年清明节，毛泽东主席为国共两党共同祭祀黄帝陵起草了《祭黄帝陵文》：

> 维中华民国二十六年四月五日，苏维埃政府主席毛泽东、人民抗日红军总司令朱德敬派代表林祖涵，以鲜花时果之仪致祭于我中华民族始祖轩辕黄帝之陵。而致词曰：赫赫始祖，吾华肇造；胄衍祀绵，岳峨河浩。聪明睿知，光被遐荒；建此伟业，雄立东方。世变沧桑，中更蹉跌；越数千年，强邻蔑德。琉台不守，三韩为墟，辽海燕冀，汉奸何多！以地事敌，敌欲岂足；人执笞绳，我为奴辱。懿维我祖，命世之英，涿鹿奋战，区宇以宁。岂其苗裔，不武如斯，泱泱大国，让其沦胥。东等不才，剑屦俱奋，万里崎岖，为国效命。频年苦斗，备历险夷，匈奴未灭，何以家为。各党各界，团结坚固，不论军民，不分贫富。民族阵线，救国良方，四万万众，坚决抵抗。民主共和，改革内政，亿兆一心，战则必胜。还我河山，卫我国权，此物此志，永矢勿谖。经武整军，昭告列祖，实鉴临之，皇天后土。尚飨。

这篇祭文，是毛泽东主席代表中国共产党发布的号召全民族抗战的宣言书，也是中国共产党及其领导的军民誓为抗日救亡之先驱的"出师表"。祭文起首追述轩辕黄帝的丰功伟绩，阐述中华民族历史悠久，中华文明灿烂辉煌，然后用"世变沧桑"一语，历数日寇侵略，从1894年中日甲午战争以来,日本帝国主义不断发动和扩大对中国的侵略,中华民族正面临着亡国灭种的危险境地,对"汉奸何多""以地事敌"的汉奸和退让行为深表愤慨,并激奋地问:作为有过"涿鹿奋战"神武的黄帝子孙,怎能"如此不武",让国土"沦胥"呢?其激励中国人民自尊自豪的民族感情之情,溢于言表。"东等不才,剑屦俱奋",毛泽东在这里谦逊称自己及战友尽管才能不够,但仍然要为处于危难中的祖国而誓死奋战。接下来,毛泽东一气呵成,叙述了中国共产党及其领导的工农武装,经过二万五千里长征,为的就是救国救民,虽有万般艰难险阻也当在所不惜,奋勇向前。最后,呼吁全国"各党各界",团结一致,组成广泛的抗日民族统一战线,坚决抗击日本侵略者,保卫祖国的领土,捍卫国家的主权。

这篇祭文风格古健朴茂,颂祖责今,强烈地表达了心中的忧愤心情和坚定自信、慷慨凛然的民族豪情。轩辕黄帝是中华民族的人文始祖,更是中华民族精神的象征,整篇祭文响彻着团结抗日的时代强音,具有强烈的爱国主义的感染力,雄壮动人,肃穆奋然,是轩辕黄帝祭文中的经典之作。那么从该篇祭文也可看出当代祭祀轩辕黄帝的价值和意义。

一 传承中华优秀传统文化,弘扬中华民族传统美德

《礼记·祭统》:"凡治人之道,莫急于礼。礼有五经,莫重于祭。"《左传·成公十三年》:"国之大事,在祀与戎。"可见,祭祀是国家的头等大事,是最主要的社会礼仪。

祭祀是百善孝为先的具体行为。"孝"是礼的核心,是传统中国人的"最高道德",《礼记·祭统》:"是故孝子之事亲也,有三道焉:生则养,没则丧,丧毕则祭。养则观其顺也,丧则观其哀也,祭则观其敬而时也。尽此三道者,孝子之行也","祭者教之本也已",祭祀是衡量一个人是否得到教化的根本,尊老敬祖、慎终追远是中华民族传统的美德,祭祀祖先过程中自然而然产生强烈的孝的情感,也只因中华民族有悠久的祭祀祖先的优良传统,才使中华文明连续不断,中华民族生生不息。

祭祀是报答功德的感恩行为。感恩戴德是中华民族的传统美德,刘宝才先生在《黄帝祭祀的民族情感与理性精神》:"古代祭祀的对象有天、

地、祖先，祭祀的目的有祈有报。祈是祈求赐福免祸，报是报答恩德，也就是感恩。"①《礼记》用"报本反始"一语定义祭祀，强调祭祀是为了报答恩德，是为了感恩。《礼记》解释说：天为万物之本，祖先为人之本；"报本"指报答天或者祖先，对天或者祖先感恩；"反始"指返回到生成万物和人类的天和祖先，意思相当于饮水思源、饮水不忘掘井人。轩辕黄帝是中华民族的人文始祖，是中华文明的开拓者和奠基人，德泽千秋，恩及八方，五千年后的今天，轩辕黄帝仍然成为中华民族的精神象征，是中华民族的光辉旗帜，是中华民族历史的光辉旗帜，是中华民族复兴的光辉旗帜②。祭祀始祖轩辕黄帝，就是感恩始祖，报答始祖的恩德，同时通过这样的祭祀，对人们感恩社会、感恩组织、感恩一切感恩的人起到潜移默化的作用，毋庸置疑会极大提高人们的道德水平，促进全社会和谐文明发展。

二　增强民族认同感，筑牢中华民族共同体意识

中华民族是多元一体，作为一个自觉的民族实体，是鸦片战争后中国与西方列强对抗中出现的，但作为一个自在的民族实体则是几千年历史发展形成，其主流是由许许多多分散孤立存在的民族单位，经过接触、混杂、联结和融合，同时也有分裂和消亡，形成一个你来我去、我中有你、你中有我，而又各具个性的多元一体。③

黄帝时期，经过阪泉之战、涿鹿之战，加上各部落的归顺，黄河中下游地区基本形成统一的部落集团。距今三千多年，随着各民族的进一步融合发展，形成了核心——华夏民族。华夏民族吸收融合周边异族，后来被称为汉族，汉族继续不断吸收其他民族的成分而日益壮大，而且渗入其他民族的聚居区，起着凝聚和联系网络的作用，奠定了以这个疆域内许多民族联合成不可分割的统一体的基础，成为一个自在的民族实体，经过民族

---

① 刘宝才：《黄帝祭祀的民族情感与理性精神》，载《缙云黄帝文化研究》，西泠印社出版社2011年，第361页。
② 刘宝才：《黄帝是中华民族的光辉旗帜》，载《缙云黄帝文化研究》，西泠印社出版社2011年，第221页。
③ 费孝通：《中华民族的多元一体格局》，中央民族学院出版社1989年版。

自觉而称为中华民族。①

我国56个民族以汉族为核心的多元一体，相互融合，共同发展，形成了中华民族共同体。维吾尔族、回族、羌族、蒙古族等众多少数民族都以轩辕黄帝为本民族的始祖，世界各地的华人都以中国人自称，这里的"中国人"就是指中华民族，都以"轩辕黄帝"为始祖。祭祀始祖轩辕黄帝，让人们强烈的感受到不管是哪个民族，哪一位华人，无论在何时何方，你都是中国人，你是中华民族共同体的一部分。

增强民族认同，实现祖国完全统一。多年来少数台湾民众深受"台独"思想的影响，而"台独"的根本就是没有认同中华民族共同体，将台湾与大陆隔离，即"一台一中"，"台独"完全偏离了事实，否定了历史，背离了民意。大陆认为"台湾同胞是我们的骨肉天亲，两岸同胞是血浓于水的一家人"②。祭祀始祖，是增强民族认同的最好方式和载体，让更多的台湾同胞来参加祭祖活动，会充分认识到与大陆同胞同根同源同文，海峡两岸一家亲，从而推动祖国的完全统一，实现中华民族的伟大复兴。

三　弘扬黄帝精神，凝聚中国力量

做好祭祀轩辕黄帝大典活动，会潜移默化地迸发出强大的民族精神力量，不管是过去、现在还是将来，都是这样。轩辕黄帝有极为丰富的精神内涵，包括坚韧不拔的开拓精神、百折不挠的创新精神、自强不息的进取精神、为民服务的奉献精神、胸怀天下的爱国精神。黄帝精神鼓舞着炎黄子孙风雨兼程走过了五千年，中华文明延续至今，中华民族生生不息。传承和弘扬黄帝文化，通过创造性转化，创新性发展，为实现共同富裕提供精神力量，为推进中国式现代化提供强大的精神指引和文化动能。祭祀轩辕黄帝大典就是打造中华民族精神高地，凝聚中国力量的重要平台。

（柯国明：中国先秦史学会会员，缙云县政协提案委副主任）

---

① 费孝通：《中华民族的多元一体格局》，中央民族学院出版社1989年版。
② 2021年7月6日国台办发言人朱凤莲新闻发布内容。

黄帝遗迹与浙江缙云的黄帝文化高地建设

李桂民

黄帝是上古时期的部族首领,由于其后裔大多建国,在战国时期获得了广泛族群认同,时至今日,全国各地存留着众多关于黄帝的遗迹。早在西汉时期,太史公司马迁就曾指出"余尝西至空桐,北过涿鹿,东渐于海,南浮江、淮矣,至长老皆各往往称黄帝、尧、舜之处,风教固殊焉,总之不离古文者近是"①,战国时期的百家言黄帝和西汉时期长老言黄帝之处,说明黄帝在史前传说人物里的中心地位,祭祀黄帝的制度化和明清历代帝王庙的设立,使得黄帝的人帝属性日益彰显,在战国时期就已经出现的"黄炎之后"提法,在后世得到了更为广泛认同。本文拟撮合相关资料,对国内黄帝相关遗迹以及浙江缙云在保护、传承、利用黄帝文化资源问题上谈些看法,不当之处,敬请指正。

一

黄帝是中国上古时期的部族首领,"神是人的创造物,在初期文明社会,部族的祖先和领袖乃是其共同生活的组织者和领导者,由于当时盛行灵魂不死的观念,因此,部族的组织者自然成为本族的保护神"②。考古学文化的族属问题,尤其是传说人物与考古学文化的对应是古史研究中的难题,相关研究结论往往相差很大,黄帝族群遗迹的确定同样面对这些问

---

① (汉)司马迁:《史记》卷一《五帝本纪》,中华书局 2013 年版,第 46 页。
② 李桂民:《先秦诸子的黄帝观述论》,《西北大学学报》(哲学社会科学版) 2005 年第 6 期。

题。本文所谓的黄帝遗迹,并不仅仅局限于考古学上黄帝族的文化遗存,而是在广义的语境下使用的。由于黄帝族群的繁衍、发展与迁徙,再加上联姻等带来的族群认同,使得黄帝传说不再局限于一隅。早期黄帝的传说具有原生意义,并不是人为地编造,黄帝的传说在西汉时期就广为流传,从司马迁的笔下,可以知道在西汉时期,在东至大海、西到空桐、北到涿鹿、南到江淮的辽阔区域内都有着黄帝传说,在当时,就出现了黄帝一人多籍的现象。黄帝传说的流传范围不仅包括黄河流域,还覆盖了长江流域,这固然反映了中原王朝疆域的日益扩大,也再次印证了黄河、长江两大河流域久远的文化交流关系。正因为此,在历史上留下了很多有关黄帝的纪念性建筑、陵墓等遗迹,这也是当代各地祭祀黄帝的重要历史依据。

陕西省黄陵县祭祀黄帝历史悠久,当地的轩辕庙和黄帝陵是重要的历史文化遗存。陕西黄陵县的轩辕庙经过多次整修,此建筑据说修建于汉代,后来毁弃,唐代时重建,宋代又曾进行过修缮,并把轩辕庙从桥山西麓迁到东麓。元代时期由于保生宫发生火灾,曾命令对黄帝庙宇严加保护,后来又把轩辕庙西院的保生宫重新修复。明代不仅派遣大臣前往桥山祭祀黄帝,还多次对黄帝陵庙进行整修,使得轩辕庙的规模得以扩大,新增了东西两个长廊、多处耳房和碑亭,修建一新的庙宇美轮美奂,崇祯年间又修治大门、二门建筑八楹,补修正殿六楹,并修筑了墙垣。清代延续了祭祀黄帝的传统,并且对黄帝陵庙进行过10多次维修,轩辕庙的规模也继续扩大。新中国成立后还进行了多次整修,并被国务院公布为全国第一批重点文物保护单位。整个建筑群古朴、雄伟、庄严、肃穆,成为每年祭祀黄帝的重要场所。

黄帝陵为国家重点文物保护单位,司马迁《史记》记载"黄帝崩,葬桥山",说明最晚在汉代就有了黄帝的纪念性陵墓,汉武帝过桥山看到黄帝冢曾大为惊奇,传说黄帝不死,缘何有冢,并对黄帝进行了祭祀。汉武帝这次祭祀并非对黄帝的专门祭祀,尚没有把对黄帝陵祭祀制度化,不过黄帝因为封禅而不死的说法,则使得汉武帝向往备至,其晚年迷恋封禅,尽管空无所获,依然痴心不改。陕西桥山黄帝陵寝受到官方重视是在唐代,唐玄宗时制定的《开元礼》中曾明确了历史上一些有功帝王的陵寝所在,黄帝的陵寝当时还没有确定,确定是在唐代宗之时,鄜坊节度使臧希让请求在坊州黄帝陵寝所在地置庙，这一要求得到批准，从而使得黄帝陵庙祭祀被纳入祀典①。宋代同样重视对黄帝陵庙的祭祀，规定三年一大祭，元代继承了这一做法，明代又规定轮到三年一次的陵庙祭祀，就不再在历代帝王庙进行祭祀，并且改由朝廷派官员前往祭祀。清代不仅每年仍有官员举行祭祀，而且遇到皇帝登基、亲政、庆贺大典等都要派官去黄帝陵寝报告②，可见对今陕西黄帝陵庙的祭祀历史最为久远，故而在黄帝陵庙留下了很多珍贵的历史文化遗产。

河南新郑相传是黄帝都邑所在，始祖山位于郑州市新郑市区西南15千米处的的辛店镇境内，新郑至今仍有以黄帝臣命名的风后岭、大鸿山、力牧台等遗迹，《史记·五帝本纪》说："黄帝者，少典之子，姓公孙，名轩辕。"《集解》引徐广曰黄帝"号有熊"，又引谯周曰黄帝"有熊国君，少典之子也"。《续汉书·郡国志》新郑条下刘昭注引皇甫谧曰："古有熊国，黄帝之所都。"《帝王世纪》中说黄帝"授国于有熊。居轩辕之丘，因以为名，又以为号"。又说："有熊，今河南新郑是也。"③《庄子·徐无鬼》曰："黄帝将见大隗于具茨之山。"黄帝祭祀始于1992年，最初叫寻根拜祖月，1993年改为炎黄文化旅游节，从1992—1999年，先后举办过6次。2000年为黄帝故里寻根拜祖大典，2002年为中国新郑炎黄文化节始祖山拜祖大典，2003年为中国新郑炎黄文化旅游节拜祖大典，2004年为中国新郑炎黄文化旅游节拜祖大典。可以看出，河南新郑在文化资源的利用和定位上，前后经历了很大的变化，而且最初的祭拜活动也不是每年都举行，这期间的活动由新郑市组织，规模不大，影响也非常有限。

2005年，新郑黄帝故里拜祖大典改由中华炎黄文化研究会、世界客属联谊会、河南省旅游局、河南省外事侨务办公室、郑州市人民政府主办，新郑市人民政府承办，从2006年起，又改为由河南省政协主办，郑州市和新郑市人民政府承办，近年主办单位则为河南省人民政府、政协河南省委

---

① 参见李桂民主笔的黄帝祭祀部分，载何炳武、刘宝才主编《陕西省志·黄帝陵志》，陕西人民出版社2005年版，第108—163页。

② 对黄帝的祭祀和尊崇观念的演变详参李桂民《黄帝史实与崇拜研究》，中国社会科学出版社2014年版，第138—193页。

③ 河南新郑祭祀黄帝始于1992年，是目前全国三家高规格公祭黄帝的地方之一，黄帝都新郑见于记载较晚，诸多文献记载的史料来源为晋代皇甫谧的《帝王世纪》。

员会、中央台湾工作办公室、国务院侨务办公室、中华全国归国华侨联合会、中华全国台湾同胞联谊会、中华炎黄文化研究会，随着拜祭活动主办层次的提高，河南新郑黄帝故里拜祖大典的规模和影响日益扩大，而且新郑黄帝故里继 2000 年被河南省定为河南省重点文物保护单位后，2006 年又被公布为全国重点文物保护单位，2008 年又被列入第一批国家非物质文化遗产扩展目录，在地位上取得了和陕西黄帝陵同等优势，并借助强有力的策划和宣传手段，使得"拜祖到新郑，祭祖到黄陵"说法广为人知。

浙江缙云是中国南方祭祀黄帝的中心，县域内的仙都山，原名缙云山，相传是黄帝炼丹和升仙之处。东晋在此建有缙云堂，晋代谢灵运《游名山志》："龙须草，唯东阳永嘉有。永嘉有缙云堂，意者谓鼎湖攀龙须有坠落，化而为草，故有龙须之称。"唐天宝七载（748）唐明皇李隆基下旨敕改缙云山为仙都山，缙云堂为黄帝祠宇。时任缙云县令的著名小篆书法家李阳冰亲撰"黄帝祠宇"碑，一直保存至今①。还留存有唐建中年代节度判官李季贞《仙都山铭》、户部郎中张鹭《仙都山铭》、殿中侍御史书韦《仙都山铭》等祭文。黄帝祠宇主体建筑"轩辕殿"于 1994 年重建，1998 年竣工，缙云氏的称呼最早见于《左传》文公十八年，"缙云氏有不才子，贪于饮食，冒于货贿，侵欲崇侈，聚敛积实，不恤穷匮，天下之民以比三凶，谓之饕餮"。杜注："缙云，黄帝时官名。"《史记集解》引贾逵说"缙云氏，姜姓也，炎帝之苗裔，当黄帝时任缙云之官也"。把缙云和黄帝直接相联系的是《史记正义》中的说法："黄帝有熊国君，乃少典国君之次子，号曰有熊氏，又曰缙云氏，又曰帝鸿氏，亦曰帝轩氏。"② 1998 年，缙云县委、县人民政府重建了盛唐风貌的黄帝祠宇，恢复了"北陵南祠"的格局，每年重阳节在黄帝祠宇举行公祭黄帝大典，2021 年黄帝祭典又升格为省级公祭，使得浙江缙云的黄帝祭典在国内的影响日益扩大。

---

① 李阳冰所书《黄帝祠宇碑》现存缙云博物馆，笔者 2021 年 10 月曾见到此碑，此碑是当地黄帝文化历史久远的重要物证。

② （汉）司马迁：《史记》卷一《五帝本纪》，中华书局 2013 年版，第 2 页。

二

除了陕西黄陵县、河南新郑市、浙江缙云县的黄帝文化遗迹外，国内的黄帝遗迹尚有许多。仅仅黄帝陵庙就有多处，只不过陕西黄陵县的黄帝陵和轩辕庙影响最大，并在中国古代作为古帝王陵寝被确定下来，进而成为祭祀人文始祖黄帝历史最为悠久的场所。北京平谷的黄帝陵庙位于山东庄镇山东庄村西庙山上，见于史料记载较晚。《大明一统志》卷一记载："鱼子山，在平谷县东北一十里，上有大冢，云轩辕黄帝陵也。唐陈子昂诗'北登蓟丘望，求古轩辕台'，疑即谓此山，下有轩辕庙见存。"① 明人蒋一葵所撰《长安客话》："世传黄帝陵在渔子山。今平谷县东北十五里，冈阜窿然，形如大冢，即渔子山也，其下旧有轩辕庙云。"② 1934年编修的《平谷县志·地理志·名胜》："县治东北山东庄之西有山，冈阜窿然，形如大冢。相传为轩辕坟，然无实录可稽，真赝莫辨。上有轩辕庙，亦不知建自何代。庙内碑文引唐陈子昂轩辕台诗'北登蓟丘望，求古轩辕台，应龙已不见，牧马空黄埃。尚想广成子，遗迹白云隈'以证其处。又《礼记·乐记》记载：'封黄帝之后于蓟'。为此，则传非无因耳。"可见，平谷历史上有轩辕庙是确定无疑的，黄帝陵其实就是渔子山，因为形如冢，相传为黄帝陵，当地的轩辕庙可能历史上多次毁坏，20世纪40年代被毁的为清代建筑，另外还发现辽金、汉代文化层，这里的轩辕庙或有更久远的历史。《礼记》中有黄帝之后封在北京的说法，证明这里的黄帝后裔活动的地区之一。现存建筑为山东庄村民1994年重建，风格为仿汉代建筑，进入阙门后，正北是庄严古朴的仿汉重檐庑殿式三皇大殿，殿内正中央是彩绘轩辕黄帝坐像，头戴冕旒，身穿红袍，器宇轩昂，上悬金字大匾"人文初祖"。两侧分别是神农、伏羲坐像，抱柱上写有楹联："功莫伟于奠基华夏、德莫大于泽被九州，业莫崇于拓疆土、绩莫高于启文明"。1994年《重修轩辕庙记》交代，"县城东北15里之渔子山九岭颠连，龙脉逶迤，

---

① （明）李贤等：《大明一统志》卷一《京师》，三秦出版社1990年版，第6页。
② （明）蒋一葵：《长安客话》卷五《畿辅杂记》，北京古籍出版社1982年版，第112页。

上有大冢，古称轩辕台，世传为黄帝陵。唐陈子昂《轩辕台》诗：北登蓟丘望，求古轩辕台。李白《北风行》：燕山雪片大如席，片片吹落轩辕台。皆谓此也。陵前之轩辕庙始建于汉，历经沧桑，民国年间尚存，位于今山东庄村西之庙山上，坐北朝南，正殿为伏羲、神农、轩辕三皇之祠，轩辕居正。当地习俗以正月十五为庙会，祭日时，万民云集，载歌载舞，欢声动地，鼓乐喧天。抗战中庙毁，然而始祖赫赫渔山，威威百姓，重修之愿久矣"。

河北涿鹿的黄帝祠，是北方地区有一个尊崇始祖文化之地。河北涿鹿距离北京平谷150多千米，《汉书·刑法志》："涿鹿在上谷，今见有阪泉地、黄帝祠。"《魏土地记》："下洛城东南六十里有涿鹿城，城东一里有阪泉，泉上有黄帝祠。"河北涿鹿附近也有桥山，位置在涿鹿东南约20千米的温泉屯乡东孤山、里虎沟村南，黄帝庙遗址在桥山南麓一道土梁之上。见于记载的北魏皇帝曾多次祭祀黄帝，如《魏书·太宗纪》：明元帝"幸赤城，亲见长老，问民疾苦，复祖一年；南次石亭，幸上谷，问百年，方贤俊，复田祖半年；壬申幸涿鹿，登桥山，观温泉，使使者以太牢祠黄帝庙；至广宁，登历山，祭舜庙"。《魏书·礼志》记载拓跋睿"和平元年正月，东巡历、桥山，祭黄帝、尧舜庙"。黄帝曾经活动在涿鹿一带，《史记》中就由于记载，《史记·五帝本纪》："轩辕黄帝北逐荤粥，合符釜山，而邑于涿鹿之阿。"此地建有黄帝庙，并成为北方另一个祭祀黄帝之处，1994年涿鹿县重建黄帝祠，建成后改为三祖堂，举办过多次祭祀人文始祖的典礼，近年此地大型祭祀活动已经停办。

河南灵宝铸鼎原曾隶属阌乡县治，铸鼎原位于灵宝市西北17千米的阳平镇。清代梁溥在《重建铸鼎原奎楼记》碑中又说："县治东南，秀出一峰，为黄帝铸鼎原。原之上，旧有黄帝庙。"原在历史上一直叫荆山黄帝陵，是轩辕黄帝鼎成升天之所在。《史记·封禅书》："黄帝采首山铜，铸鼎荆山下，鼎既成，有龙垂胡髯下迎黄帝。黄帝上骑，君臣后宫从上者七十余人，龙乃上去，余小臣不得上，乃悉持龙髯，龙髯拔坠，坠黄帝之弓。百姓仰望黄帝既上天，乃抱其弓与胡髯号，故后世因名其处曰鼎湖，其弓曰乌号。"20世纪80年代，为和陕西桥山的黄帝陵有所区别才更名为荆山黄帝铸鼎原。在黄帝铸鼎原的遗迹中，唐贞元十七年（801）所刻立的《轩辕黄帝铸鼎原碑铭序》石碑，是目前发现最早记述黄帝的石碑。

在文献记载中，有黄帝出生于甘肃清水的传说，清水"轩辕故里"的称谓正由此而来。清水轩辕故里的主要依据之一是郦道元《水经注》中的记载，该书"渭水"下有一段话说："南安姚瞻以为黄帝生于天水，在上邽城东七十里轩辕谷。皇甫谧云生寿丘，丘在鲁东门北。未知孰是也。"① 据考证，上邽城就是现在的甘肃天水市，其东七十里，正是现在甘肃清水县山门镇的白河村，村旁有一条山谷名曰轩辕谷，当地人称三皇沟，传说黄帝就出生在这里。古书记载中还有一条更早的记载，见于西汉学者焦赣的《焦氏易林·屯·萃》。焦赣字延寿，《焦氏易林》是一部开象数理论之先河的著作，他在该书中说："黄帝所生，伏羲之宇。兵刃不至，利以居止。"② 伏羲据说出生在成纪，古代的成纪在今甘肃天水，也是说黄帝出生地在甘肃境内。清水县黄帝文化遗迹丰富，主要分布在清水县城附近、轩辕谷省级森林公园、寿丘山等地方，县城附近的轩口窑，相传是黄帝母子居住之处，而轩辕谷和寿丘山据说都是黄帝出生的地方。因此，清水县应进一步加强轩辕谷省级森林公园的宣传和建设，这里黄帝传说比较丰富，除了轩辕谷以外，还有轩辕丘、轩辕庙、轩辕石、轩辕溪等。清水黄帝祭祀典礼是清水县轩辕文化旅游节的一部分，活动内容包括祭祀活动、文化旅游体育活动两大类共17项，活动内容十分丰富，而且清水县的轩辕文化节还属于"敦煌行·丝绸之路国际旅游节"的一部分。尽管甘肃清水的黄帝文化起步较早，开展较好，但在影响上和河南新郑相比还有不小差距。

甘肃庆阳正宁县黄帝冢位于正宁县五顷塬乡的黄土塬上，当地人把黄帝冢叫"疙瘩坟""仙人坟"，上面原长满松树，后被砍掉，1958年后又种植核桃树，除冢的东面有坍塌外，原冢保存较好，存高约10—60米，西半部修有水平梯田，冢顶部原来呈长方"覆斗"形，现为椭圆形，南北长约70米，东西宽约30米，面积约1500—1800平方米。主要文献依据为《括地志》和地方志书记载，《史记正义》引《括地志》云："黄帝陵在宁

---

① （北魏）郦道元：《水经注》，中华书局1990年版，第349页。
② （汉）焦赣：《焦氏易林》，文渊阁《四库全书》，第808册，第279页。

州罗川县东八十里子午山。"① 清乾隆二十七年（1762）庆阳知府赵本植编纂的《庆阳府志》："黄帝陵在罗川县城东子午山旁。"清乾隆二十八年（1763）正宁知县折遇兰编纂的《正宁县志》："黄帝陵在县东南湫头镇东北西头村之桥山，当谷一峰耸起，草木葱蔚，上有荒冢，旁立一碑，镌字：'黄帝葬衣冠处。'"可见，甘肃正宁县的黄帝冢传说是葬黄帝衣冠处，这里建有黄帝的纪念性陵墓。

三

从全国各地的黄帝文化历史遗迹来看，这些遗迹都有着历史根据，当然这些基于传说的纪念性遗存，尽管不能改变黄帝时代的传说性质，但这种文化现象无疑是学术研究的重要课题。对于各地黄帝祭典的情况，这里不拟展开，从各地黄帝文化遗迹的利用和开发看，显然都意识到了文化与经济、文化与中华民族统团结之间的关系。汤因比、罗素、费正清等都对中国团结民众的能力赞扬有加②，宫长为先生在2014年指出黄帝文化在五千年后的今天，依然是中华民族最坚实的文化根基和支撑③，弘扬炎黄精神对实现中华民族伟大复兴也至为重要。当然，在众多的文化名人中，黄帝之所以能成为中华民族的人文始祖，这是在历史上自然形成的。黄帝的历史影响在战国时期就已经非常广泛，《庄子》中所谓"世之所高，莫若黄帝"就是当时历史观的真实反映④。

浙江缙云黄帝祠宇建于缙云仙都景区内部，位于缙云县城东7千米之处，是我国南方祭祀黄帝的中心，也是道教活动的中心。在先秦道家的著作中，就有很多黄帝的传说，黄老道家的兴起，更使得黄帝的地位更为凸

---

① （汉）司马迁：《史记》卷一《五帝本纪》，中华书局2013年版，第11页。
② ［英］汤因比、［日］池田大作：《展望二十一世纪——汤因比与池田大作对话录》，国际文化出版公司1985年版，第294页；［英］罗素：《中国问题》，秦悦译，学林出版社1996年版，第165页；［美］费正清：《中国：传统与变迁》，张沛等译，吉林出版集团有限公司2008年版，第139页。
③ 《培育弘扬核心价值观——访中国先秦史学会副会长兼秘书长宫长为》，《郑州日报》2014年4月1日第2版。
④ 陈鼓应：《庄子今注今译》，中华书局1983年版，第768页。

显，道教形成以后，随着道教的传播，在浙江一带出现了道教建筑黄帝祠宇。这样看来，好像浙江缙云的黄帝传说晋代才有，事实上，缙云的黄帝传说与缙云氏的南下有关，道教兴起后在缙云所建的黄帝祠宇，进一步促成了后世对黄帝的尊崇，也使得我们当下的黄帝祭祀有着悠久的历史渊源。

正如前文所述，黄帝遗迹在全国分布很多，除了陕西黄陵、浙江缙云和河南新郑外，每年还有甘肃清水等地也在对黄帝进行祭祀，限于多方面原因，甘肃清水等地的黄帝祭祀规模小和影响不够大，浙江缙云在黄帝祭祀上，近年影响越来越大，成为继陕西黄陵、河南新郑以后第三家把黄帝祭典上升到省祭的地方。浙江缙云是南方祭祀人文始祖黄帝的中心，2021年在缙云有关部门的推动下，把黄帝祭典的规格提升为浙江省人民政府主办①，在祭祀规格提升以后，从2021年的黄帝祭典看，在祭祀的组织、用乐、服饰等方面都得到很大提升，扩大了缙云黄帝祭典在全国的影响，也使得美丽缙云被广为人知，但仍需要进一步捋顺各方关系，形成合力，打造中国南方黄帝文化祭祀高地。

第一，坚持办好一年一度的黄帝祭典和黄帝文化论坛。浙江缙云黄帝祭典已经被列入国家非物质文化遗产名录，在保护、传承的基础上，也需要不断加入符合时代特点的新元素。随着黄帝祭典规格提升，祭典要更能展现中华文化和彰显民族、国家认同的意义。黄帝祭典强调心祭，正确处理了礼与仪的关系，进入轩辕殿，需要拾阶而上，轩辕殿高高在上营造出万民仰望轩辕的氛围，再配以庄严肃穆的音乐，容易达到心祭轩辕的目的。张岂之先生认为心祭有别于有形的礼仪，形祭只是祭祀的表现形式，心祭才是祭祀的实质内容，心祭属于无形的礼仪，如以祭祀黄帝为契机，反思中华民族精神和民族文化，从而增加爱国心和民族凝聚力，这些都是心祭②。缙云黄帝祭祀与全国其他地方的黄帝祭祀相比，具有一定优势，同时也有不足，不虚山下的黄帝祠宇虽然面积不算太小，但是祭祀广场面

---

① 浙江省缙云县黄帝公祭大典始于1998年，一年两祭，其中重阳节祭祀为公祭，黄帝祭典2021年升格为浙江省人民政府主办，这次升格省祭的第一次黄帝祭典，由于疫情原因虽然参与的人数减少，但黄帝祭典的质量和影响有了显著提升。

② 张岂之：《心祭重于形祭》，《华夏文化》2005年第1期。

积受到客观条件限制，难以满足大规模参祭黄帝的需求。如陕西省的黄帝祭典，前些年祭祀不限制当地群众进入，通过祭典使得观礼的人能够受到民族文化精神的感染，参礼的人还能看到当地抢花馍的习俗。缙云县的祭祀场地难以容纳过多人参与祭祀，因此黄帝祭典有着自己独有风格。2022年祭典包含长号鸣天、击鼓撞钟、敬上高香、敬献花篮、敬献美酒、恭读祭文、行鞠躬礼、高唱颂歌、乐舞告祭9项仪程，其中高唱颂歌采用高难度的八声部混声合唱，就是与时俱进的创意。缙云县在重阳节期间举办黄帝文化系列活动，可以称之为"黄帝文化节"系列活动，黄帝文化节不仅是黄帝祭祀和黄帝文化交流活动，同时要和经济洽谈和文旅开发结合起来，走一条健康发展的新路子。黄帝文化论坛至今是第五届，缙云方面一定要坚持办下去，尽管受到疫情影响，由于中国先秦史学会参与办会，保证了论坛的高水平和影响力，要充分发挥全国的群体智慧，把缙云打造成黄帝文化的高地。

第二，建设缙云黄帝文化高地，需要进一步完善黄帝文化内涵，使黄帝文化成为缙云亮丽名片。除了黄帝祠宇外，缙云的黄帝文化遗迹相对偏少，黄帝民间传说资料也需要进行收集和整理。为了扩大黄帝文化的影响，可以尝试用相关名字对文化活动、街道、景点等进行命名，河南为了把黄帝文化产业开发作为伟大的民族凝聚力工程抓好，投入巨资打造黄帝文化品牌，就曾在1996年经有关部门批准，把"具茨山"改名为"始祖山"，2022年4月又召开黄帝故里园区建设会，启动对黄帝故里园区的二期建设。为了扩大缙云黄帝文化影响，也需要对缙云仙都景区黄帝祠宇等建筑进行保护和建设，建议在黄帝祠宇附近规划建设黄帝文化博物馆，黄帝文化博物馆可以是地面建筑亦可为地下展堂，如陕西黄陵的中华始祖堂就建于地下，建筑面积达到22000平方米，与黄帝陵文化园区的黄帝陵、轩辕庙共同构成展示黄帝文化的重要平台。浙江缙云自新石器时代开始就是先民的聚居之地，在缙云县壶镇发现的陇东遗址[①]，距今9000多年，说明最迟在9000年前，就有史前居民生活在这块土地上。遂昌的好川墓

---

① 《陇东遗址》，《处州晚报》2021年12月29日第1版要闻。

地①，更是展现了距今 4000 年的文明，通过文物、图片等系统展示浙江炎黄时代的文化成就②，对于丰富缙云黄帝文化内涵无疑有着重要作用，并在此基础上积极推动文旅融合，使得缙云的黄帝文化系列活动走上良性发展道路。

第三，要广泛通过网络、报纸、广播、电视等形式，积极宣传缙云黄帝文化。由于"旅游吸引力不直接等同于历史文化底蕴，它既受制于大众了解的程度，也受制于开发利用的手段"③，因此，缙云要做好黄帝文化的保护、开发利用这篇大文章，也需要在宣传上下功夫，比如创办黄帝文化网站，陕西黄帝陵文化园区管理委员会创办有"公祭轩辕黄帝网"，河南新郑也建有"黄帝故里"景区网站，都在一定程度上宣传了当地黄帝文化。缙云虽有仙都景区文化网站，其中的黄帝文化内容较少，对于缙云县在黄帝祭祀和黄帝文化交流方面的经验没有系统、全面进行宣传。另外，还可以用当地喜闻乐见的形式，如创作颂扬黄帝的地方戏曲剧目，积极到各地巡演，并作为黄帝祭典举办期间的特色剧目。甘肃省清水县曾是国家级贫困县，在祭祀黄帝规模上一直不大，当地创作的秦腔歌舞剧《轩辕大帝》却成为甘肃省精品剧目。当然，甘肃省清水的《轩辕大帝》虽大获成功，但参演的并非是专业的秦腔演员，如果有专业人士现场演唱，效果会更好，当然这依靠当地一个县的力量是很难做到的。河南也有豫剧的《轩辕大帝》，如果创作出婺剧或黄帝文化专题片，将会对于缙云黄帝文化起到正面的宣传效果。在缙云仙都景区的宣传上，要进一步扩大其中的黄帝元素，是否可以称之为缙云仙都黄帝文化园区，是否可行相关单位可以进一步论证。同时，每年一度的黄帝祭典，可通过中央电视台国际频道等进行现场直播，扩大缙云黄帝祭典的影响，增强海内外华人文化自信和民族凝聚力。

总之，全国各地诸多黄帝遗迹，是黄帝尊崇观念的外化反映，黄帝作

---

① 浙江省文物考古研究所、遂昌县文物管理委员会：《好川墓地》，文物出版社 2001 年版。
② 刘宝才先生在 1994 年就曾提出研究炎黄时代历史，至少包括黄河、长江两大流域。参见刘宝才《论炎黄时代》，载氏著《求学集》，陕西人民出版社 2004 年版，第 532 页。
③ 高舜礼：《山东东夷文化的旅游开发》，载王志东主编《东夷文化论丛》（第一辑），山东人民出版社 2019 年版，第 351 页。

为中国文明初曙时期的族邦首领，后来被奉为人文始祖，并在历代帝王庙中占据显赫地位，战国时期"世之所高，莫若黄帝"现象，是国家认同、文化认同的结果，也构成当下全国多地祭祀黄帝的历史依据。浙江缙云的黄帝祠宇，根源于黄帝后裔南下和道教的南传，缙云是中国南方唯一祭祀人文始祖黄帝之地，北陵南祠的祭祀格局可以进一步优化黄帝祭祀格局，在凝聚中华民族向心力和实现浙江高质量发展方面将会发挥重要作用。

(李桂民：聊城大学教授)

黄帝文化浙江探源

王达钦

大自然寒暑循环和风雨雷电的有序变化，给人类以神话传说之原。而华夏大地上先人分久必合，合久又分，向心为一的社会动态变迁，与大自然鬼斧神工的形态相结合，会产生许许多多有血有肉的神话传说。然而神话传说是一个民族和国家的宝贵精神财富，它丰富奔放、瑰奇多彩的想象和对自然事物形象化的理解，是研究人类早期社会的婚姻家庭制度、原始宗教、风俗习惯等很重要的文献资料。

一

黄帝，是我们中华民族五千年来公认的人文始祖。他一生的事迹，在广袤的黄河流域和长江流域里，一代一代带有神话和原始宗教性质的口头神话，最早散见于西周至战国的经史子集古籍之中。到公元前2世纪，西汉王朝达到鼎盛，著名史学家司马迁，在撰写《史记》时，深入民间调查，曾到崆峒、北过涿鹿、东渐于海、南到江淮，终把黄帝描绘成平章百姓、协和万邦的雄主圣君，并著为《五帝本纪》之首，从而定下中华民族文明发端的基调。

《史记·五帝本纪》亦云："黄帝者，姓公孙，名曰轩辕"；唐张守节《史记正义》云："黄帝，有熊国君，乃少典国君之次子，号曰有熊氏，又曰缙云氏，又曰帝鸿氏，又曰帝轩氏……今括州缙云县盖其所封也。"

"缙云"一词出处,《左传·文公十八年(前609)》:"缙云氏有不才子……天下之民比之三凶,谓之饕餮。"北宋《太平御览》载;"处州缙云郡,古缙云之墟。"《太平寰宇记》亦云:"处州缙云郡,理丽水县,古缙云之墟。"

"墟",义为故城,坟墓及墟市。《山海经·海内西经》;"海内昆仑之虚,在西北,帝之下都。"郭璞注云;"天帝(黄帝)都邑之在下者。"《穆天子传》:"吉日辛酉,天子升于昆仑之丘,以观黄帝之宫。"《山海经·海外南经》云:"昆仑墟在其东,虚四方。"郭璞云;"虚,山下基也。"毕沅云:"此东海方丈山(仙山)也。"宋罗泌《路史》云:"缙云,今处州缙云郡有缙云山,是为缙云堂,缙云氏之虚也。"清缙云《梅苏王周宗谱序》云:"(梅)棱者,刘宋时仕彭城守,退隐于会稽之缙云墟。"故缙云之墟作为地名,指处州全境,因境内古有缙云山、缙云堂而得名。刘宋彭城守梅棱,退守会稽缙云墟,就是缙云县城(今五云街道)。

东汉建光元年(121),著名文字学家许慎《说文解字》书成。在《叙》中自称:"曾曾小子,祖自炎神,缙云相黄。""缙云相黄","黄"就是指黄帝。而"相"字义为"共",相同的意思。因此,轩辕自称缙云,老百姓同呼黄帝,故《史记正义》云:"黄帝号曰缙云氏。"

《旧唐书·地理志》载:"婺州东阳郡永康……武德四年(621)置丽州,又分置缙云县。八年(625)废丽州及缙云县,以永康来属。"到武周万岁登封元年(696)分婺州永康县南界和括州丽水县北界设置缙云县,直至当今是全国唯一以黄帝之号命名的县,表明它在五千年前是炎黄部落联盟一个时期的政治中心。由此而推,当时一定有许多许多的风云人物,到缙云墟一带活动。

二

地质学家推测,鼎湖峰和步虚山的岩石,属白垩纪晚期,距今约1.2亿年,由火山间歇性喷发的岩浆和地壳急剧变动而成。步虚山巅,原来就是火山口。鼎湖峰和步虚山原本连在一起,后经流水的冲刷和寒暑风化,使它们慢慢自然分离,终于变成这直刺云天的柱石。

在风和日丽的日子,当您奋力登上缙云仙都初阳山巅,向东远望名闻天下的鼎湖峰;只见它高高耸立在两山之间,粗犷而魁伟,宛如一个折断了的天柱,战国《列子》《淮南子》中载:共工和颛顼争帝,怒而触不周之山。天柱折,地维绝;星移东南,天倾西北,后来是女娲采五色石补了天。虽然天给补上了,而折断的天柱,却神奇地留了下来。古老神奇的记载与唯妙唯肖的自然景观,仿佛使人领略到五千年前部族间大战的残酷与震憾。

列子(约前450—前375)名御寇,亦作圄寇,又名寇,郑国圃田(郑州)人,与郑繻公同时,介于老子与庄子之间,是道家学派承前启后的重要人物。其学本于黄帝老子,主张清静无为,归同于老庄,对后世哲学、美学、文学、科技、养生、乐曲、宗教影响深远。汉班固《汉书·艺文志》"道家"部分录有《列子》八卷。《列子·汤问》载："共工与颛顼争为帝，怒而触不周之山，天柱折，地维绝。天倾西北，故日月星辰移焉；地不满东南，故水潦尘埃归焉。……往古天曾破裂，女娲氏炼五色石修补，断鳌足以立四极。"

刘安（前179—前122），汉高祖刘邦之孙，淮南厉王刘长之子，西汉文学家、思想家。沛郡丰县（江苏丰县）人，刘安初封阜陵候，文帝十六年（前164）封淮南王。好书鼓琴，招宾客方术之士数千人，作《内书》（《淮南子》）。在哲学上，刘安以道家的自然天道观为中心，综合先秦道、法、阴阳等各家思想。认为天地万物是"道"产生的。政治上则主张"无为而治"，但对"无为"作了新的解释，并提倡变古。《淮南子·原道训》载"昔共工之力，触不周之山，使地东南倾；与高辛争为帝，遂潜于渊，宗族残灭，继嗣绝祀。"《淮南子·天文训》："昔者共工与颛顼争为帝，怒而触不周之山，天柱折，地维绝。天倾西北，故日月星辰移焉；地不满东南，故水潦尘埃归焉。"

三

共工，即共工氏，相传是炎帝后裔祝融之子。商易《归藏·启筮》："共工人面蛇身朱发。"《山海经·海内经》："炎帝之妻，赤水之子听訞生炎居，炎居生节并，节并生戏器，戏器生祝融，祝融降处于江水，生共工。"《左传·昭公十七年》："共工氏以水纪，故为水师而水名。"《管子·揆度》："共工之王，水处什之七，陆处什之三，乘天势以隘制夫下。"

颛顼，即高阳，黄帝之孙，五帝之二。《史记·五帝本纪》载：黄帝正妃嫘祖，生二子，其一曰玄嚣，是为青阳，其二曰昌意，降居若水。昌意娶蜀山氏女，曰昌仆，生高阳。黄帝晚年，

一切都靠占卜来决定，百姓家家都须有人搞占卜，也不安心于农业生产。颛顼亲自祭祀天地祖宗，为万民作出榜样，任命南正重负责祭天，以和洽神灵。任命北正黎负责民政，以抚慰万民，史称"绝地天通"。

不周山，《山海经·大荒西经》云："西北海之外，大荒之隅，有山而不合，名曰不周。"郭璞注："《淮南子》曰：'昔者共工与颛顼争帝，怒而触周之山，天维绝，地柱折。'此山原为天柱，经共工触坏，始有'不周'之名。"又《山海经·西山经·不周山》："从长沙山再往西北三百七十里，曰不周之山。"战国《长沙子弹库楚帛书》作"共攻"，蒙文通先生认为："共工固世为诸侯之强，自伏羲以来下至伯禹，常为中国患，而共工固姜姓炎帝之裔也。"共工和颛顼争帝，实际上是五帝传说时代炎、黄部族之间阪泉之战后，再爆发的战争。

颛顼战胜共工，足见"共工与颛顼争帝"之战，不在北方，而在南方。《史记》上说他统领疆域"北至幽陵（今河北、辽宁），南至交趾（今广东、广西、越南一带），西至流沙（今甘肃一带），东至蹯木（今东海）"，极其广大。

四

五千年前黄帝在缙云墟时期，氏族部落之间有频繁的交往活动，单从缙云县内出土文物和岩画上，可供推测暇想的，目前为止主要有五处：

（一）方坑口金盘遗址

金盘遗址同时出土单孔石戈和双孔石刀，表明在距今约5300—4300年的良渚文化时期，二者为轩辕黄帝上相——方雷氏所执。石刀（戈）是"日"，代表远古越族部落。双孔石刀是"月"，代表良渚部落，在缙云方川这座号称"金盘"小山上，远古古越族部落和良渚氏族部落间发生过一次杀牲歃血会盟（民族融合）史书失载的神秘事件，称"姬水导源，缙云结庆。盛世鸿基,仪天比极"。(魏元爽墓志铭)。

缙云方坑口金盆出土石斧

大洋山中的古方山,山深林密,陡峭险要,明万历何镗《括苍汇记》(1579)载:"古方山,与永嘉界。历箬奥,瑜西枫,穷僻之坞也。""古方",顾名思义即上古方氏祖山的意思。方姓,其氏族谱传,源出于炎帝榆罔长子雷的后裔。古书说:轩辕黄帝正妃西陵氏嫘祖,次妃方雷氏。东方镇的上、下东方两村,地处好溪之畔,有筏舟之便。隔溪对面,有青翠欲滴的磊山(雷山)。

（二）金天氏少昊

2017年6月，缙云县驸马村周闽尧，在缙云与永康之交的滴水岩巅，发现与祭祀黄帝有关的祭天台遗址：《左传·昭公十七年》云："昭子问曰：'少皞氏鸟名官，何故也？'郯子曰：'吾祖也，我知之。昔者黄帝氏以云纪故为云师而云名……我高祖少皞挚之立也，凤鸟适至，故纪于鸟为鸟师而鸟名。凤鸟氏历正也，鸟氏司分者也，伯赵氏司至者也，青鸟氏司启者也，丹鸟氏司闭者也，祝鸠氏司徒也，䲹鸠氏司马也，鸤鸠氏司空也，爽鸠氏司寇也，鹘鸠氏司事也，五鸠鸠民者也。'"

(三) 缙云大集绝地天通岩画（颛顼）

颛顼，改革实行绝地天通制度，岩画中有表达天通之梯。

(四) 夏后氏禘黄帝而祖颛顼，郊鲧而宗禹

1993 年，湖北江陵王家台 15 号秦代古墓出土竹简中，两条条文：

　　一六一六六六。䇂曰：昔者夏后启卜飨帝䇂之虚，作为……（336）

　　……昔者夏后启卜筋帝大陵上钧台，而支占夸陆，夸陆……

这和《艺文类聚》《文选注》《初学记》《太平御览》《今本竹书纪年疏证》所引的《归藏》条文近似：

昔者夏后启筮，享神于晋之墟，作为璿台，于水之阳。

《归藏》，商代《易》书名。夏后氏为我国第一个世袭王朝——夏朝君主的氏称，夏朝王族以国为氏，为夏后氏。《国语·鲁语》记载："夏后氏禘黄帝而祖颛顼，郊鲧而宗禹。"《礼记·祭法》也载："夏后氏亦禘黄帝而郊鲧，祖颛顼而宗禹。"

而"夏后启筮，享神于晋之墟，作为璿台"或"夏后启卜觞帝大陵上钩台"，当属社祀或曰社祭，是夏商周三代相承的最主要原始宗教礼仪之一。其中"帝䔢之虚"，即指缙云墟。黄龙山，缙云县北军事要塞，《归藏·开筮》亦云："鲧死，三岁不腐，剖之以吴刀，化为黄龙。"《左传·昭公七年》："昔尧殛鲧于羽山，其神化为黄熊，以入于羽渊，实为夏郊，三代祀之。"它四周开阔，可容千军万马。黄龙山绝顶，有大磐石似台，巧合的是山下有筠溪（一作浣花溪），还有大筠村，"筠"字，缙云县方言有两读，一为平声音"君"，二为仄声音"菌"，故黄龙山绝顶就是夏启社祀的钩台。同时也可以解释成春秋战国时期《山海经·海内经》中所指的三天子都中的三山之一"菌山"为是，距今约4000年前在缙云墟一带发生过一次"夏后氏禘黄帝而祖颛顼，郊鲧而宗禹"的大型祭祀活动。

湖北江陵王家台15号秦代古墓出土竹简为商代《归藏》条文里，记录距今4000年前在长江以南东南沿海地域的缙云墟，开展过一次规摸宏大的"夏后氏禘黄帝而祖颛顼，郊鲧而宗禹"的社祭活动，故后来缙云县万岁乡和遇明里的名称由此而来。

（五）三天子都

三天子都、亦名三天子鄣山，是一个远古时代的山地总名，最早出处在《山海经·大荒经·海内经》云："南海之内，有衡山，有菌山，有桂山，有山名三天子都。"这也就是说春秋末年至战国初年，衡山、菌山、桂山统称三天子都。

衡山，东西横列，指缙云与永康之交的历山。菌（筠）山，东南钧台多芝草。《艺文类聚》九八引《抱朴子内篇佚文》云："黄龙芝生于神山之中，状如黄龙。味辛甘，以四时采，阴乾治。日食一合，寿万年，令人光泽。"桂山，《山海经》有两处，都在《大荒西经》中，郭璞注："此山名桂木及瑶木，因名云尔。"古婺处温驿路上五云街道黄龙村，就建在山上，取名为桂山。

秦汉时期《海内南经》云："三天子鄣山在闽西海北，一曰在海中。"郭璞注引《张氏土地记》曰："东阳永康县南四里，有石城山，上有小石城，云黄帝曾游此，即三天子都也。"清毕沅引《太平寰宇记》顾野王云："今永康晋云山，是三天子都。"

三天子都，谢灵运《名山记》云：中岩上有峰，高数十丈，或如莲花或如羊角，古老云："黄帝尝炼丹于此。"刘澄之《宋永初山川古今记》云："缙云台，黄帝炼丹之所。"顾野王《舆地志》云："缙云堂，即三天子都。山巅平敞，有若坛禅，是其地也。"魏晋南北朝时期，人们又将黄帝飞升等传说，分别扩大移入黄山、庐江（山）、缙云山等处，以三天子（黄帝、少昊、颛顼）都（行宫）形式出现。

综上所述，浙江省缙云县是全国唯一以黄帝之号命名的县，是五千年前部落联盟一个时期的政治中心。由于有文物出土和存世岩画作佐证，有黄帝、少昊、颛顼三位古大帝活动的痕迹，而古称三天子都。说明浙江省是中华民族五千多年文明史伟大的发祥地之一。

（王达钦：中国先秦史学会会员、
浙江省缙云县仙都风景旅游管理局原副局长）

中华文明探源与缙云的黄帝文化

胡玉丰

"中华文明起源与早期发展综合研究"（简称"探源工程"）是迄今为止中国规模最大的综合性多学科参与研究人文科学重大问题的一项国家级研究项目。自立项二十年来，围绕公元前3500年到公元前1500年期间的浙江余杭良渚、山西襄汾陶寺、陕西神木石峁、河南偃师二里头等四处都邑性遗址和黄河流域、长江流域、辽河流域的其他中心性遗址实施重点发掘，并对这些遗址周边的聚落群开展大规模考古调查。探源工程取得了巨大的成果。

在缙云以北200千米的浙江余杭良渚文化，是距今5300—4300的新石器时代的文化遗址，正处于传说中的黄帝时代。黄帝并不是一个特定的人，而是一个部落的代表人物，黄帝十三世嘛！说明黄帝是一个部落的名号。一直以来，我们所说的中华五千年文明，是从黄帝开始的，钱穆先生说黄帝是"奠定中华文明的第一块基石"，从黄帝成为天下共主的部落联盟首领开始，中华大地进入了文明时代。但是国际上通行的进入文明社会有个标准，即文明三要素：文字、冶金术、城市。假如按照这个标准的话，我们中华文明只有3300年历史，即从商代出现甲骨文开始，这个问题长期困惑了学术界，我们只强调从5000年前有青铜冶炼技术开始进入文明社会，可是没有得到国际学术界的认可。

中华文明探源工程通过二十年来全国多地遗址发掘的成果材料，结合其他文明的特点，提出了认定进入文明社会的新三方面标准：城市、阶级、王权国家。这就是文明认定标准的中国方案，中国从5000年前的黄帝时期就开始进入文明社会。

从良渚遗址的发掘表明，其时的生产已经较大发展，人口增加，出现城市；同时，考古发掘表明良渚的社会分工和社会分化较为明显，已经出现了阶级；2021年10月份在我们缙云召开的中国黄帝文化研讨会上，吉林大学的吕文郁教授阐述了从"部落"到"部族"，是原始社会发展到奴隶社会的重大进步。黄帝时代，开始从部落联盟跨越到了部族联盟。说明权力不断强化，出现王权和国家。以上三方面，正契合了中国方案提出的新"文明三要素"，证明了中华文明就是从5000年的传说中的黄帝时期开始的。

据探源工程开展以来不断的考古挖掘发现，一系列的阶段性研究论述，逐渐明晰。此时段，自公元前4000年至公元前3300年中国大陆与黄帝文明有关的遗址不断被发现，表明了黄帝时期的文化遗址是多元一体、重瓣花朵。南到珠江流域，北到辽河流域，这个时期的遗址呈星罗棋布式分布。考古发现，处在长江下游流域的良渚文化，是同时期较为先进的文化。在距今4300年至4100年期间，与中原地区的崛起对比逐渐衰落，此消彼长，中原地区渐渐地发展成为政治、经济、文化中心。

良渚南边200千米文化圈内的缙云陇东文化遗址，是处于长江下游地区，上山文化时期延续到明清的一处古文化遗址。其中最为精彩的是出土了距今4000—5000时期的大量石簇、陶器。附近100千米圈内的上山遗址、下汤遗址的考古发现表明，这个时期的手工业经济已经集约化、商品化。同时的东方文化代表性器物黑陶西渐，都说明了黄帝时期货物的流通、人民之间的交往比较频繁了。中原地区为中心的黄帝文化持续崛起，在汇聚吸收各地先进文化因素的基础上，政治、经济、文化持续发展，为进入王朝文明奠定了基础，上古文明进入了一个崭新时代。而远离政治中心的浙江南部缙云，对上古时期的辉煌历史，只留下追忆。北来的人群带来中原地区的文化，与当地土著融合，形成独特的地方文化。缅怀先辈，追思先人，这或许就是南方的黄帝祭祀中心的由来吧！

（胡玉丰：中国先秦史学会会员，缙云县文史爱好者）

黄帝缙云氏与黄帝文化在缙云的传播

霍彦儒

一 黄帝与缙云氏

在古史传说中，缙云氏是一个古老的氏族。《说文解字》云："缙，帛赤色也……从系，晋声。"缙又写作"晋"。氏族的初居地在晋水（位于今山西一带）。又传说缙云氏在今浙江缙云县也有封地。缙云氏族因以赤云为图腾，故称缙云氏。其氏族发展为部落后，从晋水东迁于缙云山（又称晋阳山。在今山东济宁西南处），部落长称号皆袭缙云氏。其族在古史文献中留下颇多的记载，而这些记载又有不同的理解和解释。

一是缙云氏即黄帝。缙云之"缙"本作"晋"，又通"景"；"云"指云雨之"云"，即瑞云、祥云、吉云之意。所以缙云则与景云、祥云、吉云有相通之处，有五色彩云、五色祥云的含义。黄帝受命云瑞，以云为纪，以云为名。《左传·昭公十七年》："昔者黄帝氏以云纪，故云师而云名。"所以号缙云氏。成为黄帝的别称、尊号。有说黄帝也以云为图腾。所以，《史记·五帝本纪·正义》说："黄帝……又曰缙云氏。"

二是缙云氏是黄帝时之官名，主夏，位于南方。《左传·文公十八年》云："缙云氏有不才子。"杜注："缙云，黄帝时官名。"孔疏："昭公十七年《传》称黄帝以云命官，故知缙云黄帝时官名。《字书》：缙，赤缯也。服虔云：夏官为缙云氏。"在其他古籍中也有此类记载。如《左传事纬》前集卷七云："缙云氏，黄帝官。"《御批历代通鉴辑览》卷一云："缙云氏，黄帝之官。"《文献通考》卷二百五十九、《春秋左传注疏》卷二十等

· 230 ·

文献均记载:"缙云,黄帝时官名。"杜注《左传·昭公十七年》说:"黄帝受命,有云瑞,故以云纪事,百官师长皆以云为名号。缙云氏,盖其一官也。"《皇王大纪》卷二也有类似的记载:"黄帝以云名官,盖春官为青云氏,夏官为缙云氏,秋官为白云氏,冬官为黑云氏,中官为黄云氏。"

三是缙云氏为姜姓,炎帝之苗裔。《史记·五帝本纪·集解》引贾逵曰:"缙云氏,姜姓也,炎帝之苗裔。"称缙云氏为炎帝之后裔。

四是缙云氏与帝鸿氏有关。如《名义考》卷五:缙云氏"帝鸿氏之子"。史传帝鸿氏为黄帝之臣。

另外,从古史传说中,我们还知道,缙云氏有三层含义,即缙云氏与饕餮、三苗、云氏等也有关系。如《史记·五帝本纪》说:"缙云氏有不才子,贪于饮食,冒于货贿,天下谓之饕餮。"《史通》外篇《疑古》第三云:"缙云氏亦有不才子,天下谓之饕餮,以比三族,俱称四凶。"有说缙云氏的不才子,实则为"三苗"。《古经解钩沉》卷三云:"三苗,官名,缙云氏之后,为诸侯,盖饕餮同。"在中华姓氏中,云氏为其一种。《元和姓纂》卷三:"云,缙云氏之后。"《名贤氏族言行类稿》《万姓统谱》等也有类似的记载。直至现在还有其正宗后裔在中华大地上繁衍。

由于缙云氏曾为黄帝之官,又与黄帝密切的帝鸿氏有关系,所以认为"缙云氏为黄帝的直系族裔,至少其主支与黄帝有着直接的传承关系","后来,大约是黄帝的业绩、影响最大,'缙云'或'缙云氏'是黄帝一说便占了上风"[①],故黄帝又号曰"缙云氏"。

以上几种说法,今天要坐实哪一种,是有一定难度的,也无太大意义。

二 缙云与黄帝文化的传播

考察黄帝文化的传播,大概有三条途径:

其一,通过黄帝和黄帝族足迹所至而传播。《史记·五帝本纪》说:"黄帝东至于海,登丸山,及岱宗。西至于崆峒,登鸡头。南至于江,登

---

① 张新斌:《缙云氏初论》,《中州学刊》2011年第6期。

熊、湘。北逐荤粥，合符釜山。"丸山在今山东临朐县，崆峒在今甘肃平凉，熊、湘在今湖南境内，釜山在今河北张家口境内。涉及黄河、长江流域的豫、晋、冀、鲁、湘、蜀、甘、青等地。

其二，通过后世人（族）群迁徙而传播。中国历史上曾发生过几次大的人群迁徙潮流，其中最大的一次是魏晋南北朝时期，由于战乱等原因，中原地区向江南闽浙一带的大量移民，形成一个特殊的族群即"客家族"。

其三，通过教派即道教的传布而传播。产生于东汉的道教，借用秦汉时的黄老之学，将黄帝奉为道教最高祖师，并将黄帝仙化。随着道教的传播，黄帝和黄帝文化也得到广泛传播。再加上唐代及到清代，统治者大力倡导在全国府、州、县修建"三皇"庙，敬奉伏羲、神农（炎帝）和黄帝。借此，黄帝文化也得到了广泛传播。

对缙云县来说，黄帝文化的传播大概属于非黄帝"足迹所至"的传说情况。客观地说，从目前所能接触到的先秦材料看，还未发现有关于黄帝与黄帝族迁徙或活动于今缙云的古史传说或文献记载，只有南朝宋郑辑之的《东阳记》记载有"世传轩辕游此飞升"的故事。但此类传说在其他地方如河南灵宝、湖南岳阳也有。而在缙云我们今天仅能看到的是"缙云"两个字的县名和其他称"缙云"的地名。据《旧唐书·地理志》说，在唐时，缙云先后曾有两次以此名作为县名的记载。另外，还有缙云墟、缙云山、缙云乡、缙云里等地名。这些地名是否都取自当时的缙云氏，与黄帝或黄帝族足迹到此有关？还难以下此结论。

那么，缙云这个地方为什么会有黄帝文化的流传？为什么自魏晋以来，缙云就有黄帝的庙宇祭祀，并有仙都之称？我推测大概有三种原因：一是可能与道教的传播有关。因道教尊黄帝为最高祖师。庄子说："莫高黄帝。"汉初"黄老之学"的流行，如"仙都"之说，就是道教之语；二是可能与魏晋南北朝时期，因战乱而引起中原人民大量南迁，将北方黄帝文化传播到江浙一带有关；三是传说缙云氏曾迁徙到缙云一带有关。古史传说，缙云氏有着悠久的历史。从黄帝开始至帝舜，缙云氏主要在中原活动和发展，所以，山西、河北、山东，甚至北京地区都有缙云氏的遗存，如缙云山、缙云古城等。到了尧舜时期，缙云氏部落势力强大，聚敛财产，不服帝舜，受到了惩罚，被流放于江南。而流徙到江南的缙云氏有可能打着黄帝的旗号，将黄帝文化带到此地，使南方地区也开始有黄帝文化的流传。为此，在流传过程中，亦将缙云氏与黄帝联系起来，称缙云氏为黄帝的尊号。以上三种原因，不管属于哪一种，都说明黄帝文化在南方尤其是在江浙一带的传播确是存在的，毋庸置疑。

三 缙云与黄帝文化的认同

黄帝与黄帝族的足迹是否到过缙云？目前，在学术界还有争议。我认为这不是问题的关键，也不是我们今天研究黄帝与黄帝文化的初衷和目的。我们今天研究黄帝与黄帝文化，是要明确炎黄文化是中华文化的根，是中华文明的源，是中华民族的魂，是为了"溯到源、找到根、寻到魂"，弘扬中华优秀传统文化，增强文化自知、自信、自觉。因此，重要的是对黄帝与黄帝文化的认同，增强中华民族凝聚力，铸牢中华民族共同体意识，而非其他。

从缙云的有关文献看，自古以来就有对黄帝的民间和官方祭祀，如清光绪三年（1877）《处州府志》云："缙云县"条目下载"黄帝祠 唐邑令李阳冰手篆'黄帝祠宇'四字"，而且这种祭祀延续至今。不仅如此，还在民间流传有黄帝铸鼎觞百神和御龙升天的故事。尤其是近20多年来，黄帝与黄帝文化的研究引起缙云县及省市政府和各界民众的高度重视，多次召开黄帝文化研讨会，举办黄帝文化论坛，出版《轩辕黄帝与缙云仙都》《黄帝缙云 文化浙江》等多部黄帝文化研究方面的学术著作，举办黄帝祭祀大典。从2022年起，又将传承、弘扬黄帝文化列入浙江省文化发展战略重大项目之一，提出打造南方黄帝文化研究和传播中心，并将县、市祭祀升级为省级祭祀。这一系列活动，反映了缙云及浙江人民对黄帝文化的认同，对黄帝的崇敬。

（霍彦儒：宝鸡炎帝与周秦文化研究会会长，研究员）

大唐二李与缙云

王曦泽

普天之下唯缙云是以轩辕黄帝之号而名县者，为中华九州大江之南黄帝祭祀之中心、中国南方黄帝文化辐射中心与中国南方黄帝文化研究中心。自 2021 年始，中国仙都祭祀轩辕黄帝大典升格为浙江省人民政府主办，凡此盛典每年一届；于是缙云与陕西黄陵、河南新郑，一并形成"三地共祭""层次相当"的全国轩辕黄帝祭祀格局。

缙云历史悠久，考古证明有上万年的文化史，五千多年的文明史；历史长河绵延远方，文脉延续，锦绣烂漫；代有名人，星汉璀璨。如大唐盛世先后就有扬州李邕、谯郡李阳冰于括苍山下好溪岸畔为官游宦。凡此大唐二李，乃天下名士，均擅书名。李邕先莅括州任职，写下《缙云三帖》，俟莅官北海（今潍坊）雅题《龙兴之寺》；李阳冰继后为缙云邑宰，篆书《缙云县城隍庙记》《黄帝祠宇》等碑版十余数。凡此足见缙云之秀山丽水，人杰地灵，书法家得以滋养心性，而多所创获矣。

缙云秀山丽水，得黄帝文化之泽霶，人文昌明。五帝三代历史长风，秦汉魏晋东吴盛事。洎大唐气象巍然，俊彦星汉，诸如李邕、李阳冰、李白、白居易、陆龟蒙、皮日休等风雅名士皆在游盘并留有诗文篇章。随考古发现与历史文献探研合证，遂使仙都缙云轩辕黄帝祭祀为天下之大典，由此为打造黄帝文化展示中心建设有辩识度的中华始祖黄帝文化博物馆奠定丰厚基础，更为黄帝文化 IP 塑造带来远阔空间和莫大机遇。

一　括州刺史李邕《缙云三帖》

李邕（678—747），字泰和，江都（今江苏扬州）人。唐代名宦、书法家，文选学士李善之子。李邕博学多才，少年成名，调殿中侍御史，累迁松阳令、括州（今丽水市）司马、刺史，履职六载，旋莅任北海太守，因此仕宦经历故有"李括州""李北海"之称谓。李邕耿介磊落，不畏权贵，为官刚正不阿，喜兴利除害，利民为国；工文善书，名满天下；性情豪迈，不拘小节，天资豪放，不矜细行，畋游自肆，尤其喜结交名士。唐玄宗天宝六载（747）正月，奸相李林甫以"交构东宫"莫须有罪名，杖杀李邕于北海太守任所，时年七十。唐代宗即位，追赠秘书监。

（一）李邕书法

李邕出身名门，博学足识，居官长安，身在庙堂，故其气度诗书超迈时贤。书道宗法二王，又自成面貌，为行书碑文大家；书法风格奇伟倜傥，初学王右军行法，既得其妙，乃复摆脱旧习，笔力一新。传世碑刻有《缙云三帖》《麓山寺碑》《李思训碑》等。

《旧唐书》卷一九〇中《文苑中·李邕传》："邕早擅才名，尤长碑颂。虽贬职在外，中朝衣冠及天下寺观，多赍持金帛，往求其文……受纳馈赠，亦至巨万。时议以为自古鬻文获财，未有邕者。"《宣和书谱》云："李邕初学，变右军行法，顿挫起伏，即得其妙，复乃摆脱旧习，笔力一新。"李阳冰谓之"书中仙手"。裴休见其碑云："观北海书，想见其风采。"正如杜甫诗云："声华当健笔，洒落富清制。风流散金石，追琢山岳锐。情穷造化理，学贯天人际。干谒走其门，碑版照四裔。各满深望还，森然起凡例。"作为一代书法名家，能得到文人、识者、达官、高士与负赫赫诗名之杜甫等如此之推崇者，李唐一朝似无第二人选。

（二）《缙云三帖》

李邕于括苍山下所留存的《缙云三帖》，称欲往缙云、永康探秋揽胜。凡此《三帖》既是李邕括州任上之余墨、书道珍羽，亦是探求李氏对括州山水人文之向往认同,并关乎缙云历史之重要文献。括苍山巍巍然,好溪丽水秀潺湲,李邕处此环境得以陶冶性情,钟毓灵秀,于其诗文书道裨益良深。《缙云三帖》虽为尺牍,应属信手而为,但篇章布局、字里行间仍见其婉转舒徐,神韵灵动,雍容华美与极富变化之气象。而与《缙云三帖》可比较者北海"龙兴之寺"四字,每字径逾两尺,结体宽博饱满,畅酣淋漓,饶有"大象"精神。

《缙云三帖》,其原书墨迹迨今尚未谋面。世间所流者,为明代董其昌摹刻的《戏鸿堂帖》卷八中,收有唐代著名书法家李邕的尺牍式行书《缙云三帖》。(图1)释文云:

> 昨夜大雨,所料道计不堪矣,已使侄行记,即百方使通,缙云,□得永康探□。

> 比无近书,益用驰仰,毒热惟胜和,儿郎无恙也。邕粗尔少理。张子有家事,望□投与递,可不示也。谨因驰白?不具。

> 吏部三弟改少傅,惘惘不已,五月廿十九,邕谘。

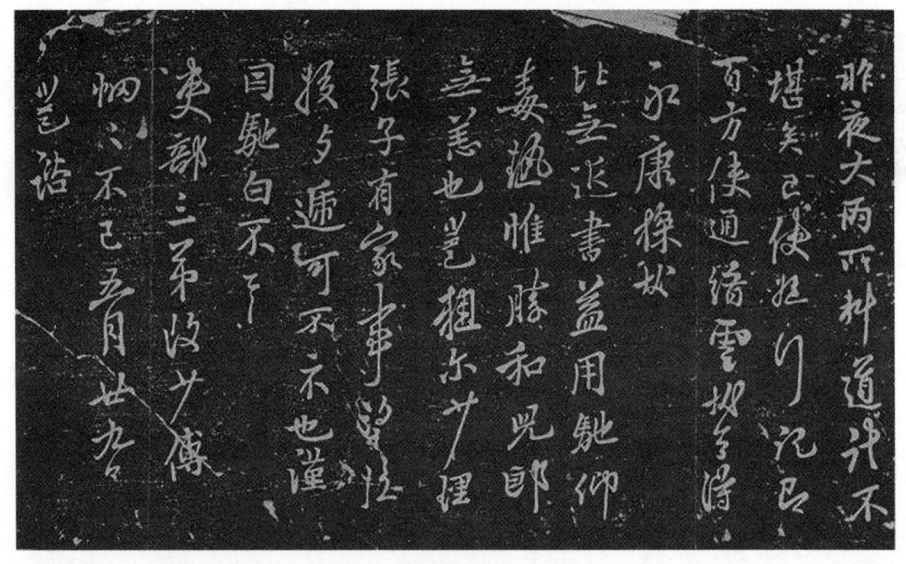

图1 《缙云三帖》拓本

《缙云三帖》正文十三行，历代释读各家互有异同，其中最难辩认，争论最多者，有五处。

一是第一行第四字，二是第三行"缙云"以下那之字，三是第四行"永康"以下两字，四是第八行"家事"以下两字，五是第十行最后一字。

我们认为是第一处为"大雨"，第二处为"攀得"，第三处为"探秋"，第四处为"望侄"，第五处为"具"。

李邕曾二度到括州任官。初见于《绛帖》卷十一："缙云状云：得永康探状。明公马平安至永康。已报于州下，迎家口讫。惟知谨已使临行记，即百方使通。昨夜大雨，所料道计不堪矣。"此帖又名《永康帖》，迭经著录，最早见于《式古堂书画汇考》卷七："缙云状告：得永康探状。明公马平安至永康。已□于州下迎家口讫，惟知谨使已使通。昨夜大雨，所料道计不堪矣。"与《绛帖》摹刻的《缙云帖》相比，《式古堂书画汇考》所著录内容已有差异，如"状云"为"状告"，衍"报"字并有衍文情况出现。

其第一帖即《缙云帖》，与前相比，董氏所刻除语句颠倒错乱外，还有错字漏字，由此可以想见，董其昌所见《缙云帖》即使是真迹，有可能已经字迹不全，难于辨认了。

据王达钦先生《试探李邕〈缙云三帖〉》《再探李邕〈缙云三帖〉》两篇文章可知，《缙云三帖》是唐括州刺史李邕开元二十六年（738）移官淄州刺史期间创作而成的，具体日期在五月二十九日到六月二十二日之间。①

"缙云"之名，汉代见于司马迁《史记》、东晋南北朝见于谢灵运《名山记》，于唐代不仅在李邕墨迹中出现，而且还有当时天下著名书法家李阳冰，出任缙云县令时所书题《黄帝祠宇》与《缙云县城隍庙记》，可谓珠璧映辉，弥足珍贵。这是激活缙云文化的"重大记忆"，亦成为黄帝文化传承的共同默契。

---

① 参见王达钦《缙云文化研究》，浙江大学出版社2008年版，第146页。

二 缙云令李阳冰《黄帝祠宇》《缙云县城隍庙记》《吏隐山》

李阳冰（生卒年不详），约生于唐玄宗开元年间，大唐著名书法家，字少温，谯郡（治今安徽亳州）人，出自赵郡李氏南祖。李白族叔，为李白作《草堂集序》。曾于乾元二年（759）任缙云令、宝应元年（762）任当涂令。历集贤院学士，晚为少监，人称李监。善词章、擅书道、尤精小篆，后人有"唐三百年以篆称者，惟阳冰独步"之赞誉。其篆书"劲利豪爽，风行而集，识者谓之苍颉后身"，被称为"李斯之后，千古一人"。缙云堂是祭祀轩辕黄帝的场所，唐天宝七载（748），唐玄宗李隆基敕改"缙云堂"为"黄帝祠宇"。唐乾元二年（759），时任缙云令的李阳冰篆额祠名"黄帝祠宇"四字。黄帝祠宇为"天下第一祠"，与陕西黄陵并称"北陵南祠"。据清光绪《缙云县志》载，李阳冰在缙云期间曾书众多碑碣，可惜大部分已佚失，现仅"黄帝祠宇""城隍庙碑""吏隐山"等碑刻题记尚存。是探寻中华民族精神本源，筑牢九州方圆、社稷国家的底座。

（一）李阳冰篆书"黄帝祠宇"碑

李阳冰篆书"黄帝祠宇"碑（图2），碑文如下：

黄帝祠宇。李阳冰。丹阳葛蒙勒石。

据元至正《仙都志·祠宇》："黄帝祠宇，唐缙云县令李阳冰篆额。"《仙都志·碑碣》云："'黄帝祠宇'，石刻四大字，唐缙云令李阳冰篆。碑石元在玉虚宫，后为县人辇置邑庠。庆历间于碑阴刊毛维瞻所撰学记。石尚存焉。"1980年以缙云县博物馆旧拓复制"黄帝祠宇"碑一通，碑高195、宽100厘米，现保存于缙云县博物馆。"黄帝祠宇"四字，直写2行，行2字，篆书，每字宽40厘米、高70厘米。署名在圆形碑额上，"李阳冰"三字直写2行，篆书，每字9厘米见方。"丹阳葛蒙勒石"六字直写2行，行3字，楷书，每字7厘米至9厘米见方。

元代书法家郑杓《衍极》说:"真
卿之《剑池》,阳冰之《讲台》《祠宇》
等作,纵横生动,不假修饰,其署书之
雄秀者乎!"同时人刘有定注疏说:
"(李阳冰)篆处州仙都山'黄帝祠宇'
字,其上刻'丹阳葛蒙勒石',乃颜真
卿书也。"①

元至正《仙都志·祠宇》载:"黄
帝祠宇建于唐天宝戊子年(748),李阳
冰于唐乾元二年(759)任缙云县令,故
篆'黄帝祠宇'四字,当是乾元年间。"
现尚存的黄帝祠宇"残碑,碑残高 0.8
米、宽 1 米、厚 0.12 米,约占整块碑的
三分之一,留"帝、宇"两字约四分之一字迹。(图3)

图2　李阳冰《黄帝祠宇》题复制品
（缙云县博物馆）

图3　李阳冰《黄帝祠宇》残碑
(《东方博物》第41辑载吕岳群《缙云李阳冰碑刻题记遗存》之图片)

(二)《缙云县城隍庙记》

《缙云县城隍庙记》(图4),李阳冰篆书,八行,行十六字。乾元二
年(759)立,原石不传,今传者为北宋宣和五年(1123)十月重摹之石。

---

① 尹继善、陈福亮:《缙云文物录》,缙云县文管会内部资料,1990年,第100、101页。

现藏缙云县博物馆碑廊。

宋重刊李阳冰篆书《城隍庙碑》（图4）现存于缙云县博物馆。碑文如下：

> 城隍神，祀典无之，吴越有（之）风俗，水旱疾疫必祷焉。有（唐）乾元二年秋，七月不雨，八（月）既望，缙云县令李阳冰（躬祷）于神，与神约曰："五日不雨，（将）焚其庙。"及期大雨，合境告足，具官与耆耋群吏，乃自西谷迁庙于山巅，以答神休（庥）。

> 唐乾元中，李阳冰尝宰是邑。邑西山之巅有城隍祠碑刻，实所为记与篆也。阳冰以篆冠今古，而人争欲得之，昨缘寇攘，残缺断裂，殆不可读，偶得纸本于民间，遂命工重勒诸石，庶广其传，亦足以传之不朽也。

> 大宋宣和五年，岁次癸卯十月朔，承信郎就差权处州缙云县尉周明，迪功郎就差处州缙云县主薄费季文，将仕郎处州缙云县丞史良翰，文林郎就差处州缙云县令、管勾劝农公事吴延年立。

据碑文及史料记载，《城隍庙碑》在唐乾元二年（759）立于缙云城隍山城隍庙内，后曾经历过"唐宝应二年三月丁未袁傪破袁晁之众于浙东，庚辰河南副元帅李光弼奏生擒袁晁，浙东州县尽平"、"唐中和元年十一月遂昌贼卢约陷处州，缙云亦陷"、"梁开平元年四月钱傅璙讨卢约于处州，五月约降"、"宋宣和三年二月方腊陷处州，其党霍成富掠缙云"之乱，故碑已残断至几不可读。宋宣和五年县令吴延年为"庶广其传"，依民间纸本重刻立于原处。碑高167厘米、宽79厘米、厚16厘米，设碑座。正文分8行，满行11字，每字宽7厘米、高11厘米。吴延年跋文于其左，分2行，满行79字，每字约宽1.5厘米、高2厘米。[①] 碑文记述了乾元二年江南久旱，李阳冰率黎庶向城隍神祈雨及最后迁庙之事。他仁政爱民的政绩及艺事在《缙云县志》中有着大量记载。

李阳冰在缙云期间的政绩，清雍正修的《处州府志）卷之九《宦绩志》记载："修孔子庙，自为记；岁旱，祷于城隍庙，与神约：不雨焚其

[①] 吕岳群：《缙云李阳冰碑刻题记遗存》，《东方博物》第41辑，第64页。

庙。及期而雨,合境告足,亦自记之。秩满,退居吏隐山,篆书犹存。"缙云县孔子庙,始建于唐高宗上元(674—676),至乾元年间则已经历八十余年风霜雨雪,虫蛀烟熏不免破败残损,李阳冰重视文教,整修孔子庙。据新修《缙云县志》,乾元三年(760)整修以后的孔子庙更便于吏民瞻仰叩拜,接受孔子教化。此事,李阳冰曾专门撰文以记之,可惜文记早已失佚,故不得知其整修的详细过程和整修后新貌。李阳冰具有浓厚的民本思想,关心民瘼,为祈雨与城隍约而灵验且修城隍

图4 《唐缙云县城隍庙记》
(现存缙云县博物馆)

庙,是对缙云百姓最亲切的人文关怀,让缙云文化的生命温度得以灌溉承传,成为缙云文化乃至中华民族精神家园的"长寿秘诀"。

(三)《吏隐山》题记

"吏隐山"三字位于吏隐山巅西南端的岩壁上,楷书,直写1行,无落款,每字52厘米见方,幅宽74厘米、高140厘米(图5)。风化严重,笔划残缺,唯"山"字尚完整。据光绪二年《缙云县志·艺文卷之十二》载:"吏隐山三字佚,缙云诸山志:吏隐山在县东北五十步。一名洼尊山。唐县令李阳冰秩满,尝游息于此,筑忘归台,石壁间刻'吏隐山'三字,阳冰所书也。"

另据元至正《仙都志·碑碣》中,有历代名人墨客以及郡守等留下千古佳句,如李邕、李阳冰、李白、白居易、陆龟蒙、皮日休等有皆有咏赞仙都之诗文篇章。这其中就有宋代胡志道[①]赞美李阳冰在缙云山

图5 《吏隐山》摩崖题记

---

① 胡志道:生平事迹不详。《宋诗纪事》卷三〇列刘郭后。录诗十三首。

的诗文：

右黄帝祠宇李阳冰篆
胡志道
李侯神仙才，宇宙在其手。
古篆夸雄奇，铁柱贯金钮。
标榜黄帝祠，字画气浑厚。
想当落笔时，云梦吞八九。
每传风雨夜，蜿蜿龙蛇走。
光怪发岩窦，草木润不朽。
鬼物烦撝呵，一旦忽失守。
随烟遽飞腾，无复世间有。
因访山中人，石刻尚仍旧。
谁能一新之，易若运诸肘。

三 打造黄帝文化展示中心，建设有辩识度的中华始祖黄帝文化博物馆

公祭中华民族的人文始祖轩辕黄帝。长号鸣天、击鼓撞钟、敬上高香、敬献花篮、敬献美酒、恭读祭文、行鞠躬礼、高唱颂歌、乐舞告祭，韶護九成，飞龙在天，唐风宋韵，传载悠远。黄帝作为中华民族的人文始祖，其文化精神已经内化为民族精神基因，深入挖掘黄帝文化的时代意义，对延续中华民族历史文脉，凝聚民族复兴的精神力量，具有十分重要的历史与现实意义。

（一）利用好仙都自然风光与黄帝文化IP与数字化、元宇宙等新技术

缙云祭祀轩辕黄帝历史悠久，始于东晋，盛于唐宋，绵延至今。依托中国黄帝文化名山——仙都、国家非遗——缙云轩辕祭典，打造缙云黄帝文化IP品牌影响力，亦是由于丰厚的历史文化积淀，而今天时地利人和，

更是势在必行。仙都风景名胜区是缙云县的一张旅游名片,景区由仙都、黄龙、岩门、大洋四个子景区组成。此地气候温暖湿润,山好水好,鼎湖峰,四面凌空,三面临水,状如春笋,峰高170.8米,顶部面积710平方米,底部面积2468平方米,峰顶有湖,是国内罕见的地质奇观,此处仙山秀水、奇峰怪石,素有"桂林之秀、黄山之奇、华山之险"的美誉。轩辕黄帝在此修炼成仙,此后修炼成仙者历代不绝,文人墨客亦仰慕备至,唐代白居易曾云:"黄帝旌旗去不回,片云孤石独崔嵬;有时风激鼎湖浪,散作晴天雨点来。"赋予了这座千年古城厚重的历史文化内涵,为传承和弘扬中华文化的时代价值打好根基。

黄帝文化IP会给当地城市品牌形象、文旅融合升级等带来创新文化体验,让悠久的中华文化有了更多的表现形式。游客选择来缙云景区游览,可以直接打开手机或者电脑的元宇宙客户端,能够戴上VR眼镜,在云端行走赏景、瞬时移步换景、穿越千年时空,全景、微距、高像素,带来全时段、全方位、全交互的沉浸式旅游体验。网友可以畅游缙云知名文旅IP、景观景点,行走在穿越千年历史时空的中原美景中,也可以隔屏触摸仰慕已久的人文历史遗迹、亲临重大历史事件现场,甚至可以实现与重要历史人物隔空对话、与千里之外的在线网友无障碍音视频互动,也可以和景区景点的线下游客进行实时互动、虚拟伴游,在未来还有可能加入文创、电商、打卡、数字藏品等多种应用,让线上线下游客都能深度参与元宇宙给文旅带来的创新应用、获得多元互动的沉浸式新潮体验,以更亲民的姿态引发大家的共鸣与认可,成为彰显文化自信的一种重要途径。

(二) 利用好文人墨客留在仙都的石刻和题记——仙都摩崖题记

仙都摩崖题记为全国重点文物保护单位,位于浙江省缙云县仙都风景管理区,分布于初阳山、鼎湖峰、仙水洞、铁城、小赤壁五个景点,从唐代延续到近代。现存摩崖石刻和题记120余处。最早的摩崖石刻为唐代乾元元年(758)篆书名家李阳冰的"倪翁洞"三字篆书和建中元年(780)的一条游记。宋代摩崖题记有55处。明清题记有32处。民国(1912—1949)时期的题记有15处。当代题记有10处。

从全国来看,仙都摩崖题记对于缙云是十分珍贵的历史文化遗存,其历史价值首先在于历史跨度大,仙都山最早的摩崖题记在小赤壁前的白岩潭内,因三国东吴赤乌年间久旱,而好溪断流八千米外的白岩人在此买下水潭挑水吃,刻下"白岩潭"与"赤乌二年"的年号,为仙都摩崖题记之始。大书法家王羲之曾书"突星濑"三字于溪边大石。其次文物保护级别高,现存摩崖题记中宋代以前占46%,明代以前占68%,是丽水市唯一被列入"国保"的摩崖石刻群。再者书法精品丰富。仙都摩崖题记遗存数量多,现存125处,占丽水古代摩崖石刻遗存的1/3,占浙江古代摩崖石刻遗存的1/9,占江南古代摩崖石刻遗存的1/15。仙都山是中国道教名山,故题记内容有不少与道教有关。也有游人的题词,体裁包括诗赋和散文。书体有篆、隶、行、楷、草等体。题记作者较出名的有唐代的李阳冰,宋代的沈括、朱熹,明代的李健,清代的袁枚,民国的楼村和现代的沙孟海等人。仙都摩崖题记延续一千多年,书法品类众多,风格各异,且很多精品出自名家之手,在中国书法史上不多见。题记中多次记录了仙都山的道教以及儒家的活动情况,从文化角度看,仙都摩崖题记是缙云文化研究的重要内容和重要参照,是缙云文化尤其是道教文化的"活化石",是不可多得的文字资料。仙都摩崖石刻中的精品,例如《缙云三帖》《吏隐山》等书法石刻可翻刻,建仙都文脉碑林风景线。

(三)利用好古民居、古驿道、古迹等,地方文化丰富多彩

河阳古村位于新建镇镇西1.5千米,文化底蕴深厚,据记载吴越国朱清源兄弟为避五季之乱,在此定居,因其原籍河南信阳,故取名"河阳",如今村中保存了数十栋明清时期古建筑民居。朱氏宗族自定居河阳以来,已繁衍42代。河阳村现有人口3000,90%以上为朱姓。由于朱氏历代祖先以耕读传家,重农经商,人才辈出,富甲一方,旧时有"有女嫁河阳,赛过做娘娘"之誉。宋元两代曾出过八位进士、二十四位诗人,形成了风靡一时的"义阳诗派"。

括苍古道始拓于东汉至南朝年间,距今1900余年,唐代定为驿道,至明清两代,已成为温州、丽水往金华的官道。历史上古道路程较长,自缙云县县城至丽水城,全长43千米。现存古道起点为缙云县桃花岭村樊庄路口,经隘头村、桃花洞、过丽缙县界,莲都区三望岭村、高青村、却金馆

村，终点为莲都区余岭脚，长约 20 千米。现存古道路径千年不变，路面完整，全部为块石砌成。

以仙都黄帝祭典为核心，聚焦黄帝文化，深化黄帝文化研究，转化黄帝文化价值，开发历史文化的新境界，把黄帝文化保护好、传承好、弘扬好、利用好，打造成代表中国形象、体现东方智慧、誉满世界的文化标识。全方位、多角度切实推动缙云文化和旅游业高质量发展，打造成黄帝文化展示中心，建设独具辩识度的中华始祖黄帝文化博物馆，将为黄帝文化的发展和缙云的文旅事业注入无尽的强大动力。

（王曦泽：山东省潍坊博物馆馆员）

阳冰"飞声"

鲁晓敏

李白写过"吾家有季父,杰出圣代英"诗歌称赞他。没有他,李白很多朗朗上口的诗歌或许要远离人们的视线。李白写过"落笔洒篆文,崩云使人惊"的诗歌称赞他。如果说,没有了他,大唐盛世的书法美颜要黯淡不少。李白还写过"缙云飞声,当涂政成;雅颂一变,江山再荣",称赞他是一个为官一任造福一方的好官。那个屡屡让李白纵情讴歌的人,那个仿佛挥笔会云崩天裂的人,就是唐代书法大家李阳冰。

一

唐上元二年(761)深秋的一天清晨,江面上大雾弥漫,一艘帆船缓缓离开了安徽当涂县城的码头,向着雾气深处驶去。当涂县令李阳冰站在送别的人群中,向着帆船挥手告别。船尾上,伫立着即将远行的友人,江风裹挟着雾汽吹来,不停地卷起他的长衫。他将了将飘起的长须,眉宇间落寞的神情,似乎藏着一股难以读懂的情绪。当年"仰天大笑出门去,我辈岂是蓬蒿人"的洒脱、豪放,如今……李阳冰心中感慨万千,百般不舍,再见又待何时?

惆怅之余的李阳冰,俯首展开了友人临别时相赠的一卷诗作。在这首名为《献从叔当涂宰阳冰》的诗中,字里行间满是对自己的赞誉,看到把自己比作齐国著名的隐士鲁连、楚国著名的侠客季布时,李阳冰忍不住哈哈笑出了声。心想,你呀你呀,如此心高气傲的人,怎么也学会放下身段夸别人了?

朋友接着写道：我离开金陵时，朋友们都为我打抱不平，他们资助了我一点小钱，虽然像拔根羽毛一样，但情意重于泰山。原本不好嫌弃，但是我拖家带口，平时花费又大，这些钱就像舀起一壶水浇在鲸鱼身上一样，实在是入不敷出啊！读着读着，李阳冰不禁皱起眉头，这哪是送别诗，分明是一封求助信啊！

当他看到"我弹着宝剑，高声歌唱苦寒的曲子，夜风呼呼地吹过堂前的柱子，仿佛发出阵阵哀鸣。唉，长叹一声，回家吧，可是回家的路在哪里呢？我的脚下只有滔滔不绝的江水呵……"李阳冰再也忍不住了，立马跳上一只小船，紧赶慢赶，终于将驶远的帆船追了回来。

李阳冰追回来的人就是鼎鼎大名的李白，李阳冰称之为从侄，贺知章称之为"谪仙人"，天下人称之为"诗仙"。原来，李白明的是来拜访李阳冰，实则想来投奔，只是碍于面子，实在开不了尊口，只能将苦衷灌注于这首诗中，以笔墨来打探族叔李阳冰。

此时的李白，已经到了山穷水尽的地步。多年前的李白，也在当涂，曾写就"两岸青山相对出，孤帆一片日边来"，那时候是多么意气风发。可如今，贫病加身，再也无力追寻"诗和远方"。无路可走之时，他想到了李阳冰：一则两人是同族宗亲，从辈分上称其为从叔；二则李阳冰是自己的铁杆粉丝，又是情趣相投的好友；三则李阳冰出了名的仗义，特别讲究江湖之情，绝不会垂怜不救。考虑再三，李白决定投奔李阳冰，于是出现了开头的一幕。

李白称年纪比自己小很多的同宗远亲李阳冰为从叔，也就是同族的叔叔。其实，他们血缘关系已经隔得很远，但李白觉得他们关系很亲，应该称之为季父。这就是李白诗中"吾家有季父，杰出圣代英"的由来。与李白"仗剑去国，辞亲远游"的游历人生不一样，李阳冰的生活轨迹显得简单了许多，长期担任帝国低级官员，与底层百姓打交道，看起来与纵情四海的李白相去甚远。交集不大的两个人，在公元761年走在了一起，筑就了中国文学史上的一段传奇。

唐天宝元年（742），唐玄宗召李白进京，供奉于翰林院，在京城上演过天子调羹、贵妃敬酒、力士脱靴的佳话。李白"赐金还山"之后，历经了"安史之乱"，又不幸遭受永王叛乱的牵连，被流放夜郎（今贵州境内）。761年，李白在流放途中接到了大赦天下的诏告。赦免后的李白从重庆白帝城出发，沿着长江一路东去，挥毫写下了"朝辞白帝彩云间，千里江陵一日还；两岸猿声啼不住，轻舟已过万重山"的名篇，即使千年之后，我们依旧可以感受到他那难以掩饰的激动心情。

经过"流放夜郎"的变故再到赦免无罪后，李白来到金陵投亲靠友，发现原先众多故人朋友对自己冷淡了许多，有的干脆闭门谢客，李白深深地体会到了世态炎凉。患难之中见真交，李阳冰伸出援手，让贫病交加的李白老有所依，让颠沛流离的李白居有定所，李白在李阳冰身上感受到了人世间难得一见的真情。但这些还不是对李白最大的帮助，李阳冰干了一件为中国文学史做出重大贡献的大事。

李白现存一千多首诗歌，收录于《全唐诗》的就有九百多首。我们难以想象，如果李白的诗作散失了，我们在读唐诗的时候没有《望庐山瀑布》《行路难》《蜀道难》《将进酒》《早发白帝城》《送孟浩然之广陵》等经典的诗歌，那会是怎样的场景？如果没有李白"天生我材必有用，千金散尽还复来""长风破浪会有时，直挂云帆济沧海""大鹏一日同风起，扶摇直上九万里"，我们的生活应该会失去不少鼓励，我们前进的步伐该遇到多大困阻……这样的假设差一点就发生了，挽救这一切的是李阳冰。

唐宝应元年（762）的冬天，寒风凛冽地吹彻着李白下榻的茅屋，李白躺在病床上，久久地凝望着李阳冰。一阵剧烈的咳嗽后，他长长地吐了口气，开口说话，像是在自言自语，又像是话里有话："万卷诗歌托于何人呢？"李白话音刚落，仿佛一块巨石掉进李阳冰的心里，李阳冰半晌答不上话来。他知道，李白在生命的最后一刻，最不放心的就是多年以来创作的诗稿，生怕这些耗尽心力的诗稿随着生命的逝去而没入尘埃。

李阳冰陷入了左右为难之中，他不是不愿，也不是推托，而是生怕力有不逮。李白抓住了李阳冰的手，浑浊的目光落在李阳冰身上，渐渐变得清澈起来，清澈得如同春日的泉水一般，泛着粼粼的波光。李阳冰想说话，忽然觉得喉咙里被泥沙堵住了一般，发不出如何声响，任凭眼泪"唰唰"地流淌。他用力地拍着李白的手，郑重地点了点头。

这是一项艰巨的工程。李阳冰一边诵读着诗仙的诗作，一边以书法家的浑厚功力将诗作重新抄录了一遍。历经数月，终于编成《草堂集》二十卷。他又为诗集精心写就了《草堂集序》，仔细交代了李白的身世，并对李白的文学成就作了高度评价："千载独步，唯公一人""唯公文章，横被六合，可谓力敌造化欤"……一千多年后，我们发现李阳冰的评价没有一丝造作，也没有一丝的浮夸，李白就是中国诗歌史上千古一人！

今天，《草堂集》已散佚，但经过李阳冰编录的诗歌大多流传下来。设想一下，如果没有李阳冰，《唐诗三百首》会丢失李白不少经典诗，《全唐诗》也会变得黯淡，盛唐的文学高峰会矮了许多。当后人捧着李白的诗集，每一次注目，每一次朗读，似乎都饱含着对李阳冰的敬意。

历史上真实的李阳冰，除了是李白的从叔之外，最重要的标签是书法，特别是小篆。他代表作有《三坟记》《谦卦铭》《城隍庙记》等，它们在中国书法史上都是丰碑。

二

《城隍庙记》是李阳冰在担任浙江缙云县令期间所撰，刻碑立于城隍庙，原碑于方腊造反时被乱兵所毁。北宋宣和五年（1123），缙云县令吴延年命人按照拓片重刻，全文共86字：

> 城隍神，祀典无之，吴越有尔风俗，水旱疾疫必祷焉。有唐乾元二年秋，七月不雨，八月既望，缙云县令李阳冰躬祷于神，与神约曰："五日不雨，将焚其庙。"及期大雨，合境告足，具官与耄耋群吏，乃自西谷迁庙于山巅，以答神休。

如今，这方碑静静矗立在缙云县博物馆，它的存在，让长长的一列碑刻成了附属物。阳光穿过长廊，透过枝叶的空隙，照射在褚红色的石碑上，发出霞光一样绚丽的色彩。刻进石头的线条，颜色显然更深邃，仿佛铁线一般，显得劲道十足。凝视着浑厚古朴的碑刻，大唐时光仿佛触手可及，却分外遥远，千年的时光腐蚀了石碑表面的光泽，却磨蚀不去它的神和韵。

我们仿佛可以看到李阳冰下笔是如此地稳健——逆锋起笔有势，中锋行笔有序，回锋收笔有神。通篇行间字间均匀排列，笔画粗细一致，字体结构圆润，接笔之处干脆利落，线条明快而不失庄重，教人看得心潮起伏。那些一斧一凿而成的优美的曲线，汇聚成一条蜿蜒的大河，或浪涛澎湃，或静水流深，它们裹挟着一股来自大秦的光华、大唐的豪迈气势，向我奔涌而来……

回过头来说说小篆。秦始皇统一六国之后，下令废除各国文字，在全国推行标准的新文字，这就是历史上赫赫有名的"书同文"。丞相李斯担纲重任，他以秦国文字为基础，创造出一种使用直线、弧线、曲线等线条来表现文字的结构的"小篆"体。在小篆诞生后的两千多年里，小篆名家层出不穷，东汉曹喜、蔡邕、唐代李阳冰、五代徐锴、北宋徐铉、元代赵孟頫、清代邓石如、吴让之、赵之谦等人留名书史。其中，唐代李阳冰当属李斯之后的第一人。

李阳冰自小研习书法，尤为擅长小篆，李斯自然而然就成为他终身老师。李阳冰最喜爱的李斯作品是《峄山碑》，李斯字体厚重典雅，笔画不徐不疾，线条刚柔相济，如同自然分布于美玉当中的筋线，人们形象地称之为"玉筋"。李阳冰走到哪里，都带着《峄山碑》的拓片，他时常呆呆地看着，不饮不食，陷入冥想。他时常临摹，有时以手指作笔，蘸着水就在墙壁上、地面上、石头上书写起来，磨破了皮也浑然不觉。乡人看着李阳冰着魔的神态，都笑他为痴人一个。

从珍藏于西安碑林的李阳冰代表作"三坟记碑"中，我们可以清晰地看到他继承了李斯的笔法，运笔命格，刚劲有力，呈现出矩法森严的气象。李阳冰并未盲目模仿，而是从李斯肃穆、规矩的书风中破茧而出，圆弧形笔画明显增多，线条纵势而修长。不少线条甚至呈现出婉曲流动之势，显得婀娜飘逸，画面极富美感。但是，时人却分别称李斯、李阳冰的篆书为"玉筋"和"铁线"，这让人不得其解。其实，有一种说法颇得要领，李阳冰的篆书线条如铁线草的叶柄一般细长、如铁线草的叶茎一般发着黑亮的光泽，所以称之为"铁线"。

值得一提的是，唐代顶流书法家颜真卿书碑时，"必得阳冰题其额"才算完美，颜、李联手有珠联璧合之妙，故时人称之为"颜李合璧"。他们为世人留下了不少绝世珍品，如书法史上的杰作——"颜氏家庙碑"，碑文为颜真卿所书，碑额为李阳冰所题。这块碑矗立在西安碑林，成为镇馆名碑之一，每一天都迎接着人们膜拜的目光。

保存书法最好的方式就是刻碑，保存艺术最高的境界就是流传。李阳冰存世的石刻作品尚有不少，它们散落在全国各地，如福建福州乌山的"般若台"摩岩石刻、江苏苏州虎丘的"生公讲台"摩岩石刻、浙江缙云仙都"倪翁洞"摩岩石刻、广西桂林虞山的"舜庙碑"、湖北武昌的"怡亭铭"石刻、江苏无锡惠山的"听松"石刻等数十处遗迹。由于李斯存世的作品极为稀少，唐代人学习小篆多转向李阳冰，时人将李斯与李阳冰并称为"二李"。可以说，李阳冰是小篆体上承上启下的一代宗师。

李阳冰不仅擅书法，也善词章，有着"秀句满江园"之说，只是书法之名太盛，文章之名尽被埋没。但是，我们在他留下了的不少书法论著当中，还可以明明白白地感受到他的书法理论功底和文章功夫。李阳冰撰写了《上李大夫论古篆书》，对李斯的书法进行一个全方位的总结。此外，他留有《重修汉许慎〈说文解字〉》、《翰林禁经》八卷、《翰林密论用笔法二十四条》、《字学推原》等书法理论著作。这些论著体现了李阳冰很深的书法理论造诣，奠定了书法评论家的历史地位。

李白称赞李阳冰"落笔洒篆文，崩云使人惊"。李白尚存书法作品《上阳台帖》，功力非常了得，那恣意纵横的笔划，一如他张扬不羁的个性，行家夸行家，并没有夸大其词。北宋著名诗人杨亿为了习得李阳冰真传，专程跑到缙云临摹"城隍庙碑"，用他自己的话来说，"缙云六载掌关征，学得阳冰小篆成"。北宋书学理论家朱长文对李阳冰非常推崇，在《续书断》中将李阳冰、颜真卿、张旭三人推为唐代神品。唐代是书法史上最为强悍的时代之一，李阳冰能够与他们齐名，可见名不虚传。清代孙承泽也感慨道"篆书自秦、汉以后，推李阳冰为第一手"……

穿越千年，缙云县设立了李阳冰学校，以弘扬传播李阳冰文化为己任，让书法走进小学和初中的课堂。学生们以写好小篆为乐趣，用书法美育未来。缙云人为什么如此喜爱李阳冰，难道仅仅因为他是著名的书法家吗？实际上，李阳冰已经深深地刻上了缙云印记，他是缙云历史上无法绕过的人物。

三

出人意料的是，作为一代小篆书法大师级的人物，在《旧唐书》《新唐书》等正史中均无传记，从而使得李阳冰的身世扑朔迷离。

关于李阳冰的籍贯和生卒年份历来众说纷纭，在李白的《献从叔当涂宰阳冰》一诗中，有一句"弱冠燕赵来"，李白与李阳冰为生死至交，他的说法应当准确，燕赵之地即为河北。更详细的应为河北赵县人。至于是祖籍还是出生地就难以考证了。李阳冰的生卒也只能根据史书中的推测，大致生于唐开元年间，去世于唐贞元年间，生活在公元721—787年之间，与颜真卿是同一时代人。

李阳冰出任缙云县令的时间倒是有着准确的记载，那就是"安史之乱"四年之后的公元759年。在一片纷乱之中，李阳冰来到了当时僻远的山区小县缙云，担任缙云的父母官。他是缙云历史上第一位有记载的县令，也是让缙云人记忆犹新的一位县令。

在李阳冰到任不久的夏秋之交，缙云遭遇了一场特大干旱，连续四十多天不下雨，庄稼面临着绝收的困境。按照当时的惯例，李阳冰率领百姓到城隍庙祈雨。可李阳冰的祈雨却显得很独特，他与城隍老爷约定："如五日之内不下雨，就火烧城隍庙！"在信奉鬼神的古人眼里，李阳冰这种冒犯神灵、挑战神权是极其危险的行为，会遭到神灵的天谴。可以想见，当众人正跪在地上磕头祷告之时，听闻此言一定吓得赶紧起身，争先恐后地从庙里涌出，生怕跑慢一点会受到牵连。

新来的县令竟敢恐吓城隍，这种闻所未闻的爆炸性新闻在缙云县传开了，人们议论纷纷，生怕得罪了神灵天更不会下雨。一连数天，人们伸长脖子看天，依旧是烈日高悬，没有一点下雨的征兆。到了第五天，晴空万里，热浪滚滚，地上冒着一丝丝白烟，人们开始担心县令会不会真的毁掉城隍庙？就在七嘴八舌之时，天空中刮过一阵狂风，乌云一团团地聚集在头顶，紧接着瓢泼大雨"噼里啪啦"地砸了下来。人们成群结队地扑入大雨中，疯狂地喊叫着，跳跃着……

经此一事，缙云百姓将李县令传的神乎其神，什么城隍老爷惧怕李县令，甚至说李县令有着呼风唤雨的神力。其实，李阳冰就是一个凡夫俗子，但是为了老百胜不管不顾地豁出去了。李阳冰兑现了诺言，将城隍庙迁至西山山顶，扩大了殿堂，重塑城隍像。事后，李阳冰为城隍庙撰写了碑文，将此事前因后果一一记之。这就是"城隍庙碑"的由来。

经过这场旱灾，全县粮食锐减，有些村子甚至绝收，不少百姓家里断了炊烟。秋收没有了指望，春季种子的欠款要还，该缴的田租、税收少不了，缙云县陷入了一片恐慌之中。李阳冰下令开仓赈灾，动员富户捐钱捐粮，此举救活了不少灾民。同时，李阳冰言辞恳切地向上级呈报缙云现状，据理力争为灾民减免税赋，老百姓对李阳冰的义举感恩不已。

翻阅历史，我们发现很多清官与石有关。比如三国时，吴国人陆绩任满，除了书籍和旧衣服之外别无他物，可以说是带着两袖清风还乡，为了保证行船平稳，陆绩搬来一块大石压在舱底。时人赞他"金珠不载载石还"。在缙云，有一块搬不走的石头，当地人称之为"分水石"，它的主人就是李阳冰。

这一年的大旱，缙云很多溪流断流，导致县城用水困难。流经县衙前的一条山溪时断时续，只在一处深沟中蓄有一潭积水，百姓每天在水潭边排队取水，眼看水越来越少了，县里一些豪强争相抢水，进而发生了械斗。李阳冰闻讯赶来，抓捕了带头的肇事者，平息了争端。他见水边有一块突出的岩石，于是一屁股坐在了石上，当众定下规矩，按老弱、妇女、青壮年的顺序取水，按家庭成员的人头分水，又组织衙役将水送到孤寡老人家中。为了节约用水，他命人蹲守在水潭边上，监督取水，从而缓解了百姓吃水的难题。为了纪念李阳冰，缙云百姓将这块岩石命名为"分水石"，又称"分水矶"。这则"坐矶分水"的掌故在缙云流传千年，直到今天依旧朗朗上口，它代表的是老百姓最为期盼的公平和公正。

在缙云县令任上，李阳冰重视农耕、兴修水利、治理好溪水患、轻徭役、薄赋税和惩治贪腐，他还是缙云崇尚思想教化、重视文化教育的第一人，为当时偏僻蛮荒的缙云种下了读书的种子。在短短两三年间，他先后修建了破败的孔庙、办好县学、延请名师，并亲自去学堂上课，他打破了只许世家子弟上学的规矩，广泛吸收农家子弟入学，从而使儒学通达于乡里，读书声遍布村落，举县风化如同脱胎换骨。

李阳冰与缙云的缘分还在延续，他的一个儿子李援后来定居在了缙云，今天已经繁衍成一支望族。翻开这支李氏留下的宗谱，开篇绘有一张李阳冰画像，满脸慈祥，目光温顺，眉宇之间充满儒雅。虽着官服，看上去如同一介书生，抑或像一个隐者。历史中的李阳冰真的是这样的吗？

四

我们真的可以找到历史中的李阳冰画像，只不过不是画作，而是李白写的《当涂李宰君画赞》。在这首声情并茂的诗歌之中，李白用特有的浪漫主义手法描绘了他心目中的李阳冰：

> ……缙云飞声，当涂政成。雅颂一变，江山再荣。举邑抃舞，式图丹青。眉秀华盖，目朗明星，鹤矫闻凤，麟腾玉京，若揭日月，昭然运行。穷神阐化，永世作程。

作为挚友，作为无私帮助自己的恩人，李白心目中的李阳冰是完美的。他说道：你名字在缙云广为传播，你在当涂获得了显著的政绩，老百姓为你欢欣起舞，国家为你感到荣耀。你的书法四海名扬，一定会名垂于青史啊！

如果说这些评价还算中肯，李白马上笔锋一转，使用了他最擅长的狂放诗风，尽情地释放自己的笔墨之功：眉清目秀的你啊，那炯炯有神的双眸，宛如天上星辰一般光芒烁烁；英气逼人的你啊，宛如矫健的仙鹤一般亭亭玉立于高门之中，显得格外高贵优雅；高大威武的你啊，行走之时凛凛生风，宛如麒麟飞腾在天宫；明亮如同日月的你啊，昭然行于天空；阳冰啊阳冰，你简直就是神明显现，是我们膜拜的偶像，更是永世的典范！

这些带着李白豪迈腔调的美誉，让今人读得云里来雾里去，甚至有些摸不着头脑，或许这才是诗人的气度所在。要不然，怎么会有"飞流直下三千尺""白发三千丈"的夸张呢？他才不管你读得是否别扭，只要自己淋漓畅达就好。

从诗中可知，李阳冰长相俊朗，身材修长，气质高雅，是一个才貌双全的偶像级人物。李白交代得很清楚，李阳冰不是只顾自己创作的文艺青年，而是脚踏实地为民谋福祉的好官。李白发出慨叹，为李阳冰陷于一隅，无法在更加宽广的天地中一显身手而深深地惋惜。在山河崩裂、世道衰微的境况下，李阳冰何尝不为无法施展抱负而感到深深的遗憾呢？

李阳冰从最基层的小官做起，先后就任上元县尉（今南京江宁区）、缙云县令、当涂县令，长时间担任地方主官，由此深刻地了解民间之疾苦。不管在什么位置上，他都能秉公心、尽人事，他的政绩飞声于各地，蛩声于百姓的口耳相传之间。

俗话说"字如其人"。从一个人的书法上可以管窥他的性格。李阳冰的字规矩方正，直来直去，他的性格亦如此，甚至带着一丝狂狷之气。身居低位之时，李阳冰不善逢迎，更不会钻营，反而时不时与上级唱反调，这样耿介的人自然无法获到上司的赏识，注定会在官场中四处碰壁。等到他的书法名气暴涨之时，如果权贵求字，看不顺眼的哪怕一字一金的价格也不为所动，而普通百姓求字时常分文不取。可以说，李阳冰仕途的坎坷，源于他特立独行的个性和孤傲的秉性。

还是"字如其人"。外表看起来，李阳冰的书体气象森森，却透着一股婉曲。同样，李阳冰外表冷峻、内心清高，但是对朋友充满着温情。在李白万众瞩目的时候，他在远处默默地关注。在李白落难之时，多少人视之为洪水猛兽，李阳冰却没有这么做，他伸开双臂，毫无怨言地接纳了李白。不顾自己俸禄微薄，变卖了收藏的字画，典当了冬天御寒的裘袄，为他安家，为他治病，为他送终。可以说，李阳冰做到了一个朋友所能做的一切。

李阳冰在底层厮磨了多年，即使提拔到了朝中，依旧无法得到重用。到了仕途晚期，辗转于集贤院、将作等处任职，最后官至将作少监。将作是唐代专门服务于宫廷的官署，掌管着宫室建筑、宫廷的金玉珠翠、犀象宝贝和精美器皿的制作、纱罗缎匹的刺绣及各种异样器用打造。少监是个副职，从四品的官员，这是李阳冰所担任的最高官职，所以世人称之为"李监"。

李阳冰兜兜转转在自己所不擅长也不愿意待的岗位上，浑浑噩噩地厮混，心中的郁闷可想而知。政治上失意的李阳冰，只要一握起毛笔，那颗枯萎的心立刻变得葱茏蓬勃，宁静的血液立即变得沸腾，浑身上下充满了使之不竭、用之不尽的力量。

"李斯之后，阳冰第一。阳冰之后，千年者谁？"唐代诗人舒元舆发出了千年一问。不幸的是，小篆的命运被他一语成谶。尽管有着拯救和编辑李白诗集的奇功，尽管有着与李斯并驾齐驱、与颜真卿合璧的高光，尽管留下多地清澈的民望，随着小篆书法在清末走向没落，在小篆史上"飞声"千年的李阳冰也走向低潮，只留给了今人一曲袅袅余音。

李阳冰已经足够了，他为这个世界留下了太多的美好，即便是余音，也依旧绕梁。诚如李白所言，阳冰必将"穷神阐化，永世作程"。

（鲁晓敏：中国作家协会会员、浙江省散文学会副会长、浙江省作家协会全委会委员、《中国国家地理》杂志特约撰稿人）

老黄帝祠宇究竟毁于何时?

项一中

缙云黄帝祠宇之由来,源自一个千古之谜。

据元代至正年间道士陈性定所撰之《仙都志》载:

> 《图经》云:唐天宝七年(748)六月八日,有彩云起于李溪源,覆绕缙云山独峰之顶,云中仙乐响亮,鸾鹤飞舞,俄闻山呼万岁者九,诸山皆应,自申至亥乃息。

意思是说,大唐天宝七载某日,从下午3点到晚上11点,缙云山鼎湖峰出现了"彩云仙乐、山呼万岁"之奇异景象。

突如其来的谜一样的景象,令缙云郡太守苗奉倩兴奋不已,他认为此乃大唐可遇不可求之最大祥瑞,于是立即将其上奏于朝廷。

"此曲只应天上有,人间能得几回闻!"唐玄宗闻奏后认为,缙云山乃轩辕黄帝乘龙升天之吉地,出现"彩云仙乐、鸾鹤飞舞、山呼万岁"之异象,无疑乃轩辕黄帝下凡重游缙云山,众神仙汇聚于此奏乐迎接之所致。这岂非对自己开创的盛世之最高奖赏?

唐玄宗喜不自胜,扼腕而叹之曰:"真乃仙人荟萃之都也!"

遂"敕封仙都山;周围三百里禁樵采捕猎;建黄帝祠宇;岁度道士七人,以奉香火"。

换句话说,唐玄宗闻奏后立即下发了三项最高指示:

一、敕改"缙云山"为"仙都山";

二、严禁在仙都山三百里范围内砍柴采摘捕鱼打猎;

三、敕建"黄帝祠宇",当年招收七名道士,奉祭香火。

尽管其第三条指示"黄帝祠宇"由道士"以奉香火",说明唐玄宗是把轩辕黄帝作为道教始祖进行祭祀的。但这一"最高指示"无疑为黄帝祭祀活动从民间走向官方铺平了道路,在客观上对南方的黄帝祭祀活动,起到了无可替代的推波助澜之作用。

由此,从《仙都志》的这一记载中我们可以明确得知,黄帝祠宇始建于大唐天宝七载,即公元748年,至2022年已有1274年的历史。

既然黄帝祠宇的始建之年明确无误,那么这座由唐玄宗亲自敕建的古建筑,又是因何而毁于何时?

对此一命题,或说毁于明末者有之,说毁于清初者有之,说毁于清末者亦有之,且各方言之凿凿,莫衷一是。

本文试以《仙都志》《缙云县志》《处州府志》仙都"摩崖石刻"、缙云县博物馆的馆藏文物、历朝历代的名人诗文为线索,对黄帝祠宇之兴盛衰败相互印证,来判断唐玄宗敕建的黄帝祠究竟最终毁于何朝何代。

北陵南祠的形成

如前文所述,随着唐玄宗的"金口玉言",缙云山敕改"仙都山"、敕建"黄帝祠"等突发性新闻,很快传遍了大唐帝国的每个角落。而随着三项最高指示的逐步落实,巍峨庄严、金碧辉煌的"黄帝祠宇"很快屹立于仙都鼎湖峰下的苍龙峡中。道士们每日晨钟暮鼓,早朝晚祷。民间和官府则在清明和重阳举行"春秋二祭"。

特别是每年的九月初九缙云官府举行大祭之日,各地百姓纷纷扶老携幼,手提肩挑各种供品前来参祭。一时之间,仙都山中,旌旗招展;好溪之畔,锣鼓喧天;鼎湖峰下,龙腾狮舞;黄帝祠前,万众祭拜。由此很快形成了华夏大地两大轩辕祭典的双星辉映:——北方有陕西黄帝陵,南方有浙江黄帝祠,史称"北陵南祠"!

在唐玄宗敕建黄帝祠宇的第11个年头,也即唐肃宗乾元元年(758),缙云来了个新县令——李阳冰。这位唐代著名的书法家,有"篆圣""笔虎""苍颉后身"之誉,并与秦始皇的丞相、书法家李斯齐名,世称"小篆双李"。诗仙李白曾如此评价李阳冰：

> 落笔洒篆文，崩云使人惊。
> 吐辞又焕彩，五色罗华星。

由宋徽宗赵佶亲自主持编撰的《宣和书谱》则称："自汉魏以及唐室，千载间寥寥相望，而终唐室三百年间，又得一李阳冰，篆迹殊绝。有唐三百年以篆称者，唯阳冰独步。"

李阳冰担任缙云县令之后，第一件大事就是前往仙都黄帝祠，虔诚祭拜轩辕黄帝。祭拜结束，他拿出纸笔，认认真真地写下了"黄帝祠宇"四个小篆。其后，他又修书请志同道合的书友颜真卿助力，并邀请当时的刻碑高手丹阳葛蒙精心刻制了"黄帝祠宇"四个大字，以及颜真卿的"丹阳葛蒙勒石"题额。残碑现存缙云博物馆。

相比较而言，李阳冰《黄帝祠宇碑》比陕西黄帝陵现存最早的北宋文学巨子李昉所写的《黄帝庙碑》，还早了二百余年。

元《仙都志》载："独峰山，一名仙都石。自唐白乐天以下，古今名贤，留题有什。"白乐天，即白居易（772—846），与"诗仙"李白一样，他也有"诗魔"之称。长庆二年（822），白居易由中书舍人出任杭州刺史，其时曾游览仙都。《仙都志·题咏》记其绝句云：

> 黄帝旌幢去不回，片云孤石独崔嵬。
> 有时风激鼎湖浪，散作晴天雨点来。

公元960年正月，后周殿前都点检赵匡胤在部下的拥戴下"黄袍加身"，建立了大宋王朝。

《宋史·本纪第七》载：大中祥符元年（1008）春正月乙丑，太空忽然飘下一片金色帛书，挂于承天门屋檐。宋真宗赶紧召集群臣到朝元殿拜迎这封"祥符天书"，改年号为"大中祥符"，尊轩辕黄帝为赵氏始祖，并派员到各地的名山大川祭祀轩辕。

从《仙都志》的记载中我们发现这么一条："金龙洞……宋天禧四年

（1020），投金龙玉简于其中。"

什么叫"金龙玉简"？北宋范镇的《东斋记事》称："道家有金龙、玉简……投于名山洞府。金龙以铜制，玉简以阶石制。"

那么，道士所撰的《仙都志》之记载可信吗？

1997年7月，仙都田村两户人家的三个孩子到金龙洞游玩，无意间在一个狭窄石缝中摸到了两条金龙、一块刻字金片、两片玉简。后因分配不匀引起纠纷而被派出所发现。当民警前去收缴时，金片早已被加工成金戒指，而"金龙"则如《东斋记事》所称"金龙以铜制"，但"玉简"却并非以"阶石制"，而是木制。据楼钥《北行日录》，宣和年间朝廷再次在此洞投放了"金龙"。

——2022年3月，缙云县文旅局的一位领导带着两位博物馆人员，也再次在金龙洞一侧发现宋代金龙一条！

历经千年出土之金龙木简，充分证明了《仙都志》之可信度！

如今出土的一条金龙、两条鎏金铜龙及木简都收藏于缙云博物馆。

宋治平乙巳年（1065），英宗下诏，以"黄帝祠宇"为核心进行大规模扩建，并赐名"玉虚宫"。

到了北宋宣和庚子年（1120）二月，方腊军霍成富部猛攻缙云。时年七十二岁的县尉詹良臣率弓兵数十人迎敌，最终兵败被俘。霍成富逼其投降，詹良臣厉声斥骂。霍成富恼羞成怒，令人一条条割下詹良臣身上之肉，并强塞其嘴，命其自食其肉。詹县尉一面喷吐碎肉，一面骂不绝声，直至血尽而亡。事载《缙云县志》。

方腊攻占缙云后，沿好溪而上，几乎把沿岸之村庄全部焚毁。位于好溪之畔这座由唐宋两朝皇帝先后敕建的中国南方唯一祭祀轩黄帝的"玉虚宫"，也被起义军抢掠一空后，再付之一炬……

以致那个后来官至吏部尚书的南宋词人韩元吉（1118—1187）游仙都时云：

夜宿玉虚宫，小轩正对步虚峰。道士云：天宝三载有庆云见，且山呼万岁，始诏建黄帝祠，封为仙都山，敕书今亡。

意思是说,天宝三载因为"山呼万岁"之兆,唐玄宗诏建黄帝祠,封仙都山,可惜由于战乱保存在黄帝祠宇的唐玄宗之敕书已经遗失了。

数年之后,道士游大成即于旧基之上进行重建,一座焕然一新的玉虚宫又重新屹立仙都苍龙峡。后来人们发现,重建的玉虚宫方位被改成"东坐西向"。民间堪舆阴阳家认为,玉虚宫改变朝向后,对面石虎高踞虎视眈眈,与轩辕黄帝相冲,遂要求推倒重建。

处州知府安刘接到报告后十分重视,但玉虚宫乃钦赐之国家级宫观,他岂敢擅自作主?遂于"景定庚申"(1140)专程赴京城杭州向朝廷汇报,经过审查批准,安刘取回朝廷圣旨后,命玉虚宫主管道士陈观定,按祠宇被方腊焚毁之前方位、朝向,再次重建了玉虚宫。

到了南宋绍兴年间,金榜题名的"状元"王十朋(1112—1171)途经缙云时游览仙都拜谒黄帝祠宇,留下了《仙都鼎湖赞》等诗文:

皇都归客入仙都,厌看西湖看鼎湖。
洞接龙泓片云远,山分雁荡一峰孤。

以上事皆载于《仙都志》。

还有个疑问:黄帝祠宇在扩建改名为道教"玉虚宫"后,是否就此不翼而飞?轩辕黄帝也是否失去了"人文始祖"之身份呢?

我们来看看后来曾任南宋参知政事的楼钥是怎么说的。乾道五年楼钥以书状官随舅父吏部尚书汪大猷出使金国,他按日记述途中所见所闻写成《北行日录》。书中记载了他在乾道五年(1169)十月途经仙都时的情况:"二十日渡溪,入仙都玉虚宫路……(独)峰之上相传有鼎湖,世言黄帝由此飞升。塘名'黄履',言遗履(黄帝乘龙遗落之鞋——编者注)之地。宫前两亭,顾瞻伟观。二十一日……谒黄帝祠宇。"也就是说,楼钥是先渡溪,再从玉虚宫路进入仙都,见到鼎湖峰以及峰下之池塘。第二天他才虔诚地登黄帝祠宇,拜轩辕黄帝。由此可见,黄帝祠宇就位于玉虚宫建筑群之内。

在仙都的小赤壁景点,有块巨大的摩崖石刻《小蓬莱歌》:

仙都洞天，秀出东浙，有黄帝祠宇，近年始祠孔子。
仙之山兮嵬峨，仙之水兮委佗。
驾轻车兮消忧，方扁舟兮永歌。
……
大宋咸淳元年岁在乙丑八月朔日　　永嘉王埴

王埴时任缙云县令，从他在咸淳元年（1265）《小蓬莱歌》的叙述中我们可以发现一个奇特现象，缙云人早就开始在黄帝祠宇同时祭祀轩辕黄帝和孔老夫子。可见当时的缙云人是把轩辕黄帝作为"人文始祖"来祭祀的。否则一个皇帝钦赐的道教圣地，怎么可能把"大成至圣先师"也恭请入内，让孔老夫子和高高在上的道教始祖并肩而坐，并同时接受地方官员的顶礼膜拜？

辉煌鼎盛玉虚宫

县令王埴在小赤壁上刻下《小蓬莱歌》之际，蒙古大军的铁骑几乎已经征服了整个坚不可摧的欧亚大陆，正在转过头来全力对付偏安一隅的南宋王朝。13年后，经过"崖山海战"，中国历史进入了由"马背上的民族"统治的时代。

这些严酷的元朝统治者，将中国社会"族划四级、职分十等"，实行残酷的民族压迫和阶层统治。那些抗元最为激烈的江南汉人，也因此成为最受歧视的"四类分子"。而中国历史上最具气节之江南儒生，更是惨不忍睹——其等级降到了位列第八的娼妓之下，成为"老九"。

那么，元朝对于地处中国江南的"黄帝祠宇"，又持何种态度呢？

《元史·祭祀志》载，元朝第二个皇帝元成宗（孛儿只斤铁穆耳），于元贞元年（1295）初，不仅下旨各个郡县"通祀"中国历史上的"三皇"，即伏羲氏、神农氏、轩辕氏，而且规定在黄帝神像两侧配以他的两个大臣风后、力牧，可见其对华夏始祖祭祀礼仪之重视。

然而此时，由于宋、元之间长期战乱，南方的"玉虚宫"早已是满目疮痍。元朝翰林学士兼国子祭酒虞集在《重修玉虚宫记》中这样记载：

"（玉虚宫）内附国朝主宫事者，四方之人皆得为之，而宫日废。"也就是说，只要有靠山有关系，四面八方地痞流氓都可成为玉虚宫主事，以致宫中香火零落，屋宇荒废。

令人意外的是，元延祐元年（1314），一个道士赵嗣祺，居然"钦受宣命，佩服颁降处州路仙都山玉虚宫提点所五品印章，主领宫事"。

请注意"钦受宣命，五品印章，主领宫事"这12个字。它说明元朝的第四个皇帝刚刚登基不久就颁发圣旨，破天荒地授予赵嗣祺一枚视同"五品"之"印章"，并任命他为玉虚宫主管，对日渐衰败的玉虚宫进行整顿、改造、扩建。

一个小小的玉虚宫主管，其官位品级居然比大大的缙云县长官还高二级。从元《仙都志》的这一记载中，透露出这些元代统治者，对轩辕黄帝的尊崇达到了何等程度！

难怪元代著名书法家、魏国公赵孟頫前来朝拜轩辕黄帝时，恭恭敬敬地为之题写了"仙都山门"和"风雨堂"两块匾额。到了至顺二年（1331），当时国子祭酒虞集前来朝拜黄帝时，不仅为之题写了"金莲馆"三字匾额，还为元英宗修"玉虚宫"之盛事，认认真真地撰写了《重修玉虚宫记》。

接下来呢？根据《仙都志》记载，在赵嗣祺进行一系列大刀阔斧的改革整顿后，"宫门门重增旧观"。此时之玉虚宫建筑群，满满罗列着以下一系列令人眼花缭乱的富丽堂皇之殿宇：

金阙廖阳宝殿，郡人叶嗣昌书额；

黄帝祠宇，唐缙云县令李阳冰篆额；

飞天法轮藏殿，郡人陈沂书扁；

天一真庆行宫；三元三官圣堂；梓潼帝君行祠；洞天仙官祠；

玉虚真官祠；衍教堂，郡人何傅书扁；隐真堂，韩永锡书扁；

风雨堂，吴兴赵孟頫书扁；金莲馆，蜀郡虞集书扁；

玉虚宫门，东阳赵霆篆额；祈仙洞天门，邑人潜说友篆额；

仙都山门，赵孟頫书额；……

从以上详细记载中，我们可以想象当年玉虚宫规模之宏大、建筑之宏丽。可以说，仙都的玉虚宫在元代达到了它的最鼎盛时期。

风雨飘摇玉虚宫

元至正二十八年，也即公元1368年，元朝的末代皇帝元顺帝退出元大都，结束了元帝国不足百年的统治。代之而起的，是出身于小和尚的政治新星——朱元璋。

曾经饱受异族统治之苦的朱元璋，非常明白民族问题的重要性，他十分重视北方民族的向心力和凝聚力。因此，他命朝廷礼部议定在陕西中部县祭祀轩辕黄帝，并确定三年一大祭。

与重视北方黄帝陵的祭祀相反，地处中国南方的"玉虚宫"在元明交替、互相争夺之时，可谓饱受战乱之辱。

根据《缙云县志》记载，元至正十六年（1356），朱元璋攻占了南京后挥师向东，于至正十八年底占领了婺州，接着就派大将耿再成进攻处州。耿再成军到达缙云后，驻扎在黄龙山与元军对峙。元将石抹宜孙遂率军攻打黄龙山，双方互有胜负，或得而复失，或失而复得。

在元、明改朝换代之际的双方互相攻伐之中，缙云县城及仙都成为双方争夺的拉锯地带，人们对轩辕黄帝的祭祀自然难免时断时续。而玉虚宫则由于兵燹连年而遭到严重破坏，昔日之风光不再。

正因为如此，明代缙云祭祀黄帝之记载并不多见，原因较为复杂。刊刻于明成化十八年（1482）的《处州府志·灵异》载："仙都有二松，枝杆甚古，大数十围。每晴日当午，雨点滴沥，阴晦则无，名'雨松'。宣德间，俗道以游观者众，劳于送迎，遂伐去之。"

意思是说，仙都有两棵古松，大到要数十人才能合抱（两臂合抱之长度曰围）。每到晴天正午，其松枝就有雨点纷纷滴落，阴晦之日则无雨滴，故名叫"雨松"。由于前来游览观赏雨松的人太多，明宣德年间（1426—1435），玉虚宫之道士烦不胜烦。为了免于迎来送往，他们干脆就把雨松给砍了。

当刑部侍郎李棠（1400—1460）回缙云老家闻知其事，不禁痛心疾首，气愤难当，遂作《悼雨松》以祭之：

> 云窟遥根几岁华，斧柯谁信敢相加。
> 尘寰无复晴天雨，俗道非将犯斗槎。
> 荒院月明猿有泪，古墟云静鹤无家。
> 青牛一去无消息，洞里仙人湿紫霞。

在缙云民间，还流传着玉虚宫被明代的樊御史所剿灭的故事。

樊御史名献科（1517—1578），缙云人，嘉靖二十六年进士。曾巡按京畿真定。代巡福建时，倭寇屡犯边境，闽省巡抚与诸将皆龟缩城内。献科见之慨然而起，力主开门迎敌，最终尽歼入侵之倭寇。

民间传说，樊献科少时甚苦，一日三餐不继。其时玉虚宫每至用餐之前，必以撞钟通知，献科常常闻钟声而随道士入宫就食。一日忽闻钟响，遂急入宫中，却见道士用餐已毕。原来献科入宫求食，道士生厌，偷改"饭前钟"为"饭后钟"。献科视此为奇耻大辱，发奋读书一举得中。后为报当年"一饭之仇"，借故抄灭了玉虚宫云云。

然而传说似乎不太可信。因为樊御史死后12年，其外甥曾经写了一篇《游仙都记》。樊献科这个外甥名叫郑汝璧（1546—1607），明隆庆进士，累官至兵部右侍郎、总督宣大山西军务等。在游记中，他写道："仙都山，志称三百里。去邑二十里许，盖道家所称祈仙二十九洞天者。万历庚寅（1590）夏五月，李参知铁城先生约余游。（十日）质明……已入玉虚宫，前拥云屏，望鼎湖几席间。"

也就是说，郑汝璧在游仙都的1590年五月十日，"玉虚宫"仍旧好端端座落于鼎湖峰下！

次年，即明万历十九年（1591），太仆寺卿、右副都御史兼浙江巡抚常居敬，又率浙江藩台曾士彦、臬台廖恒吉及一应官员，专程到仙都祭祀黄帝后，又在鼎湖峰根部刻下了字径达3米的"鼎湖胜迹"四个铁铸般大字，石刻至今保存完好。

据考证，最早记载玉虚宫在明末荒废的是奉化人戴澳，此人为明万历年间进士，累官至大理寺丞。他在《仙都游乘》中称："先至玉虚宫，宫已废，仅存一亭。"

"废"者"废弃"也，绝非等于"毁"。否则宋元时期如此庞大、且极尽辉煌的玉虚宫建筑群，竟衰败如此疾速？1590年郑汝壁游仙都时尚无破败之虞，之后亦无任何战乱，为何仅仅过了二三十年，就居然"仅存一亭"？估计戴澳来到玉虚宫时，宫内的道士恰好外出做道场未归，然后他便以为寂静残破的玉虚宫已经被废弃。

查《缙云县志》，崇祯十六年（1643），绍兴推官陈子龙到缙云平许都之乱后，曾畅游仙都。这位后来被南明政权授予兵部尚书又被后世誉为"明诗殿军"的陈子龙，在《仙都山记》中写道："至步虚山，山之前有石，从平地拔起，无所附丽，围可二亩，高入云表，不测其仞，是为鼎湖之峰。道士曰：冬月枯木堕拱者五之矣。"

尽管游记中并未涉及玉虚宫，但陪同陈子龙游仙都的这位"道士"，以他在冬月也即十一月的一个月里，就见到从鼎湖峰上掉落的枯木就达五次之多的言谈，可以推断这个对仙都如数家珍之道士，应该就是住在鼎湖峰脚下玉虚宫之内的道士，假如他是另外道观之道士，不可能天天走到鼎湖峰下，屈指数着从峰顶上掉落的枯木次数。

换句话说，假如此时之玉虚宫早已被毁而"仅存一亭"，那么这位道士难道可能长期寄宿于亭中？尤其在隆冬季节，他如何御寒？

陈子龙写《仙都山记》为1643年，乃1644年大明王朝覆亡的前一年。因此，黄帝祠宇毁于明末之说，基本可以排除。

玉虚宫之油尽灯灭

从顺治到康熙年间，在缙云各地发生了一连串的抗清活动。据《缙云县志》记载，顺治四年（1647），永康周以扬率义军500余人反清。同年，东乡羊吉起兵抗清。十二月，前村王茂之率众与永嘉、温州之义军联合抗清。顺治九年（1652），漕头张日新又高举抗清义旗率众起义。康熙十三年（1674），三藩之一的耿精忠之都督徐尚朝，派部将萧瞎子攻克缙云，再以缙云为据点攻永康、金华。

由于缙云地处战乱交替地带，仙都又紧靠县城插翅难飞，故尔无论是农民起义还是异族入侵，无论是江洋大盗还是强房劫匪，玉虚宫几乎在每场血战厮杀或烽火燎原中都难以幸免。因此，宋、元时代朝廷所赐之敕书、祭器、祭文、档案，以及数百年积累的奇珍异宝、名人书画，统统惨遭劫掠不翼而飞。

到了康熙三十一年（1692），清代著名学者、曾任江南乡试副主考的朱彝尊（1629—1709）告老归田后游历仙都，挥毫写下一首长诗《暮游仙都胜迹》：

　　故人家住柏溪上，渡口扁舟日来往。
　　一别柴门已二年，秀山忽作仙都长。
　　要予松下饭胡麻，言自仙都道士家。
　　时有仙童来海市，或看玉女载河车……

以此观之，尽管明末清初地方上匪乱频仍，破败的玉虚宫积重难返，但依然有道士坚守香火。而每当缙云地方官或者这个"仙都长"宴请宾客时，常常请玉虚宫道士做一道著名的缙云小吃——"胡麻"。

那么，究竟玉虚宫及黄帝祠宇最终毁于何时？

笔者遍查有关典籍和史料，均无任何文字记载。

偶然一回，笔者翻阅成书于光绪二年（1876）的《缙云县志》之"图谱"，发现在"仙都"图中的鼎湖峰下，居然画着一座两层之宫殿，旁边注有三个小字"玉虚宫"。再赶紧翻阅成书于光绪三年（1877）之《处州府志》，在"图谱·仙都山"部分，同样发现府志在图谱鼎湖峰之一侧，画有一座翘檐式两层结构之宫殿建筑，其右边方框内赫然写着三个字——"玉虚宫"！

也就是说，最迟在大清光绪三年，也即公元1877年《处州府志》付印出版之时，玉虚宫仍然完好无损！

试问，以黄帝祠宇为核心的玉虚宫建筑群，自从宋代以来就屡建屡毁，尔后又屡毁屡建，假如我们按明末玉虚宫就已经倒塌仅剩下一亭，那么清代光绪年间仍然屹立的玉虚宫又在何时重建？

纵观有清一朝267年，从康熙二十三年的《缙云县志》上看并无玉虚宫倒塌或重修的记载。到康熙三十一年也即1692年，朱彝尊游仙都时尚有道士。再查乾隆三十二年版的《缙云县志》仍旧找不到雍正乾隆年间玉虚宫倒塌或重修的记载。道光二十九年版的《缙云县志》仍然阙如。到了咸丰八年（1858），太平天国"长毛"攻克缙云，从此直到同治二年（1863）太平军退出缙云的十五年间，全县兵祸连连，民无宁日，更是无法重建玉虚宫。

那么，这座到光绪三年（1877）依然完整的玉虚宫，究竟是明末遗存，还是清代重建？假如重建，又建于何年？

笔者认为，最大的可能性是每当玉虚宫有坍塌之险，依靠贫困潦倒的几个道士难以为继时，必定有民间乡绅义无反顾挺身而出到处"写缘"集资。缙云百姓也总是节衣缩食，不惜掏出仅有的几个铜钱进行修缮，以致玉虚宫在有清一代虽苟延残喘，但依然香火不断。

按1877年修《处州府志》时图谱所画之完整宫殿，其时香火应该仍然旺盛，玉虚宫仍可维持数十年之久。换句话说，即使此时风雨飘摇的玉虚宫气数已尽，但至少还能坚持到光绪二十五年左右。

换句话说，极有可能黄帝祠宇在1900年左右才彻底坍塌。

黄帝祠宇之再复兴

斗转星移，日月如梭。

当"玉虚宫"灰飞烟灭将近一个世纪，时序进入了20世纪的九十年代。此时，中国的改革开放已经进入了第二个十年。

1994年，以"峰岩奇绝、山水神秀，九曲练溪、十里画廊为特色、融田园风光与人文史迹为一体"的仙都，被国务院公布为"国家重点风景名胜区"。为了满足华夏儿女寻根问祖、祭祀和缅怀"人文始祖"轩辕黄帝的需求，促进祖国统一大业，缙云民间要求重建"黄帝祠宇"，恢复祭祀轩辕黄帝的呼声也越来越强烈。

缙云县人民政府决定顺应民间呼声，在"玉虚宫"旧址上重建具有千年历史的"黄帝祠宇"。而根据历朝历代祠宇建设要报请朝廷批准的做法，县政府在报请国家建设部审批之后，邀请清华大学著名教授徐伯恩先生设计了具有盛唐风格的"黄帝祠宇"。

1995年3月，缙云社会各界掀起了一股捐款集资建祠宇之热潮，人们纷纷慷慨解囊，鼎力相助。特别是缙云的旅台同胞更是热情高涨，他们把缙云籍台胞的一笔笔捐款送回故乡，支援黄帝祠宇的建设。

通过三年努力，黄帝祠宇第一期工程终于竣工。高高屹立的轩辕黄帝像由旅台缙云同乡会和缙云县台属联谊会筹资赞助。祠宇内高挂的"人文始祖""北陵南祠"两块匾额，由时任中国书法家协会主席沈鹏等名家题写。祠宇前重达1600斤之铜鼎，上铸古篆八字"真金作鼎，百神率服"。祠宇左侧所挂2100斤铜钟，上刻司马迁《史记》的12个大字："治五气，艺五种，抚万民，度四方。"

1998年12月18日，缙云以及周边各县民众五万余人，怀着炎黄子孙的虔诚之心，如一股股洪流涌向仙都寻根祭祖。只见轩辕大道鞭炮齐鸣；好溪两岸华旗招展；雄峰幽谷云雾缭绕；祭典现场锣鼓喧天。在象征轩辕黄帝"九五之尊"的九点五十分，缙云人民终于盼到了睽违百年的首次祭祀黄帝盛典。

2003年，归国华侨项雄军先生怀着一颗赤子之心，集巨资投入黄帝祠宇第二期工程建设。越三年，金碧辉煌、宏伟壮丽的黄帝祠宇终于重新以盛唐之雄姿，恢弘之气势，矗立于鼎湖峰下，苍龙峡内。

重建的黄帝祠宇建筑群，占地面积36000平方米。计有宫门、轩辕殿、缙云堂、怀祖堂、腾龙阁、游龙轩、钟楼、鼓楼、左右长廊、驭龙亭、仰止亭、化龙亭、龙影亭、朝祖亭等等精美建筑。自此，缙云黄帝祠与陕西黄帝陵，重现了华夏民族炎黄子孙祭祀人文始祖轩辕黄帝的"北陵南祠"之格局。黄帝陵被称作"天下第一陵"，而黄帝祠则被称作"天下第一祠"！

从谢灵运《游名山志》所描写的"缙云堂",到唐玄宗敕建的"黄帝祠宇";从宋英宗扩建"玉虚宫",到清末玉虚宫的彻底倒塌;直到20世纪末重建"黄帝祠",历史似乎走了几个轮回。

旖旎的风光,悠久的历史,庄严的建筑,隆重的祭典,缙云吸引了多少寻根问祖的香客,汇聚了多少吟诗作赋的骚人。缙云轩辕祭典之脉络,线条清晰,节点亮丽,诗文满目,碣石可证!

(项一中:中国先秦史学会会员、中共浙江省缙云县
仙都风景旅游管理局原党委副书记)

金龙驿传

——缙云仙都出土祭祀遗物

樊译蔚　王琼瑛

2022年2月26日，笔者在仙都金龙洞调查时，发现金龙一枚，这是继1997年金龙洞出土鎏金铜龙、木简等文物之后又一新发现。随后缙云县博物馆联合浙江省文物考古研究所对仙都金龙洞进行抢救性考古发掘，对妙庭观遗址进行考古调查和试掘，并将重建黄帝祠宇建设时期属地单位采集的瓷片标本移交后进行了归类整理。

一　遗址及文物出土概况

（一）金龙洞

金龙洞，位于仙都步虚山之东，自黄帝祠宇沿后宫坑东行约4里处的山腰上。洞口可眺鼎湖峰，地理坐标为北纬28°41′13″，东经120°9′6″，海拔331米。金龙洞为天然火山岩洞穴，该洞东西向贯通，当地人也叫"两头洞"，中有二洞相连，连接处一人躬身可出入，洞口宽约13米，"金龙玉简"俱出于此。元至正《仙都山志》载："金龙洞，在步虚山东，中有二洞相连，通明开敞。旧志云：洞深不可测，道家谓洞天即此也。宋天禧四年（1020）投金龙玉简于其中。"楼钥《北行日录》："有洞名金龙，一窦通独峰下，仅容小儿出入，而其中甚宽，宣和间尝以金龙镇之。"1997年，仙都派出所缴获一批由仙都金龙洞出土的文物，移交给缙云县文管会办公室。该批文物出自金龙洞的南洞，其侧面有一个宽约 20 厘米，长约 40 厘米，深不足三米的空间，外小内大，该批文物在此处浅表采集。2022 年笔者在金龙洞口约两米处的浅土层处发现金龙一枚，疑由洞深处流水冲运至此处。

1. 金龙

北宋金龙，长 3.3 厘米，宽 1.5 厘米，由黄金捶打、剪裁成型，为片状。龙头略大，昂首挺胸，张口，口中有尖利的牙。上下颚均较长，上颚略有残损。眼睛下凹，丹凤眼，眉骨突起。头上有分叉且外卷的角，颈部有鬣向尾部披散，梢部向上扬起。龙身呈"S"形弯曲，细而长，类似于蛇体，尾部变细略上翘；足脚短而粗壮，爪形为鹰爪，前伸，给人凶猛、威武之感。全身边缘以及头部各部位分界，都装饰有连珠纹。

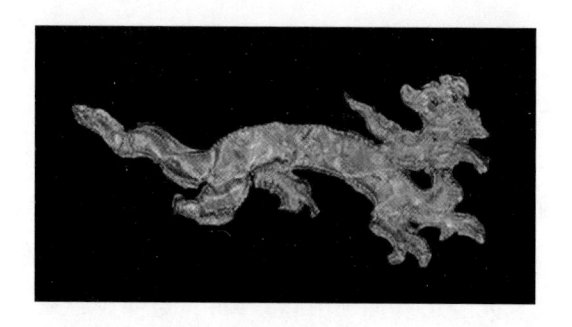

2. 铜龙

北宋铜龙，两条，形制基本相同，铜质，铸造成型，出土时局部留有鎏金痕迹。长 17.5 厘米，腹宽约 1.5 厘米，腿长 4 厘米，厚度 0.7 厘米；龙角细长，根部开始分叉，龙头呈扁长形，额头凸起。上颚突出，顶端尖形，上翘，下颚较短，口微张。龙体修长，略向上隆起，由颈至腹逐渐变粗，由腹至尾部逐渐变细，龙尾向上翘起，近似虎尾，背上有排列细密整齐的齿状龙脊。四肢位于身体两侧，肌肉形态丰满，肘毛向后，龙爪为兽爪，圆曲肥厚，矫健有力。一侧腿与龙身一次性浇筑，另一侧腿为单独铸造，四肢内侧衔接处为扁平状，嵌合后可活动，改变龙行形态。

3. 填朱木刻简

北宋填朱木刻简，木简已碎成若干片，木色白皙，其中 5 块有字可辨认。"哀控昭明……鉴臣诚惶诚恐顿首顿首""宜投名于……事圆成俯回……左大""与家""告"。根据简书内容及道教用投龙简有朱书白槿简的记载①，判断其为投龙木简。

---

① 《三洞珠囊·卷二》之"投山水龙简品"中："朱书白槿简一枚，……计字满简，诣山向王烧香，发炉再拜，读简毕，再拜长跪，青纸裹，青丝缠……";《太上黄箓斋仪》卷五十五"投龙璧仪"中："……通用槿木，以其洁白，纤致可比玉……"

4. 墨书木片

北宋墨书木片，残存两片，其中一片字可辨认，尺寸为 10×2 厘米。"男官弟子叶……奉道精诚，修行勤谨，素志专一，于法有……天师门下都功治职助"，背面"度师"，其应为道教授予治职的都功版。

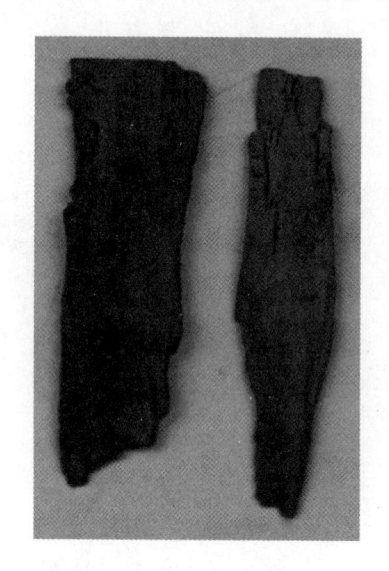

5. 金片

据当年目击者讲述，出土时为条状金薄片，光素无纹，一端开岔，一段并拢，长度如手指，宽度如二指合并。疑为投龙组合中的金钮。遗憾的是当年出土后被村民拿到金店打成闭口戒指。

6. 铜爪

宋铜爪 4 只，形态如鹤爪类，长度约 4.5 厘米，根部有圆形榫头。

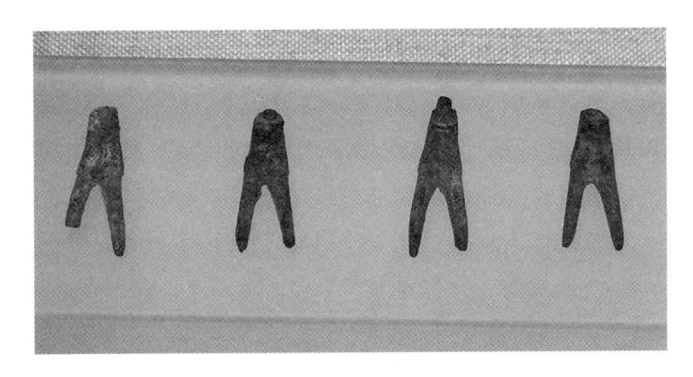

7. 孔明碗（残）

元青瓷双层孔明碗，外层侧面有云纹开孔，表面刻花，为祭祀用品。

8. 青瓷四系壶

元代青瓷四系壶，青褐釉，窄肩四系，壶嘴短小。

9. 铜钱

铜钱共 2 枚，一为"唐国通宝"字样钱币一枚（五代），一为"景德元宝"字样一枚（北宋）。

10. 小铜镜（残）

小铜镜，直径约 4 厘米，圆形，宋，背面刻纹已不可辨，中间置一钮。

（二）妙庭观遗址

妙庭观遗址位于金龙洞附近约 200 米处，坐标北纬 28°41′14.2″，东经 120°09′10.8″，海拔 379 米，建于山间平旷之地，是晚唐至宋元时期仙都山的重要道观。妙庭观唐时有道士数百人，与金龙洞构成不可分割的整体，是唐代高道隐真先生刘处静结庐修道之地，也是北宋朝廷遣官投龙简之道教圣域。元至正《仙都志》："妙庭观，在仙都山东，金龙洞上，唐咸通元年隐真（刘处静）先生所建，又筑玄墟于其后。乾符三年门人朱惠思诣阙请观额，蒙赐以仙都之号。景福元年，江东罗隐作记，宋治平二年，改赐今名。元皇庆元年，玄妙葆真道士陈怀玉钦奉玺书复为甲乙，世袭香火，由是振兴。"唐宋时相对于玉虚宫，称妙庭观为上宫，玉虚宫为下宫。明清以后，妙庭观衰落不振，据清光绪《缙云县志》载，妙庭观大约在清中叶废。清咸同间，在其基础上曾建造一座上宫寺，规模甚小，今唯大殿尚存残垣，并残存有石供桌和石香炉，供桌上有"大清光绪戊寅季冬下浣谷旦"题记，寺观没有传承关系，分属道、释两教。2022年考古调查初步探明的妙庭观遗址面积约10000平方米，遗址中可以采集到大量宋元时期的陶瓷片和建筑构件。

1. 玄墟志铭（残）

《仙都山志》载："隐真刘先生《玄墟碑志》"。残碑上字可依稀辨认，"乡居楼得，里住温恭，世……读易问礼。将期升粟，以养……况才匪经邦，术无清世，知艰……神宵冥。经讽五千，篆遵三洞……桑，吸云霞而吞紫气。因还故……畔，足以濯缨。缙云山中，允宜……知命，一任自然。年逾从心，安……归土有日……时唐咸通十四年岁在癸巳……当日归封元墟，春秋七十有三……何劳神。预备砖木，以掩形质。臭莫薰天……高卑尽尔。日月长焉，阴阳定矣……映汉，耸木干云。烟霞杳霭，猿鹤缤纷……变匃……衡阳明沈烈子温同谒……主持观□沙徵吴六廿立石"，根据《全唐文》卷八百十二《元墟墓志铭》，对比此碑刻原文和残存题跋内容，疑为后世重刻。

2. 元青瓷碗

元青瓷碗，部分碗底墨书"观"字。

（三）黄帝祠宇遗址

黄帝祠宇遗址位于仙都街道鼎湖峰景区黄帝祠宇周边及南面苍龙峡内，坐标为北纬 28°41′26.4″，东经 120°08′24.9″，海拔 184.9 米。唐代为黄帝祠宇，宋改赐名玉虚宫，毁而复建，不断改建修缮，扩大规模，约于清中期宫观成为遗址。1998 年前，在农民旱地可见文物残片，1998 年在原址上建造"黄帝祠宇"，在建造中发现不少瓦当、瓷片、陶构件、陶质人、柱石桑础、木头水闸、水管、水坝、池塘、散乱木材等。遗址中有一口轩辕古井，井圈为六角，内径为 0.5 米，外径为 0.9 米，内壁为溪石，井深约 15 米。据《仙都志》等史料，该地方尚有唐、宋时期碑刻数十方，但犹未发现。2022 年整理从黄帝祠宇遗址采集的大量瓷片，发现了从唐代、宋代、元代、明代、清代的完整序列，瓷片以宋元为主。

1. 黄帝祠宇碑（残）

缙云县令唐代李阳冰篆写了"黄帝祠宇"，宋楼钥《北行日录》："高处谒黄帝祠宇李阳冰篆额,今留县庠。"如今残碑尚存,存于城隍庙遗址,尺寸为77厘米×100厘米,缙云县博物馆藏有民国拓黄帝祠宇碑拓片。

二 投龙和黄帝祭祀

投龙简仪,又称投龙简、投龙,分为山简、土简、水简三类,是道教在举行斋醮科仪祈福禳灾的最后阶段进行的投放仪式,满载祈者愿望的简书,用青丝捆扎,与金龙、金钮等一起投入名山大川、岳渎水府之中。金龙为驿骑,负载简文上达天听,龙和简是仪式中最重要的两种信物。

投龙源自古人对天地山川的崇拜和相关祭祀礼仪,仙都拥有独特的火山岩地貌和奇妙的古火山通道,平地擎天的巨大石柱在雾锁云笼间与九曲练溪、秀岭长松相互映照,使先民产生对灵山仙境的崇拜之情,鼎湖峰成为敬天拜地的对象。东汉以后,五斗米道的创立将民间的自然信仰固定为祭祀天地水三官请祷之法,再经过魏晋南北朝时期的整理和发展形成了投龙简仪。彼时南迁的北人需要祭祀场所缅怀先祖,寻找精神依托,又因"缙云作为东晋南朝吴会诸郡道教文化重要辐射区以及自身具有的滨海地域属性,更有缙云山水神秀的天然风光,是道教文化传播的有利之区"①,黄帝文化在道教的推动下于缙云迅速扎根发展,缙云堂建立。唐代帝王崇

---

① 熊伟:《魏晋以来道教对缙云黄帝文化的建构》,《河南商业高等专科学校学报》2012年第25期。

信道教，投龙简仪成为一项国家祭礼，目前发现最早的帝王投简是唐武则天投于嵩山的金简，后是唐玄宗投于衡山的铜简，五代吴越王现存银简9件，浙江省博物馆和绍兴博物馆分藏7件和2件①。唐天宝七载（748），因刺史奏报缙云山出现祥瑞，遂获玄宗敕封"仙都"，建黄帝祠宇，遣道士七人在祠中奉香火，此时缙云黄帝祭祀得到官方认定。后洞天福地理论系统化，仙都被定为三十六小洞天中的第二十九洞天，曰祈仙洞天。

宋代帝王热衷修建宫观、章醮投龙，目前发现的同时期的出土龙和简的除了仙都还有苏州林屋洞和仙居括苍洞，均为当时朝廷或割据政权举行斋醮科仪的实物。仙都具有道教洞天福地和祭祀始祖轩辕黄帝的双重属性，宋代帝王对此十分青睐，有赐名修建，有专使祈雨，有投龙致祭。金龙洞旁的仙都观为唐僖宗赐名，后宋英宗又赐改为妙庭观。黄帝祠宇在宋英宗时期改赐为玉虚宫，后徽宗时期更改朝向，建成后的建筑规模宏大。仙都金龙洞所出为北宋朝廷遣官至道家第二十九洞天——仙都祈仙洞天之"山简"。北宋时期的帝王投龙制度是金龙、玉简并投，金龙为唐以来一直沿用。唐杜光庭删编的《太上黄箓斋仪》卷五五《投龙璧仪》说："国家用上金，公侯大臣次金，士庶人银铜涂并可副以玉简，即玉札也"，"五金之最坚刚不渝，天地所宝，通灵合神，故以上金铸之，取法龙形"，是以金铸龙最佳，且为国家祭祀所使用。

仙都的祭祀活动从山川到黄帝祠宇、宫观洞天，从自然崇拜到以道崇祖，祭祀相关遗物显示了缙云祭祀黄帝历史的悠久厚重，且从未中断。较为完整的投龙遗物组合，尤其是金龙的发现，成为当时官方在缙云进行祭祀黄帝活动的实证，祭祀活动既是黄帝文化的重要组成部分，也推动了黄帝文化在缙云的传播和发展。

（樊译蔚：缙云县黄帝文化研究会会员、缙云县博物馆副馆长；
王琼瑛：缙云县黄帝文化研究会会员、缙云县博物馆原馆长）

---

① 黎毓馨：《吴越胜览——唐宋之间的东南乐国》，中国书店2011年版，第38—48页。

国家顶层设计背景下的黄帝文化

张新斌

研究黄帝文化,除了从学术上研究黄帝外,还要从政治上研究黄帝,从国家战略及顶层设计的背景下研究黄帝文化。

一 国家顶层设计背景下的区域发展态势

我们从"长江经济带"和"黄河流域生态保护和高质量发展"两大区域的国家战略来分析区域发展的态势。2019年9月18日,习近平总书记在郑州主持召开了黄河流域生态保护和高质量发展座谈会,宣布将黄河流域生态保护高质量发展上升为国家重大战略。并提出了"黄河文化是中华文化的重要组成部分,是中华民族根和魂"的重要论断。在这篇重要讲话中,习近平总书记将生态保护、高质量发展与保护传承弘扬黄河文化并重。这就涉及三个关键词:经济——生态——文化,经济的发展是高质量发展,从而构成了区域发展的三个着力点,这种发展模式,应是当前区域发展的最新模式,我们称之为区域发展的3.0模式。从2014年"文化自信"的提出,就拉开了文化传承弘扬的大幕。2017年,"两办"正式印发了《关于实施中华优秀传统文化发展工程的意见》,具有全面性、系统性,而且还体现了国家高度。但是,在区域发展战略,明确表述文化的定位,对文化的保护、传承、弘扬,提出了明确要求,反映了区域发展的文化使命。这是区域发展3.0模式的重要标志。"郑州讲话",开启了区域发展"三驾马车"并驾齐驱发展的模式,2020年11月14日,习近平总书记在南京主持召开了全面推动长江经济带发展座谈会，并发表了重要讲话。他首次提出了保护传承弘扬长江文化，并对长江文化进行了概述，指出长江文化"是中华民族的代表性符号和中华文明的标志性象征"。这也标志着，长江区域发展进入3.0的模式。

长江经济带战略，启始于2013年7月，习近平总书记在湖北调研时指出，发挥内河航运作用，发展江海联运，把全流域打造成黄金水道。2014年2月，中央政治局会议明确表示，推动长江经济带战略。2014年4月，习近平总书记在上海明确提出了作为国家战略的长江经济带战略。2014年9月，国务院正式印发了《关于依托黄金水道推动长江经济带发展的指导意见》。所以说，从"长江国家战略"的名称到内容，都体现了以经济为中心的区域发展格局，这种发展模式可以称之为区域发展的1.0模式，也是"改开"以来，中国发展的传统模式。2016年1月，习近平总书记在重庆主持召开了推动长江经济带发展座谈会，明确表示要把修复长江生态摆在压倒性位置，正式提出"共抓大保护，不搞大开发"的生态保护理念，这实际上是生态文明建设在区域发展战略中的具体体现。在其后举行的中央财经委第12次会议上明确要求，在涉及长江的一切经济活动，都要以不破坏生态环境为前提，共抓大保护，不搞大开发。生态保护的思想一直延续到今，在"十九大""二十大"报告里边都强调了这一点。虽然在"十八大"时提出了生态文明建设的概念，但以生态保护为区域发展新的着力点，至少在2016年已成为与经济并列的发展重点，这就是区域发展的2.0模式。"十八大"以来，区域发展由简单的以经济建设为中心，到经济的高质量发展、生态保护与生态环境的极大改善、文化的保护传承弘扬，反映区域的发展已上升到中华民族伟大复兴的高度，以便凝聚人民的力量，提振人民的精神。

二 国家顶层设计背景下的黄河文化与长江文化的任务

2019年9月18日，习近平总书记在河南郑州主持召开了黄河流域生态保护和高质量发展座谈会并发表重要讲话，提出了"保护传承弘扬黄河文化"。2020年11月15日，习近平总书记在江苏南京主持召开了全面推进长江经济带发展座谈会并发表重要讲话，正式提出要保护传承弘扬长江文化。应该说，习近平总书记对黄河文化和长江文化，虽有定位不同、着力点不同、任务不同的认识，相同的就是对文化的高度认识，以及区域发展中的文化力量。

在文化的定位方面。一方面，明确黄河文化是中华文明的重要组成部分，是中华民族的根和魂。这是从整体的高度给黄河文化与"根""魂"的定位。作为根源，黄河文化体现了很多中华文化的"最早"，所以中华文明探源工程的重点多在黄河流域。"魂"，则体现了民族的精神。习近平总书记还明确指出，九曲黄河奔腾向前，你百折不挠的磅礴气势塑造了中华民族自强不息的民族品格，是中华民族坚定文化自信的重要根基。这就是黄河文化的精神伟力之所在。另一方面，还提出了长江造就了从巴山蜀水到江南水乡的千年文脉，是中华民族的代表性符号和中华文明的标志性象征。长江文化的丰厚，从西到东体现了"千年文脉"。长江文化作为中华文明的重要组成部分，无论是巴蜀文化、荆楚文化、吴越文化，都已经成为中华民族的代表性符号和中华文明的标志性象征。

在文化遗产的保护方面。一方面，提出要推动黄河文化的系统保护，守护好老祖宗留给我们的宝贵遗产。在这里关键是"系统保护"，比如中国早期文明起源的遗址群的保护，中国大古都的遗址群的保护，黄河治理遗产的系统保护等，只有"系统保护"才能全方位展示中华文明的伟大成就。另一方面，指出要保护好长江文物和文化遗产。长江文物和文化遗产是长江文化的物化表现，也是长江文化的伟大成果。所以要保护好，利用好，传承好。

在当代利用方面。一方面，要深入挖掘黄河文化蕴含的时代价值，讲好黄河故事，延续历史文脉，坚定文化自信，为实现中华民族伟大复兴的中国梦凝聚精神力量。从挖掘时代价值，讲好黄河故事，到延续历史文脉，最终达到凝聚精神力量的目的，反映了黄河文化当代传承弘扬的链条和目标，也是文化传承弘扬的有效路径。另一方面，要将长江的历史文化、山水文化和城乡发展相融合，突出地方特色，用微改造的绣花功夫，对历史文化街区进行修复。这是文化传承发展的另一个链条，将长江文化与城乡发展相融合，尤其是在相关城市"用微改造的绣花功夫"对历史街区的修复，反映长江文化挖掘展示的新思路。

以上三个方面的对比研究，我们可以看出习近平总书记对黄河文化和长江文化的论述，所反映的对文化传承弘扬的不同的定位、不同的方法、不同的路径，相同的则是将区域的文化利用提到了前所未有的高度。中共中央、国务院正式印发的《黄河流域生态保护和高质量发展规划纲要》，将"中华文化保护传承弘扬承载区"，作为"黄河国家战略"的四大定位之一，提出要"开展面向海内外的寻根祭祖和中华文化探源活动，打造黄河流域中华人文始祖发源地文化品牌。"尤其是"河洛——三晋文化区是中华民族重要发祥地，要依托古都古城古迹等丰富人文资源，打造世界级历史文化旅游目的地"。这也是保护传承弘扬黄河文化的最终战略目标。

三 国家顶层设计背景下的黄帝文化

黄帝文化是黄河文化的源头，也是中华文化的源头。黄帝文化是中华民族的根文化，也是黄河"根源"文化的集中体现。习近平总书记在"郑州讲话"中特别强调，千百年来奔腾不息的黄河同长江一起哺育了中华民族，孕育了中华文明。早在上古时期，炎黄二帝的传说就产生于此。尤其是作为最重要人文始祖的黄帝，在黄河流域和长江流域，都有相关的史迹分布，他们都立足本地实际，深入挖掘黄帝文化内涵，打好黄帝文化牌。

近年来全国各地拥有黄帝文化资源的地区，都在围绕本地的资源特色，打造黄帝文化品牌。河南新郑，围绕黄帝故里文化，利用每年的"三月三，拜轩辕"的传统习俗，举行省部级拜祖大典。新郑黄帝故里拜祖大典，已成为在海内外有影响的黄帝拜祖活动，新郑也被海外华人誉为"全球华人的寻根圣地，中华儿女的心灵故乡，两岸华人的精神家园"。陕西黄陵，依托黄帝陵墓文化，利用每年的清明节，举办省部级清明公祭黄帝活动，在海内外产生重大影响。浙江缙云，依托黄帝祠宇文化，利用每年的重阳节，举办中国仙都祭祀轩辕黄帝大典，近年已晋升为省部级规格，成为在海内外有影响的中国南方黄帝传播中心。河北涿鹿、河南灵宝、陕西富平、甘肃清水、安徽黄山，都在根据各自的特点，加强对黄帝文化的研究，每年举办黄帝大典。这些活动，极大的提升了黄帝文化的影响力，已在海内外产生了广泛的影响。

河南新郑市的黄帝文化，是黄帝故里文化。《世本·自开辟至三皇》有，"黄帝有熊氏，少典之子，姬姓也"。又，"受国于有熊，居轩辕之丘，故因以为名，又以为号"。《史记·五帝本纪》："黄帝者，少典之子，姓公孙，名曰轩辕。""集解"谯周曰："黄帝，有熊国君，少典之子也。"又，"黄帝居轩辕之丘。"这里涉及一个非常重要的地点，就是"有熊"。《今本竹书纪年》也云，黄帝轩辕氏，"帝即位，居有熊"。《帝王世纪·自开辟至三皇》云，"或云：黄帝都有熊，今河南新郑是也。"又，"或言故有熊氏之墟，黄帝之所都也。郑氏徙居之，故曰新郑矣"。这里虽然用了"或云""或言"，主要是针对前文中的涿鹿为黄帝之都而言的。从诸多文献的记载来看，黄帝在完成黄炎蚩族群的整合之前，居住在"有熊"。《括地志》卷三，"郑州新郑县，本有熊氏之墟也"。《元和郡县图志》卷第八，"新郑县，有熊氏之墟，又为祝融之墟。"从以上的文献记载中可以看出，新郑作为黄帝故里和黄帝的初都，应该是有着一定的文献基础。新郑还有很多的黄帝及其臣属的史迹，有具茨山、风后岭、力牧台、轩辕避暑洞、黄帝后花园、黄帝饮马泉、西太山等，尤其是在聚酯山上，发现了数量众多的岩画（岩刻），反映了中原岩画所具有的中华文化的本根性。1990年举行的轩辕故里故都在新郑学术研讨会、1992年由中华炎黄会主办的炎黄文化与中原文明学术研讨会，以及1998年在新郑举办的中国古都学会第15届年会，对新郑作为黄帝故里故都形成共识。自2006年开始，将黄帝故里拜祖升格为省部级大典，至今已在海内外产生重大影响。

河北涿鹿县的黄帝文化，为黄帝建功立业文化。关于黄帝在涿鹿的活动，文献多有记载，《史记·五帝本纪》有详细记载："轩辕之时，神农氏世衰，诸侯相侵伐，暴虐百姓。而神农氏弗能征，于是轩辕乃习用干戈，以征不享，诸侯咸来宾从。而蚩尤最为暴，莫能罚。炎帝欲侵陵诸侯，诸侯咸归轩辕。轩辕乃修德振兵，治五气、蓺五种、抚万民、度四方，叫熊罴貔貅貙虎，以与炎帝战于阪泉之野。三战，然后得其志。蚩尤作乱，不用帝命。于是黄帝乃征师诸侯，与蚩尤战于涿鹿之野，遂擒杀蚩尤。而诸侯咸尊轩辕为天子，代神农氏，是为黄帝。"这一段话讲了两个问题，一个是黄帝、炎帝和蚩尤族群之间有了矛盾与争斗，这一争斗在诸多文献里都有明确的记载。如《逸周书·尝麦解》："蚩尤乃逐帝，争于涿鹿之河，九隅无遗。赤帝大慑，乃说于黄帝，执蚩尤，杀之于中冀。"这里讲的是蚩尤和炎帝之间形成了矛盾，炎帝遭到了驱逐，黄帝抓住了蚩尤，并将其杀掉，炎黄实现了融合。《史记·五帝本纪》称之为："合符釜山，而邑于涿鹿之阿。"民族融合发展的前提，是敢于斗争，不惧矛盾，在斗争中求合和。《今本竹书纪年》记载，黄帝命臣属应龙，"应龙攻蚩尤，战虎豹熊罴四兽之力"。应龙应是一位大将，为黄帝族群战胜蚩尤出了大力。黄帝族群与炎帝族群的融合也是一个艰难的过程。《帝王世纪·自开辟至三皇》，黄帝"与神农氏战于阪泉之野，三战而克之"。涿鹿为黄帝之都是没有问题的，但是涿鹿在哪里是有多种说法的，但涿鹿在今河北涿鹿，为主流说法。《括地志》妫州怀戎县有"涿鹿故城，在妫州东南五十里，本黄帝所都也。晋《太康地理志》云，涿鹿城东一里有阪泉，上有黄帝祠。涿鹿山，在妫州东南五十里，山侧有涿鹿城，即黄帝尧舜之都也"。今河北涿鹿县，有黄帝泉（阪泉）、黄帝城遗址，还有中华三祖堂、中华合符坛、轩辕湖等，相关遗存十分丰富，应为黄帝都城所在。文献中都提到了"涿鹿"，涿鹿无疑应该是黄帝的建功立业之地，也是民族融合发展之地，当然也是全球华人寻根朝圣之地。

陕西黄陵的黄帝文化，应该是黄帝陵墓文化。《史记·五帝本纪》有"黄帝崩，葬桥山"。《古本竹书纪年》有，"黄帝仙去，其臣有左彻者，削木作黄帝之像，率诸侯奉之"。又，《今本竹书纪年》云，"一百年，地裂，帝陟。帝王之崩皆曰陟。……葬，群臣有左彻者，感思帝德，取衣冠几杖而庙饷之，诸侯大夫岁时朝焉"。又据《御览》卷七十九引《抱朴子》："《汲郡冢中竹书》言：黄帝既仙去，群臣有左彻者，削木为黄帝之下，率诸侯朝奉之。故司空张茂先撰《博物志》亦云，黄帝仙去，其臣思恋罔极，或刻木立像而朝二，或取其衣冠而葬之，或立庙而四时祀之。"

有关黄帝所谓"仙去",所谓"铸鼎升天",均有文献记载。所以,明确黄帝之陵为衣冠冢,这也是《元和郡县图志》等权威地理志书,在坊州中部县,没有"黄帝陵"任何文字的关键所在。但是《汉书·地理志》有:"上郡,秦置。高帝元年,更为翟国,七月复故。属并州,县二十三。……阳周,桥山在南,有黄帝冢。"又据《水经注》:"阳周县故城南桥山。昔二世赐蒙恬死于此,王莽更名上陵畤。山上有黄帝冢,故也。帝崩,惟弓剑存焉,故世称黄帝仙矣。"说明桥山黄帝陵是黄帝衣冠冢,而其地点也多有分歧。这个阳周县,今位于陕西子长县、横山县一带。陕西黄陵县,历史上叫狄道县、中部县,1944年才改称黄陵县。黄陵县的黄帝陵所在的桥山总面积为5800亩,共有古柏8万余株,其中千年以上的古柏3万多株,最著名的就是"黄帝手植柏"和汉武帝的"挂甲柏"。轩辕庙内的碑廊中陈列有历代帝王的御制祝文。自明代以来,陕西黄陵已被确定为皇家指定的黄帝公祭场所,每年的清明节是省部级规格的黄陵公祭活动,已在海内外产生了较大影响。

浙江缙云县的黄帝文化,是黄帝祠宇文化。《左传》记载,帝鸿氏、颛顼氏、缙云氏有所谓的"不才子",《史记·五帝本纪》也有历史的记载,说明缙云氏和帝鸿氏,都与黄帝关系密切,而且曾经在中原相处。《左传事纬》《册府元龟》等都有"缙云,黄帝时官名"。类似的记载还有很多,反映了黄帝与缙云氏的关系非同一般。文献中多有"黄帝帝鸿氏"之说,也就是说,帝鸿氏是曾经袭封黄帝名号的一个重要氏族。《名义考》也云:"帝鸿是继黄帝而为君,缙云氏,帝鸿氏之子。"从而也说明缙云与黄帝的亲缘关系。《史记》正义:"今括州缙云县,盖其所封也。"缙云氏因"不才子"而迁居南方,也从一个侧面反映了黄帝文化与炎帝文化,以及与当地土族文化的融合。从另一个角度来说,缙云的黄帝传说史迹,是后期南迁和东晋以来北人南下历史背景下的产物,也是儒道交融,黄帝修仙文化盛行的具体体现。因此,缙云作为黄帝文化在南方的交流辐射中心,是当之无愧的。尤其是近两年,中国仙都祭祀轩辕黄帝大典,已正式升格为省部级,对扩大黄帝文化的影响力,必将起到重要作用。

总之,新郑黄帝文化,定位的是黄帝出生初创之地;河北涿鹿黄帝文化，定位的是黄帝建功立业之地；陕西黄陵黄帝文化，定位的是黄帝仙逝归葬之地；浙江缙云黄帝文化，定位的是黄帝文化南方传播之地。要在国家顶层设计的的大背景下，认真研究黄帝文化在中华文明中的作用，尤其是深入挖掘黄帝文化的根和魂的内涵，必将对我们建设中华民族的现代文明，起到十分重要的作用。

(张新斌：中国先秦史学会副会长，国家文化公园专家咨询委员会委员，河南省社会科学院历史与考古研究所原所长、二级研究员，河南大学特聘教授，黄河交通学院黄河文化与生态安全研究院副院长)

源文化：浙江黄帝文化若干问题的认识与思考

李学功

论及黄帝文化及其历史渊薮，过去在人们的认知中，黄帝在北方！但这一认识尚不够完整和全面。确切一点儿说，黄帝可能在北方，但黄帝文化则一定在中华大地的南北西东。如此我们才能解释为什么海内外中华儿女都以为自己是黄帝的子孙而骄傲和自豪。近年来随着人们对地方性文化叙事的关注，以及各地考古发掘所带来的新发现和新收获，人们开始放宽研究和思考的视域，重新审视、解读包括黄帝在内的文献典籍中关于"五帝"等的传统知识构建问题。黄帝文化或源出于北方，但在一定意义上，却可以说有中国人的地方就有黄帝信仰和黄帝文化。发生在中国南方浙江缙云的黄帝信仰与传说，是部族、宗族迁徙在文化传播中产生的重要文化现象，是在中国文化区系内，经由众多族姓集体性历史记忆的塑造，进而形成的姓族起源上争为黄帝后裔的文化认同现象。因此，历史时期黄帝文化流播浙江、流播南方的史实与过程，其实也是中华民族多元一体发展趋势与历史进程的最好说明。

一 浙江黄帝文化是文化传播、衣冠南渡的产物

梳理缙云黄帝文化形成的轨迹和脉络，愚以为需要特别关注历史时期的"衣冠南渡"现象。寻检史籍文献，笔者浅见，浙江历史上至少经历了"1+3"规模的"衣冠南渡"或曰四次较大规模的黄帝文化传播。正是经由"1+3"式的"衣冠南渡"和文化传播，浙江缙云黄帝文化最终层累造成。

首先，前文所述的"1+3"的"1"，系指"五帝"时期"缙云氏"不才子被舜流"迁于四裔"①的历史事件。考诸实际，"缙云氏"不才子的流迁，其实也蕴含着"衣冠南渡"的史影。"缙云氏"不才子被舜流"迁于四裔"，事见司马迁《史记·五帝本纪》，无疑这也是有史记载最早涉及黄帝文化传播的重要史事。据唐张守节《史记正义》注"缙云氏"谓："今括州缙云县，盖其所封也。"②先秦史家詹师子庆先生在参详缙云当地学者王达钦先生《缙云氏考》的基础上，提出了"在虞舜时代，缙云氏一支饕餮（或云三苗）受到打击流放，其中主要部分被流放到三危（今敦煌），但还有一支南下到湘、鄂、赣之间，甚至有部分支系落脚于浙江中南部括苍山麓下"③的认识。

"缙云氏"不才子的南迁，无疑是黄帝文化传播中的一个重大历史事件。由此在中国南方黄帝文化流布的源头问题上，解释和回答了何以黄帝传说流传于南方，流传于浙江，流传于缙云的问题。可见"1+3"的这个"1"，在黄帝文化南传这件事情上确乎具有开篇的意义。

其次，东汉末以后，历史上出现的三次"衣冠南渡"所带来的黄帝信仰及其文化传播，对层累造成浙江缙云黄帝文化发挥了重要作用。

如果做一个延展性思考，东汉末以后随着五胡入中原造成的民族交融，其中所带来的一个重要变化，就是文化的"乾坤大挪移"现象，即一种文化信仰通过人口南渡的方式，从一个地方转移、播迁到另一个地方，进而在文化的旅行中，实现了文化及其信仰在新天地的播种与生根。

说到"衣冠南渡"，系指北方人南渡、南迁的过程中，连带整个宗族、家族迁徙移动，在这个迁徙南渡的过程中，连同宗族、家族的文化叙事，以及生产方式、生活方式、家族管理方式也一起带入南方，最终是把北方的文化带到了南方。（熊月之语）

"衣冠南渡"在历史上概有三次：第一次衣冠南渡发生在东汉末迄三国两晋南北朝时期，整个过程较为漫长。尤其是东晋时期，北方历经战

---

① （汉）司马迁：《史记·五帝本纪》，中华书局1982年版，第37页。
② （唐）张守节：《史记正义》卷一，参见《文渊阁四库全书》。
③ 詹子庆：《略论缙云黄帝文化的形成》，《古史拾零》（线装版），东北师范大学出版社2005年版，第207页。

乱，大批北方人越过长江、钱塘江来到南方。正是在这个时期，史载，东晋文化学者郭璞《山海经》注提到缙云"三天子都""黄帝曾游此"。晋崔豹《古今注》书记有黄帝到浙江缙云山、黄帝乘龙上天的传说。更有山水诗一代鼻祖谢灵运寻访缙云山，在《游名山志》《名山记》《归途赋》中记录独秀挺拔的鼎湖孤峰"从地特起高三百丈""停余舟而淹留，搜缙云之遗迹，漾百里之清潭，见千仞之孤石，历古今而长在，经盛衰而不易"。并留下缙云龙须草（缙云草）等记载。南朝齐、梁间有"山中宰相"之称的陶弘景著有《水仙赋》，其中亦有"若夫层城瑶馆，缙云琼阁，黄帝所以觞百神也"①的记载。南朝宋郑缉之《东阳记》亦载："缙云山，一名丹峰山，世传轩辕游此升天。"第二次衣冠南渡是唐代中期安史之乱以后。大批北方人来到南方，再一次促进了南方的发展。就缙云而言，其在唐的发展变迁，并不局限于安史之乱的变局。史载，缙云早自武则天万岁登封元年改名设县，到唐玄宗天宝年间改缙云郡，为代王李諲封地。②唐时，缙云之地更是留下一代书家、时任缙云县令的李阳冰篆额"黄帝祠宇"碑铭。唐代著名诗人徐凝，遗有缙云鼎湖诗二首，其中一首："黄帝旌旗去不回，空余片石碧崔嵬，有时风卷鼎湖浪，散作晴天雨点来。"徐凝此诗因意境高绝，被后人羡称："缙云一诗后来无敢题者。"③第三次衣冠南渡发生在南宋时期。这次衣冠南渡不仅使浙江一跃成为当时中国政治经济和文化的中心，也使缙云黄帝文化更加深入人心。如南宋罗泌《路史》即云："处州缙云郡，有缙云山，是为缙云堂，缙云氏之虚也……旧经图记皆以为黄帝之号。"④南宋祝穆《方舆胜览》亦谓："缙云山，在丽水县，旧传黄帝游仙之处。有孤石特起，高二百丈，峰数十，或如羊角，或如莲花。有龙须草，云是群臣攀龙髯所坠者。"⑤

三次衣冠南渡，一方面推动南方快速进步与发展。其中一个最重要的表征，即是造成了中国古代经济重心的南移。第二个方面，北方人向南

---

① （明）张溥：《陶弘景集·水仙赋》，参见《文渊阁四库全书》。
② 《旧唐书》卷四十，《江南道》，参见《文渊阁四库全书》。
③ 《浙江通志·人物·文苑》卷一八二，参见《文渊阁四库全书》。
④ （宋）罗泌：《路史》卷二十五，参见《文渊阁四库全书》。
⑤ （宋）祝穆：《方舆胜览》卷九，参见《文渊阁四库全书》。

来，造成南北文化交融，促进了南方地区文化的发展。浙江缙云黄帝文化的形成，应该视作衣冠南渡的文化结晶。

在这样一个过程中，东汉以来道教的兴起，特别是东晋南朝和隋唐时期道教在南方的发展，凡此亦对黄帝文化在浙江缙云的扎根立足起到了重要的推手作用。检校史料，不乏与之相关的记载。如宋人著作《路史》《太平寰宇记》《初学记》《太平御览》等皆记录缙云有"缙云堂"，言之谓"黄帝炼丹处"。① 迄元，道士陈性定有《仙都志》传世，内云："仙都山，古名缙云山。按道书洞天三十六所，其仙山第二十九名。玄都祈仙洞，周回三百里，黄帝驾火龙上升处。山巅有石屋，世传为洞天之门。其山隐名不一，而曰独峰山、步虚山、童子峰，山岩有隐真洞，山麓有水仙洞，东有金龙洞、天堂洞、双龙洞、忘归洞、初旸谷，西有伏虎岩、翔鸾峰、灵龟石，练溪之下有小蓬莱、仙释岩、天师岩、东蒙岩、玉甑岩、杨郎洞、仙岩洞、梯云洞、鼎湖丹井。"②

二　浙江黄帝文化是江南"源文化"的具化和表现

翻检《史记》，我们知道，按照司马迁的看法，中华文明溯源应该从五帝时代开始，《五帝本纪》为《史记》之本纪第一，而《黄帝纪》又置于开篇书首。说明作为史家的司马迁是深信中华民族历史上，确有黄帝这样一位文化智慧和力量象征的神人远祖存在的。因此，论说中华五千年文明，自当从黄帝开篇，论说中国南方黄帝文化，自应从浙江缙云黄帝文化入手。

考古发掘表明，以良渚文化为代表的新石器时代先越文化，无可辩驳地证明了浙江是中华文明的重要发祥地。史籍文献记载的"五帝"时代，"缙云氏"不才子的流迁四裔，自当包括南方地域。历史上发生的"1+3"式的衣冠南渡，以及由此带来的黄帝文化生根浙江缙云的事实，使得浙江独具中国南方黄帝文化传播中心和祭祀中心的地位，考古实证与文化圣地

---

① （宋）罗泌：《路史》卷二五，《太平寰宇记》卷九九，《初学记》卷二四，《太平御览》卷一七六。参见《文渊阁四库全书》。

② （明）白云霁：《道藏目录详注》卷二，《记传类·仙都志》，参见《文渊阁四库全书》。

身份的双重叠加，彰显出浙江在江南文化中具有鲜明的"源文化"特征。

史学家熊月之在研究中认为，"开放是江南地区的共同品格"。案诸文献典册，开放创新也是黄帝文化的品格。所谓品格，多指一个人的品行人格。由人的品称上升到对一个地方、一个地区，甚或较广泛的一片区域的品评认识，品格就不仅仅是一种拟人化的说法，更是对一方区域的物质文化、行为文化、观念文化和历史文化的精神样态所作的一种审美判断和价值判断。一如王国维所论："有境界，则自成高格。"情势带动影响之下，江南山水、佳郡名城、硕彦才俊、能人志士，各有所出，各有所成。案诸史籍，黄帝文化层累造成，其所具有的人格魅力和开放创新的特点，在古籍所载的黄帝史迹中胪列有征。

《逸周书·尝麦》①：

> 昔天之初，□作二后，乃设建典，命赤帝分正二卿，命蚩尤于宇少昊，以临四方，司□□上天末成之庆。蚩尤乃逐帝，争于涿鹿之河，九隅无遗。赤帝大慑，乃说于黄帝，执蚩尤，杀之于中冀。以甲兵释怒，用大正顺天思序，纪于大帝，用名之曰绝辔之野。乃命少昊请司马鸟师，以正五帝之官，故名曰质。天用大成，至于今不乱。②

《左传·昭公十七年》：

> 昔者，黄帝氏以云纪，故为云师而云名。炎帝氏以火纪，故为火师而火名。共工氏以水纪，故为水师而水名。大皞氏以龙纪，故为龙师而龙名。我高祖少皞挚之立也，凤鸟适至，故纪于鸟，为鸟师而鸟名。……自颛顼以来，不能纪远，乃纪于近，为民师而命以民事。③

---

① 按，李学勤先生认为，《逸周书·尝麦》的很多文字类似西周较早的金文，推想《尝麦》有可能是穆王初年的作品。参见李学勤《〈尝麦〉篇研究》，《古文献丛论》，上海远东出版社1996年版，第94页。
② 黄怀信等：《逸周书汇校集注》，上海古籍出版社2007年版，第731—736页。
③ 杨伯峻：《春秋左传注》，中华书局1981年版，第1386—1388页。

《国语·鲁语上》：

黄帝能成命百物，以明民共财。①

《庄子·缮性》：

及神农、黄帝始为天下，是故安而不顺。②

《韩非子·十过》：

昔者黄帝合鬼神于泰山之上，驾象车而六蛟龙，毕方并辖，蚩尤居前，风伯进扫，雨师洒道，虎狼在前，鬼神在后，腾蛇伏地凤皇覆上，大合鬼神，作为清角。③

《吕氏春秋·离俗》：

为天下及国，莫如以德，莫如行义，以德以义，不赏而民劝，不罚而邪止，此神农、黄帝之政也。④

《大戴礼记·五帝德》：

黄帝，少典之子也，曰轩辕。生而神灵，弱而能言，幼而慧齐，长而敦敏，成而聪明。治五气，设五量，抚万民，度四方。教熊罴貔豹虎，以与赤帝战于版（阪）泉之野。三战，然后得行其志。黄帝黼黻衣，大带，黼裳，乘龙扆云，以顺天地之纪，幽明之故，死生之

---

① 徐元诰：《国语集解》，中华书局2002年版，第156页。
② 王先谦：《庄子集解》，《诸子集成》，上海书店1986年版，第98页。
③ 梁启雄：《韩子浅解》，中华书局1960年版，第69页。
④ 陈奇猷：《吕氏春秋校释》，学林出版社1984年版，第1225页。

说，存亡之难。时播百谷草木，故教化淳，鸟兽昆虫。历离日月星辰，极畋土石金玉，劳心力耳目，节用水火材物。生而民得其利百年，死而民畏其神百年，亡而民用其教百年。①

《史记·五帝本纪》：

黄帝者，少典之子，姓公孙，名曰轩辕。生而神灵，弱而能言，幼而徇齐，长而敦敏，成而聪明。

轩辕之时，神农氏世衰。诸侯相侵伐，暴虐百姓，而神农氏弗能征。于是轩辕乃习用干戈，以征不享，诸侯咸来宾从。而蚩尤最为暴，莫能伐。炎帝欲侵凌诸侯，诸侯咸归轩辕。轩辕乃修德振兵，治五气，艺五种，抚万民，度四方，教熊罴貔貅䝙虎，以与炎帝战于阪泉之野。三战，然后得其志。蚩尤作乱，不用帝命。于是黄帝乃征师诸侯，与蚩尤战于涿鹿之野，遂禽杀蚩尤。而诸侯咸尊轩辕为天子，代神农氏，是为黄帝。……置左右大监，监于万国。……时播百谷草木，淳化鸟兽虫蛾。旁罗日月星辰水波，土石金玉，劳勤心力耳目，节用水火材物。有土德之瑞，故号黄帝。②

《帝王世纪》：

黄帝，有熊氏，少典之子，姬姓也。生于寿丘，长于姬水。龙颜，有圣德，受国于有熊，居轩辕之丘，故因以为号。治五气，设五量。……神农氏衰，蚩尤氏叛，不用帝命。黄帝于是修德抚民，始垂衣裳，以班上下。刳木为舟，剡木为楫，舟楫之利，以济不通。服牛乘马，以引重致远。重门击柝，以待暴客。断木为杵，掘地为臼，杵臼之用，以利万人。弦木为弧，剡木为矢，弧矢之利，以威天下。诸

---

① 王聘珍：《大戴礼记解诂》，中华书局1983年版，第117—119页。
② 司马迁：《史记·五帝本纪》，中华书局1982年版，第一册，第3、6页。

侯叛神农氏而归之。讨蚩尤氏，擒之于涿鹿之野。诸侯有不服者，从而征之，凡五十二战，而天下大服。俯仰天地，置众官，故以风后配上台。天老配中台，五圣配下台，谓之三公。其余地典、力牧、常先、大鸿等，或以为师，或以为将，分掌四方，各如已视，故号曰黄帝四目。又使岐伯尝味草木，典医疾，今经方本草之书咸出焉。其史仓颉又象鸟迹，始作文字。自黄帝以上，穴居而野处。……及至黄帝，为筑宫室，上栋下宇，以待风雨。而易以棺椁，制以书契。百官以序，万民以察，神而化之，使民不倦。后作云门咸池之乐，周礼所谓大咸者也。于是人事毕具。黄帝在位百年而崩，年百一十岁矣。或传以为仙，或言寿三百年。①

《拾遗记》：

轩辕出自有熊之国，母曰昊枢。以戊己之日生，故以土德称王也。时有黄星之祥，考历纪，始造书契、服冕垂衣，故有充龙之颂。变乘桴以造舟楫，水物为之翔踊，沧海为之怡波。泛河沉璧，有泽马群鸣，山车满野。吹玉律，玉璇衡，置四史以主图籍。使九行之士以统万国。九行者，孝、慈、文、信、言、忠、恭、勇、义，以观天地，以祠万灵，亦为九德之臣。②

从上所胪列古籍文献记载的黄帝事迹不难看出，经过了时间和人为等诸多因素的过滤和取舍，尽管今天人们所接触到的有关黄帝的材料，与当年司马迁所感慨的"百家言黄帝，其文不雅驯，荐（缙）绅先生难言之"的情形已不可同日而语。但即便如此，从上所称引的众多史籍中，仍能看到黄帝信仰及其文化记忆中所具有的神格与人格兼具，神话与传说、史事的交融，以及上古时代肇造秩序所呈现的开放和创新的特征。

---

① 徐宗元：《帝王世纪辑存》，中华书局1964年版，第14—16页。
② 王嘉：《拾遗记》，此据《四库全书》本。

三 浙江黄帝文化是建设文化地标，凝铸浙江精神的重要载体

2022年，浙江省第十五次党代会报告将黄帝文化提升到建设新时代文化高地的政治高度。因此，充分认识缙云黄帝文化对文化浙江建设和建设中国南方黄帝文化重要窗口意义重大。

我们注意到，后世祭祀黄帝主要为两类：一类如清明上坟祭祖之墓祭，如陕西黄陵；一类则为庙祭，如河南新郑、浙江缙云等。在传承发展中，缙云祭黄已经形成了自己独特的祭典文化——南祠祭黄。因此，地域性是浙江黄帝祭典文化的一个特点，体现出江南文化的典型特征。首先，缙云有得天独厚的黄帝文化标识——仙都鼎湖峰，这也是为什么道教文化钟情于此的原因，直入苍穹的鼎湖峰为道教文化宣传黄帝羽化成仙提供了一个十分便当的具象化载体。今天，站在今人的思考维度，置身仙都，转形移步间，高耸入云的鼎湖峰又形似一个巨擘在为绿水青山的中国点赞！其次，祭祀大典中的唐风宋韵乐舞告祭，具有鲜明的南方黄帝文化特点。而且这个乐舞出典有自，据《图经》记载："唐天宝七年六月八日，彩云起于李溪源，覆绕缙云山独峰之顶，云中仙乐响亮，鸾鹤飞舞……诸山皆应。"

作为中国南方黄帝文化的研究中心、祭祀中心和辐射中心，应当说，缙云的黄帝文化研究，一开始就是高起点学术研究，高站位思考谋划和引领。缙云县与国家一级学会中国先秦史学会的合作，就是这种高起点、高站位的生动体现。事实证明，地方文化建设与研究必须借助和站在学术的肩膀上，才能行稳致远，取得成效，这是一条文化建设的重要经验。

在中国先秦史学会的大力推助下，缙云黄帝文化的发掘和研究，始终坚持以科学的精神进行学术探讨和文化研究，双方先后举办了四届全国规模的黄帝文化学术研讨会（按，今年——2022年是第五届），极大地增强和凸显了缙云作为中国南方黄帝文化传承地的唯一性和不可替代性，成为浙江在江南源文化上无出其右的一个靓丽文化地标。多年心血，玉汝于成。2011年5月，缙云黄帝祭典被国务院公布为第三批国家非物质文化遗

产。2021年7月,缙云仙都景区获批国务院台办"海峡两岸交流基地",同月,缙云仙都祭祀轩辕黄帝大典经"国清组"(全国清理和规范庆典研讨会论坛活动工作领导小组)批准升格为省级祭典,祭典主办单位正式变更为浙江省人民政府。辛丑年(2021)重阳节,中国仙都祭祀轩辕黄帝大典隆重举行,海内外中华儿女汇聚浙江缙云仙都峰下,致祭于中华民族人文初祖轩辕黄帝祠宇。中央电视台中文国际频道进行现场直播与专家点评,产生了广泛而良好的社会反响,向世界展示了浙江中国南方黄帝文化的独特魅力。自此,陕西黄陵、河南新郑和浙江缙云三地共祭轩辕黄帝、礼敬中华民族人文初祖的全国祭黄祀典格局正式形成。缙云仙都成为具有鲜明浙江印记的文化地标,成为凝聚海内外中华儿女的又一精神家园和文化圣地,为打造新时代浙江重要窗口和文化浙江建设增添了浓墨重彩的一笔。

浙江缙云黄帝文化流传久远、滋养民族、影响后世,黄帝文化不仅是文化浙江的金名片和重要文化地标,也是优秀传统文化传承转化的重要抓手。应当把黄帝文化这一具有标识性的文化现象和文化资源发掘好、传承好、保护好,要依托好中国南方黄帝文化祭祀、研究和辐射中心的优势,在现有三个中心的基础上,加大力度建设好第四个中心——中国南方中华民族根脉展示中心。简言之,建设好中国南方黄帝文化展示中心。大数据时代,要充分运用数字化技术,深度挖掘宗谱信息,开展海峡两岸宗谱交流,通过黄帝文化展示中心,研究展示中华民族丰富的宗谱文化和百家姓文化,使之成为海内外中华儿女寻根之旅的南方驿站。

四 深入研究浙江黄帝文化是铸牢中华民族共同体意识,弘扬中华优秀传统文化的时代要求

中国先秦史学会会长宫长为教授指出:"五千年文明从哪里说起,我们按照司马迁的说法,就应该从五帝说起,就应该从黄帝说起,就应该从我们缙云黄帝文化说起,按照习近平总书记的要求,我们要特别重视挖掘中华五千年文明中的精华,弘扬中华优秀传统文化,我们要从根脉抓起,

要从黄帝文化做起,要从缙云黄帝文化走起。"①

黄帝对中华文化的影响,司马迁总结为四个字:"人文初祖。"黄帝事迹,说得直白些,就是创立制度,发明工具,人文化成。也因此黄帝成为中华民族和文化的精神图腾。黄帝信仰,将民族个体的小"我"联结为一个大我的群体——华夏、中华,使得中华文化在部族、民族记忆的传承中生生不息、重构发展。正像《大戴礼记·五帝德》所称赞的:黄帝"生而民得其利百年(活着的时候百姓受其恩惠),死而民畏其神百年(死了人民将其敬畏如神),亡而民用其教百年(历经千百年苍黄风雨,黄帝的思想仍然感召后人影响后人)"。其实就是在表达黄帝文化、黄帝信仰具有穿越时空的思想魅力。丁山先生曾说:"黄帝简直成了中国一切文物的创造者,——自天空的安排直至人类的衣履,都是黄帝命令他的官吏分别制作的。"② 范文澜先生亦谓:"古书中有关黄帝的传说特别多……这些传说多出于战国、秦、汉时学者的附会,但有一点是可以理解的,即古代学者承认黄帝为华族始祖,因而一切文物制度都推原到黄帝。……《山海经》、《大戴礼记》等书记载古帝世系,不论如何分歧难辨,溯源到黄帝却是一致的。历史上唐尧、虞舜以及夏、商、周三代,相传都是黄帝的后裔。"③

牟钟鉴先生曾总结以黄帝为首的五帝信仰的共同点是:"圣明、仁德、益民、和平、功业盛大。"认为,"先民在塑造五帝形象的同时,其实就是在铸造中华民族的品格,其核心是民本、贵和、创新。这种文化基因后来经由孔子、老子加以弘扬,奠定了中华民族长期发展的精神方向"④。

黄帝精神及其文化传播形塑了众多部族、民族为黄帝后裔的文化认同观念。黄帝文化所蕴含的面对危机与困难,坚毅果敢、自强不息、创新发展的品格,已深深沉淀在中华民族的魂魄里,铸就了中华民族的底气与根基。弘扬黄帝文化及其精神对中华民族凝聚力的锻造,尤其在今天对于增强民族认同,增强民族自信和文化自信,无疑具有十分重要的现实意义和

---

① 宫长为:《在第四届全国黄帝文化学术研讨会上的致辞》,2021 年 10 月 12 日。
② 丁山:《中国古代宗教与神话考》,上海文艺出版社 1988 年版,第 426 页。
③ 范文澜:《中国通史》第一册,人民出版社 1996 年版,第 17 页。
④ 牟钟鉴:《文化学的视野:黄帝信仰与中华民族》,陕西公祭黄帝陵工作委员会办公室编《"纪念人文初祖黄帝 建设民族精神家园" 学术研讨会论文选集》,陕西人民出版社 2008 年版。

深远的历史意义。

综上，历史时期文化传播、衣冠南渡带来的黄帝文化，奠立了浙江缙云中国南方黄帝文化辐射中心、祭祀中心的地位，自20世纪90年代至新世纪十年代和当下新时代学术研究的持续发力和文化传播，形成了缙云中国南方黄帝文化研究中心的地位，相信再经过一二代人的努力和奋斗，一定会建成缙云黄帝文化建设和研究的第四个中心——中国南方黄帝文化展示中心。

站在新时代、大变局的历史高度，窃以为，黄帝文化的传承、弘扬与发展，一方面应当立基于中华民族走向未来、走向世界、永续发展的视角加以重新认识和思考。一方面对标浙江省第十五次党代会报告提出的黄帝文化建设新要求，有必要组织研究力量，以重大课题委托或招标等形式，集聚国内高水平专家团队，多维度、多层次深入挖掘黄帝文化的历史根源、时代价值和现实意义，探索研究黄帝文化与文化浙江建设之间的关系，将浙江黄帝文化建设成为具有鲜明浙江文化印记的文化地标和新时代文化高地。

（李学功：中国先秦史学会副会长、浙江省历史学会副会长、湖州发展研究院院长、湖州师范学院二级教授）

黄帝文化助力缙云共同富裕先行示范的初步思考

张建明

缙云是全国唯一以轩辕黄帝名号命名的县，是"中国南方黄帝祭祀中心""中国南方黄帝文化辐射中心"和"中国南方黄帝文化研究中心"。2021年中国仙都祭祀轩辕黄帝大典主办单位提升为浙江省人民政府。秉承民族传统，弘扬黄帝文化是炎黄子孙义不容辞的责任和义务。要深入挖掘祭祀大典蕴含的思想观念、人文精神、道德规范，总结提炼黄帝文化的丰富内涵和时代价值，助力缙云共同富裕和现代化建设。

一 弘扬黄帝文化，为推进马克思主义中国化时代化提供实践资源

坚持马克思主义基本原理与中华优秀传统文化相结合是推进马克思主义中国化时代化的必由之路。历史和现实都表明，坚持马克思主义基本原理与中华优秀传统文化相结合，是回答时代之问、世界之问、人民之问、中国之问的必然选择，是推进马克思主义中国化时代化的必由之路。黄帝文化是中华民族的珍贵遗产，也是全人类的宝贵文化财富。黄帝文化凝聚了中华文明的符号，融智慧于传统文化，彰显民族与时代精神。今天黄帝已是一个文明开启时代的象征，一个共同文化及民族凝聚力的标志。在黄帝子孙的心目中，黄帝的形象具有不可抗拒的凝聚力和感召力，是中华民族屹立于世界民族之林的精神旗帜。黄帝文化是民族记忆最生动的教科书、是民族亲情最醒目的凝聚点、是民族团结最悠久的象征、是民族振兴最深情的呼唤。古往今来，中华民族之所以在世界有地位、有影响，不是

靠穷兵黩武和对外扩张,而是依靠中华文化的强大感召力和吸引力。轩辕黄帝是中华文明的缔造者,是中华民族的一面精神旗帜,海内外华夏儿女都自豪的称自己为炎黄子孙、龙的传人。面对中华民族伟大复兴的战略全局与世界百年未有之大变局,只有我们坚定信心,坚持将马克思主义基本原理同中华优秀传统文化相结合,才能找到解决问题的方法,更好回答时代之问、世界之问、人民之问、中国之问;只要我们振奋勇气,弘扬中华优秀传统文化,不断推进马克思主义中国化时代化,就一定能为创造人类文明新形态贡献更多的中国智慧。

二 弘扬黄帝文化,为推进共同富裕提供优秀传统文化资源

实现"两个一百年"奋斗目标和实现中华民族伟大复兴的中国梦,需要有强大的动力去推进才能完成。繁荣发展文化是实现中华民族伟大复兴的中国梦的强大动力,其核心是要使中国人民有一股子压不垮、使不完、始终一往无前、团结奋斗的精气神。这股精气神从哪儿来?就要靠社会主义先进文化去激励,就要用中华优秀传统文化去培育。黄帝是中华民族奠基人,是中华人文始祖,是中华文化缔造者;黄帝以人为本,以和为贵,以公为要,创立国家,建造城邑,发展生产,改善民生,创造文化,治理社会,倡导德政,节用材物,是中华文明创始人。黄帝文化是黄帝时代以黄帝为首的先人们创造的物质财富和精神财富的总和。黄帝时代创造的物质财富和精神财富的总和,就是黄帝文化。黄帝文化专指黄帝时代所创造的那些精神财富,即思想、政治、道德、文化、科学、教育等方面的精神成果。黄帝文化是中国远古文化的杰出代表,是中华优秀传统文化的祖根文化,是中华民族形成和发展的强大动力,也是国家和人民宝贵的精神财富。黄帝文化是中华优秀传统文化的祖根文化,有利于社会主义先进文化的建设,有利于社会主义核心价值观的践行,有利于经济发展、社会进步、民族团结、人民幸福。因此,我们传承和弘扬黄帝文化,其重大的现实意义是为中华民族伟大复兴推波助澜,为推进共同富裕提供优秀传统文化资源。党的十九大以来,缙云县委、县政府始终把文化建设摆在全局工

作的突出位置，坚定不移地沿着习近平总书记指引的方向，接续推进文化建设工程，加快打造新时代文化高地，在共同富裕中实现精神富有，在现代化先行中实现文化先行。要始终与主旋律同频共振，把祭祀大典这张优秀文化名片擦得更亮，以更强的文化自信汇聚实现中华民族伟大复兴中国梦的磅礴力量，为缙云高质量发展建设共同富裕示范区提供有力支撑。弘扬黄帝文化，为推进共同富裕提供优秀传统文化资源。高质量发展建设共同富裕示范区，不仅要让人们的钱袋子鼓起来，也要让人们的精神"富"起来。文化成为实现共同富裕的"关键变量"，要让广大人民群众共享文化发展成果，切实提升获得感和幸福感。

三 充分释放黄帝文化品牌力量，为缙云建设开放之城、魅力之城，打造世界文化旅游目的地提供强大的内生动力

走进初夏的仙都景区，九曲练溪，十里画廊，山水飘逸。驱散疫情带来的阴霾后，景区恢复了往日的生机，路边游客络绎不绝。从祭典出发，"四化"品牌行动正逐步推进，黄帝文化的触角延伸到城市的角角落落，中华传统文化的魅力浸润万家，催生出强大的社会效益和经济效益。近年来，随着黄帝文化品牌的打响，愈来愈多游客、大咖走进缙云，走进仙都，在鼎湖峰下尽揽秀丽山水，在黄帝祠宇感受厚重的历史底蕴。依托黄帝文化品牌，仙都迎来跨越式的发展。一座风光旖旎的景区村落就地建成，涵盖摄影、咖啡、汉服等多种主题。当前，景区的轩辕文化街已有民宿农家乐252家，床位6567个，餐位1万余个。"2021年，仅是我们的核心区域村鼎湖村的村集体收入就达到132万元，村民人均可支配收入超3万元。" 2021年仙都景区接待游客数量189.15万人次，实现旅游收入5038.56万元。为促进黄帝文化"有形化"，仙都的文创产品正不断发力聚拢人气。"去年夏天，丽水首支文创雪糕'仙境奇冰'引无数游客打卡，推出仅一个月销售量就达1.5万余支，实现营收近30万元。"文化的力量正带动仙都全方位的成长与裂变。仙都与青壹坊、西泠印社等知名文创企业合作，深入挖掘黄帝文化等内涵，以"把仙气带回家"为主题，开发了

60多种文创产品,并在景区开设第一家文创直营店,实现社会效益与经济效益的"双赢"。2021年10月以来,"把仙气带回家"文创直营店已实现85万元的营收。随着仙都景区和黄帝文化的影响力与日俱增,辐射效应正遍及全县乃至全省。缙云旅游基础设施发生翻天覆地的变化,文旅事业蒸蒸日上。小火车开进了笕川花海,蛟龙大峡谷架起了玻璃栈道,羊上展开了低空飞行的新翅膀。2021年,缙云县接待旅游者374.7万人次,实现旅游总收入41.6亿元。旅游业见效的同时,依托黄帝文化IP强大的影响力和衍生性,缙云烧饼、轩辕黄茶、缙云爽面等农产品产业飞速成长。缙云烧饼作为缙云县传统小吃,又称"黄帝饼""轩辕饼",有"炉传三百世、饼香五千年"之说。小烧饼蕴含大能量,借助品牌优势,2021年,缙云烧饼产值达到27亿元,从业人员达2.3万人。城市发展的底气远不止于此,文化的力量撬动了商业版图的腾飞。越来越多人看到缙云、走进缙云、扎根缙云,缙云人能吃苦、敢创新的"梅干菜精神"感染着每一个来到这座城市的人。在祭祀大典不仅是文化盛事,也成为加强合作交流、促进发展共赢的平台。大典期间举办的系列经贸文化活动,成为缙云对外开放的窗口,促成了更多发展机遇。外部发展环境越来越严峻复杂的大背景下,在受疫情影响下全球经济动荡愈演愈烈的特殊时期,缙云逆势破局,化"危"为"机",招商引资"不断档""不断链",全年引进项目39个,其中亿元以上项目25个,实际到位内资31.4亿元。要充分释放黄帝文化品牌力量,促进持续提升软硬件环境,充分展示黄帝故里良好形象和文化魅力,为缙云建设开放之城、魅力之城,打造世界文化旅游目的地提供强大的内生动力。

四 弘扬黄帝文化,为建构中华文明共同体和加强中华儿女大团结提供精神资源

黄帝是中华道统和治统的重要开创者,黄帝祭祀反映出道统和治统的绵延不断和源远流长,今天的黄帝文化祭祀是当代中华民族最高的祭典。黄帝祭祀传承着中华民族同根同祖的理念,发挥着促进民族认同和增强团结的重要作用。黄帝已成为文明开元的象征。黄帝文化已成为跨越时空,

维系民族情感的强大纽带；已成为振奋民族精神，实现民族复兴中国梦的一面伟大旗帜；已成为中华民族的精神家园，亿万炎黄子孙心驰神往的朝圣地。尊宗敬祖，是中华文明绵绵永续的精神密码，也是加强中华儿女大团结的重要纽带。世界各国华人都是炎黄子孙，通过黄帝文化的传承和弘扬，使世界华人增强民族文化认同，增强中华民族的凝聚力和爱国心。我们传承和弘扬黄帝文化，其重大的世界意义是促进世界文化百花齐放、促进国际社会和谐美好。近年来，为弘扬中华文化、促进对外交流，缙云县以黄帝祠宇为平台，挖掘整合黄帝文化的当代价值，全力建设"民族同根、文化同魂、复兴同梦"的寻根问祖圣地，让海内外炎黄子孙在追寻黄帝文化的足迹中"溯到源、找到根、寻到魂"。每年拜祖大典都会组织系列根亲文化活动，包括黄帝文化国际论坛、"老家缙云"文化活动周、微电影大赛、世界旅游市长论坛等。这些活动展现了中原大地深厚的文化底蕴，有力凝聚了世界华人共识，增进了中华儿女大团结。每到农历三月初三，海外很多华人在当地举办"同时同像同主题同拜黄帝"活动，敬拜先祖、祈福中华。在美国旧金山，当地华人华侨合唱歌曲《万疆》，诉说华夏儿女永远不灭的信仰；在英国伦敦，旅英歌唱家与华人小朋友共同演唱《黄帝颂》，用歌声传递海外中华儿女的美好愿望；在澳大利亚悉尼，人们身着唐装，在祈福树上挂起美好祝愿……不同的表达方式，一样的崇敬之情。近年来，网上祈福互动平台的开通，将拜祖大典引向了一个全新维度。"穿越换装""AI 百变""VR 寻根"……"云拜祖"在数十家重点新媒体平台上线，海外媒体和众多自媒体平台进行多语种报道。近三年拜祖大典全球全网点击量都超 20 亿人次，网上参与人数每年都创下新高，分别达到 1630 万、5865 万、6369 万人次。越来越多的海外年轻华人，被既有传统韵味、又有现代气息的网上拜祖形式所深深吸引。古老厚重的黄河文化、黄帝文化在大家心中扎根发芽，激发出共拜始祖、祈福中华、同心同行、携手圆梦的强大合力。民族伟业传薪火，泱泱中华启新程。

五 提升黄帝文化的若干思考

浙江省第十五次党代会提出，"要打造新时代文化艺术标识。……提升阳明文化、和合文化、黄帝文化、大禹文化、南孔文化以及浙学等优秀传统文化影响力……"黄帝文化是浙江省一张靓丽的文化金名片，是新时代文化浙江工程一项重要内容，充分展现了浙江省文化高地风采。当前，浙江正加快打造新时代文化高地，构建起以文化力量推动社会全面进步的新格局，如何系统打造黄帝缙云成为传承中华文脉的重要场所，努力形成具有中国气派和浙江辨识度的重要文化标识，让黄帝文化浸润千万百姓家。努力实现优秀传统文化的创造性转化、创新性发展，让拜祖大典在强化民族记忆、传承传统文化、铸牢中华民族共同体意识等方面发挥更大作用。

（一）依托"缙云轩辕祭典"，做强做大黄帝文化品牌

多年来打造的"缙云轩辕祭典"活动品牌在中国南方已有了较强的影响力，也成了缙云旅游独特的金名片。2021年底，缙云黄帝文化成功入选全省第二批示范级文化和旅游IP，品牌效应进一步增强。要秉承民族传统，弘扬黄帝文化祭祀文化是炎黄子孙义不容辞的责任和义务。我们要深入挖掘拜祖大典蕴含的思想观念、人文精神、道德规范，总结提炼黄帝文化的丰富内涵和时代价值，探索形成"同根同祖同源，和平和睦和谐"的一贯主题，沿承细化"盛世礼炮、敬献花篮、净手上香、行施拜礼、恭读拜文、高唱颂歌、乐舞敬拜、祈福中华、天地人和"九项仪程，持续提升拜祖大典的影响力，使其成为具有历史震撼力和时空穿透力的文化盛典。要做好文化基因解码工程，不断扩大"缙云黄帝文化"IP的品牌影响力。"活化""物化""深化""衍化"，缙云从四篇文章着笔，凝聚各方力量，催生丰厚成果。踏入缙云，立体式、持久式、沉浸式黄帝文化宣传态势正在铺开，辨识度极高的缙云文化符号跃动在大街小巷，黄帝文化元素触手可及。"深化"黄帝文化内涵，理顺时代传承的脉络，明晰历史演进的图景，研讨新时代的传承与弘扬。让轩辕黄帝祭祀活动走向大众，让更多人参与祭典，接受精神洗礼。邀请专家学者齐聚一堂，共寻黄帝文化根源，邀请各级媒体、流量网红明星用笔触和镜头记录好山好水，助推黄帝文化"出圈"。加大研发系列本地文创产品力度，让黄帝文化进入日常生活，实现更多创意价值。

（二）利用黄帝文化品牌，推进文化强县建设

一张用黄帝文化书写的浙江历史文化金名片，正飞入千万寻常百姓家，为缙云注入隽永的文化基因，锻造出更加深厚的文化底气，为迈向共同富裕注入新动能。要牢牢把握促进人民精神生活共同富裕的要求，按照省委关于高水平推进文化强县建设、打造新时代文化高地的部署，立足推进中国特色社会主义共同富裕先行和省域现代化先行的大场景，以"品质化提升、数字化改革、精准化供给、融合化发展、多元化驱动"五化联动促进缙云文化和旅游发展模式创新和品质提升。按照长三角地区一体化发展计划和统一开放的现代化文化市场要求，推进文化市场一体化。加速"专、精、特、新"民营中小微文化企业发展，培养一大批蜂鸟文化企业和独角兽文化企业。加速文化科技融合，培育壮大新兴文化业态。推进"互联网+""大数据+""人工智能+"，实现文化资源的数字化采集、保存和应用，大力发展数字文化经济，重点发展基于互联网的新型文化市场业态。加大文化遗产创意研发，打造区域特色化产业集聚区。将缙云的自然文化遗产、历史文化遗产、工业文化遗产、农业文化遗产等作为文化存量，与科技文化、制度文化等文化增量一起，实现文化遗产创造性转化与创新性发展。要结合当地特色婺剧文化，缙云让黄帝文化在全新的演绎下"活"起来。组织民间文史爱好者全面挖掘、整理黄帝民间故事，汇聚文艺人才创作系列折子戏、什锦戏。

（三）充分释放黄帝文化品牌力量，为打造世界文化旅游目的地提供强大的内生动力

诗画是浙江共同富裕的底色，活力是浙江持续发展的秘诀。要充分释放黄帝文化品牌力量，促进持续提升软硬件环境，充分展示黄帝故里良好形象和文化魅力，为缙云建设开放之城、魅力之城，打造世界文化旅游目的地提供强大的内生动力。要坚持"世界眼光、国际标准、中国特色、高点定位"，将黄帝文化国家文化公园打造成中华民族的精神标识工程、中华儿女的寻根溯源工程、文化自信的元点建设工程、传统文化的薪火传承工程、面向世界的文明传播工程，努力把缙云建成海内外炎黄子孙心驰神往的精神标识地，建成世界知名、国内一流的旅游休闲目的地，建成环境

优美、风貌典雅的全国知名文化旅游古城。

（四）传承《黄帝内经》，打造中医药产业

黄帝不仅具有定国安邦的雄才伟略，而且是践行"内圣外王"，将修身与治世圆融相合的一代奇才，还为后世留下了《黄帝内经》和《黄帝四经》这两部最著名的经典。作为以中国传统文化为背景的我国医学奠基之作的《黄帝内经》，是中国历史上唯一一部贯通医学与哲学的经典，并且将人文科学与生命科学进行了有机的结合，形成了独具中国文化特色的医学知识体系。《黄帝内经》作为中医学的奠基之作，其中蕴含了丰富的哲学思想，"天人合一"是一种整体观，这种整体观对指导临床医学实践，对医疗模式的改革，具有重要的意义。要传承《黄帝内经》，打造中医药产业。以醉石城、黄帝养心谷、前湖中医药养生基地为支持，积极开展酒养生和中医药养生。

（五）加强课题研究，丰富黄帝文化内涵

"深化"黄帝文化内涵，理顺时代传承的脉络，明晰历史演进的图景，研讨新时代的传承与弘扬同样重要。要以贯彻《浙江省哲学社会科学工作促进条例》（以下简称《条例》）为契机，进一步深入研究黄帝文化的当代价值，挖掘开发黄帝文化旅游资源，进一步打造"黄帝缙云、人间仙都"特色文化标识。比如，黄帝集成了上古时期伏羲氏、葛天氏、神农氏所制礼乐，制作表现祥瑞的文乐《云门》、表现德政的文乐《咸池》和表现战功的武乐《大卷》等乐舞，创建了比较完整的礼乐思想与礼乐体系，成为中华礼乐文明奠基人，对整个中华礼乐文明产生了深远的影响。要追溯黄帝至周代礼乐的创建、传承与发展过程，准确理解中华礼乐文明的性质，构建中华礼乐文明理论与实践体系，为中国礼乐正名，推动中华礼乐文明在新时代的复兴。

（六）传承始祖宏志，谱写大团结大联合的崭新篇章

2018年，国内各族各界、各行各业的先进人物和优秀代表和当地群众受邀参加拜祖大典。2019年，拜祖大典突出"爱国"主题和"国家"意识，各项活动饱含着个人"小我"对国家"大我"的深情。2020年，拜祖大典以"长江黄河共战'疫'，轩辕黄帝佑中华"为主旨，突出展现抗

击疫情中的民族精神。2021年，现场布置、氛围营造、典礼仪程、拜祖文等方面都突出建党百年这一时代主题，燃烧了大家的奋斗激情。2022年，拜祖大典调整为"小线下、大线上"的方式，重塑黄帝像初露尊容，全新升级的网上拜祖祈福平台，令全球华人虽不能至、心向往之。每年清明节、重阳节分别举办隆重的民祭和公祭黄帝大典活动，20多年来共举办了四十多场次祭祀大典。清明节以海峡两岸共祭为主题，重阳节以全球华人共祭为主题，通过组织邀请港澳台同胞、海内外侨胞来缙云参加祭祀轩辕黄帝大典，以传统的最高礼节缅怀人文始祖轩辕黄帝，有效传承中华文明，进一步增强了海内外华夏子孙的凝聚力和向心力。要以寻根活动为抓手，增强侨界新生代民族认同。针对新生代侨界青少年对祖国家乡观念逐渐淡薄的现状，利用暑假开展青少年寻根夏令营活动。通过寻根问祖、查看姓氏由来等方式，帮助侨界新生代找到根、溯到源，增强他们的思想认同、民族认同、文化认同。立足多元化发展，开展各种形式的文化交流。积极开展大型汉服秀表演、旗袍秀、国际书法交流、组织中小学生到黄帝祠宇现场研学等活动，通过体现乡土、做足乡味、展示乡风，让海外侨胞重温旧时印迹，勾起故乡亲情，获取心灵慰藉。要让更多的国家和人民了解中华文化；从经济发展看，大力促进侨团组织与缙云的民间往来，助推本地开放型经济发展，走出了一条"弘扬黄帝文化，凝聚海内外各方力量"的新路子。

（张建明：浙江省社会主义学院一级巡视员、博士）

擦亮黄帝文化金名片

丁益东

浙江省第十五次党代会报告提出,提升黄帝文化等优秀传统文化影响力。黄帝文化在浙江有着悠远的历史根基、独特的文化传承、鲜明的时代价值,我们要以更强的文化自信,擦亮"黄帝文化"这张文化金名片,提升黄帝文化重要场所的归属度、辨识度、认知度,把黄帝文化打造成有国际影响、中国气派、浙江辨识度的重要文化标识。

黄帝文化在浙江有着悠远的历史根基。浙江缙云是全国唯一以轩辕黄帝名号命名的县,有着悠久祭祀轩辕黄帝的历史,最早可以追溯到汉朝。缙云仙都祭祀轩辕黄帝活动始于东晋成帝时期,距今已有1680多年历史。东晋年间缙云山建起了"缙云堂",唐天宝年间,唐玄宗敕改"缙云堂"为"黄帝祠宇"。缙云是中国南方祭祀轩辕黄帝的唯一场所,被称为中国南方黄帝祭祀中心、中国南方黄帝文化辐射中心、中国南方黄帝文化研究中心和中国南方黄帝文化展示中心,体现了中国南方祭祀轩辕黄帝的祭祀文化、辐射形式、研究重点、展示内容,标志着"中国南方黄帝文化"融入了浙江文化印记和江南韵、时代风,既继承特有的黄帝文化内核,又赋予新的时代精神。

黄帝文化在浙江有着独特的文化传承。黄帝是中华民族人文始祖。黄帝以人为本,以和为贵,以公为要,创立国家,建造城邑,发展生产,改善民生,创造文化,治理社会,倡导德政,节用材物,是中华民族大团结、大一统的象征,是孔武有力、开拓进取、制定秩序、为天下万民立法则的权威。在炎黄子孙的心目中,黄帝的形象具有不可抗拒的凝聚力和感召力,是中华民族屹立于世界民族之林的精神旗帜。黄帝文化是中国远古文化的杰出代表，是中华传统文化的集大成者，为中华民族形成和发展提供了强大动力。可以说，黄帝文化是民族记忆最生动的教科书、是民族亲情最醒目的凝聚点、是民族团结最悠久的象征和对实现民族振兴最深情的呼唤。浙江多地存留有关于黄帝的历史传说证据、香火祭堂场所。祭拜黄帝是浙江民间传统风俗之一；黄帝正妃西陵氏（嫘祖）文化在浙江有迹可循；黄帝在浙江鼎湖炼丹，最终驭龙升天的故事是我国本土宗教——道教文化的重要组成部分，促进了以汉族为主体其他民族多元融合格局的形成。

黄帝文化在当代有着重要的时代价值。尊宗敬祖，是中华文明绵绵永续的精神密码，也是加强中华儿女大团结的重要纽带。黄帝文化是中华民族的一面精神旗帜，通过黄帝文化的传承和弘扬，可以增强中华民族的凝聚力和爱国心，成为跨越时空，维系民族情感的强大纽带。海内外华夏儿女是炎黄子孙、龙的传人，都有着同根同源的心理期许。海外侨胞、台湾同胞共祭中华人文始祖轩辕黄帝，鲜明地体现了中华儿女文化认同、民族认同的思想基础。浙江作为文化大省、经济强省，华侨众多、影响力大，有责任、有义务、有能力在铸牢中华民族共同体意识，团结海峡两岸及港澳同胞，激发民族自豪感上发扬浙江力量，体现浙江担当，打造浙江经验。浙江要挖掘黄帝文化，全力建设"民族同根、文化同魂、复兴同梦"的寻根问祖圣地，让海内外炎黄子孙在追寻黄帝文化的足迹中"溯到源、找到根、寻到魂"，让黄帝文化在强化民族记忆、传承传统文化、铸牢中华民族共同体意识等方面发挥更大作用。

深入挖掘黄帝文化蕴含的思想观念、人文精神、道德规范，总结提炼黄帝文化丰富的内涵和特质，可以为新时代大力弘扬"求真务实、诚信和谐、开放图强"的浙江精神注入强大的精神动力，为奋力推进共同富裕先行和省域现代化先行提供强大的文化动力，汇聚成实现中华民族伟大复兴中国梦的浙江力量。

（丁益东：缙云县委党校常务副校长）

祖根文化是黄帝文化展陈的主线和灵魂

李 岩

黄帝文化产生于距今五千年前左右的新石器时代末期,在悠久的历史长河中不断发展,历久弥新,对中华民族产生了极其深远的影响。黄帝文化是一个大文化的概念,包罗宏富,涉及政治、经济、军事、科学技术、文化艺术、风俗习惯、意识形态,特别是历史学、民族学、民俗学、人类学、考古学、社会学、宗教学、历史地理、文化传播等诸多方面,其内容可谓博大精深。

在上述诸文化中,归纳起来,对后世影响最大的就是祖根文化。祖根文化是中国人传统的落叶归根和认祖归宗思想。对祖先的敬仰和感恩,让人明白生命根脉相连、生生不息的道理,明白天下一家、同宗同源的生命本质。祖根文化,揭示着生命的延续与变化。通过分析先民的迁徙与家族兴衰,可以知道中华民族的融合与共生,可以懂得"天地同根"、"四海一家亲"的道理。祖根文化,让人根脉相连。那么中华民族的祖根文化是什么?我们认为,黄帝文化就是中华民族的祖根文化。

为了更好的展示黄帝文化,凝聚共识,传承和发扬黄帝文化在研究和资政育人等方面的作用,需要对黄帝文化做进一步的挖掘和整理,对上述如此众多的黄帝文化进行展示,展示的内容和方式以及要注意的问题等,是一项综合性的大课题,需要集思广益和深入思考。我们认为,黄帝文化,虽然内容广博,但是万变不离其宗,应该紧紧围绕展示黄帝文化的宗旨,抓住黄帝文化的主线和灵魂——祖根文化这一要点进行布展。

一 尊祖敬宗是中华民族文化的传统和基本要义

(一) 祖先崇拜

早在人类社会初期，人类由于对大自然的不了解，对风雨雷电等自然现象充满了敬畏与崇拜之情，表现为万物有灵的观念，我们称之为自然崇拜。原始社会末期，随着社会生产力的发展，人们开始对自身觉醒，那些为本部族的发展做出重大贡献的祖先开始受到尊崇，形成祖先崇拜，进而成为连接本部族成员的精神纽带，就是后来《尚书·尧典》所说的"克明俊德，以亲九族"①。有效地增强了部族内部的凝聚力。

祖先崇拜在考古学上的表现很多，最具代表性的就是辽西东山嘴和牛河梁红山文化"坛庙冢"。上古社会，最重要的有两件大事，一是奉祀祖宗，二是征伐不臣，所谓"国之大事，在祀与戎"②。这里的"祀"是对祖先的祭祀，除了"夏史不足征"外，据统计，甲骨卜辞中，商代祭祀祖先的辞例在所有辞例中是数量最多的，"率民以事神"中，主要祭祀的是祖先神。周因于商，其祭祀："凡禘、郊、祖、宗、报，此五者，国之典祀也。"很明显，周人祭祀最主要的内容也是祖先。这也就是后人所谓的"统族人以奉祀也，祭以往之祖而收见在之族"，以达到"尊祖——敬宗——收族"的目的，对于巩固现实统治秩序有非常强大的作用。

(二) 宗法制是对始祖崇拜的制度保障

宗法制度是由氏族社会父系家长制演变而来的，是王族贵族按血缘关系分配国家权力，以便建立世袭统治的一种制度。其特点是宗族组织和国家组织合二为一，宗法等级和政治等级完全一致。宗法制形成了我国古代社会，特别是西周社会家国一体的政治格局，更是对始祖崇拜形成了一定的制度保障。古代文献和金文资料以及考古发掘的收获都可以证明，祭祀祖先被纳入国家制度之中，是必须遵循的一项国策。儒学经典中反复强调"尊尊""亲亲"的政治规范。如《谷梁传·成公元年》所谓"尊尊亲亲

---

① 《尚书》，慕平译注，中华书局2009年版，第2页。
② 《左传·成公十三年》阮元校刻：《十三经注疏》（影印本），中华书局1980年版，第1911页。

之义也",又《礼记·丧服小记》:"亲亲、尊尊、长长,男女之有别,人道之大者也。"《礼记·大传》:"亲亲也,尊尊也,长长也,男女有别,此其不可得与民变革者也。"而"亲亲"的重要,更先于"尊尊"。

古代中国之所以成为宗法社会,原因就在于原始氏族社会以来一脉承袭下来的祖先崇拜的发展、渗透。而中国传统文化中的许多精神要义,都同崇祖的古老习俗密切相关。血缘关系在国家建立后不仅没有被打破,而且宗族观念和家天下的思想观念还长期存在,宗法制和分封制相结合为家国同构、忠孝一体的国家结构,是中国传统文化的特点,也是中国与世界其他文明的不同之处。梁启超曾说:"吾中国社会之组织,以家族为单位,不以个人为单位,所谓家齐然后国治是也。周代宗法之制,在今日其形式虽废,其精神犹存也。"① 确实如此。

(三) 始祖大家敬是中华民族的传统美德

尊崇始祖是中华民族的传统和美德,一直以来,各民族、各地区对始祖的崇拜,包括对炎帝、蚩尤、嫘祖、伏羲等等的崇拜,乃至对尧舜禹等等的崇拜,形成了各自的文化圈,如尧文化圈、舜文化圈、禹文化圈等等,但是综观中华大地和华人文化圈,黄帝文化是不分文化圈的,华人所在之处即为黄帝文化的影响力所在,对黄帝的崇拜确实是最为普遍的,是海内外华人共同的祖先的体现,也不管是什么民族,只要是中华民族,大都尊奉黄帝为人文始祖。

二 黄帝是中华民族的人文初祖,黄帝文化是中华文化的根文化

我们认为,黄帝之所以被认为是中华民族的人文初祖,其原因有三:一是黄帝统一部落联盟,奠定了国家形成的基础;二是黄帝时代的一系列创制全都冠以黄帝之名;三是黄帝为首的部族为主体,后来发展为中华民族的主体。这些在当时和以后几千年的中国历史中具有无可替代的影响,是中华文化的主流文化,形成了中国风格的文化。因而我们说黄帝是中华

---

① 梁启超:《新大陆游记》,《饮冰室合集·专集》第5册,中华书局1989年版,第121页。

文明和中华文化的奠基者，黄帝也因此受到历代尊崇。几千年来，人们不断地缅怀他开启了中华民族灿烂文明的先河，在铸造中华文明的历史上起了奠基作用。

正因为如此，史籍就记载了从上古社会起黄帝就一直受到历代国人的祭拜。"有虞氏禘黄帝而祖颛顼，郊尧而宗舜；夏后氏禘黄帝而祖颛顼，郊鲧而宗禹"，这是黄帝最早作为部落始祖为后人所祭祀。"禘"，是帝王对有血缘关系的始祖的祭祀。有虞氏是黄帝的重孙虞幕所立，其谱系为黄帝——昌意——颛顼——虞幕，其下五世孙为舜；夏后氏为大禹所立，大禹父亲鲧的曾祖和虞幕同为颛顼的后代。故司马迁云："自黄帝至舜禹，皆同姓而异其国号。"其后的商朝、周朝虽不再"禘黄帝"，但从血缘关系上说，仍是黄帝的后裔，且三代王朝都建立在黄帝所开创的大部落联盟基础之上，故在周朝就已形成以黄帝为血缘"始祖"的华夏部落共同体的共识。

五千年延绵不断的中华文明始于轩辕黄帝，正是他开创了伟大的中华文明，让世世代代、遍布寰宇的炎黄子孙血脉相连，让中华民族千百年来始终骄傲地屹立在东方，矗立在世界①优秀民族之林。

正如刘庆柱先生所言："如果从文明社会算起，从进入国家算起，从中华文明、中华民族的文明史开始，可以说根文化的根就是黄帝文化。"②

三　黄帝文化的内涵决定了黄帝文化展示的主线和内容

文明是文化的升华，文明的源头理所当然地就是文化的祖根，这个祖根形成于黄帝时代，也就是说黄帝之所以受后人景仰，能够成为中华民族的人文初祖，主要的原因在于他所处的时代是中华文明的滥觞时期，是中华文明的源头所在，他是中华文明和中华民族的主要缔造者，黄帝文化的内涵丰富，主要表现为黄帝时代、黄帝的丰功伟绩和黄帝文化的深远影响三大方面，具体来说：

---

① 《国语·韦昭注》上海古籍出版社2015年版，第109—110页。
② 刘庆柱：《"根文化"的根就是"黄帝文化"》，《郑州晚报》2015年4月20日，A04版。

（一）黄帝时代

1. 文明因素的出现

黄帝时代是指新石器时代晚期，距今五千年前后的仰韶文化末期、龙山文化早期，前后一千年左右的时间。这一时间范围，不管是从文献记载还是从考古发现来看，都是中国文明起源的时期。黄帝时代，中华大地到处都出现了文明的要素，例如文字的萌芽、城池的出现、礼制的肇始以及金属工具的发明等等，这些要素不断积累和发展，到了黄帝时代，中华文明之起源，已如满天星斗，八方雄起，最终导致社会结构及其性质的大转变，中国境内的早期文明正将跨入国家的门槛。

2. 万国林立

上述具有文明因素的这些考古学文化遗址，学者称其为古国或方国，也就是说黄帝时期，中国境内大多数新石器中晚期的考古文化，都已进入了学界所认为的古国或方国的时代，如南方的良渚文化、北方的夏家店下层文化。数量众多的古国或方国的存在，表明黄帝时期进入了一个万国林立的时代，这正与古代文献中的"古有万国""天下万国"的记载相吻合，《史记·五帝本纪》也载黄帝"监于万国，万国和"。[①]

（二）黄帝的丰功伟绩

1. 统一各部落

黄帝生处乱世，部落之间纷争不已，"诸侯相侵伐，暴虐百姓"，黄帝"悯阽危，铸五兵"，黄帝通过阪泉之战和涿鹿之战等，以战止乱，平定纷争，统一部落，最终转危为安，变乱为治。这种面对危难与挑战时的勇武与血气成为中华文明世代相传的文化基因。黄帝时代所创造的统一、和谐的社会，为精神文明和物质文明以及社会建设提供了必要的社会条件，人民才得以安居乐业。

2. 发明创造

黄帝时代是中华文明发展的肇始，许多物质文明、精神文明和制度文明都是在这一时期滥觞，并对后世加以深远的影响。

---

① 司马迁：《史记》卷一《五帝本纪》，中华书局1959年版，第6页。

（1）物质文明的发明

在黄帝众多的发明创造中，最为后人关注的是先民的衣食住行。因为人类文明从这方面开始，文明进步也在这方面表现得最突出，所以这方面的发明也最多。

《史记·五帝本纪》云：黄帝"艺五种，抚万民。"《集解》："《周礼》曰'谷宜五种'。郑玄曰：'五种，黍、稷、菽、麦、稻也。'"艺五种就是种植五谷，为粮作物的总称或泛称。①

《易·系辞下》载："黄帝……断木为杵，掘地为臼，臼杵之利，万民以济。"②《云笈七签》卷一百《轩辕本纪》："（黄）帝作灶。"《古史考》："黄帝始蒸谷为饭，烹谷为粥。黄帝作釜甑。"《世本·作篇》："黄帝造火食。"《管子·轻重戊》云："黄帝作，钻燧生火，以熟荤臊，民食之，无兹胃之病，而天下化之。"这样，黄帝也成了钻燧用火的圣人，还有《物原》云："轩辕作碗、碟。几创始自黄帝也"，等等。从仰韶文化遗址的发掘来看，那时已经发明出一些简单的谷物加工工具，如把谷物放置在石制的碾磨盘上，然后手拿石棒或饼反复碾磨，脱去谷物外壳，这就是古文献所记载的黄帝"断木为杵，掘地为臼"。

再如，《路史·前纪七》载："轩辕氏作于空桑之北，绍物开智，见转风之蓬不已者，于是作制乘车。"黄帝因发明了车而闻名，世人号为"轩辕氏"。《易·系辞下》载黄帝："剡木为舟，刻木为楫，舟楫之利，以济不通，致远以利天下。"《世本》云："黄帝之臣共鼓、化狄（又称化狐）造舟。容成剡木为舟。"《拾遗记》："轩辕变乘桴以作舟楫。"等等。

（2）精神文明的创造

黄帝时代精神文明领域的发明创造主要涉及天文历法、绘画、医药、文字等许多方面：

①天文历法。中国是农业大国，农业生产在人们生活中占有重要位置，先民们在生活生产中不断积累天空的太阳、月亮、星辰变化与气候的冷暖、万物生长的规律的关系，利用这种变化关系为农业生产服务。《史

---

① 司马迁，《史记》，中华书局1959年版，第3—4页。
② 王弼、韩康伯注，孔颖达疏：《周易正义》卷八《系辞下》，阮元校刻：《十三经注疏》上册，中华书局1980年版，第86、87页。

记·五帝本纪》云：黄帝"获宝鼎，迎日推筴"。《集解》晋豹曰："策，数也，迎数之也。"瓒曰："日月朔望未来而推之，故曰迎日。"《索隐》云："《封禅书》曰'黄帝得宝鼎神策，下云'于是推策迎日'，则神策，神蓍也。黄帝得蓍以推筭历数，于是逆知节气日辰之将来，故曰推策迎日也。"《正义》云："筴音策。迎，逆也。黄帝受神筴，命大挠造甲子，容成造历是也。"①《史记·历书》："黄帝考定星历，建立五行，起消息，正闰余，于是有天地神祇物类之官，是为五官。各司其序，不相乱也。"从河南郑州大河村仰韶文化遗址发现彩陶器上的星星、日晕、十二个太阳图案看，黄帝时代定星历是比较可信的。

②绘画。《论衡》："黄帝门户画神荼、郁垒与虎。"由考古发现的黄帝时代的岩画、刻画符号可知，黄帝时代已经有象形文字，而象形文字本身就是一种图画。另外，黄帝时代已筑宫室，从漂泊流徙的生活过渡到定居生活，作为居室关键部位的门户肯定出现了。那么，黄帝时代在门户上画神荼、郁垒与虎之举也是可能的。

③音乐。黄帝时代发明了钟、铙、鼓、磬、箫、瑟等乐器，制作有乐曲《咸池》等。《吕氏春秋·古乐》："黄帝令伶伦作为律，伶伦自大夏之西，乃之阮隃之阴，取竹于嶰谿之谷，以生空窍厚钧者，断两节间，其长三寸九分，而吹之以为黄钟之宫，吹曰舍少。次制十二筒，以之阮隃之下，听凤凰之鸣，其雄鸣为六，雌鸣亦六，以比黄钟之宫适合。黄钟之宫皆可以生之，故曰黄钟之宫，律吕之本。黄帝又命伶伦与荣将，铸十二钟，以和五音，以施英韶，以仲春之月乙卯之日，日在奎始奏之，命之曰咸池。"是黄帝使伶伦造律，铸十二钟，和五音以制乐。相传铙、磬、箫等乐器皆为黄帝发明。《世本》："伶伦造磬。黄帝使素女鼓瑟，哀不自胜，乃破为二十五弦，异二均声。"《魏书·志第六·律历志上》还说："十二律，黄帝之所作也。"根据考古发现，黄帝时代出现一般的乐器、乐曲是可以相信的。

④中医药学。《搜神记》云："昔皇（黄）帝时有榆（俞）附者，善好良医，能回丧车，起死人。"即他有起死回生之术。《帝王世纪》云：

---

① 司马迁：《史记》，中华书局1959年版，第6—7页。

"黄帝有熊氏命雷公、歧伯论经脉。"传说黄帝与岐伯、雷公讨论并创造了医学,《抱朴子·极言》篇云:黄帝身体不适,由雷公、岐伯诊治。《太平御览》卷七二一引《帝王世纪》云:"岐伯,黄帝臣也。帝使岐伯尝味草木,典主医病。经方《本草》《素问》之书咸出焉。"又曰:"雷公岐伯论经脉傍通,问难八十一,为《难经》,教制九针,著《内外术经》十八卷。"《汉书·艺文志》载有《黄帝岐伯按摩》十卷,《隋书·经籍志》载有《岐伯经》十卷,今存《黄帝内经》,就是以黄帝岐伯论医、更相问难的形式写成的。

⑤发明文字。《世本》云:"黄帝使苍颉作书。"张注引汉《苍颉庙碑》云:"苍颉天生,德于大圣,四目灵光。"《淮南子·本经训》云:"昔仓颉作书,而天雨粟,鬼夜哭。"钱大昕《说文解字注·序》曰:"仓颉初作书,依类象形,故谓之文,其后形声相益,即谓之字。"考古发现的龙山文化卜骨文字及陶文,证明黄帝时代在"三皇"时代刻划符号(初始文字)的基础上,再进一步研究创造出了象形文字。大汶口文化的陶器符号和良渚文化的玉器、陶器上的刻画符号,其形体已接近于商周文字,西安市长安区花园龙山文化遗址中,出土了甲骨文,可证明黄帝时已有简单文字。

⑥兵法。黄帝时代氏族部落之间战争不已,黄帝创制并教给士卒作战的阵法,以取得较大的战果。《云笈七签》卷一百引《轩辕本纪》载:黄帝"又令风后演河图法,创十八局,名曰《遁甲》,以推胜负之说"。《史记·五帝本纪》之《正义》引《帝王世纪》载黄帝"得力牧于大泽,进以为将。黄帝因著《占梦经》十一卷"。《汉书·艺文志》载风后著《风后兵法》十三篇,图二卷,《孤虚》二十卷,《力牧兵法》十五篇。《事物纪原》卷九引《吴子序》曰"兵法始于黄帝"等等。黄帝之所以能统一天下,与利用兵法提升军队战斗力是分不开的。

除以上外,散见于古代各典籍中关于黄帝时代的发明创造还有许多,如蹴鞠,"蹴鞠者,传言黄帝所作"。《事物纪原》卷七:"《黄帝内传》曰'帝既升为天子,命句芒等司五行,于是针经、脉诀、天文、地理、卜法、算术、吉凶丧葬,无不备也。凡伎术皆自黄帝始。'"

因此我们说,距今五千多年左右的黄帝时代是中华民族特别重要的时代，黄帝一生的实践活动，凝聚着中华民族物质文明和精神文明早期发展的缩影。

（3）制度文明的创制

黄帝时代，礼文法度，兴事创业，社会制度和管理人员的配备进一步健全。从古文献记载看，黄帝时代，部落联盟由参加联盟的各氏族部落的首领组成联盟议事会。重要事务都要由联盟议事会讨论决定，部落联盟的首领也由议事会推举产生。可见"议事会"是最高权力机构。部落联盟首领（黄帝）之下，设左、右大监，辅佐黄帝处理联盟的大事。《淮南子·览冥训》："黄帝昔者治天下，而力牧、太山稽辅之"，此二人当为左右大监。大监之下设"三公"。《五记·史帝本纪》《集解》郑玄曰："风后，黄帝三公也。"《正义》案："黄帝仰天地置列侯众官，以风后配上台，天老配中台，五圣配下台，谓之三公。"此与汉代后的"三公"大不相同。按《帝王世纪》所说的风后，似乎"三公"是官名，非三种官职之三人，但后世的"三公"之称，当源于黄帝。

上述丰功伟绩，特别是黄帝时代的物质和精神文明的创制，显然不是一人一时一世所能完成，应该是全面吸收和总结了盘古、夸父、有巢氏、伏羲氏、女娲氏、神农氏时代的精华，构建了黄帝文化的体系，是前黄帝时代和黄帝时代文明的集大成。但是这些都依托黄帝名下，并被后人所接受。始祖"继天立极，开物成务""功化之隆，惠利万世"，无论是驯养牛马、打井养蚕的物质文明，设官治民、监于万国的政治文明，还是发明文字、制定历法的精神文明，都是当时世界上最先进的。故孙中山祭黄帝文曰："世界文明，惟有我先。"始祖黄帝的"爰启文明"之功，无疑是我们今天创造中华先进文明最为强大的精神动力之一。

综上所述，黄帝的确是一个划时代的伟大英雄人物，也是善于总结前人经验、富有勇敢开创精神的里程碑式的典型古帝，"百家言黄帝""世之所高，莫若黄帝"，称其为"人文初祖"是名副其实和恰如其分的。也正因为如此，我们说黄帝文化是中华文化的祖根文化。

（三）黄帝文化的深远影响

黄帝文化对当时中国的发展产生了重大作用，后人在此基础上又继续发展，给中华民族以深刻而深远的影响，主要表现在：

1. 多元一体与身份认同

黄帝是中华民族的主要缔造者，我们都是炎黄子孙。自古以来构成中华民族的百家姓，都是由黄帝子孙发展而来。而且，经过几千年的民族融合，中华民族中多数少数民族也大多以黄帝为始祖。

纵观历史，中华民族也在国内外有几次大规模的民族迁徙，其规模重大、影响深远的有闯关东、走西口、下南洋等等，这些大规模的人类迁徙并没有弱化中华民族的凝聚力，反而更加形成了祖国各地同祖同根的血脉相连，四海同祖祭祀黄帝的现象，充分体现了全世界华人儿女的身份认同和情感归属。

2. 民族凝聚力的增强

因为同祖，我们是一体的，此一体包括我们血脉相连，文化相同，自古以来就是一个共同体，所以中国古代都是以在中原建立王朝为正统，都以统一天下为己任，所以国家不能分裂，必须统一。这种国家统一的思想文化的渊源就是黄帝文化。

中华文化博大精深、之所以能够源远流长、一脉相承，黄帝文化是主要原因之一。黄帝和黄帝文化在我国的祖根文化中知晓度最高，认同性最强，自古以来各地的"长老皆各往往称黄帝"，对黄帝的认可度最高，以至于形成所谓"非我族类，其心必异"，"驱逐鞑虏，恢复中华"，"外强入侵，华人公愤"，"犯我中华者，虽远必诛"的民族文化传统。

从总体看，黄帝首创的原生文明可以称为文化祖根，它的精髓是：团结、和谐、统一、开拓，它是中华民族的灵魂。黄帝"存天地之纯气而戒其割裂"，从此奠定了几千年来中华民族"大一统"的基本格局，构成了今天亿万中华儿女最为坚固的凝聚力与向心力。

"中华开国五千年，神州轩辕自古传。"黄帝文化是中华民族的根基和血脉，滋养着五千年的中华文明，锻造着炎黄子孙的精神境界，熔铸于华夏儿女的血脉中、骨子里。慎终追远，寻根拜祖，是中华民族的历史传统，是中华民族精神信仰的主脉，因此我们认为，祖根文化是我们展示黄帝文化的主线和灵魂。

黄帝文化的展示工作，不但要秉承"守住民族根，传承中华魂"的文化传统，而且要紧跟时代的脉搏，利用好最新的研究成果，将中国文明探源工程和近年来黄帝文化研究的最新成果都展示出来。不过，值得一提的是，鉴于黄帝文化的文化属性，我们认为，因为年代久远等各种原因，除了直接展示文物，也可以用现代科技手段来表现，能够起到黄帝文化展示的目的即可，或许还会收到更好的展示效果。

（李岩：丽水学院民族学院教授）

缙云黄帝国家文化公园建设可行性研究

王 健

一 五大国家文化公园建设全面启动

党的十八、十九大以来，我国实施生态文明建设和文化强国战略，作为这两大战略重要举措的国家公园和国家文化公园建设先后展开。2013年，党十八届三中全会提出将建设国家公园纳入生态文明建设范围，三江源等十家国家公园试点建设启动，到2021年首批十个国家公园正式设立。2017年1月中央两办发布《关于实施中华优秀传统文化传承发展工程的意见》，提出"规划建设一批国家文化公园，成为中华文化重要标识"。5月发布的《国家"十三五"时期文化发展改革规划纲要》指出"文化是民族的血脉，是人民的精神家园，是国家强盛的重要支撑"，中华文化传承工程通过"国家文化公园建设：依托长城、大运河、黄帝陵、孔府、卢沟桥等重大历史文化遗产，规划建设一批国家文化公园，形成中华文化重要标识"。6月，习近平总书记对大运河文化带建设作出保护传承利用重要批示。2018年1月《大运河保护传承利用规划》发布，首次提出以文化引领区域发展，大运河文化带建设全面开展。中宣部制定长城、大运河、长征三大国家文化公园的建设方案，河北、江苏、贵州试点建设长城、大运河、长征国家文化公园。2020年10月，第十九届五中全会通过《中共中央关于制定国民经济和社会发展第十四个五年规划和二〇三五年远景目标的建议》，将黄河纳入国家文化公园建设。2022年1月，国家文化公园建设工作领导小组部署启动长江国家文化公园建设，由此形成了五大国家文化公园全面建设的新格局。未来，还会启动新的国家文化公园建设工程。

二 国家文化公园塑造国家文化形象

为什么要建设国家文化公园。长城、大运河、长征、黄河和长江都是中华民族的代表性符号和中华文明的象征。五大国家文化公园通过建设实体公园塑造主题形象，旨在坚持保护第一、传承优先，以沿线一系列主题明确、内涵清晰、影响突出的文物和文化资源为主干，科学划定和建设管控保护区，将其建设成为传承中华文明的历史文化长廊、凝聚中国力量的共同精神家园、提升人民生活品质的文旅体验空间，真正打造成为中华文化的重要标志。从功能分区上看，分为管控保护、主题展示、文旅融合、传承利用四类功能区，主题展示是国家文化公园的中心内容，包括核心展示园、集中展示带、特色展示点等展示方式。因此，需要对五大线形国家文化公园的主题内涵进行调查、梳理、研究、提炼、规划，化作落地项目。突出活化传承和合理利用，创新公园模式，促进优质文化旅游资源一体化开发，同时又以旅游驱动沿线经济社会发展，优化城乡文化资源配置，加大文化惠民力度，使公园建设与人民群众精神文化生活深度融合、开放共享。通过国家文化公园建设，弘扬优秀传统文化，形成生动鲜明的文化主题，打造中华文明的新标识，作为国家文化形象的代表。

三 国家文化公园扩容势在必然

国家文化公园是近年来我国对国家公园理论的创造性发展，已经得到中央认可，取得社会共识。与国家公园相对独立、封闭的公园体系不同，国家文化公园是一个扩展的、开放的体系。数量上，从第一个国家文化大运河国家文化公园在江苏试点建设才几年时间，已经形成了长城、大运河、长征、黄河和长江五大国家文化公园。但，这不是终点而是节点，未来还会有大量的国家文化公园出现。因为中国文化丰富多彩、源远流长，中华文明历史悠久，博大精深。从古至今，创造了灿烂文化，留下了极具特色的文化遗产。目前五大线性国家文化公园建设虽然体量庞大，内涵丰富,但仍然不能涵盖或代表中华文明的全部成果。如果仅建这五大国家文化公园,将会有许多具有重大历史意义的遗产湮没,或是无法彰显和辨识。可喜的是,国家已经部署了黄帝陵、孔府、卢沟桥这样单体的、专题性的、有着独特内涵和功能的文化遗产打造国家文化公园。但是,应当指出,上述三个单体的文化遗产并非其所代表的文化宝库丰富内涵的全部。例如孔府,曲阜有"三孔",孔府、孔庙、孔林,这都是曲阜孔子国家文化公园的主要载体,不可能仅建一个孔府国家文化公园。更重要的是,孔子及儒家文化的影响远远超出曲阜,作为中国古代两千多年的主流文化,其代表性的文化遗产不胜枚举,要反映孔子为代表的儒家文化在中国的形象,仅仅靠一个孔府或"三孔"是不够的,在全国遴选出具有代表性的文化遗产,进行专题国家文化公园是十分必要的。像孔子之外,孔子儒家道统传承人物孟子、荀子、董仲舒、朱熹等等,都可以通过打造跨地区、彼此联系、相互衬托的专题国家文化公园集中展示园、形成辨识度高、传承系列的孔子儒家文化形象,早日成为一个整体系统的思想文化遗产展示体系。还要指出的是,单体或专题性的国家文化公园影响力也是不够的,目前很少听到这三个专题性单体国家文化公园的宣传报道,几乎被五大国家文化公园的声势所埋没。

四 打造黄帝文化国家公园势在必行

作为中华民族人文始祖的黄帝文化也当如此建设。陕西黄帝陵国家文化公园虽然已经建设并取得很大进展,但在全国的影响力并不太大。究其原因是多方面的,一是黄帝陵已经是非常著名的文物景观,其景区地域确定,影响范围和名气已经达到相当高度,在其基础上再怎么打造,可挖掘的内涵价值和暴发性能量十分有限。二是陕西省为全国文物大省,其历史文化遗产非常之多,如秦始皇陵、兵马俑、长安城、汉唐皇陵、延安等遗产圣地名震世界,游客顾及不暇,相比之下,地理位置较偏、山川风貌平平的黄帝陵就相对弱势,很难成为旅游热门景点。通过打造国家文化公园使之脱颖而出的可能性也未可预知。放眼全国,黄帝文化还是稀缺资源,如果能够调动各地力量,深入发掘,将全国分散的黄帝文化资源调查整合，打造系列的国家文化公园，形成整体的文化形象，会对黄帝文化形象的打造起着积极作用。

黄帝和炎帝并称华夏民族始祖，但黄帝无疑是至尊领袖，也是中国人主要的血脉祖先。黄帝统一了神农氏后的乱世，维护了天下的稳定。又主导了文明进步，如领导创造文字、始制衣裳、建造舟车、发明指南车、定算数、制音律、创医学等，为公认的华夏文明始祖。司马迁《史记》列为五帝之首，通史开端。今天仍然是中华形象的重要代表，民族融合的象征之一。但是，由于时代久远，文献缺失，考古难觅，黄帝国家文化公园建设与五大国家文化公园相比，有其特殊性和难度。因为是传说文化，没有非常确定的空间，黄帝陵只是传说中黄帝的陵墓所在，远不是黄帝文化的全部，一个黄帝陵是不能承载黄帝文化的保护传承利用重任。黄陵是传说中的黄帝陵墓所在，陕西渭水流域也是黄帝炎帝部落集团早期的活动地，黄帝文化的重要地区。但是随着黄帝炎帝的发展，向东扩展，黄帝文化形成了向黄河中下游传播之势，像河南西部、中部、山西南部、山东西南部、河北中部北部等，都有黄帝文化的分布。如阪泉之战、涿鹿之战发生地，学术争论也很多，这是好事，反映了黄帝作为人文始祖的文化传播力。根据《史记·五帝本纪》及《索隐》《集解》《正义》三家注等文献，黄帝为少典之子，姓公孙，名曰轩辕。黄帝文化发生及传播地有轩辕之丘、有熊国、缙云氏、寿丘（在鲁东门之北），封泰山，禅亭亭（牟阴）。有熊国君（河南新郑）。新郑祭祀黄帝大典已经开展，弘扬黄帝文化多年。河北、北京也有涿鹿之战的战场传说，都有建设黄帝国家文化公园的条件。浙江缙云，过去黄帝传说集中在北方，缙云黄帝传说在南方属于稀少的黄帝文化资源，也是理想的黄帝国家文化公园的建设地。

五　缙云是打造黄帝国家文化公园理想胜地

缙云建设黄帝国家文化公园的优势条件。

(一) 缙云已经召开过四次黄帝文化学术研讨会，俨然成为全国黄帝文化研究的中心

通过多次研讨，研究深度广度不断加深，形成了缙云黄帝文化的基本

共识。一是缙云是东晋以来中国南方黄帝文化传播的中心区域。缙云是黄帝传说的南方传播中心，东晋发端唐代形成，之后积累充实。

(二) 缙云是黄帝成仙之地传说与地理景观完美结合的理想圣地

缙云的黄帝祭祀活动历史悠久，内容丰富，官方民间生生不息，已经成为重要的非物质文化遗产。正如柯国明先生总结的，缙云关于轩辕黄帝为民除害、教民耕织、造福百姓的传说众多，其伟大功绩和人文始祖的形象深深地烙印在缙云民众心里，沿用至今的许多民俗和地名等皆与黄帝密切相关。又传轩辕黄帝曾在此驭龙升天，认为鼎湖峰就是轩辕黄帝神的化身，而远看鼎湖峰与轩辕黄帝侧面像相近似，令人产生敬畏之心。

(三) 浙江省、丽水市，特别是缙云和中国先秦史学会等高度重视缙云黄帝文化，为保护传承利用黄帝文化长期不懈努力

2021年黄帝祭礼已经上升为省级祭祀大典，在海内外产生重大影响，中国先秦史学会李学功教授作为嘉宾在中央电视台现场直播中作了解说。2021年研讨会上还提出打造黄帝文化园（国家文化公园）建议，目前该建设已经取得重要成效。缙云县已经出台了打造建设黄帝文化工程的文件，成立了工作专班，将学术研究成果转化为规划建设方案，优选出落地文化项目。

(四) 缙云黄帝文化国家文化公园兼具国家公园与国家文化公园的双重条件

既具有相对封闭、便于保护管理的广阔空间，又有独特神奇的自然山水石林多样性景观，可以作为科学研究、旅游览胜、陶冶情操的旅游目的地，也拥有宝贵的历史文化遗址遗迹，丰富的非物质文化遗产，朴实的田园风光等，特别是黄帝鼎湖、巨石，自然与人文完美结合，是令人神往的黄帝文化载体。国家文化公园的展示方式，核心展示园、集中展示带、特色展示点、观众体验区，这些要求缙云完全具备。

(五) 缙云作为黄帝文化研究中心的势头已经形成

各路专家云集，科研力量雄厚，献计献策，集思广益，在加强国家文化公园理论、黄帝文化的研究，努力整合全国黄帝文化资源，科学规划，

合理布局。借鉴黄帝陵国家文化公园的经验,如,黄帝陵国家文化公园围绕陕西省黄陵县黄帝陵景区而建,共分六个核心功能区和两个外围山体生态保护区。尽快拿出缙云黄帝国家文化公园的规划,先行试验,成为中国国家文化公园的典型范例。

总之,随着缙云黄帝文化建设的全面开展,缙云黄帝国家文化公园建设的开展,缙云经验一定能够为早日建设中国黄帝文化国家文化公园,将一个完整的、具有凝聚力的黄帝文化形象展现出来,为弘扬优秀传统文化、实现文化强国战略贡献智慧和力量。

(王健:江苏省社会科学院历史研究所所长、研究员)

形象、链接与问题：黄帝文化现代表达研究

张 剑

根植于每个中国人心中，展现于各类古籍中的黄帝文化是中国传统文化的优秀代表，它在中国的历史演进过程中扮演着重要角色。黄帝文化之所以成为中国文化的"向心力"，最为重要的内核是因为黄帝文化在追祖敬宗和民族融合中的积极意义。正是有对黄帝这一"人文初祖"的认同，中华民族，包括海外侨胞都视自身为"中国人"，不管我们的祖国经历多少苦难，不管我们的人民经过多少飘零，不管我们的土地经过多少蹂躏，不管我们的文化经过多少肢解，我们仍有"中国""中国人""中华民族"的认同意识，究其原因乃是有包括黄帝文化在内的诸多"根文化"的支撑。正是由于黄帝文化凝聚了中华民族的民族认同，正是由于黄帝文化建构了中国人的思维范式，正是由于黄帝文化奠定了中国文化的基础。就目前而言，在文化自信战略的背景下，在浙江省打造新时代文化高地的倡导下，开展黄帝文化现代表达研究，正当时。黄帝文化的现代表达，从其本质上来说，就是黄帝文化的传播样态，而这种传播样态在不同的历史时期具有不同的表达方式。正如著名社会学学者舍夫勒·托马斯指出的那样："传统模式（文化表达）已不再适应当代的社会观念与精神需求。"① 黄帝文化作为有五千年历史的文化，它的身上带有浓厚的"传统因子"，这是中国文化的精髓，更是中国文化悠远流长的象征，但是，需要指出的是，从文化传播的角度来说，这些"传统因子"也会成为文化传播的"绊脚

---

① Scheffler Thomas, "The Changing Mental Maps of Southwest Asia", *European of History*, Jun 2003, Vol.10, Issue 2, p.253-272.

石"。这些要用辩证的眼光加以规避,加以发展。

黄帝文化作为中国的"根文化",它的传播有其本身的特殊性,即黄帝文化的传播需要"场所",需要用"场所精神"来支撑和阐释黄帝文化,中国历史上有关对于黄帝的祭祀就是黄帝文化场所精神的最好体现。事实上,"场所精神"是来自希腊的"舶来品",在中国的传统文化中并没有此类概念。这也许和中华民族更加善于表达情感,不太善于用理性思维创造概念和定义有关。但是中华民族更加善于用行动来阐释"场所精神",不管是泰山封禅,还是黄帝祭典都是场所精神的最好注脚。就"场所精神"的实质来说就是在特定的时间、特定的地点表达特点的文化意义,是人与仪式在特定时空范围内的有机融合。在黄帝文化的现代表达过程中,自然需要对黄帝文化的场所精神加以体现,这种体现,就浙江而言,以丽水缙云的黄帝祭祀大典最为突出。因为我们认为以缙云黄帝祭祀大典为代表的黄帝文化现代传播样态是目前来说最有纪念和文化意义的现代表达,这也是黄帝文化"场所精神"的最好阐释和尊重。但是需要说明的是,"尊重场所精神并不表示抄袭旧的模式,而是意味着肯定场所的认同性并加以诠释"①,也就是要在现代视域下,特别是现代精神文化视域的角度来再现和融合黄帝文化的内核,正如雷尔夫对场所精神的理解那样,需要给予现代的人体会场所精神的空间②,建构精神的文化场所,在文化场域中传达出所感悟到场所精神③。因而,在黄帝文化现代表达过程中在阐释和延续"场所精神"的基础上,需要加入更多现代因子,让黄帝文化和现代精神能够有机融合,呈现出"日日新,苟日新"的文化气象。而为实现这一目标,黄帝文化的现代表达可谓刻不容缓。

一 三种面向:黄帝文化现代表达中的现象

黄帝文化的现代表达从其本质上来说是黄帝文化的现代传播。而众所

---

① [挪]诺伯舒丝著,施植明译:《场所精神——迈向建筑现象学,中国建筑工业出版社2010年版,第182页。

② Relph E., *Place and Placeless*, London, England, Pion Limited, 1976, P.141.

③ 章俊华:《LANDSCAPE 感悟》,中国建筑工业出版社 2011 年版,第 86 页。

周知的是，传播得以实现的需要六大要素，即信息源、传播者、受众、讯息、媒介和反馈。而在文化传播中最为重要的乃是传播内容和传播价值。因而，黄帝文化的现代表达需要厘清黄帝文化的传播内容和传播价值。就黄帝文化的传播价值而言，其最为重要的价值乃是它为中华民族共同体所做的贡献。这种贡献从思想上来说，就是让中国人，也包含港澳台胞以及海外侨胞对中华民族形塑价值认同和心理认同。这一点从晚清到近代中华民族所经历的苦难波折，仍能形成完整统一的多民族国家可以得到证实。事实上，中国在历史演进中遵循了由分裂到统一，再从统一到分裂的历史周期律，但不管是分裂，且分裂的时间有多久，分裂的地域有多散乱，其统一的趋势一直没有改变。这是为何？究其原因乃是在遥远的黄帝时代已经拥有了统一的文化基础和价值认同。正是中国人民在黄帝时代已经被打上了统一的文化因子和心理因子，因而，不管历史如何演变，过程如何曲折，道路如何艰难，中国统一的大势不会变，这一切可以归功于在黄帝时代奠定的多元一体和统一融合的文化和历史基础。正是这种根植于集体记忆深处的情感认同，根植于血缘深处的人生归宿，让黄帝文化，也让中国的民族认同生生不息，日日流传。传播内容是黄帝文化永续的核心基石，就黄帝文化的传播内容而言，在五千年的文明历程中，黄帝文化经历了三个维度，其一是以神话为中心的黄帝，在神话维度中黄帝是半人半神的形象，他的出现带有浓厚的神秘主义色彩，是巫术时代文化的典型；其二是以图腾为中心的黄帝，在图腾维度中黄帝的出现往往伴随着龙文化的影子，他的出现具有鲜明的原始宗教的意味，进而引申出中国道教的意涵；其三是庆典维度中的黄帝，在庆典维度中，黄帝成为中国传统政府和民间共同尊奉的先祖，黄帝成为维系皇权统治合法性的标志形象，也成了中国民众追祖敬宗的偶像，具有沟通政府和民间的价值意义。因而，黄帝文化其实是以神话、图腾和庆典这三种形象出现在历史典籍和民众心里。而这三种黄帝文化的形态正是黄帝文化现代表达的基础点和突破点。

其一，神话视域下的黄帝文化。黄帝在绝大多数中国人的心中乃是神话中的人文。与黄帝有关的神话包含黄帝降生长寿山、黄帝升天等内容，这些神话成为黄帝文化的重要组成部分，也是黄帝文化传播的重要内容。事实上，神话往往带有现实的影子。著名的人类学家弗雷泽就对"神话"

的发生发展、历史演变做过深刻的研究,其皇皇巨著《金枝》就明确提出了这样一种现象,即不管是在东方传统世界,还是在西方古代社会中,总是存在部落酋长拥有双重身份——即部落酋长既是部落国王,还是祭祀首领,这种现象在弗雷泽看来,"在早期社会,国王通常既是祭司又是巫师。确实,他经常被人们想象为精通某种法术,并以此获得权力"[①]。将弗雷泽的研究引入和对照黄帝文化,其实就是解释了为何黄帝会以神话的样态出现在中国文化之中。这其实是原始社会较为普遍的现象,即国王也是"神王"的社会现象。事实上,中国学者李泽厚也关注此事,他在《说巫史传统》一书也有类似的结论,他认为"以黄帝为代表远古时代的人物是集政治统治权与精神统治权于一身的大巫"[②]。作为神话中的黄帝从传播视角来看,具有更多诠释的空间,也就是说黄帝文化可以作为一种传统的"巫文化"呈现在世人面前。而这种"巫文化"是中华文化底色,是原始蒙昧时期的典型文化样态。这也就是说,作为神话样态的黄帝,其实是黄帝文化中最为基础,也最为神秘的样态,它让黄帝文化在现代传播中拥有了诸多想象空间,也让黄帝文化在现代表达中拥有了更多"先手棋",让黄帝文化的现代表达更有意境。

其二,图腾视野下的黄帝文化。"图腾"作为一个古今皆有,古今互为传播的意象一直存在人民的观念之中。中华民族,特别是传统时代的中华民族对于图腾崇拜具有"先验性"经验。在黄帝的不断征战过程中,收集各大部族图腾之部分,结合本部族的图腾,形成了中国民族最伟大、也最深入人心的图腾——龙图腾。这个龙图腾的形成跟黄帝息息相关,而黄帝飞升的历史典故也是乘坐黄龙而进入天界,这样让黄帝和龙图腾存在着天然而紧密的链接,因为黄帝文化在某种意义上来说具有龙图腾或龙文化的特征。而事实上,关于图腾的意涵,法国宗教学家爱弥儿·涂尔干有过清晰地表示,他认为"这些原始社会中的重要因素,都来自一种共同的神

---

① [英]詹·弗雷泽著,刘魁立译:《金枝精要——巫术与宗教之研究》,上海文艺出版社2001年版,第14页。
② 李泽厚:《说巫史传统》,上海译文出版社2012年版,第10页。

秘力量,即图腾本原,也就是原始宗教背后特定的社会形式和道德力量"①,而图腾的道德力量和文化意义的来源,则是因为原始人认为,这些图腾(主要是动植物)是其部落的亲属、是其部落的祖先或者是部落的保护神,所以原始人会加以崇拜,进而延伸出图腾文化。而黄帝与龙图腾的紧密关系,让黄帝文化拥有了图腾文化的内涵。究其本质来说,黄帝的图腾文化是原始社会对"敬天(包含动植物)"和"敬祖"文化的再次衍变。而这种衍变的文化动因和内在力量乃是如爱弥儿·涂尔干所指出的那样,原始人认为"每个个体都具有双重本性,在他之中并存着两个存在者:一个是人,一个是动物"②,这其实蕴含了朴素的"万物齐一"的平等生命观和对于人性"社会性"和"动物性"的综合理解。以这个理论为参照去理解黄帝,我们可以发现,黄帝以部落首领身份出现,他和中国神话中"龙"的关系,特别是黄帝乘龙飞升的传说,印证了黄帝的"图腾"特征。作为图腾样态的黄帝,让黄帝文化在现代表达过程中有了更多的可能性,这让黄帝文化在现代表达中有更为广阔的视野和思路。

其三,庆典样态的黄帝文化。黄帝文化在中国历史中更为常见的样态是以黄帝祭祀为代表的庆典。因而黄帝与庆典活动有密不可分的关系。对于以黄帝祭祀为代表的庆典活动而言,马克斯·韦伯强调它是"有意义的人类行为,确切地说是人们认为有社会意义来理解的行为"③,而尤根·哈贝马斯则指出,当"庆典文化成为一种现实的权力形式,社会已经开始依靠文化的力量来影响他人与政治权力,权力也要借助文化为自己的'合法性'进行辩护"④。这让以黄帝祭祀为代表的庆典活动自其"出生"开始就带有浓厚的文化和政治意味。黄帝庆典仪式不仅是历史文化的集中体现,也是中华思维习惯和与之相适应的文化模式的侧面反映。纵观中华民

---

① [法]爱弥儿·涂尔干著,渠敬东、汲喆译:《宗教生活的基本形式》,商务印书馆2016年版,第153页。
② [法]爱弥儿·涂尔干著,渠敬东、汲喆译:《宗教生活的基本形式》,商务印书馆2016年版,第181页。
③ 彭立群:《论广义公共领域的内涵、类型和价值——对哈贝马斯公共领域概念进行扩展的一种尝试》,《学术界》2008年第4期,第131页。
④ 刘群、孟永:《马克斯·韦伯的社会分层与文化》,《巢湖学院学报》2005年第6期,第31页。

族国家产生和发展的历程，都无法忽视社会主观选择记忆下的特定事件的"盛大叙事"作用。仪式及其包含的符号是至关重要的，因为个人成其为个人、社会成其为社会、国家成其为国家并不是自然天成的，而是通过文化、心理的认同而构成的，而这种认同又是通过符号和仪式的运作所造就的①。正是在黄帝祭祀的宏大叙事之下，让中国历代政府成为黄帝祭祀的主角，需要指出的是，黄帝祭祀的庆典活动还隐含了中国政府与中国民众互动的意义。在中国历代政府强调黄帝祭祀庆典活动的政治性的同时，中国民众在庆典活动中展示其"情绪化"的意义。正如韦伯指出的那样，庆典活动是"行为人受感情和情绪影响的'情绪化'行为。其中，合理的工具理性和价值理性行为最重要，而非理性的传统行为和'情绪化'行为居于边缘和次要地位"②。黄帝祭祀庆典仪式提供的正是兼具理性诠释和"情绪化"释放的平台，来表达功能层面的共同体意识。这是从仪式和意识两个层面实现文化认同和精神源头认同。这是黄帝现代表达最为重要的面向，就目前浙江而言，缙云黄帝祭典是黄帝现代表达较为典型的案例。

二 古今相合：黄帝文化与现代精神的链接

黄帝文化的现代表达一方面是因为黄帝文化作为一种文化类型，要适应时代发展而不得不进行的"自我革命"，另外一方面，也是更为重要的原因是黄帝文化与现代精神具有"强链接"。黄帝文化在现代表达过程中呈现出"古今相合"的特点。我们认为黄帝文化的内涵至少有三点，即"自强不息的创造精神、建功立业的有为精神和无私奉献的民族精神"，是契合新时代的文化内核，是黄帝文化现代表达的重要方向和内容。

（一）自强不息的创造精神

在黄帝文化内核之中，自强不息的创造精神显得特别突出。众所周

---

① Elias Norbert, *The Symbol Theory*, London: Sage, 1991, pp. 123-124.
② 王锟：《工具理性和价值理性——理解韦伯的社会学思想》，《甘肃社会科学》2005年第1期，第119页。

知，黄帝的发明创造是"层累"的，据不完全统计，目前在古籍文献中有关黄帝的创造之物约有60多项，笔者将其归纳制表，以便清晰认知，如下表1：

表1　　　　　　　　古籍文献中有关黄帝创造之物一览

序号	文献	内容	备注
1	《史记·封禅书》	黄帝时为五城十二楼	
2	《史记·历书·索隐》	黄帝时占日、占月、占星气、造律吕、作甲子、作算数、发明了《调历》	
3	《轩辕本纪》	黄帝筑邑造五城； 黄帝作灶； 黄帝"令孔甲作盘盂，以代凹尊坯之朴"	
4	《易经·系辞下》	刳木为舟，剡木为楫，舟楫之利，以济不通； 服牛乘马，引重致远，以利天下； 断木为杵，掘地为臼，臼杵之利，万民以济； 弦木为弧，剡木为矢，弧矢之利，以威天下； 上古结绳而治，后世圣人，易之以书契	
5	《世本》	轩辕子苗龙，为画之祖； 黄帝穿井； 黄帝作冕； 黄帝始制嫁娶； 黄帝使素女鼓瑟	
6	《古史考》	黄帝始蒸谷为饭，烹谷为粥； 黄帝始造釜甑； 黄帝作弩； 黄帝作车，引重致远	
7	《新语》	天下人民野居穴处，未有宫室，则与禽兽同域。于是黄帝乃伐木构材，筑作宫室，上栋下宇，以避风雨	
8	《路史·后纪五》罗注	棺椁之作，自黄帝始	
9	《物原》	黄帝作碗碟。几创始自黄帝也	
10	《通鉴外纪》	蚩尤为大雾，军士昏迷，轩辕作指南车以示四方	
11	《黄帝内传》	玄女为帝制司南车当其前，记里鼓车当其后； 玄女为帝制夔牛鼓八十面	
12	《路史·疏仡纪》	黄帝"命大容作承云之乐，是为云门"，"命西陵氏劝蚕稼"	

续表

序号	文献	内容	备注
13	《庄子·天下》	黄帝有《咸池》之乐	
14	《古今注》	短箫铙歌，军乐也，黄帝使岐伯所作也	
15	《通纂》	黄帝使伶伦造磬	
16	《初学纪》卷九引《归藏·启筮》	黄帝作《枫鼓之曲》	
17	《水经注》卷十五引《竹书纪年》	黄帝东巡河过洛，修坛沉璧，受龙图于河，龟书于洛	
18	《通典》	黄帝封禅天地，则郊祀之始也	
19	《黄帝内经》	黄帝筑圆坛以祀天，方坛以示地，则圆丘、方坛之始也	

从上表中可以明确感知到黄帝及其所处的时代是中华民族的奠基期，是中华民族发明创造的集中爆发期。这种发明创造的精神与现代社会有关创造的精神息息相关。这是黄帝文化中最为突出的内核，黄帝的创造性造就中华民族创造发明的底色，在新时代的中国，依然延续着这种创造精神，不管是高铁的四通八达，还是中国的登月计划，都是这种创造精神的延续和生发。就从黄帝本人而言，在这种创造发明精神的照耀下，他已经成为一种符号，一种具有首创精神的文化符号，一种具有以创造凝聚民族的力量符号，更是成为中华民族的团结融合的精神符号，在这一点上，黄帝文化中的创造精神与现代社会有机链接，成为贯穿古今的精神脉络，闪耀在历史文化的长廊之中，生辉在中华民族的精神世界。

（二）建功立业的有为精神

黄帝是中国历史上著名的有为君主，不管是他代神农氏而成为天下共主，还是他与蚩尤之战，奠定中华民族的基础，这些功业都能说明黄帝建功立业的精神。就黄帝文化而言，其内涵必然包括黄帝在建功立业上的有为精神。在典籍的记载中，黄帝的功业颇多，笔者将其制作成表，如下表2：

表2　　　　　　　　　　典籍中的黄帝功业一览

序号	文献	内容
1	《史记·五帝本纪》	诸侯咸尊轩辕为天子，代神农氏，是为黄帝；置左右大监，监于万国，万国和；举风后、力牧、常先、大鸿以治民
2	《管子·五行》	黄帝得六相而天下治，神明至。量尤明乎天道，故使为当时；大常察乎地利，故使为廪者；奢龙辨乎东方，故使为土师；祝融辨乎南方，故使为司徒；大封辨乎西方，故使为司马；后土辨乎北方，故使为李。是故春者土师也，夏者司徒也，秋者司马也，冬者李也
3	《吕氏春秋·勿躬》	大桡作甲子，黔如作虏首，容成作历，羲和作占日，尚仪作占月，后益作占岁，胡曹作衣，夷羿作弓，祝融作市，仪狄作酒，高元作室，虞姁作舟，伯益作井，赤冀作臼，乘雅作驾，寒哀作御，王冰作服牛，史皇作图，巫彭作医，巫咸作筮，此二十官者，圣人之所以治天下也
4	《帝王世纪》	黄帝以风后配上台，天老配中台，五圣配下台，谓之三公。其余知名、规纪、地典、力牧、常先、封胡、孔甲等，或以为师，或以为将
5	《路史·疏仡纪·黄帝》	黄帝"立四辅、三公、六卿、三少、二十四宫，凡百二十官，有秩以之共理，而视四民。命知命纠俗、天老录教、力牧准斥、鹓冶决法、五圣道级、规纪补阙、地典州络，七辅得而天下治，神明至"； 命"封胡以为丞，鬼容蒉为相，力牧为将，而周昌辅之。太山稽为司徒，庸光为司马，恒先为司空"； 命"宁封为陶正，赤将为木正，以利器用；命挥作盖弓，夷牟造矢，以备四方"； 命"岐伯作鼓"； 命"马师皇为牧正，臣胲服牛"； 命"沮诵作云书，孔甲为史"； 命"俞跗、岐伯、雷公察明堂，究息脉，谨候其时，则可万全；命巫彭、桐君处方"； 命"共鼓、化狐作舟车，以济不通；命竖亥通道路，正里候；命风后方割万里，画土分疆"
6	《商君书·画策》	"黄帝作君臣上下之仪，父子兄弟之礼，夫妇妃匹之合"的礼仪法规

续表

序号	文献	内容
7	《拾遗记·轩辕黄帝》	黄帝"置四史以主图籍，使九行之士以统万国。九行者，孝、慈、文、信、言、忠、恭、勇、义"
8	《淮南子·览冥训》	昔者黄帝治天下，而力牧、太山稽辅之。以治日月之行律，治阴阳之气；节四时之度，正律历之数；别男女、异雌雄，明上下，等贵贱；使强不掩弱，众不暴寡；人民保命而不夭，岁时熟而不凶；百官正而无私，上下调而无尤；法令明而不暗，辅佐公而不阿；田者不侵畔，渔者不争隈；道不拾遗，市不豫贾；城郭不关，邑无盗贼，鄙旅之人，相让以财；狗彘吐菽粟于路，而无忿争之心；于是日月精明，星辰不失其行；风雨时节，五谷登熟；虎狼不妄噬，鸷鸟不妄搏；凤凰翔于庭，麒麟游于郊；青龙进驾，飞黄伏皂；诸北儋耳之国，莫不献其贡职"

从上述表格中可以知道，黄帝建立了中国历史上第一个酋邦性质的国家机构。从这一点上来说，黄帝是国家的发明者，其建功立业的有为精神可想而知。事实上，黄帝文化中的有为精神，可以看作中华民族"有为文化"的源头，正是黄帝践行有为的人生观，让中华文化中蕴含了诸多有为思想，才有"达则兼济天下"的宏伟思想和社会实践，这是黄帝文化与现代精神的融通之处，古今相同，混一而来。

（三）无私奉献的民族精神

黄帝文化当时包含了无私奉献的民族精神。目前，关于"无私奉献"的理解是在个人角度，事实上，如果将"无私奉献"放置在黄帝时代，他的"无私奉献"的受益人是中华民族和中华族群。从文献典籍来看，黄帝的一生是为中华民族团结融合奋斗的一生，应该说，黄帝所做的努力，所取得的成果，都奉献给中华族群，这种无私奉献蕴含了伟大的民族精神，为中华族群的崛起做出了贡献。这种"无私奉献"的民族精神能够更好地链接现代社会，更好的启发现代社会，更是现代社会精神文明的重要内容。

三 四大难点：黄帝文化现代表达的问题与对策

正如上文所述，黄帝文化在现代表达过程中存在神话、图腾和庆典三大形象,这三大形象是黄帝文化的三个侧面,它们所隐含的是中国人民对于黄帝文化的认知,更是文化基因。然而,需要指出的是,在黄帝文化现代表达过程中,存在四大难点,这不利于黄帝文化的现代表达。

(一) 黄帝文化认知错位,阻碍黄帝文化的现代表达

黄帝文化源于中国,传于世界,是中华民族优秀传统文化组成部分,体现中国人民对祖根的深刻认知和对美好生活的向往。学界认为黄帝文化的本质是对原生文明和对祖根文明的认知,从另一个角度来说,则是对于文明创新和文明固守的发展与继承。因而黄帝文化的现代表达应在文明的"创新和发展"的视阈进行现代表达。正因对黄帝文化本质内涵理解的偏差以及只重视经济利益的驱动下,未能真正发掘出黄帝文化的价值,在黄帝文化的现代表达过程中呈现出吸引眼球和赚取人气的"政绩工程",这些"政绩工程"缺乏对黄帝文化的认知,特别是对黄帝文化在神话、图腾和庆典三大面向的基本认知,导致黄帝文化在传播过程中存在"虚、空、假"之状况,这不利于黄帝文化的真相传播。与此同时,在普罗大众中,黄帝文化的传播同样存在认知差异。人民群众在出现两极化倾向,一是无限拔高黄帝文化的内涵和价值,出现"惟黄帝文化为宗""言必称黄帝文化"的状况;二是无限抵制黄帝文化,认为黄帝文化是无中生有,黄帝文化是封建糟粕的状况,这对黄帝文化的传播颇为不利。更有甚者,对黄帝文化进行曲解和杜撰,在部分小说、戏剧、影视作品中,将黄帝或黄帝文化塑造成为暴力的代名词,或是黄色淫秽的代言人,这些作品的传播大大不利黄帝文化的传播和传承。需要支持的是,不管是官方行为,还是大众传媒,抑或是自媒体,在黄帝文化的传播过程中始终要坚持提供积极、健康、向上的黄帝文化内容,始终要坚持黄帝文化的神话、图腾以及庆典三大方向有机融合的传播。认知是黄帝文化的基础,只有在认知明确清晰的基础上传播黄帝文化,传播价值才能得以凸显,才能在黄帝文化的现代表达中得以站稳脚跟,才能赢得更多黄帝文化现代表达的空间。需要再次强调的是,黄帝文化在历史发展脉络之中,它占有一席之地,是因为黄帝或黄帝文化是中国文化的基础,黄帝是人,或是神,就文化传播角度来说,并非是需要解答的问题,黄帝和黄帝文化作为一种文化样态,在明确认知

的基础上，进行文化传播或者现代表达，是在新时代背景下，在文化自信的战略下，必然要走之路，必然要做之事，必然要行之路。

（二）黄帝文化传播形式落后，阻滞黄帝文化的现代表达

目前而言，黄帝文化的传播形式较为单一，以丽水缙云黄帝祭典为代表的祭典是黄帝文化传播最为主要的形式。这种传播方式是政府行为，所针对的对象主要集中于政府机构、学术研究团队和部分群众，这样的传播方式在传播数量上具有限制性。需要指出的是，黄帝文化的现代表达不仅需要来自政府层面的支持，更加需要学术团体、民间社会的支持。黄帝文化的现代表达一定是系统的工程，单一面向的传播收效甚微，事倍功半。在黄帝文化传播的过程中，在黄帝文化现代表达的展示过程中，应是多视野、多角度、多元化的传播和表达。在文化层面，要依靠诸多的专家学者，依托他们开展黄帝文化的学术研究，定期举办研讨会，将黄帝文化作为重要的研究对象，让黄帝文化成为研究热点，与此同时，也要依靠地方学术机构、民间团体持续开展黄帝文化的研究、黄帝文化遗迹的探索、黄帝文化传说故事的收集等；在教育层面，要将黄帝文化放入当地中小学的乡土教材之中，让黄帝文化成为孩子喜闻乐见的文化类型，通过黄帝文化课本和图书的传播，加之各类教师的讲授，让黄帝文化成为最为基础的文化类型，让更多的民众接受、了解和传播黄帝文化；在自媒体和数字化传播层面，黄帝文化的传播一定需要使用数字化技术和自媒体的传播策略。目前，世界已经进入信息化时代，甚至已经是"元宇宙"的时代，黄帝文化的现代表达必须依托数字化技术和自媒体。就黄帝文化的自媒体传播，其本质是建立黄帝文化现代表达的"基本盘"，即通过自媒体策略，让黄帝文化有较为充分的受众。而数字化技术则是将黄帝文化放置在更为宽广的传播领域之中，同时让黄帝文化的现代表达更具有科技感和现代感。例如将黄帝文化和网络影像数据库进行集合，创造出黄帝文化资料库，通过影视化和可视化手段，将黄帝文化呈现在更多的年轻人的手机中，甚至是"眼中（可视化装备）"。与此同时，还可以将黄帝文化中的精神内核，诸如创造精神、有为精神、奉献精神进行提取，并加以编码，用数字化的方式加以传播，就传播手段而言，除了上述数字化手段之外，传统的传播方

式例如网络短片、手机小说、语音微博、广播电视、报刊文章等方式亦不可放弃使用，传统的传播方式仍有诸多数量的受众人群，在传播媒体中传播黄帝文化仍是可行方式。综合而言，通过政府、学术团体、新媒体和数字化技术以及传统的传播方式，让黄帝文化传播改变单一的传播模式，促进黄帝文化现代化的多元表达。

（三）黄帝文化嫁接、赋形等能力不足，滞后黄帝文化现代表达

黄帝文化的现代表达其实蕴含着两重含义，即物质黄帝文化的现代表达和精神黄帝文化的现代表达。就目前而言，黄帝文化的现代表达过程中，嫁接、赋形等能力不足，滞后黄帝文化现代表达。黄帝文化的嫁接策略是针对黄帝文化的内核而言。黄帝文化从事本质上来说是农业文明的文化。中国拥有五千年的文明史，拥有深厚的农业文明的传统和基因。需要理解的是，目前而言，主要是近代以来，中国文明经历了从农业社会到工业社会，再到信息化社会的变迁，以黄帝文化为代表的传统农业文明的文化内核与现代社会存在格格不入的状况。特别是诸多的青年人对于黄帝文化缺乏基本的认知，这让黄帝文化的现代表达存在困难。因而，在黄帝文化的现代表达中要寻找到黄帝文化和现代社会的链接点。我们人文黄帝文化中创造精神、有为精神和奉献精神正是黄帝文化与现代社会的契合点。故而要将这三种精神移植到现代人熟悉和熟知的生活方式和生活样态之中，例如将这三种精神放置其小说阅读或者游戏生活之中。这就是黄帝文化现代表达过程中的嫁接策略，这是黄帝文化现代表达过程中不断加强的方式。

赋形策略亦是针对黄帝文化的三大精神内核。即将黄帝文化的三大精神内容，通过城市景观、城市雕塑、城市发展定位等内容加以融合，展示黄帝文化的现代表达。就具体而言，就是要以黄帝文化三大精神内核，打造"黄帝文化之城"。以缙云为例，打造"黄帝文化之城"，可以对缙云进行"黄帝文化之城"的整体规划，建立黄帝文化国家公园，建设黄帝文化博物馆，创建以黄帝文化为内容的城市景观设计和城市雕塑设计，与此同时，创建以黄帝文化为核心的"黄帝文化元宇宙"，这样通过"黄帝文化之城"的建设将黄帝文化赋型于城市的各个角落，不管是物质上的城市景

观，还是视觉上的城市设计，抑或是精神的"黄帝文化元宇宙"，都让黄帝文化有效赋型，让黄帝文化深入城市肌理，促进黄帝文化的现代表达。

（四）黄帝文化遭遇现代性挑战，阻碍黄帝文化表达

目前来说，黄帝文化现代表达受到市场化、大众化和全球化的挑战。就是市场化而言，著名的"经济人假说"仍适用于黄帝文化的现代表达，即经济功利主义让黄帝文化的现代表达也具备功利色彩。"经济人假说"让黄帝文化的现代表达受到"双重打击"，其一是在市场化的影响下，在追求利益最大的诉求下，对于黄帝文化的建设必然处于较为薄弱局面；其二是对于黄帝文化的开发过程中，必然忽视对黄帝文化的保护，这对黄帝文化现代表达而言，都具有"致命性"。这是市场化带给黄帝文化现代表达的影响。就大众化而言，黄帝文化依然陷入"怪圈"之中。黄帝文化是中国的"根文化"之一，之所以是"根文化"一方面是说明黄帝文化的重要性和奠基意义，另一方面则是展示黄帝文化的深刻性和"曲高和寡"，也说明普罗大众对黄帝文化了解较少。而大众性的文化是受到人民大众热爱与追捧，显而易见，黄帝文化目前还不具备被广大人民群众热爱与追捧的条件。而且大众性的文化在某种程度上具有局限性，即会迷失在大众的追捧之中，而失去大众文化所本身拥有意义，目下特别流行的"网红文化"是最为典型的大众文化，其弊端和利端都显而易见，这构成了对以黄帝文化为代表的精英文化的消减。与此同时，大众化对黄帝文化的现代表达还具有"同构"的作用，即在追求黄帝文化大众化的过程中，不自觉的会失去黄帝文化本身的特殊性，让黄帝文化成为大众文化的一部分，这本是好事，然随着时代的演进和时间的累积，大众化对"黄帝文化"的"同构"会让黄帝文化失去其独立性，进而失去黄帝文化本质特点，这一点需要在黄帝文化现代表达过程中加以防范。就全球化而言，黄帝文化的现代表达仍然受到挑战。黄帝文化是中国独有的文化类型，是所有中国人，包括海外侨胞、港澳台同胞共同尊重的文化偏好。但是需要支持的是，在全球化发展的背景下，黄帝文化随着国际航道在世界范围内具有一定影响力，但全球化也意味着中西方文化的不断冲突与融合，黄帝文化在现代表达过程中自然受到来自西方文化的压力。黄帝文化在直面西方文化的挑战

过程中，对其现代表达构成挑战。特别是黄帝文化在海外传播过程中，西方文化力量过于强大，黄帝文化的"有所失真"也是在所难免，即便是黄帝文化在国内传播过程中依然受到西方文化的影响，从在缙云黄帝祭典过程中，必须着西服这一点，可以管中窥豹，发现端倪，可见黄帝文化现代表达还是受到全球化之挑战。面对西方文化的强势，黄帝文化现代表达出路在哪里，这些都是黄帝文化研究者需要思考的问题。

（张剑：湖州师范学院博士）

进一步发挥缙云黄帝文化"四个中心"的引擎作用

俞云初

缙云为全国唯一以"黄帝"的名号命名的县，境内山青水秀，风光旖旎；黄帝文化源远流长，博大精深。自改革开放后的数十年来，经中国社科院和中国先秦史学会等全国性历史与考古研究机构百余位知名专家学者的深入挖掘和研究论证，确立了浙江缙云为我国南方黄帝文化的"辐射中心、祭祀中心、研究中心、展示中心"，成为新时代中华民族传统文化传承发展的新高地。现就如何进一步发挥缙云黄帝文化"四个中心"的引擎作用，更广、更深、更远地弘扬以黄帝文化为代表的中华民族传统文化，增强炎黄子孙的凝聚力，实现中华民族的伟大复兴，谈点浅见。

一 二十多年来缙云黄帝文化研究开发取得的巨大成就

20世纪90年代初，随着改革开放的不断深入，缙云与全国各地一样，政治、社会、经济均取得了快速的发展。当1994年1月仙都被国务院命名为"国家重点风景名胜区"后，重建"黄帝祠宇"、恢复"北陵南祠"历史格局被缙云县委县政府列入重要议事日程。1995年举行了隆重的"黄帝祠宇"奠基仪式，官方组织挖掘研究缙云黄帝文化也随之启动。1998年"黄帝祠宇"一期工程竣工，政府举行了气势恢宏的"中国仙都公祭黄帝大典"，从而开启了成百国内外专家学者积极参与研发考证和千万炎黄子孙参与弘扬传承黄帝文化的自觉行动，不断取得辉煌成果。

（一）缙云黄帝文化"四个中心"的确立

2000年10月5日至8日，"中国首届黄帝文化学术研讨会"在缙云召开，会议由中国先秦史学会、缙云县人民政府主办，来自全国高校和科研院所的30余位中国先秦史知名学者与会，中国先秦史学会常务副会长兼秘书长孟世凯教授主持了研讨会。会议就黄帝时代的文化背景、浙江缙云黄帝文化的渊源、缙云氏与黄帝、炎帝的关系、黄帝传说的文献资料等问题开展了深入的讨论，最后大家形成共识，认同并确定浙江缙云是中国南方黄帝文化的"辐射中心"。

2004年10月21日至23日，中国魏晋南北朝史学会、浙江省社科联、浙江省历史学会、浙江省缙云县人民政府联合举办"国际黄帝文化学术研讨会暨中国第二届黄帝文化学术研讨会"，来自国内外50余位知名专家学者参会，中国魏晋南北朝史学会会长李凭教授主持本次研讨会。会议就黄帝与早期中国、黄帝与中国古代少数民族、黄帝与江南地域社会发展、黄帝祭祀文化等诸多问题进行了广泛深入的探讨与论证。最后大家一致认同浙江缙云既是我国南方黄帝文化的"辐射中心"，又是我国南方祭拜黄帝的"祭祀中心"。

2010年14日至15日，"中国第三届黄帝文化学术研讨会"在浙江缙云召开，会议由中国先秦史学会、中国秦文研究会、浙江省缙云县人民政府联合主办，中国先秦史学会宋镇豪会长主持了会议，来自全国各地20多所高等院校、科研机构的60余位专家学者，紧紧围绕黄帝与缙云黄帝文化这个主题，开展广泛、深入地学术研讨，大家也加深认识了缙云黄帝文化的悠久博大，认同缙云为我国南方黄帝文化辐射中心与祭祀黄帝的祭祀中心地位，中国先秦史学会授予缙云为"黄帝文化研究基地"，确定缙云为我国南方黄帝文化"研究中心"。

由中国先秦史学会、浙江省委宣传部、浙江省社科联合主办的"中国第四届黄帝文化学术研讨会"于2021年10月11日至12日在缙云召开，中国先秦史学会会长兼秘书长宫长为研究员主持会议，来自全国各地的60多位专家学者紧紧围绕"缙云黄帝文化"这一主题进行深入探讨，一致认为缙云黄帝文化底蕴深厚，区域文化优势明显，建议加强与陕西黄陵、河南新郑、湖南炎陵等炎黄祖宗文化关联地区联合创建"炎黄国家文化公园"，打造为凝聚中华民族和海内外华人的精神家园和中华文化标识。进一步推动黄帝文化与上山文化、河姆渡文化、良渚文化等浙江史前文化以及宋韵文化的研究与开发，构建浙江黄帝文化研究新体系，加快推进中国南方黄帝文化"展示中心"建设。

（二）缙云祭祀轩辕黄帝规格提升到"省办国祭"

自1998年黄帝祠宇第一期工程（主体工程）"轩辕殿"落成后，缙云县人民政府当年就恢复了公祭黄帝大典，从此重新开启了"一年两祭（重阳节公祭，清明节民祭）"的祭祖活动。民祭由民间企业或社团发起，公祭由县政府主办实施，2004年升格为丽水市政府主办。

随着中国南方黄帝文化"辐射中心""祭祀中心""研究中心"的地位相继确立，浙江缙云的知名度不断提升，专家学者与社会各界人士对提升缙云祭祀黄帝规格的要求越来越迫切，其呼声越来越高。2020年，在浙江省委省政府的重视关心下，在丽水市、缙云县党委政府的积极努力下，广大黄帝文化研究专家与众"炎黄子孙"的大力支持下，2021年7月，经"全国清理和规范庆典研讨会论坛活动工作领导小组"批复同意"中国仙都祭祀轩辕黄帝大典"主办单位变更为浙江省人民政府，一年一届。至此，浙江缙云成为与陕西黄陵、河南新郑三地并肩共祭轩辕黄帝的"省办国祭"圣地。

（三）推动缙云政治、经济、社会等各方面的发展

城市区域的各方面发展，文化是灵魂。众所周知，缙云为一个山区县，经济基础相对薄弱，但是缙云的经济总量与发展态势始终站在丽水市的前列。究其原因，与缙云黄帝文化的引擎带动作用是分不开的。

文化自信，激发缙云人的潜在动能。千百年来，黄帝文化其精髓渗透缙云政治、社会、经济等各个领域，积淀了底蕴深厚的风俗、宗教、饮食、建筑、教育、养生等地方特色很强的民俗文化，铸就了缙云人民自信自强、坚韧不拔、吃苦耐劳、顽强拼搏的"鼎湖峰"精神。近年相继开发提升了缙云烧饼、缙云爽面、缙云黄茶、轩辕黄酒等众多与黄帝文化相关的产品，年产值超过30亿元。

缙云黄茶，从品种看与天台、仙居等地同源，现通过挖掘充实黄帝文化、健康养生文化内涵，赢得消费者的厚爱，其品牌价值就达5亿元。

文化赓续，创造优质发展环境。得天独厚的仙都风光，磅礴大气的黄帝文化，宁静雅致的古民居，淳朴善良的民众，无不显示出缙云是一块投资创业与安居立业的热土。小小的一个江南山区县，拥有自己的省、市级高新技术产业园区，有世界500强德国肖特玻管企业在此落户，有近百家侨胞、台胞及台属企业回家乡发展。

文旅融合，产业铺就共富大道。融入黄帝文化的缙云烧饼大俗也大雅，既出现在街头小摊，也出现在酒店餐厅；既是消费者青睐的风味小吃，也是缙云的"金名片"，更是缙云百姓的"致富饼"，实现了"小烧饼大产业"。如今缙云烧饼在全国拥有7000多家门店，并成功进军加拿大、澳大利亚、意大利等16个国家。

以文塑旅、以旅彰文。在挖掘历史文化的同时，缙云积极推进特色文化物化和有形化，以黄帝文化为主题开发了70多种文创产品，成为游客的最佳伴手礼，并吸引当地更多的百姓参与生产制作，走上共同富裕大道。

（四）进一步提升了缙云的影响力与美誉度

依托轩辕祭典，以黄帝祠宇为平台，缙云深入挖掘整合黄帝文化的当代价值，全力建设"民族同根、文化同魂、复兴同梦"的寻根问祖圣地，打造中华民族共有的精神家园，不断提升缙云的影响力与美誉度，增强全球炎黄子孙的民族认同与文化认同。

二 目前，推动缙云黄帝文化发展引擎作用尚存在的主要问题

早些年，随着社会经济的不断推进发展，似乎形成了一种普识："抓经济南方人厉害，做文化北方人行。"长江以南，缙云黄帝文化资源挖掘与弘扬拓展算得上是一枝独秀，非常出色。但与陕西黄陵、河南新郑等地比照，在发展规划、物化建设、文化风貌展示等诸方面匀有不少差距。

（一）缙云黄帝文化建设缺少一个适应新进代环境的系统发展纲要

弘扬传承黄帝文化与黄帝文化有形物化建设是一项长期的系统工程，没有一个科学的长期与近期的发展纲要及目标定位，在发展当中就缺乏政策与建设延续性的行动指南，会出现随意建设、重复建设、格局低下建设等等不良状况，不仅造成浪费，而且还会产生影响很大的后遗症。目前，缙云黄帝文化建设所缺少的就是这样一个具有指导性的适应新时代环境的系统发展纲要。

（二）南方黄帝文化关联地区的纵横联系沟通欠缺，"四个中心"的引擎用作用没有充分发挥

黄帝的足迹涉及黄河上下、长江南北，黄帝文化有关联的地区遍布全国，目前基本上都是各自为战，你做你的，我做我的，纵横联系相当少，对合力弘扬发展黄帝文化影响颇大。缙云作为我国南方黄帝文化的"辐射中心、祭祀中心、研究中心、展示中心"，应有更大的担当，发挥其"领头羊"的作用。

（三）县城中心城市的黄帝文化标志性建筑缺乏，急需提升县城文化形象品位

缙云黄帝文化"四个中心"建设当中最薄弱的是"展示中心"，尤其特出问题的是县城五云街道的黄帝文化内涵展示与物化建设。缙云黄帝文化不能仅仅局限在景区展示，而且更重要的是要在我们的旅游接待中心城市得到充分的展示，让每位客人一进入缙云就能感觉到浓厚的"黄帝缙云"氛围，触摸到黄帝文化的实质内容。

（四）先谋定而启动，需尽快制定黄帝文化物化建设发展的总体规划与详细实施规划

缙云是我国南方黄帝文化的"展示中心"，展示什么？如何展示？展示在何处？等等，目前还没有一个全面系统的黄帝文化物化建设的规划方案。

缙云县城五云街道是一座千年古镇，黄帝文化内涵丰富，文物古迹遗址众多。现恢复古镇风貌呼声颇高，愿先做好规划设计，批准后实施。

三 如何做好新时代缙云黄帝文化"四个中心"的示范引擎作用

2021年是缙云黄帝文化发展史上的一个里程碑,祭祀黄帝上升为"省办国祭",并肩陕西黄陵、河南新郑。"四海同心祭始祖,共同富裕启华章",历史赋予缙云更大的担当,我们要进一步做好黄帝文化的弘扬传承与研发利用,充分发挥"四个中心"的引擎作用,开启发展新篇章。

(一)思想统一,行动一致,牢牢抓住黄帝祭祀规格提升为"省办国祭"的大好契机

缙云祭祀黄帝规格提升不仅是国家对我县黄帝文化建设工作的肯定,更是给予我们进一步做好弘扬发展民族传统文化的大好契机。因此,我们一定要把这当作开启新时代缙云文化事业的新起点,全县拧成一股劲,以文化力量推动社会全面进步。

统一思想首先要做到认识一致。要以习近平总书记关于弘扬中华优秀传统文化的重要论述精神为指导,充分认识到弘扬黄帝文化、传承中华文脉是我们每位炎黄子孙的政治责任和历史责任。历史赋予缙云人民巨大的"黄帝文化宝藏",我们每位"缙云人"都必须有所担当,不负历史、不负黄帝、对得起先人与后者。人人都要做弘扬传承黄帝文化的践行者,把思想统一到坚决扛起传承弘扬黄帝文化光荣和神圣的使命,增强政治自觉与历史自觉,为打造新时代文化高地而共同努力。

行动一致就是全县上下都要共同努力为黄帝文化发展建设"添砖加瓦"。黄帝文化建设是一项庞大的系统工程,分布到各行业各系统,涉及各部门各单位,例如:规划建设主管部门负责的主题公园、市民广场、公共基础设施、场馆会所建设及命名;民政主管部门对街道与社会福利设施的建设与命名;工商主管部门的商标注册、公司店招命名;卫生药品主管部门对黄帝养生产品的扶持开发;农业、旅游、经信等主管部门对土特产及各种传统风味小吃的开发包装、产业链培育、线上线下销售等等……,各部门都有其相应的职责与任务。只要大家心往一处想,劲往一处使,就

能发挥"以文化人""以文塑城""以文赋能"的作用，推动缙云黄帝文化创造性转化、创新性发展。

（二）理顺文脉，纵横跨连，充分发挥"南方黄帝文化辐射中心"作用

长江以南，黄帝文化辐射面相当广宽，北至安徽黄山、浙江浦江仙华山，南至广东肇庆鼎湖山，西至湖南炎陵、西川盐亭、重庆缙云山等地，大家都在为弘扬与传承黄帝文化作出努力，并根据当地的文化资源发展丰富了富有地方特色黄帝文化内涵。唯一缺憾的是大家横向联系沟通甚少，没有形成强大的合力。作为"南方黄帝文化辐射中心"的缙云，应该承担起"领头羊"的责任，不仅要向北方黄帝文化建设好的县市学习取经，而且还要积极主动与我国南方黄帝文化相关的县市或景区联系沟通，走出去请进来，大家一起，相依相存，相互交流学习，共同讲好黄帝炎帝的故事，齐心协力为创造性地弘扬传承黄帝文化、建设中华民族美好精神家园而努力。

（三）四海同心，官民齐发，将"南方黄帝祭祀中心"建成全球华人的"爱国主义教育基地"

祭祀文化是中华民族优秀传统文化的重要组成部分，祭祖是孝道文化的传承。中国封建社会几千年都是以孝道治国，孝道是中华传统美德。祭祀是为了养育我们的仁孝之心，让我们寄孝思，敦人伦，慎终追远，民德归厚。中国人人心厚道，就是因为有这种仁孝。

中国仙都祭祀轩辕黄帝大典规格提升到"省办国祭"后，中国南方黄帝祭祀中心的地位进一步凸显，成为浙江一个重要的文化标识。

为了给缙云黄帝文化的发展与"南方祭祀中心"的引擎作用带来强大的支撑，吸引更多的千万炎黄子孙前来拜祖祭祀黄帝，因此，我们要把缙云仙都作为全球华人"爱国主义教育基地"，为推进传承中华文脉、凝聚中华民族精神力量、激发爱国热潮，为祖国的统一和民族复兴作出不懈努力。

近十多年，在清明节期间，缙云举办"海峡两岸共祭轩辕黄帝"民祭活动的影响力不断提升，台胞、侨胞回乡参加祭祖一年比一年多。但其影响力对标黄陵、新郑还有一定的差距。我们必须要牢牢抓住祭祀黄帝规格

提升的大好契机，更好发挥地理位置的优势，须作出如下努力：一是要充分利用网络、报刊、视频等多媒体的载体平台，加大宣传投入。二是文旅部门要全面介入，像旅游促销一样走出去专题推介。三是把该请的需要请的人请进来，把更高层次的人请进来，通过他们亲身体验祭拜黄帝的形象宣传，获得更佳的推介效果。四是积极鼓励更多的海外侨胞、港澳台同胞、国内企业或个人组织举行的民间祭祀黄帝活动，激发民族自豪感与向心力。五是搜集整理发行黄帝的故事、民间传说、黄帝佑民、黄帝养生等小丛书，方便携带与传播。

（四）加大投入，加深挖掘，以"研究中心"为契点鼓励更多的专家学者参与黄帝文化的研发工作

近二十多年来，中国先秦史学会、浙江省历史学会、中国魏晋南北朝史学会及国家考古研究等相关机构组织为缙云黄帝文化作了深入广泛的研究论证，获得巨大的成果，收到知名学者研究论文百余篇，编纂出版《缙云黄帝文化学术研究论文集》4册。并在2010年中国先秦史学会就将缙云仙都确定为"黄帝文化研究基地"。

随着新时代文化建设发展需要，缙云黄帝文化必须向更深、更广更远拓展。缙云县主要领导非常有战略眼光，决定加大黄帝文化研发投入力度，把黄帝文化的学习研讨工作为常态化，每年召开一次全国性的"中国黄帝文化学术研讨会"。为此，我们要做好以下几方面的工作：首先每年要确定一个主题，由中国先秦史学会和浙江省（含缙云县）文化宣传部门拟定研究方向与提纲。二是要着重挖掘研究黄帝文化与浙江的河姆渡文化、良渚文化、好川文化、大运河文化、吴越国钱王文化、上山文化、民俗文化、养生文化等等的内在联系与发展文脉。三是要加强对弘扬传承黄帝文化的现实意义与新时代价值的研究，充分利用发挥黄帝文化对中国特色社会主义现代化建设的作用。四是让黄帝文化的研究走下神坛，走进大专院校，走进基层普通历史教学教育机构，让更多的有识之士参与进来，共同深入挖掘，研究探讨，全方位推进中华民族优秀传统文化发扬光大。

（五）科学规划，全面带动，推进新时代"南方黄帝文化展示中心"建设

文化建设与其他领域建设一样，规划必须先行。缙云"南方黄帝文化

展示中心"建设是一项庞大的系统工程，必须要全县一盘棋，统一布局规划。首先要做的是请相关历史文化、艺术雕塑、规划设计等知名专家精心布局，再让具有国家顶级资质水准的设计单位做出全方位高品位的科学总体规划与详细实施规划设计，然后依法按规统筹实施。

仙都是缙云黄帝文化的核心所在，在仙都风景名胜区总规与景点详规都有明确的详尽规划设计，在实施当中完成了部分建设项目，但黄帝文化的物化建设、氛围营造还留有很大空间。例如谢灵运、李白、白居易等文宗巨匠赞美仙都与黄帝的作品，游客只能是从导游的口中获知，没有自身的感知与体验，易遗忘或记不清；鼎湖峰脚下生长的"龙须草"也叫"缙云草"，司马迁《史记·封禅书》、谢灵运《游名山志》、李时珍《本草纲目》均有记述，我们应该立碑介绍，让所有来过仙都的游客都知道什么叫"龙须草"，为什么又叫"缙云草"？等等，目前仙都最需要的是还应在景区内（如仰峰洲）建一个"黄帝文化园"，相当于鼎湖峰景区内"黄帝文化主题公园"，将历朝历代赞颂缙云黄帝与仙都的最重要的文宗巨匠雕像和作品展示出来，让大家既能了解仙都深厚的文化底蕴，得到饱满的精神享受；又能从游憩中获得优秀民族传统文化的洗礼，深受很好的爱国主义教育。还可为游客创造更多的拍照人文景观，便于留念记存与推广宣传。

五云街道原称五云镇，古称"缙云墟"。自唐武则天（公元696年）建县以来就是缙云县的行政所在地，一直是缙云社会、政治、经济、文化中心。五云街道历史悠久，物产丰富，文化底蕴深厚，文物古迹众多，是"南方黄帝文化展示中心"建设的重中之重。仙都在打造"黄帝文化名山"，五云街道就应打造"黄帝文化名城"。我们不仅要对标黄陵、新郑等地中心县城的黄帝文化建设与氛围打造，必须有黄帝大型雕象、轩辕迎宾大道、黄帝主题公园、黄帝文化礼堂、轩辕文体活动中心、黄帝养生中心等标志性的建筑支撑，让所有前来缙云拜祖、旅游、商务等等客人，一下高铁或高速公路、一进入缙云五云街道就能深深感受体验到浓厚的缙云黄帝文化；而且还应跳出固有思维，独树一帜，创新制造寓观赏与启迪、娱乐与教育、活动与传承为一体的黄帝文化精神大餐，使缙云"南方黄帝文化展示中心"成为中华民族美好精神家园的文化标识。

人心归聚，精神相依。我们高举黄帝文化的伟大旗帜，积极发挥南方黄帝文化"四个中心"的引擎作用,在不断的传承、发展与升华中,让黄帝文化走向世界,走进每位炎黄子孙的心中。以文载道、以文传声、以文化人,铸就中华民族共同体意识,助力高质量发展建设共同富裕美好社会。

(俞云初:中国先秦史学会会员、缙云县黄帝文化开发处原主任)

附 录

在中国第五届黄帝文化学术研讨会开幕式上的致辞

中共缙云县委书记　王正飞

尊敬的各位领导、各位专家，朋友们：

大家上午好！欢迎大家来到"黄帝缙云、人间仙都"！

在中国两千多个县中，缙云是唯一一个以轩辕黄帝名号命名的县，缙云祭祀轩辕黄帝活动始于东晋、兴于唐宋、延绵至今，是国家级非物质文化遗产，黄帝文化已然成为缙云最具辨识度的文化标识。特别是近年来，得益于各位领导和专家学者的关心支持，已先后成功举办四届黄帝文化学术研讨会，以强有力的理论成果，填补了南方黄帝文化研究的空白，也奠定了缙云作为中国南方黄帝祭祀中心和中国南方黄帝文化辐射中心、研究中心、展示中心的地位，并推动仙都黄帝祭典成为近年来全国唯一实现升格为省人民政府主办的祭祀类活动，使"黄帝缙云"的地域特点更加鲜明、"人间仙都"的文化底蕴更加彰显，缙云的关注度、美誉度与日俱增，缙云人民的归属感、自豪感不断增强，迎来了跨越发展的新机遇。借此机会，请允许我代表缙云县四套班子和47万缙云人民，向各位领导、各位专家，表示最衷心的感谢！

党的十八大以来，习近平总书记特别重视中华优秀传统文化，特别强调挖掘中华文明五千年的精华，以此来坚定文化自信。这些年，我们认真学习贯彻总书记关于弘扬中华优秀传统文化的重要论述精神，充分发挥轩辕黄帝作为中华民族人文始祖的优势，以黄帝文化为纽带，以祭祀大典为载体，以研讨成果为支撑，先后创成中国华侨国际文化交流基地、海峡两岸交流基地、浙江省国际人文交流基地、仙都"信仰之问"调研基地等四大国际性、全国性基地,在坚定文化自信、增强中华民族向心力和凝聚力方面,发挥了积极作用。同时,我们坚持以古喻今、以文化人,深入挖掘黄帝文化的精神内涵和时代价值,以此来引导和激励人们涵养创新的精神、增强创造的能力、塑造创变的成果,在国家5A景区创建、百亿投资项目落地、省级高新区建设以及8个科创领域等多个方面实现了全市"零突破",捧回山区26县首个省科技创新鼎,还有我们的民间小吃"缙云烧饼"做成了年产值27亿的大产业,把许多"不可能"变成了"可能",经济总量、规上工业、创新指数等走在丽水全市和浙江山区26县前列,得到了省委袁家军书记"山区县也能搞工业,山区县也能搞创新,山区县也能引进世界顶尖企业"的充分肯定。

当前,世界百年未有之大变局加速演进,世界之变、时代之变、历史之变的多样性、复杂性、不确定性更加明显,文化自信作为一个国家、一个民族发展中最基本、最深沉、最持久的力量,其重要性也更加凸显。在我国踏上实现第二个百年奋斗目标新赶考之路的关键时刻,浙江遵循总书记的重要嘱托,感恩奋进开启了中国特色社会主义共同富裕先行和省域现代化先行"两个先行"为国探路的新征程,并首次将黄帝文化写入省第十五次党代会报告,把提升黄帝文化等优秀传统文化影响力,作为在共同富裕中实现精神富有、在现代化先行中实现文化先行的重要任务之一,上升到省级战略。丽水市委也将黄帝文化写入了市第五次党代会报告,并将黄帝文化研究和传播作为"文兴丽水、挺进共富"的重要内容。这些既是对我们工作的肯定,同时也赋予了我们更大的责任和使命,传承弘扬黄帝文化进入了崭新阶段。

为此,前不久我们出台了全国县级层面首个关于传承和弘扬黄帝文化的决定,正大力实施黄帝文化基因解码工程、精品工程、浸润工程、展示工程、传播工程、转化工程、数智工程、筑基工程等八项工程,致力提升"四个中心"影响力和其作用于发展的价值。这次黄帝文化学术研讨会高朋满座、专家云集,为我们提供了与各位文化界、史学界、社会科学界重量级大咖沟通交流的绝佳机会,必将会为传承和弘扬黄帝文化构建起丰富而宝贵的学理支撑。我们由衷期待大家在接下来的研讨交流中擦出更多思想火花，形成更多理论成果、创新成果，赋予黄帝文化新的时代内涵和表现形式，使其焕发新的生命力，在推动中华优秀传统文化创造性转化、创新性发展上作出进一步的示范，以此来为缙云这座城市铸魂、塑形、赋能，同时也为铸牢中华民族共同体意识和推动浙江"两个先行"注入强大文化力量，不断凝聚起中华民族伟大复兴的磅礴伟力，以优异成绩迎接党的二十大胜利召开！

最后，对大家的到来表示热烈的欢迎！预祝中国第五届黄帝文化学术研讨会圆满成功！祝全球炎黄子孙，同心逐梦、创富世界！

谢谢大家！

在中国第五届黄帝文化学术研讨会开幕式上的致辞

中国先秦史学会会长　宫长为

尊敬的各位领导，各位来宾，各位专家学者，社会各界朋友们，大家上午好！

在举国喜迎党的二十大胜利召开的日子里，时值国庆佳节，我们再次来到梦幻缠绕的缙云仙都，再次来到心仪向往的黄帝祠宇，应邀参加由中国先秦史学会，中共浙江省委宣传部，浙江省社会科学界联合会联合主办，浙江省历史学会，中共丽水市委宣传部，缙云县人民政府联合承办的中国第五届黄帝文化学术研讨会。在这里请允许我代表中国先秦史学会谨向大会致以最热烈的祝贺，并借此机会谨向出席大会的各位领导，各位来宾，各位专家学者，社会各界朋友们致以最美好的祝福！

大家知道我们缙云历史悠久，文化底蕴深厚，黄帝文化源远流长，已形成了以缙云山、鼎湖峰、黄帝祠和龙须草为表象特征的基于黄帝文化的底色，充分展现了缙云黄帝魅力特色。

自本世纪以来，在各级领导的关心支持下，在广大专家学者的共同努力下，我们伴随着国家夏商周断代工程成功实施，中华文明探源工程持续展开，我们缙云黄帝文化研究经历了三个不同发展时期，以中国首届黄帝文化学术研讨会为契机，步入基于黄帝文化研究的开创时期，以第二届、第三届黄帝文化学术研讨会为内涵，走入缙云黄帝文化研究的发展时期，以中国第四届黄帝文化学术研讨会为标志，迈入缙云黄帝文化研究的繁荣时期。如今我们即将站在新时代新的起点上，我们要以这本次研讨会为根基，以贯彻落实党的二十大精神为动力，不断深化缙云黄帝文化研究。

按照习近平总书记在中央政治局第三十九次集体学习时强调指出，把中国文明历史研究引向深入，推动增强历史自觉，坚定文化自信。我们要树立正确的历史观，从文献传说和考古发现之间寻求历史真实。我们要运用科学的方法论，走历史与考古相融合发展之路。实事求是是我们力求达到的准则，我们要遵循唯物辩证法，理论与实践相结合，推陈出新，守正创新。按照习近平总书记七一讲话精神，坚持两个结合，讲好两个都信，四海同心祭始祖，两个先行启华章，拿出中国智慧，拿出中国方案，去迎接伟大的未来，希望再进，未来可期。最后我们预祝本届学术研讨会圆满成功，恭祝各位节日愉快，阖家幸福，谢谢大家。

在中国第五届黄帝文化学术研讨会开幕式上的致辞

中国社会科学院原副秘书长、中国先秦史学会顾问　晋保平

尊敬的谢立根主席，李一波部长、王正飞书记、王益县长，尊敬的王巍学部委员，尊敬的各位领导，各位来宾，大家上午好！

金秋十月，丹桂飘香，国庆佳节，普天同庆，在全国人民喜迎党的二十大胜利召开之际，我们来到风光秀丽的仙都缙云参加由中国先秦史学会，浙江省委宣传部，浙江省社科联联合主办的中国第五届黄帝文化学术研讨会。借此机会，我谨向各个主办单位、承办单位，为我们这次研讨会的如期召开所付出的努力表示感谢！向缙云县委县政府以及各位专家，多年来为研究黄帝文化，弘扬中华文明所作出的贡献表示敬意！

中华民族历来以炎黄子孙自称，在我国百万年的人类史，1万年的文化史，5000年的文明史当中，中华民族的人文初祖黄帝，拥有特别重要的位置，黄帝是中华民族的祖脉和重要象征，黄帝文化是中华文明的历史起点和文化源头，是中华民族的根和魂，更是中华民族优秀传统文化的重要组成部分。

习近平总书记在今年5月27日，中央政治局第三十九次集体学习时候强调，中华文明源远流长，博大精深，是中华民族独特的精神标识，是当代中华文化的根基，是维系全世界华人的精神纽带，也是中华文化创新的宝藏。深入研究黄帝文化，对进一步推进和深化中华文明探源工程具有重大的理论意义和深远的历史意义。

在今天的讨论会上,中国先秦史学会邀请了一些专家,围绕我们这次研讨会的主题,就黄帝文化和新时代中华民族精神,黄帝文化和浙江新时代文化建设等问题,与大家分享他们的最新研究成果,我借此机会提两点建议,讲的不对的地方请同志们批评指正。第一,我们这次会要进一步深入学习贯彻习近平总书记在中央政治局第三十九次集体学习时的重要讲话精神。我们党历来重视文化建设,特别是党的十八大以来,习近平总书记多次就历史研究、考古研究、传统文化建设等方面发表重要讲话,提出了一系列新思想、新论断、新理念。2020年的9月29日,中央政治局就以我国考古最新发现以及意义为题,举行了第二十三次政治局集体学习,(这次学习是由我们中国社会科学院考古所现任所长陈新灿教授作为主讲)。总书记在这次集体学习的时候强调,考古工作是一项非常重要的文化事业,也是一项具有重大社会政治意义的工作。考古工作是展示和构建中华民族历史中华文明瑰宝的重要工作,认识历史离不开考古学,历史文化遗产不仅生动的诉说着过去,而且也深刻的影响着当下和未来。不仅属于我们,也属于子孙后代,保护好传承好历史文化遗产,是对历史负责,对人民负责,我们要加强考古工作和历史研究,让收藏在博物馆里的文物,陈列在广阔大地上的遗产,书写在古籍中的文字都活起来,丰富全社会历史文化滋养,要建设中国特色、中国风格、中国气派的考古学,更好的认识博大精深,源远流长的中华文明。时隔不到两年,中央政治局以中华文明探源工程为题,举行了第三十九次中央政治局集体学习,这次学习是我们社会科学院的王巍学部委员,我们历史学部主任,那么他作为主讲,我们王巍教授今天也来到我们现场,他将就一些问题跟大家交流。总书记在这次会上又提出了中华文明源远流长,博大精深,是中华民族独特的精神标识,是当代中国文化的根基,是维系全世界华人的精神纽带,也是中国文化创新的宝藏。总书记又把我们对中华文明的认识提升到一个新的高度。同志们可以思考一下,当前我们正处于百年未有之大变局的重要历史发展阶段,国际局势动荡,疫情形势严峻,国内的大事多难事多,但在不到两年的时间里,中央政治局就考古研究、历史研究、文化建设等方面进行了两次学习,这充分说明以习近平总书记为核心,党中央对文化工作,对历史研究工作,对考古工作的高度重视和支持。我们这次由中国先秦史学会、浙江省委宣传部、浙江省社科联共同举办的研讨会，实际上也是深入学习贯彻习近平总书记重要讲话精神的一次会议，中国先秦史学会要充分发挥国家级学术社团的政治引领作用和学术指导作用，通过学会组织的各项学术活动，把贯彻落实总书记的重要讲话精神作出我们应有的贡献。第二点建议就是充分发挥四个中心的作用，努力打造缙云文化的名片。我们这次研讨会之所以选择在国庆节期间召开，主要是考虑到与黄帝祭祀活动同时举行，举办黄帝祭祀的活动，同时也是传承黄帝文化，弘扬黄帝精神的一个重要形式。经国家有关部门批准，从去年开始，缙云县的黄帝祭祀活动已经升格为与陕西的黄陵、河南的新郑同等规格的我国第三个由省级人民政府主办的黄帝祭祀中心，与此同时，缙云县也逐步成为国家重要的黄帝祭祀中心，黄帝文化研究中心，黄帝文化传播中心和展示中心，四个中心来之不易，这应该是缙云县经济文化建设中的一件大事，把黄帝祭祀工作做好，把黄帝祭祀活动组织好，这是一项非常重要的工作。但是我理解要把黄帝文化研究好，把黄帝文化传播好，则意义更重大，影响更深远，任务更艰巨。我们先秦史学会与浙江省丽水市以及缙云县委县政府就推进黄帝文化的研究，已经有20多年的历史，在过去的20多年中，我们合作各方努力，积极组织专家学者在推进黄帝文化研究领域做了许多重要的工作，也取得了一系列有影响的研究成果，为推进黄帝文化的研究，传承弘扬黄帝文化和黄帝精神，为推进缙云县的文化建设作出了积极的贡献。我们先秦史学会愿意也并且希望我们将一如既往的努力工作，进一步加强与各方的合作，继续努力把黄帝文化的研究与传播提高到一个新的高度。

  缙云山清水秀，风景秀丽，历史悠久厚重。在新的历史发展阶段，加强黄帝文化四个中心的建设，对缙云而言是一次难得的历史机遇，不仅对地方的文化建设有重要意义，而且对积极推进缙云县经济社会全面发展同样具有重要意义。我们就应该紧紧抓住这个难得的历史发展机遇，深入研究黄帝文化，主动讲好黄帝故事，积极弘扬黄帝精神，用硬建设的工作力度来打造文化软实力，努力使缙云的黄帝文化这张厚重的历史名片亮起来、火起来，为促进全县经济社会的健康发展提供强大的文化支持和精神动力。

  最后我预祝我们这次研讨会圆满成功，谢谢大家！

在中国第五届黄帝文化学术研讨会开幕式上的致辞

中共丽水市委常委、宣传部长 李一波

尊敬的晋保平会长，宫长为会长，王巍理事长，谢利根主席，各位领导，各位专家，来宾们、朋友们：

在党的二十大即将胜利召开和国庆佳节的喜庆日子里，我们在秀山丽水的北大门——缙云，召开中国第五届黄帝文化学术研讨会，以文会友聚智、赓续中华文脉，在此，我谨代表中共丽水市委、丽水市人民政府，向莅临本次活动的各位嘉宾、各位专家学者，表示热烈的欢迎和诚挚的感谢！向参与黄帝文化研究和传播的各界人士表示由衷的敬意！

丽水是"绿水青山就是金山银山"理念的重要萌发地和先行实践地，是"丽水之赞"的光荣赋予地、浙西南革命老区所在地。近年来，丽水以推进跨越式高质量发展的生动实践，推动现代化新丽水建设不断迈出新步伐、取得新成绩，踏上了创建革命老区共同富裕先行示范区的新征程。

丽水也是一座积淀深厚的千年古城，是一方独具魅力的文化热土。这里历史底蕴深厚，文化瑰宝灿若星河，全市共有17处国保单位、3项人类非遗、21项国家级非遗，文化遗产数量占浙江省六分之一。我们立足资源禀赋、发挥比较优势，持续推动黄帝文化、畲族文化、华侨文化、处州宋韵文化以及以"丽水三宝"为代表的传统工艺文化资源的创造性转化、创新性发展，以"文兴丽水、挺进共富"工程为引领，全方位打造具有鲜明精神气质、独特人文品格、蓬勃生机活力的文化强市。

作为全国唯一一个以轩辕黄帝名号命名的县，缙云是中国南方黄帝祭祀中心和中国南方黄帝文化辐射中心、研究中心、展示中心。自 2000 年以来，缙云已成功举办四届黄帝文化学术研讨会，打造了研究弘扬黄帝文化、促进经济社会发展的重要交流平台，这个平台有力助推了仙都黄帝祭典的迭代升级。在各位专家学者的鼎力支持下，2021 年仙都黄帝祭典成功升格为省政府主办，并圆满举办了首次省级祭典。今年黄帝文化还写入了省第十五次党代会报告，10 月 4 日即将迎来壬寅（2022）年中国仙都祭祀轩辕黄帝大典，黄帝文化之于缙云，已不仅仅是一场祭典，更是让缙云的知名度、美誉度、竞争力显著提升的新引擎。缙云以文化铸魂、赋能的强大力量愈加显现。

今天的研讨会大咖云集、群贤毕至，希望通过交流研讨，深入解码黄帝文化的精神内涵和时代价值，形成一批有深度、有分量、有影响力的研究成果。恳请各位专家学者传经送宝、献计献策，进一步帮助我们擦亮"黄帝缙云　人间仙都"这张金名片，以文化这个关键变量赋能地方发展。

最后，预祝本次研讨会取得圆满成功！祝各位领导、专家和来宾在丽水时光美好、万事如意！谢谢大家！

在中国第五届黄帝文化学术研讨会开幕式上的致辞

浙江省社会科学界联合会党组成员、副主席　谢利根

尊敬的晋保平先生、王巍先生、宫长为先生、沈坚先生，各位专家，尊敬的李一波部长，王正飞书记、王益县长，各位领导，各位嘉宾、朋友们，大家上午好！

　　在这个秋高气爽丹桂飘香的丰收季节，又恰逢中华人民共和国成立73周年华诞。在喜迎二十大的氛围当中，我们在浙江缙云隆重召开中国第五届黄帝文化学术研讨会，在这里我受省委宣传部领导的委托，谨代表浙江省委宣传部，同时也代表浙江省社会科学界联合会对这次研讨会的召开表示热烈的祝贺！向各位参会的专家表示热烈的欢迎！对参与主办和承办这次会议的中国先秦史学会，省历史学会、丽水市委宣传部、缙云县委县政府和县委宣传部的各位领导和同志们的辛勤付出和努力表示衷心的感谢！文化兴则国运兴，文化强则国家强。一直以来，浙江都坚定不移地沿着习近平总书记指引的路子，持续推进文化大省、文化强省、文化浙江等文化发展战略，走出了一条具有中国特色、时代特征、浙江特点的文化发展之路，显著增强了浙江文化软实力，为中国的文化自信、文化自觉贡献了浙江力量。

　　浙江有着丰富的传统文化资源，黄帝文化、阳明文化、和合文化、大禹文化、南孔文化、吴越文化、宋韵文化等文化基因灿若星河，它们与新时代有机结合，展现了浙江独特的精神气质和深厚的文化底蕴。这其中，作为中华优秀传统文化源泉的黄帝文化，在缙云源远流长，始于东晋、兴于唐宋，绵延至今，历代文人墨客在此留下了祭拜人文始祖、赞颂轩辕黄帝的词赋和诗文。随着去年仙都黄帝祭典成功升格，其特殊的社会意义和时代价值，在海内外产生了深远影响，已然成为海内外华人宣示"民族认同、血脉认同、文化认同"的有效载体，成为弘扬黄帝文化、增强文化自信的自觉行动，也是解码文化力量、赋能地方发展的主动跨越，作为黄帝文化创造性转化创新性发展提供了良好的环境和条件。

当前，在我国实现第二个百年奋斗目标的赶考之路上，在我省推进"两个先行"的奔跑大道上，在打造新时代文化艺术标识的浪潮中，作为南方黄帝文化"四个中心"的缙云，更要讲好中国南方黄帝文化故事，进一步把仙都黄帝祭典办成传承中华文明、激发爱国热情、加强民族团结的盛典，加快打造有国际影响、中国气派、浙江辨识度的黄帝文化标识。

此次研讨会作为祭祀轩辕黄帝大典活动中重要的一项内容，我们诚邀在座各位专家学者从多学科、多层次、多维度出发，对黄帝文化根源性、时代性、特色性，以及中国南方黄帝文化地标的实施路径、影响力提升的实践路径等进行深入研讨，在去年的基础上更有高度、更体现时代质感，为将黄帝文化打造成为中华民族精神力量高地，进一步提升浙江在两岸三地乃至全球华人精神世界中的影响和地位，增强中华儿女的民族认同和文化认同打下扎实的理论和学术基础。

浙江省社会科学界联合会一如既往的支持黄帝文化的研究和交流，已经把黄帝文化明确的纳入第三期文化研究工程的规划，将真诚的邀请省内外的专家学者系统的开展黄帝文化的研究和梳理，深入挖掘黄帝文化在中华文明史中的历史地位，黄帝文化的精神内涵、基本特征，以及在铸牢中华民族共同体当中的重要作用，推出精品成果，进一步提升黄帝文化的影响力。

本次会议适逢国庆，专家们放弃了长假，来到缙云，为黄帝文化的建设和提升献计献策。在这里再次向各位专家学者表示衷心的感谢，也再次恳请各位专家学者对浙江的文化建设，浙江的学科和学术文化学术研究提供更多的支持和帮助。最后我预祝本届黄帝文化学术研讨会取得圆满成功！也祝来自各地的专家学者身体健康，工作顺利，谢谢大家！

在中国第五届黄帝文化学术研讨会闭幕式上的讲话

中共缙云县委副书记、县长　王　益

各位专家、学者：

在全国上下喜迎党的二十大隆重召开之际，中国第五届黄帝文化学术研讨会在中国先秦史学会、浙江省委宣传部、省社会科学界联合会领导的指导策划和具体运作下，在各主办、协办单位的有力支持下，在与会各专家教授、学者贤达以及所有工作人员的积极配合、共同努力下，取得了圆满成功，即将落幕。在此，请允许我代表中共缙云县委、缙云县人民政府，对研讨会取得的丰硕成果表示热烈的祝贺，对各位领导、专家学者精辟的研讨、精彩的演讲和表现出来的专业精神致以崇高的敬意，对工作人员付出的辛勤劳动表示衷心的感谢！

习近平总书记强调，"中华优秀传统文化是中华民族的文化根脉"。黄帝文化具有开拓、进取、团结、创新等丰富意蕴，经过数千年的沉淀、继承、弘扬和发展，已经成为中华民族的精神血脉和文化纽带。文化的力量无远弗届。今年，浙江省第十五次党代会报告指出，要"增强先进文化凝聚力，在共同富裕中实现精神富有，在现代化先行中实现文化先行"，明确提出要打造新时代文化艺术标识，提升黄帝文化等优秀传统文化的影响力。我们召开这次黄帝文化学术研讨会，就是为了深入挖掘黄帝文化的精神内涵和时代价值，传承中华文脉，坚定文化自信，为全省推进"两个先行"贡献力量。

多年来，在各位领导、专家学者的关心和支持下，缙云作为中国南方黄帝祭祀中心和中国南方黄帝文化辐射中心、研究中心、展示中心的影响力进一步提升。特别是，我们以最大的决心出台了全国首个县级层面"关于传承和弘扬黄帝文化八项工程的决定"，首创黄帝文化数字化场景应用，不断推动黄帝文化创造性转化、创新性发展。

今年的黄帝文化学术研讨会相比往年，会议层次更高、背景更加特殊、主题更加多元、成果更加丰富，又恰值中国先秦史学会成立四十周年，意义更不平凡。大家围绕大会主题，精心准备，深入研讨，对黄帝文化的精神内涵、时代价值，黄帝文化发展的新趋势、新方向，从不同角度展开了研究和讨论，对进一步提升南方黄帝文化影响力作了精辟分析，发表了独到见解。会议的成功举办，对于黄帝文化的研究、中华优秀传统文化的弘扬，无疑是一个有力的促进；会议的成功举办，对于讲好中国南方黄帝文化故事，打造有国际影响、中国气派、浙江辨识度的黄帝文化标识，提供了更加有力的学术理论支撑；会议的成功举办，为缙云文旅事业发展、文旅产业互动，增添了更加丰富、更加厚重的历史文化支撑。我们必将以此次研讨会为契机，不断加强与各方的交流合作，推动黄帝文化在继承中发展，在创新中发展，努力探索传承弘扬黄帝文化为代表的优秀传统文化的"缙云路径"。

我们真诚地希望各位领导、专家学者以后多来缙云走走看看，同时也热忱期望各位能够多多宣传缙云，多对我们的工作特别是黄帝文化研究，提出宝贵的意见，多引荐一些经济、文化界人士来缙云旅游观光、投资兴业、交流学术。

最后，祝愿大家身体健康、工作顺利、万事如意。

谢谢大家！

中国第五届黄帝文化学术研讨会会议意见建议

　　由中国先秦史学会、浙江省委宣传部、浙江省社会科学界联合会主办的中国第五届黄帝文化研讨会于2022年10月1日—2日在缙云召开，来自全国各地的专家学者紧紧围绕"深入挖掘黄帝文化精神内涵和新时代价值"这一主题进行深入研究探讨，一致认为缙云黄帝文化精神内涵丰富，将其打造成为浙江新时代文化艺术标识基础扎实，让黄帝文化成为中华民族精神力量高地意义深远。结合此次大会主题，特提出以下意见建议：

　　1. 中国仙都祭祀黄帝大典的主办单位已经上升为浙江省人民政府，黄帝文化作为浙江省重要优秀传统文化和新时代文化艺术标识的重要内容，建议在省级层面建立中国南方黄帝文化研究院（基地），构建起"省市县村"四位一体的研究人才体系，凝聚全省内相关专家、学者和爱好者的力量，深入研究黄帝文化精神内涵和新时代价值，进一步扩大黄帝文化在南方的影响力，丰富文化浙江建设的质感，进一步提升浙江在两岸三地乃至全球华人精神世界中的影响和地位。

　　2. 以打造有国际影响、中国气派、浙江辨识度的黄帝文化标识为目标，建议进一步提升黄帝文化的物化、具象化水平，从全国的高度加快黄帝文化园项目建设，在内容的展陈上做到既与陕西黄陵、河南新郑、湖南炎陵等炎黄祖宗文化地区的关联度，又具有中国南方黄帝文化的特点与特定内涵，使其成为继中国仙都祭祀黄帝大典后，浙江缙云又一重要的文化阵地。

　　3. 加强新时代背景下黄帝文化数字化的开发与运用，建议结合数字拟真、AI 驱动、虚拟人等元宇宙集成技术，对黄帝文化元素进行数字化建模、场景设置，创建沉浸式的体验、互动交流平台，吸引更多的年青人了解黄帝文化、传播黄帝文化、传承黄帝文化。

4. 在持续加强与陕西黄陵、河南新郑三地的黄帝文化研究交流与合作，深化中央和省、市、县媒体集群矩阵建设的同时，建议以中国华侨国际文化交流基地、国际人文交流中心等为依托，打造黄帝文化国际体验点，构建黄帝文化课程体系，向国际讲好黄帝文化故事，加强黄帝文化的国际传播力，展示中华文明形象。

5. 建议加快黄帝文化的开发培育和产业体系的建设，为"两个先行"建设助力赋能。

中国先秦史学会

2022 年 10 月 2 日

中国第五届黄帝文化学术研讨会综述
（代后记）

张 剑

2022年10月2日上午，中国第五届黄帝文化学术研讨会在浙江省缙云县举行。本次学术研讨会由中国先秦史学会、中共浙江省委宣传部、浙江省社会科学界联合会主办，浙江省历史学会、中共丽水市委宣传部、缙云县人民政府承办。中国社会科学院原副秘书长、科研局局长，中国城市经济学会原会长、中国先秦史学会顾问晋保平，中国社会科学院学部委员、历史学部主任、中国考古学会理事长王巍，中国先秦史学会会长、中国社会科学院古代史研究所研究员宫长为，浙江省社会科学界联合会副主席谢利根和来自全国各地高校、科研院所、博物馆及缙云文史研究者50多位专家学者参加本次研讨会。本次研讨会分为主旨演讲和专题讨论两个阶段。

在主旨演讲阶段，中国社会科学院学部委员、历史学部主任、中国考古学会理事长王巍，中国先秦史学会顾问组组长、青海师范大学原校长、教授张广志，中国先秦史学会副会长、河南省炎黄文化研究会常务副会长、河南大学特聘研究员、河南省社会科学院二级研究员张新斌，浙江省社会主义学院副院长、教授张建明，分别就《中华文明探源所见长江下游地区文明的起源与形成》《闻新刊布清华简〈五纪〉有"蚩尤为黄帝子"说有感》《黄河长江国家战略背景下的黄帝文化》《黄帝文化助力缙云共同富裕先行示范的初步设计》作主旨演讲。清华大学新闻与传播学院教授、加拿大皇家学会院士、西门菲莎大学传播学院副院长赵月枝，清华大学新闻学院教授、元宇宙文化实验室主任、新媒体研究中心执行主任沈阳,以视频形式分别就《"两个相结合"框架下的马克思主义信仰和"敬天法祖"信仰》《黄帝文化数字化》作主旨演讲。

需要指出的是,在本次研讨开幕式上,晋保平在致辞中表示:"缙云要紧紧抓住历史发展机遇,深入研究黄帝文化,主动讲好黄帝故事,积极弘扬黄帝精神,努力使黄帝文化这张厚重的历史名片,亮起来、活起来、鲜起来,为促进全县经济社会健康发展提供强大的文化支持和精神动力。中国先秦史学会也将充分发挥国家级学术社团的政治引领作用和学术指导作用,进一步加强与各方的合作,把黄帝文化的研究与传播推到一个新高度"。

宫长为在致辞中表示:"当前,我们正站在新时代新的起点上,要以本次研讨会为根基,树立正确的历史观,从文献和考古发现之间寻求历史本质,同时坚持实事求是,遵循唯物辩证法,推陈出新,守正创新,运用科学的方法论走历史与考古深度融合发展之路,不断深化缙云黄帝文化研究。"

谢利根在讲话中指出:"要讲好中国南方黄帝文化故事,进一步把仙都黄帝祭典办成传承中华文明、激发爱国热情、加强民族团结的盛典。希望专家学者从多学科、多层次、多维度出发,对黄帝文化根源性、时代性、特色性,以及中国南方黄帝文化地标的实施路径、影响力提升的实践路径等进行深入研讨,为增强中华儿女的民族认同和文化认同打下扎实的理论学术基础。"

在专题研讨阶段,与会专家就"黄帝与文明起源研究""黄帝与民族共同体研究""黄帝与军事研究""黄帝与道教研究""黄帝与现代性研究""黄帝与缙云研究"等六大问题进行专题研讨,深入而浅出,由表及里,共同深入挖掘黄帝文化的时代内涵,此次研讨会提出了诸多兼具建设性和可行性的见解和具有开创意义的新观点和新思路,这是黄帝文化研究的新成果,也是黄帝文化研究新的里程碑。

其一,黄帝与文明起源问题研究。

王巍在《中华文明探源工程所见长江下游地区文明的起源与形成》重点强调了长江流域早期文明对中华文明的贡献。他指出稻作发明,长江中下游，不晚于1万年前发明了稻作，是我们中华先民的发明。还有彩陶的发明，刚才看彩陶是红颜色的，然后还有刻画的符号，这也是目前世界范围内能够看到最早的。还有独木舟的发明，7500—8000年，鸟神的信仰、河姆渡（文化）都是长江流域早期文明对中华文明的贡献，而且黄帝文化也是这个时期的重要表征，研究黄帝文化，研究南北之间的交融，有利于中华文明探源工程。

蔡运章在《河姆渡文化"日鸟合璧"图像及其重要价值——兼谈河姆渡文化的"图画文字"和天文历法观念》一文中重点关注了浙江余姚县河姆渡文化遗址发掘出土器物上刻画的三件"日鸟合璧"图像，他认为牙雕冠饰"双鸟负日"图像、骨匕柄部"双鸟负日"图像、陶豆盘内"四鸟绕日"图像分别对应了"金乌负日"传说、春秋祭典、"四时轮回"观念，它们都是黄帝时代的文化遗存，它们是我国目前所知年代最早的"图画文字"，也是我国目前所知年代最早的"金乌负日"图像，更是可以窥知黄帝时代我国先民已经具有"春秋"及"四时"观念，更是可见中华民族共同体早在距今六七千年前的黄帝时代，就已初步形成。

朱磊在《中华文明起源"融合说"——基于逻辑、文献与考古成果的假说》一文中试图基于逻辑、文献与考古成果对中华文明的起源脉络进行勾勒，让考古成果与文献、传说在逻辑上统一起来。他认为中华文明萌芽于"三皇"时期，起源于"五帝"时期，成熟于"三代"时期，是本土文化融合外来文化的结果。他更是提出"中华文明的起源与发展始终处于本土族群与外来族群的融合过程中。外来族群可能统治中原，本土族群也可能外迁海外"的假说，颇有见地。

宫长为在《黄帝时代——中华文明开篇》一文中提出中国古代文明研究，是从公元前30世纪到公元前221年，即从五帝时代到三王时代，前后约有三千年的历史。其间的五帝时代是三王时代的前奏，三王时代是五帝时代的发展。若作具体的划分，可以划分为五个时期：第一个时期：黄帝、颛顼、帝喾时期，处于中国早期国家的发轫期；第二个时期：尧、舜时期，处于中国早期国家的发展期；第三个时期：夏商周三代时期，处于中国早期国家的鼎盛期；第四个时期：春秋时期，处于中国早期国家的转型期；第五个时期：战国时期，处于中国早期国家的转变期。从目前的历史研究和考古成果来看，我们完全有理由，把中华文明开篇推进黄帝时代，也就是黄帝、颛顼、帝喾时期，即处于中国早期国家的发轫期。

胡玉丰在《中华文明探源与缙云的黄帝文化》一文中关注中华探源工程与缙云陇东文化遗址，认为缙云陇东文化遗址，是处于长江下游地区，上山文化时期延续到明清的一处古文化遗址。其中最为精彩的是出土了距今4000—5000时期的大量石簇、陶器，是典型的黄帝文化遗址。附近100公里圈内的上山遗址、下汤遗址的考古发现表明，这个时期的手工业经济已经集约化、商品化。同时的东方文化代表性器物黑陶西渐，都说明了黄帝时期货物的流通、人民之间的交往比较频繁了。中原地区为中心的黄帝文化已经在缙云地区有所体现，来自北方的黄帝文化和缙云的当地文化已经开始契合和发展。

其二，黄帝与民族共同体问题研究。

徐日辉在《黄帝"万国和"与中华民族共同体架构》一文中认为中华文明5000多年，黄帝是为信史，经过学者们多年的研究，特别是中华文明探源工程所获取的成果，现已逼近历史真实。在现代考古学兴起之前，正式认定黄帝是草创国家第一人的是司马迁，并且是作为中华民族共同体架构的第一人，在《五帝本纪》中记载黄帝"置左右大监，监于万国。万国和，而鬼神山川封禅与为多焉。"是以协和万邦架构与探源工程对中华文明多元一体格局形成的总体认识高度吻合，意义甚为重要。

刘俊峰在《全面抗战时期黄帝文化在增强民族凝聚力中的作用探析——以〈申报〉相关报道为中心的探讨》一文中重点关注了全面抗战时期国共两党对于黄帝祭祀的问题，他提出对黄帝的认同有利于国共两党的团结合作。黄帝文化为国民动员、加强团结提供了精神支持，黄帝文化增强了民族认同感与民族团结，黄帝文化激发了民族自豪感、增强了民族自信心。认为在全面抗战的背景下，黄帝文化对增强中华民族的凝聚力发挥了积极作用：对黄帝的认同成为国共两党的团结合作的精神"纽带"；黄帝文化成为国民党及国民政府各机关动员民众团结抗战的精神"武器"；黄帝的英雄形象激发了民众的民族自豪感和认同感。这种民族凝聚力的增强，团结了抗战的力量，增强了中华民族战胜外敌的信心。

李岩在《祖根文化是黄帝文化展陈的主线和灵魂》一文中强调黄帝文

化产生于距今五千多年前的新石器时代，在悠久的历史长河中不断发展，历久弥新，对中华民族产生了极其深远的影响。黄帝是中华民族的人文初祖，黄帝文化是中华民族的祖根文化，是中华民族基本一贯的传统文化。黄帝文化的内涵决定了黄帝文化展陈的主要内容是祖根文化，黄帝文化历史地位及其在中华民族发展中的作用决定了黄帝文化展示的主线也是祖根文化。

宫云维在《中华民族共同体现域下的黄帝文化研究及其路径》一文中明确提出黄帝是中华民族的共同祖先，是维系中华民族共同体的精神纽带。与此同时，他也强调传说中的黄帝只是一位杰出的部落首领，经过春秋战国时期儒家学者的努力，被塑造成了儒家圣王谱系的第一环、华夏族的共同祖先。魏晋时期，道教兴起，又被纳入道家神仙谱系，形成了广为流传的黄帝信仰。黄帝祭祀逐渐成为凝聚中华民族共同向心力的重要因素。历代的黄帝祭典、广泛流传于民间的黄帝信仰、传说、相关文史作品，以及为纪念黄帝而建设的陵墓、庙宇、纪念地等，都是黄帝文化的共同组成部分。

程勇在《黄帝传说与中华民族认同的形成》一文中提出中华民族并非基于血缘的族群民族，而是一个以汉族为凝聚核心的多元统一体。中华民族既是命运共同体，更是文化共同体。而且他人文是文化定义了中国和中国人，文化认同是推动中华民族共同体形成的重要力量，而中华文化有自己的符号表征、表意模式、核心观念、象征体系。在这个体系中，黄帝大概是首屈一指也是最伟大的符号象征。黄帝的传说乃至神话隐喻了中国的历史轨迹和文化密码，构成了中华民族共同的记忆和信仰。

武伟伟在《激扬黄帝文化软实力　铸牢中华民族共同体》一文中再次强调被历代王朝作为祖先祭祀的黄帝，实际上兼具着中华民族血缘先祖与人文始祖双重身份的华夏共祖，这两种身份或两种含义的统一是华夏历史发展的必然结果。黄帝祭祀已经成为现代民族主义意义上的大型文化仪式与政治仪式统一体。不仅表明"黄帝子孙"已成为包括少数民族同胞、海外华人华侨和台港澳同胞等全体中华儿女的共同身份认同，也表明黄帝祭祀成为其表达和增进中华民族共同体意识的重要仪式。

其三，黄帝与军事问题研究。

杜勇在《弓箭制作与礼乐文明》一文中指出中国旧石器时代弓箭的发明和使用，是古人类生产技术发展的一项重大突破。古时人们将此发明创造归美于黄帝或黄帝时代，虽与历史事实不合，但它反映了中华民族在发展进程中的一种文化认同和民族认同。与古代世界其他民族不同，中国的箭术在三代射礼中还发挥着积极作用，有利于形成尚武图强、刚柔相济、宽和中庸的民族精神，推动多元一体的民族共同体的发展，不断跨越新的文明高度。

刘庆在《黄帝传说与中华早期军事文明》一文中提出黄帝是中华古代传说中的先祖人物，在军事领域，黄帝也是奠基开拓者。他从战争、兵器、城邑、战略思想、战法与阵法等角度论述黄帝与军事之联系。他认为涿鹿之战、阪泉之战，是黄帝与周围的各大小部落联盟或部落进行了长期战争，最终征服了互不相属的大小部落，走向名义上的统一。他也认为筑城技术发展总是由低水平向高水平不断积累发展而来，目前还难以将黄帝与具体哪座古城直接挂钩。但中华先民们第一次筑城高潮的出现及筑城技术的新发展离不开黄帝时代打下的基础。他还指出黄帝拥有军事战略思想，从黄帝在政治号召、经济准备、地理熟悉、武艺训练以及振奋士气上可以看出，与此同时，黄帝对战争胜负的把握进一步扩及风、雨、旱、涝、雾等自然气候要素，可见黄帝和他的臣子们战略思考力。夔鼓、指南车以及战法与阵法都是黄帝军事思想和军事实践的重要面向。

王珏在《论战争的起源》一文从文明史视域的战争本质、文化史意义的战争本质、人类史尺度的战争本质三个维度探索战争的起源，他认为人类的本性决定战争的本质，人类在进化，人类社会在发展，人性是不断增长的变量，伴随着人性向至善之境日趋接近，人类从主张正义战争，到消灭一切战争，对战争的理性认识日渐深化，战争猛兽终将走向灭绝。但如伟人毛泽东所言，战争的目的在于消灭战争。战争被消灭之后，人类社会的暴力行为并不会消失，只是被及时化解和消弭，使之无法发展到战争的烈度。无论人类迈入文明门槛之前，还是战争被消灭之后，人群与人群之间的暴力行为都会作为文化现象存在。即便置身今天的文明社会，国家与国家、集团与集团之间的非战争暴力行为，也难以避免。人类的暴力行为，将长久伴随人类走向未来。

李玲玲在《黄帝作鼓及其文化内涵探析》一文中认为鼓是我国最早出现的原始乐器之一，文献记载其出现时间和创制者大体在五帝时代。从考古发现的史前鼓的实物资料来看，最早的鼓当为土鼓或称陶鼓，出现于距今6000年左右的山东北辛文化、甘肃大地湾文化等遗址中，广泛分布于黄河流域和北方辽河流域，形态各异，在共性的功能之外不同的区域各有特点。从大汶口文化晚期至龙山时代，以鳄鱼皮为鼓面的鼍鼓开始出现，具有鲜明的身份等级象征意义，地位高于土鼓，常与土鼓、磬搭配，形成固定的器物组合，具有明显的礼器性质。黄帝作鼓的传说不只是物质层面的表象体现，其背后蕴含着深层的文化意蕴：首先鼓的创制归于黄帝体现的是一种民族认同、文化认同和祖先认同；其次，鼓的发展演变是史前礼乐制度萌发的物化体现，反映了礼乐制度的萌芽与发展；最后，鼓的发展演变体现了中华文明多元一体的演进格局。

王晖在《黄帝是"天帝"还是"人王"：论黄帝的性质——从陈侯因敦与春秋时黄帝二十五子的传说说起》一文中提出从陈侯因齐敦的铭文中可以发现黄帝之名与炎帝、蚩尤一起在西周前期就以"人王"身份出现在古文献中了，那种说黄帝是战国时才由天帝演变为人王的说法，或说战国时黄老家出现，齐威王等人才"托始于黄帝"的看法都是没有根据的。他也认为学者所说战国中期齐威王时才把天帝身份的黄帝转变为"人王"先祖，或者是受黄老学派的影响才认黄帝为高祖等说法，是不符合先秦时代祭祀礼仪的原则的。《左传·僖公十年》说："神不歆非类，民不祀非族。"对先祖来说，不是自己的子孙后裔，就不是自己的同类，他们的祭祀品是不馨香的，那些祖先神灵是不会享用的；反过来说，民众也不会去祭祀不是自己同族的神灵的。因此他认为尽管陈侯因齐镦时代不太早，但它祭祀"高祖黄帝"，且出现在战国中期齐威王即位之初，绝不是齐威王随便拉一位"大神"来加强自己的权威，而是符合礼仪且符合"民不祀非族，神不享非类"古训制度的。

廖名春《试论黄帝"垂衣裳而天下治"》一文中辨析的"垂衣裳"的含义，认为"垂衣"，又作"垂裳"，系"垂衣裳"之省。"拱手"本指两手相合以示敬意。引申之，则指不做事，不亲理事务。在此意义上，"拱手"与"垂衣"同义,古人往往并称。《周易·系辞上》"黄帝、尧、舜垂衣裳而天下治"这一名言告诉我们:作为一个管理者,尤其是最高管理者,要有所为,更要有所不为。只有无为,才能无不为;只有有所不为,才能有所为。只有会休息的人,才是会工作的人,才是会做好工作的人。作为领导者,不能事必躬亲,大权独揽;要简政放权,摆脱琐事。思想之树长青,黄帝"垂衣裳而天下治"的精神永远值得我们学习。

张广志在《闻新刊布清华简〈五纪〉有"蚩尤为黄帝子"说有感》一文中对"黄帝有子曰蚩尤,蚩尤既长成人,乃作为五兵"进行分析,认为对战国学者所造作的古史,战国人的书,包括战国简帛,亦应作科学的、具体的分析,既珍视其贡献、价值,亦应指出其不足,特别是其中的造伪部分,切不可一看到地下挖出来的东西就在一片赞叹乃至亢奋中忘记了冷静和科学分析。一般来讲,早期出土文献比之后世传世文献的可信度要大些,但亦不可轻信,因为出土文献所载也并不全是历史的真实。战国秦汉间的政治家和文人们之所以如此造作,并不是闲暇无事的率意之举,而是有其深刻政治用意的,因为,在我们这样一个极重"忠"、"孝"的国度里,如此这般一来,蚩尤就不仅是个"乱臣",而且还是个"贼子",自可人人得而诛之,以达到从政治上、道德上进一步抑蚩扬黄之目的。

其四,黄帝与道教问题研究。

孙敬明在《黄帝文化与泰山崇拜》一文中指出黄帝为中华人文之初祖;泰山乃中华文明之"国山",封禅之典礼肇于黄帝。普天之下始封者惟泰山,而泰山独尊五岳,昂首天外,考其渊源盖始于黄帝。他还认为传统历史经典文献,诸如《春秋左传》《国语》《管子》《孔子家语》《周易·系辞》《庄子》《山海经》《越绝书》《吕氏春秋》《史记》等均不乏黄帝之记载;上海博物馆藏战国简《容成氏》关于轩辕氏与诸历史帝王序列厘然;春秋战国吉金铭文如陈侯因齐敦则明确记载陈国之"高祖黄帝"。再如《吕氏春秋·慎大览》:"武王胜殷,入殷,未下舆,命封黄帝之后于铸。"《春秋左传》襄公二十三年(前500):"臧宣叔娶于铸。"迄今所见两周铸国带铭文青铜器14件,可分为七种:铸侯求钟,铸司寇鼎,铸叔皮父簋,铸公簋,铸子黑颐鼎、簠、盨,铸叔鼎、簠、匜(铸叔匜,为近年山东枣庄山亭东江小铸国墓地盗掘出土)、铸子匜。铸国为黄帝之后,而周武王新所封地在今山东肥城大汶河流域之铸乡，由铸奉祀正统。故两周时期山左古国载述黄帝事迹。迄于西汉山东嘉祥武氏祠汉画像石帝王人物的上方对应题刻：伏戏（羲）、祝诵（融）、神农、黄帝、颛顼、帝（喾）、帝尧、帝舜、夏禹、夏桀等名称。由此可证黄帝应该确有其人。而黄帝封泰山可信。

朱晓鹏在《黄帝文化与道家道教》一文中认为缙云仙都的黄帝文化，应该主要是道教兴起后向南方传播的一个重要结果，缙云仙都黄帝文化中那些主要的元素，如黄帝的得道成仙形象、炼丹飞天故事、长生不死的修身之术、秀美雄奇的世外桃源山水等，都与道教里的黄帝文化元素高度吻合，所以的确可以看作是中国南方黄帝文化的一个最重要基地。相信通过各方努力，这里不但能够继续成为中国南方黄帝祭祀中心，而且也一定能够成为中国南方黄帝文化的辐射中心、传播中心，为进一步推动中华民族多元统一的文化共同体的现代发展及中华优秀传统文化的传承和创新作出重要贡献，实现黄帝文化的第三次兴盛、发展。

赵月枝在《两个"相结合"框架下的马克思主义信仰与"敬天法祖"信仰》一文从两个"相结合"框架下的马克思主义信仰和中华文化传统中的"敬天法祖"信仰的角度出发，提出"两个都信"是两个"相结合"的必要前提，"两个都信"，意味着中国学者需要在研究马克思主义的同时研究以黄帝文化为源头活水的中华优秀传统文化，在坚持马克思主义中国化过程中弘扬以黄帝文化为重要精神标识的中华优秀传统文化，让前者为中华民族的复兴提供政治方向，让后者为中华民族的复兴提供文化动力。"两个都信"是两个"相结合"的必要前提，也是两个"相结合"的题中应有之义。马克思主义是我们立党立国、兴党兴国的根本指导思想；"两个都信"是马克思主义者政治信仰和文化认同的统一体。巩固马克思主义在意识形态领域的指导地位，意味着坚持马克思主义的宗教观，坚持无神论的立场。更不必说，坚持马克思主义，就意味着反对任何形式的原教旨主义和狭隘文化民族主义，包括大汉族主义。与当今世界中依然占领文化霸权地位的基督教文明不一样，中华文明传承发展数千年而至今充满活力，原因之一就在于中国人深入骨髓的信仰不是西方式的宗教和一神教中的上帝，而是"敬天法祖"，即敬重自然规律，德效祖先嘉行；"两个都信"要落脚于"天人合一"和"以人民为中心"的社会实践。弘扬中国传统文化，并不意味着"要提倡专制、封建、三纲五常"，而是"要以中国本根的文化为中心，而不再是以西方文化为中心，但又要以西方文化的平等、民主、自由等价值来补充、改造中国传统文化，使中国文化成为世界上优秀的文化"，亦是二十大报告中所阐述的"坚守中华文化立场，提炼展示中华文明的精神标识和文化精髓"的内在动力。总之，面对西方侵略性文化主导下人类社会所面临的多重危机，"人们需要的是包容、多元共存、和谐、自由、天人合一的文化，这正是中华文化的特点。"

  谢路军在《黄帝信仰与中国道教》一文中从黄帝到尧舜禹都被道教奉为神灵，而黄帝开道教神仙之先河，为"道旨"的形成起了导向和目标的作用，并提出黄帝是"清静无为"首推者，在道家思想的构成中确实起了奠基作用，黄帝的精神成为道教的重要理念，构成了道教中的"道论"，同时，他还认为黄帝在道教的创立方面功不可没，指出黄帝崇拜为道教"道旨"提供了信仰的内涵，为道教炼丹和术数的"道术"提供了方法，为道教的理论构成"道论"提供了依据，为天师道名称提供了来源，为儒道二教的融合提供了理论范例，为海峡两岸四地的道教文化交流提供了典范，探讨黄帝与道教的关系有着重大的理论和现实意义。

  其五，黄帝与缙云之研究。

  李学功《源文化：浙江黄帝文化若干问题的认识与思考》一文中指出梳理浙江缙云黄帝文化形成的轨迹和脉络，需要特别关注历史时期的"衣冠南渡"现象。寻检史籍文献，浙江与黄帝文化的关系源远流长，浙江历史上至少经历了"1+3"规模的"衣冠南渡"或曰四次较大规模的黄帝文化传播。经此历程，具有江南源文化特征的浙江缙云黄帝文化最终层累造成。站在新时代、大变局的历史高度，黄帝文化的传承、弘扬与发展，应当立基于中华民族走向未来、走向世界、永续发展的视角加以重新认识和思考。应多维度、多层次深入挖掘黄帝文化的历史根源、时代价值和现实意义，探索研究黄帝文化与文化浙江建设之间的关系，将浙江黄帝文化建设成为具有鲜明浙江文化印记的新时代文化高地。

  李桂民在《黄帝遗迹与浙江缙云的黄帝文化高地建设》一文中提出浙江缙云是南方祭祀人文始祖黄帝的中心，为扩大了缙云黄帝祭典在全国的影响，也使得美丽缙云被广为人知，他认为还需要做如下努力：第一要坚持办好一年一度的黄帝祭典和黄帝文化论坛；第二建设缙云黄帝文化高地，需要进一步完善黄帝文化内涵，使黄帝文化成为缙云亮丽名片。除了黄帝祠宇外，缙云的黄帝文化遗迹相对偏少，黄帝民间传说资料也需要进行收集和整理。第三要广泛通过网络、报纸、广播、电视等形式，积极宣传缙云黄帝文化。他还指出浙江缙云的黄帝祠宇，根源于黄帝后裔南下和道教的南传，缙云是中国南方唯一祭祀人文始祖黄帝之地，北陵南祠的祭祀格局可以进一步优化黄帝祭祀格局，在凝聚中华民族向心力和实现浙江高质量发展方面将会发挥重要作用。

唐燮军在《中国农业的本土起源及其三大模块》一文的结论中指出，第一，广泛分布于各地的原始文化遗存，表明中国农耕文明的本土起源观点，是经得起实践检验和理论推敲的。第二粟作农业、稻作农业及青作农业不仅是独立起源、各有特点的农耕方式，即便在各种农耕方式内部，同样存在着多元起源问题。三种农耕方式的起源，实际上源自不同地域的华夏先民对于本地野生植物的认知和利用，这种认知、利用由于自然条件的不同、生存环境的差异以及其他因素，而产生出不同的结果。第三华夏先民在从事原始农业劳作的同时，不断驯化其他动植物，进而开拓出养蚕、织布等家庭手工业，这对后世自给自足的自然经济的形成，具有极其深远的影响。第四对于中华农耕文化起源这一漫长而又不可度量过程的考察，在某种意义上可以说是从人文角度探讨华夏先民在驯化野生植物（包括粟、稻、青稞）活动中的作用，以及此一进程中华夏先民走出蒙昧、开创文明的历史轨迹。第五定居的农耕生活既是华夏先民应对自然以求生存的产物，又激发了他们的聪明才智，故有房屋的修建、农具的改进、草药的研制、天象的观测、日用品的日趋丰富（具体表现为酒、酱、布、陶器等），进而推进了天文学、地理学、化学、数学、物理学、中医学等自然科学的萌芽。

霍彦儒在《黄帝缙云氏与黄帝文化在缙云的传播》一文中认为从缙云有关文献看，自古以来就有对黄帝的民间和官方祭祀，如清光绪三年（1877）《处州府志》"缙云县"条目下载"黄帝祠唐邑令李阳冰手篆'黄帝祠宇'四字"，而且这种祭祀延续至今。不仅如此，还在民间流传有黄帝铸鼎鬺百神和驾龙升天的故事。与此同时，从2022年起，又将传承、弘扬黄帝文化列入浙江省文化发展战略重大项目之一，提出打造南方黄帝文化研究和传播中心，并将原县、市祭祀升级为省级祭祀。这一系列活动，反映了缙云及浙江人民对黄帝文化的认同，对黄帝的崇敬。

王达钦在《黄帝文化浙江探源》一文中指出浙江省缙云县是全国唯一以黄帝之号命名的县，在五千年前部落联盟一个时期的政治中心。由于有文物出土和存世岩画作佐证，诸如缙云方坑口金盘遗址（金盘遗址同时出土单孔石戉和双孔石刀，表明在距今约5300—4300年的良渚文化时期，为轩辕黄帝上相——方雷氏所执）、缙云县驸马村周闽尧，在缙云与永康之交的滴水岩巅，发现与祭祀黄帝有关的祭天台遗址、缙云大集绝地天通岩画（颛顼）及黄帝，少昊，颛顼三位古大帝活动的痕迹，表明浙江省是中华民族五千多年文明史伟大的发祥地。

俞云初在《进一步发挥缙云黄帝文化"四个中心"的引擎作用》一文中指出二十多年来缙云黄帝文化研究开发取得的巨大成就，包括缙云黄帝文化"四个中心"的确立、缙云祭祀轩辕黄帝规格提升到"省办国祭"、推动缙云政治、经济、社会等各方面的发展、进一步提升了缙云的影响力与美誉度，但也存在问题三大问题，其一缙云黄帝文化建设缺少一个适应新近代环境的系统发展纲要，其二南方黄帝文化关联地区的纵横联系沟通欠缺，"四个中心"的引擎用作用没有充分发挥，其三县域中心城市的黄帝文化标志性建筑缺乏，亟需提升县城文化形象品位。针对以上问题，他提出要做好新时代缙云黄帝文化"四个中心"的示范引擎作用，要思想统一，行动一致，牢牢抓住黄帝祭祀规格提升为"省办国祭"的大好契机，要理顺文脉，纵横跨连，充分发挥"南方黄帝文化辐射中心"作用，要四海同心，官民齐发，将"南方黄帝祭祀中心"建成全球华人的"爱国主义教育基地"，要加大投入，加深挖掘，以"研究中心"为契点鼓励更多的专家学者参与黄帝文化的研发工作。

项一中在《老黄帝祠宇究竟毁于何时？》一文中，试以《仙都志》《缙云县志》《处州府志》以及仙都的"摩崖石刻"和历朝历代的名人诗文为线索，对黄帝祠宇之兴盛衰败进行相互印证，判断唐玄宗敕建的黄帝祠最终毁于清代。

王曦泽在《大唐二李与缙云》中指出缙云秀丽山水及黄帝文化，围绕祭黄帝大典，千百年来，除了黄帝文化，李邕、李阳冰、李白、白居易等文人墨客都在缙云留下了足迹和诗篇，留存在仙都的石刻和题记随着国家对黄帝文化的进一步探索，也在激发这些资源的潜力，对于打造黄帝文化展示中心建设有辨识度的中华始祖黄帝文化博物馆具有重大历史文化价值，将为黄帝文化IP塑造带来更多空间和机遇。

鲁晓敏在《阳冰"飞声"》一文中用散文的笔法描绘了李阳冰的一生，重点强调了李阳冰与缙云的联系和他的篆写水平。他指出李阳冰不仅擅书法，也善词章，有着"秀句满江园"之说，只是书法之名太盛，文章之名尽被淹没。但是，我们在他留下了不少书法论著当中，还可以明明白白地感受到他的书法理论功底和文章功夫。李阳冰撰写了《上李大夫论古篆书》，对李斯的书法进行一个全方位的总结。此外，他留有《重修汉许慎〈说文解字〉》《翰林禁经》八卷、《翰林密论用笔法二十四条》《字学推原》等书法理论著作。这些论著体现了李阳冰很深的书法理论造诣，奠定了书法评论家的历史地位。

樊译蔚在《金龙驿传——缙云仙都出土祭祀遗物》一文中指出缙云山是轩辕黄帝的三大行宫之一，也是道教第二十九"仙都祈仙洞天"。金龙玉简等一批文物，于1997年和2022年在仙都金龙洞先后出土，为宋代朝廷多次派遣官员到仙都祭祀轩辕黄帝举行斋醮仪式时所投下的，金龙以及仙都出土祭祀相关遗物的出土实证了仙都"洞天福地"道教圣域地位和朝廷祭祀轩辕黄帝的历史。

其六，黄帝与现代性问题研究。

张新斌在《黄河长江国家战略背景下的黄帝文化》一文中提出黄河国家战略中的黄帝文化定位的问题，他认为黄帝文化是黄河文化的源头，也是中华文化的源头。黄帝文化是中华民族的根文化，为中华文化的发展奠定了初步基础。缙云黄帝文化是黄帝文化的重要组成部分，是黄帝文化在南方传播的重要代表，是黄帝文化的传播与发展。缙云黄帝文化，要与黄陵黄帝文化、新郑黄帝文化，进行比较研究。明确三地的定位，通过黄帝文化这一主线，将三地打造成黄帝文化的核心区，打造成全球华人寻根祭祖的圣地。

张建明《黄帝文化助力缙云共同富裕先行示范的初步设计》一文中提出缙云是全国唯一以轩辕黄帝名号命名的县，是"中国南方黄帝祭祀中心""中国南方黄帝文化辐射中心"和"中国南方黄帝文化研究中心"。2021年中国仙都祭祀轩辕黄帝大典主办单位提升为浙江省人民政府。由此，浙江缙云与陕西黄陵、河南新郑形成了三地共祭、层次相当的全国轩辕黄帝祭祀格局。黄帝祠宇与陕西黄帝文化遥相呼应，形成"北陵南祠"的格局，是我国南部祭祀、朝拜中华民族人文始祖轩辕黄帝的主要场所，号称"天下第一祠"。他提出提升黄帝文化的六项建议：一是依托"缙云轩辕祭典"，做强做大黄帝文化品牌；二是利用黄帝文化品牌，推进文化强县建设；三是充分释放黄帝文化品牌力量，为打造世界文化旅游目的地提供强大的内生动力；四是传承《黄帝内经》，打造中医药产业；五是加强课题研究，丰富黄帝文化内涵；六是传承始祖宏志，谱写大团结大联合的崭新篇章。

柯国明在《从毛泽东〈祭黄帝陵文〉看当代祭祀轩辕黄帝的价值和意义》一文中指出，毛泽东的《祭黄帝陵文》是毛泽东代表中国共产党发布的号召全民族抗战的宣言书，也是中国共产党及其领导的军民誓为抗日救亡之先驱的"出师表"，具有强烈的爱国主义的感染力，令人起哀立懦，雄壮动人，肃穆奋然，是轩辕黄帝祭文中的经典之作。那么从该篇祭文也可看出当代祭祀轩辕黄帝具有传承中华优秀传统文化，弘扬中华美德、增强民族认同感，铸牢中华民族共同体意识、弘扬黄帝精神，凝聚中国力量的现实意义和社会价值。

王健在《缙云黄帝国家文化公园建设可行性研究》中明确提出缙云是打造黄帝国家文化公园理想胜地。他人文缙云建设黄帝国家文化公园有五大优势条件。一是缙云已经召开过四次黄帝文化学术研讨会，俨然成为全国黄帝文化研究的中心；二、是缙云为黄帝成仙之地传说与地理景观完美结合的理想圣地，黄帝文化在缙云得到发扬光大；三是浙江省、丽水市，特别是缙云和中国先秦史学会等高度重视缙云黄帝文化，为保护传承利用黄帝文化长期不懈努力；四是缙云黄帝文化国家文化公园兼具国家公园与国家文化公园的双重条件。既具有相对封闭、便于保护管理的广阔空间，又有独特神奇的自然山水石林多样性景观，可以作为科学研究、旅游览胜、陶冶情操的旅游目的地，也是拥有宝贵的历史文化遗址遗迹，丰富的非物质文化遗产，朴实的田园风光等，特别是黄帝鼎湖、巨石，自然与人文完美结合，是令人神往的黄帝文化载体；五是缙云作为黄帝文化研究中心的势头已经形成，各路专家云集，科研力量雄厚，献计献策，集思广益，在加强国家文化公园理论、黄帝文化的研究，努力整合全国黄帝文化资源，科学规划，合理布局。总之，随着缙云黄帝文化建设的全面开展，缙云黄帝国家文化公园建设的开展，缙云经验一定能够为早日建设中国黄帝文化国家文化公园系列，将一个完整的，凝聚力的黄帝文化形象展现出来，为弘扬优秀传统文化、实现文化强国战略贡献智慧和力量。

张剑在《形象、链接与问题：黄帝文化现代表达研究》一文中提出黄帝文化的现代表达存在四大阻碍因素，他认为一是黄帝文化认知错位，阻碍黄帝文化的现代表达。正因对黄帝文化本质内涵理解的偏差以及只重视经济利益的驱动下，未能真正发掘出黄帝文化的价值，在黄帝文化的现代表达过程中呈现出吸引眼球和赚取人气的"政绩工程"。二是黄帝文化传播形式落后，阻滞黄帝文化的现代表达。汗牛充栋的黄帝文化书本和口若悬河的黄帝文化教育是最普及、最基础的传播方式。这种传播方式在新时代的背景下，显得落后，严重阻碍黄帝文化的现代表达。三是黄帝文化嫁接、赋形等能力不足，滞后黄帝文化现代表达。四是黄帝文化遭遇现代性挑战，阻碍黄帝文化表达。一方面，改革开放以来，我国实行市场经济，在经济利益的驱使下，人们会不约而同地谋求利益最大化，因此就忽视了黄帝文化建设。另一方面，在人们通过市场经济对黄帝文化进行产业开发的时候，也往往忽视了对传统黄帝文化的保护。

丁益东在《擦亮黄帝文化金名片》一文中指出，黄帝文化在浙江有着悠远的历史根基。浙江缙云是全国唯一以轩辕黄帝名号命名的县，有着悠久祭祀轩辕黄帝的历史，最早可以追溯到汉朝。他认为黄帝文化在当代有着重要的时代价值。尊宗敬祖，是中华文明绵绵永续的精神密码，也是加强中华儿女大团结的重要纽带。黄帝文化是中华民族的一面精神旗帜，通过黄帝文化的传承和弘扬，可以增强中华民族的凝聚力和爱国心，成为跨越时空，维系民族情感的强大纽带。因此要挖掘黄帝文化，全力建设"民族同根、文化同魂、复兴同梦"的寻根问祖圣地，让海内外炎黄子孙在追寻黄帝文化的足迹中"溯到源、找到根、寻到魂",让黄帝文化在强化民族记忆、传承传统文化、铸牢中华民族共同体意识等方面发挥更大作用。

　　此次研讨会是对黄帝文化的再次深入探索,也是对缙云黄帝文化的再次确认。此次研讨会从黄帝传说、黄帝古史、黄帝身份、黄帝认同、黄帝表达以及黄帝道教认同等方法展开诸多具有理论提升和实践意义的论述,可谓是古今相析,古今相论的重要尝试。正是有诸多的建设意见和指导性观点,为传承和弘扬新时代黄帝文化提供了文化支撑和理论支持,更是为我国的文化自信工程和民族认同视野做出了努力和贡献。

(张剑:湖州师范学院博士)